Dieter Klein
Zukunft oder Ende des Kapitalismus?

Dieter Klein, Prof. Dr. rer. oec. habil., Ökonom, war bis Ende 2012 Mitglied des Vorstandes der Rosa-Luxemburg-Stiftung. Er ist Fellow (mit dem Schwerpunkt Transformationstheorie) im Institut für Gesellschaftswissenschaften der Stiftung. Bis zu seiner Emeritierung 1997 hatte er den Lehrstuhl Ökonomische Grundlagen der Politik am Institut für Sozialwissenschaften der Humboldt-Universität inne. Er gehörte zu den Begründern des Projekts »Moderne Sozialismustheorie«, das sich schon vor dem Ende der DDR 1989 für alternative Entwicklungswege einsetzte. 2016 erschien von ihm bei VSA: »Gespaltene Machteliten. Verlorene Transformationsfähigkeit oder Renaissance eines New Deal?«

Dieter Klein
Zukunft oder Ende des Kapitalismus?
Eine kritische Diskursanalyse in turbulenten Zeiten

Eine Veröffentlichung der Rosa-Luxemburg-Stiftung

VSA: Verlag Hamburg

www.vsa-verlag.de

Dieses Buch wird unter den Bedingungen einer Creative Commons License veröffentlicht: Creative Commons Attribution-Non-Commercial-NoDerivs 3.0 Germany License (abrufbar unter www.creativecommons.org/licenses/by-nc-nd/3.0/legalcode). Nach dieser Lizenz dürfen Sie die Texte für nichtkommerzielle Zwecke vervielfältigen, verbreiten und öffentlich zugänglich machen unter der Bedingung, dass die Namen der Autoren und der Buchtitel inkl. Verlag genannt werden, der Inhalt nicht bearbeitet, abgewandelt oder in anderer Weise verändert wird und Sie ihn unter vollständigem Abdruck dieses Lizenzhinweises weitergeben. Alle anderen Nutzungsformen, die nicht durch diese Creative Commons License oder das Urheberrecht gestattet sind, bleiben vorbehalten.

© VSA: Verlag 2019, St. Georgs Kirchhof 6, 20099 Hamburg
Alle Rechte vorbehalten
Druck- und Buchbindearbeiten: CPI books GmbH, Leck
ISBN 978-3-89965-888-0

Inhalt

**Teil 1
Diskurse der Systemstabilisierung.
Diskurse ohne Hoffnung. Rechtsextreme Diskurse** 11

**1. Kapitel
Der Diskurs als materielle Macht** 12

1.1 Diskursanalyse entlang der Frage nach Zukunft
oder Ende des Kapitalismus 12
1.2 Zukunft oder Ende – wechselhafter Verlauf im Jahrhundert
der Extreme 15
1.3 Szenarien realer und möglicher Entwicklungspfade 23

**2. Kapitel
Der neoliberale Diskurs: Zukunft als modifiziertes »Weiter so«** 28

2.1 Liberalismus, Ordoliberalismus, Neoliberalismus 29
2.2 Die Konturen des Neoliberalismus in den Basistexten
Hayeks und Friedmans 33
   Erstens: Individuelle Freiheit 33
   Zweitens: Markt und Kapitaleigentum im Zentrum
   der Regulationsweise 35
   Drittens: High Tech-Kapitalismus und digitale Revolution 38
   Viertens: Neoliberalismus in permanenter Konfrontation
   zu Sozialismus und sozialen Reformen 39
2.3 Drei Repräsentanten des neoliberalen Diskurses 42
   2.3.1 Bert Rürups »Heile-Welt-Diskurs« 45
   2.3.2 Karl-Heinz Paqué: Wachstum als Lösung schlechthin! 54
   2.3.3 Hans-Werner Sinn: Pro-neoliberale Kritik
   neoliberaler Politik 62
2.4 Zukunft oder Ende des Kapitalismus?
Zwischenfazit zum neoliberalen Diskurs 73

**3. Kapitel
Diskurs »Ohne Hoffnung. Das lange Ende des Kapitalismus«** 78

3.1 Wolfgang Streecks Erzählung vom unaufhaltsamen Niedergang
des Kapitalismus 82
   Erstens: Drei Trends des Niedergangs 83

Zweitens: Fünf systemische Störungen ... 84
Drittens: Demontage stabilisierender Gegentendenzen
zur Kapitallogik ... 85
Viertens: Gescheiterte Auswegsuche ... 85
Die Grenzen Streeckscher Kritik ... 89
Andauerndes Interregnum ... 91
3.2 Frank Schirrmachers Erzählung von der Zerstörung
des Menschseins im Menschen ... 94
Spieltheoretisches Verständnis des Menschen
in der Marktgesellschaft ... 95
Von den Think Tanks des Pentagon in die Wall Street ... 97
Monster-Literatur und mechanische Automaten als Vorboten
automatenhaften menschlichen Verhaltens ... 98
Der Mensch im Informations-Markt-Staat ... 100
Schirrmachers Grenzen ... 102

4. Kapitel
Der Diskurs der extremen Rechten ... 107

4.1 Björn Höckes Weltbild ... 109
  Das Volk ... 109
  Geschichtspolitische Wende ... 111
  Mystik und Mythen ... 111
  Wehrhafte Männer ... 112
4.2 Unterwegs in Richtung Entzivilisierung ... 114

5. Kapitel
Der Diskurs »Grüner Kapitalismus und Green New Deal« ... 117

5.1 Überschneidung von grünem Kapitalismus
und Green New Deal. Differenzen zwischen beiden ... 117
5.2 Exponenten des grünen Diskurses und zwei Fragen
für die Analyse ihrer Texte ... 123
5.3 Wachstum, Nullwachstum oder Entwicklung
in den reichen Ländern? ... 125
5.4 Wachstum der Bedürfnisbefriedigung jenseits stofflicher
Güterkonsumtion ... 132
5.5 Langfristige Verlangsamung des Wachstums ... 133
5.6 Zukunft im Konflikt zwischen anhaltender Wachstumspolitik
und endogener Wachstumsverlangsamung ... 139
5.7 Sozial-ökologische Transformation: Möglich im Rahmen des
Kapitalismus oder nicht? ... 143
Zwischenfazit ... 149

Teil 2
Alternative Diskurse ... 153

6. Kapitel
Theoretische Grundlagen für linke Gesellschaftsalternativen ... 154

6.1 Transformationstheoretische Grundlagen progressiven Wandels ... 154
6.2 Erik Olin Wrights sozialistische Transformationstheorie ... 157
    Theorie der Reproduktion ... 158
    Theorie der Lücken und Widersprüche innerhalb der Reproduktion ... 161
    Theorie des Verlaufs unbeabsichtigter Veränderungen ... 162
    Theorie transformatorischer Strategien ... 164
6.3 Das Wuppertal-Konzept einer »moralischen Revolution« ... 169
6.4 Das Konzept doppelter Transformation und eine Konsultation Ernst Blochs ... 170
    Vor-Schein, Prozess-Wirklichkeit und Noch-Nicht – eine Konsultation Ernst Blochs ... 174
    Orientierung am Novum statt Transformation als Allerweltsbegriff ... 178
6.5 Was macht den demokratischen Sozialismus im Innersten aus? Der archimedische Punkt einer sozialistischen Transformationstheorie ... 181
    Freie Persönlichkeitsentfaltung und reales individuelles Eigentum auf kollektiven Grundlagen ... 182
    Ermächtigung als Ausgangskategorie einer sozialistischen Transformationstheorie ... 183
    Freie Individualität im Zentrum sozialistischer Transformationstheorie ... 185

7. Kapitel
Knotenpunkte der Verdichtung kapitalistischer Widersprüche – Knotenpunkte gesellschaftlicher Kämpfe ... 191

7.1 Eine neue Wirtschaftsordnung nach sozial-ökologischem Maß ... 192
    7.1.1 Ein neues Akkumulationsregime ... 194
    7.1.2 Eine neue Eigentumsordnung ... 198
    7.1.3 Eine neue Regulationsweise ... 204
    7.1.4 Gute Arbeit für alle und Vier-in-einem-Perspektive ... 209
    7.1.5 Der Intersektionalitätsansatz ... 211
    7.1.6 Care-Revolution ... 212
    7.1.7 Finanzierung der sozial-ökologischen Transformation ... 217

7.2 Sozial-ökologischer Umbau von Wirtschaft und Gesellschaft 226
7.2.1 Naomi Klein: »This changes everything« 226
7.2.2 Die Kämpfe entscheiden 230
7.3 Soziale Gestaltung der digitalen Revolution 234
7.3.1 Die digitale Revolution – Herausforderung für die gesellschaftliche Linke 235
7.3.2 Paul Mason: »Die Informationsgüter ändern alles« 240
7.4 Friedenspolitik und internationale Solidarität 252
7.4.1 Krieg löst keine Probleme 252
7.4.2 Neue Rüstungsdynamik 255
7.4.3 Konfrontative Machtpolitik 258
7.4.4 Krise der Rüstungskontrolle 259
7.4.5 Was ist zu tun? 262
7.5 Solidarisches Europa 265
7.5.1 Für eine radikale Reform der Europäischen Union 266
7.6 Solidarische Migrationspolitik 276
7.6.1 Migration – ein Katalysator für Kämpfe um das Gesicht der Zukunft 276
7.6.2 Zwei Seiten dringlicher Solidarität 278
7.6.3 Paul Collier – Differenzierte Analyse 280

8. Kapitel
Zukunft: Mögliche Konturen einer solidarischen Gesellschaft 291

8.1 Drei systemische Grundschwächen des Kapitalismus 294
8.2 Überlegungen für eine solidarische Gesellschaft 302

Literatur 315

Für Mattchen

Teil 1
Diskurse der Systemstabilisierung.
Diskurse ohne Hoffnung.
Rechtsextreme Diskurse

1. Kapitel
Der Diskurs als materielle Macht

Es gibt Ereignisse, die den Blick der Menschen auf die Gesellschaft einschneidend verändern. Wie ein Blitz im Gewitter mit einem Schlag die Welt in ein grelles Licht rückt und hervortreten lässt, was zuvor im Dunkel verborgen war, so können solche Ereignisse auch die Wahrnehmung der gesellschaftlichen Situation verändern. Dann wird das Ereignis auch zum »Diskursereignis«. Der Diskurs verläuft anders als zuvor. Ein solches Ereignis war die Mehrfachkrise des ersten Jahrzehnts im 21. Jahrhundert. Sie markierte die Brüchigkeit der neoliberalen Gestalt des Kapitalismus. Aber so, wie ein Gewitter vorbeizieht, kann auch ein gesellschaftlicher Diskurs wieder verebben. Damit er die Verhältnisse verändert, muss er handlungswirksam weitergeführt werden.

1.1 Diskursanalyse entlang der Frage nach Zukunft oder Ende des Kapitalismus

Nach dem Ende des Staatssozialismus in Europa war der gesellschaftliche Diskurs über den zu erwartenden weiteren Verlauf der Geschichte überformt von der Suggestion, dass dem Kapitalismus die Zukunft gehöre und der Sozialismus endgültig am Ende sei. Das Diskursereignis im Gefolge der großen Krise mit ihrem Höhepunkt 2008 besteht darin, dass die Diskussion über ein mögliches Ende des Kapitalismus zurückgekehrt ist, keineswegs dominant bisher, aber auch nicht mehr durch den herrschaftlichen Diskurs einfach beiseitezufegen.

> Zukunft oder Ende des Kapitalismus? Diese Frage wird ein roter Faden im hier vorgelegten Buch sein. Wenn einzelne Teilreformen den neoliberalen Kapitalismus offensichtlich nicht erschüttern können, muss die Linke über die Mobilisierung für Projekte der Verbesserung im Gegenwärtigen hinaus den Diskurs darüber aufnehmen, wohin die Entwicklung gehen soll. Sie muss das Ganze ins Auge fassen, nicht weniger als die eigene Hegemonie in der öffentlichen Auseinandersetzung über die großen Fragen der Epoche. Auf ihre Agenda gerät, die Vorstellungen in der pluralen gesellschaftlichen Linken und in der Gesellschaft zu einer überzeugenden und einladenden modernen Erzählung von den Kontu-

1.1 Diskursanalyse: Frage nach Zukunft oder Ende des Kapitalismus 13

ren einer solidarischen Gesellschaft, eines demokratischen grünen Sozialismus, zusammenzuführen und praktische Kämpfe im Heute mit dieser Perspektive für das Morgen zu verbinden.

Klaus Dörre schrieb über eine solche Debatte: »Sie ist überfällig, weil die Linke sonst die ›Systemfrage‹ den Rechtspopulisten überlässt.« (Dörre 2018: 105) Trotz der Krise des Neoliberalismus liegt es allerdings angesichts der Übermacht des internationalen Kapitals und der Schwäche der Linken nahe zu bedenken, ob nach der vorläufigen Überwindung der Krise solcher Anspruch wieder abseits der Realität liegt und deshalb für alternative Kräfte auch nicht strategierelevant ist. Ernst Bloch empfahl der Linken jedoch, sich von dem Ewigkeitsanschein gegenwärtiger Realität nicht entmutigen zu lassen: »Nur die Prozesswirklichkeit und nicht eine aus ihr herausgerissene, verdinglicht-verabsolutierte Tatsachenhaftigkeit kann daher über utopische Träume richten oder sie zu bloßen Illusionen herabsetzen. ... Es wird aber allein schon innerhalb der stark gewandelten Wirklichkeit von heute klar, dass die Begrenzung aufs Faktum eine sehr wenig realistische war, dass die Realität selber unaufgearbeitet ist, dass sie Anrückendes am Rande hat.« (Bloch 1985: 226)

Zukunft oder Ende des Kapitalismus – die Mehrfachkrise, die 2008 ihren Höhepunkt erreichte, die Beschleunigung des Klimawandels, neue Hochrüstungsrunden, die sogenannte Flüchtlingskrise, der Rechtsruck in Europa, die Zuspitzung des Wohnungsproblems und anderer sozialer Fragen haben diesem alten Diskurs neue Anstöße gegeben. Die Linke ist gefordert, ihn intensiv aufzunehmen. Jede gegenwärtige Politik wird ohne eine konkrete Utopie, ohne die Vision von einer besseren Gesellschaft Stückwerk bleiben. Die größten Herausforderungen des 21. Jahrhunderts werden nicht in einer profitdominierten Gesellschaft lösbar sein: die Bewahrung der Naturgrundlagen menschlicher Existenz, Frieden weltweit zu erreichen, Hunger und Armut zu überwinden, kurz: die Menschenrechte für alle Menschen zu verwirklichen.

Ob diese Überzeugung für die künftige Entwicklung richtungsbestimmend sein wird, wird durch das Handeln der Vielzahl gesellschaftlicher Akteure und durch die Kräfteverhältnisse zwischen ihnen entschieden. Dieses Handeln hängt wiederum erheblich von den Diskursen in der Gesellschaft ab, in denen bestimmt wird, welche Deutungen der gesellschaftlichen Verhältnisse von Mehrheiten verinnerlicht werden, was als »wahr« und was als »falsch« gilt und in welcher Richtung gehandelt werden soll. Diskurse sind ein entscheidender Ausgangspunkt entweder für die Verteidigung der herrschenden Strukturen oder für die Herausbildung von Alternativen. Jan Turowski und Benjamin Mikfeld heben deshalb hervor, für die Transformation der gegenwärtigen Verhältnisse müsse »man diese Strukturen zunächst einmal als kommunikative Konstruktion der Wirklichkeit begreifen und sich einen Überblick über das *politisch-diskursive Spielfeld* konkurrierender Ideen, Problemdeutungen und Interessen und ihrer jeweiligen Kommunikationsreserven verschaffen.« (Turowski/Mikfeld 2013: 4)

> Das hier vorgelegte Buch ist als ein Beitrag zu einer Landkarte der Diskurse über Zukunft oder Ende des Kapitalismus zu betrachten. Sein Gegenstand sind die Diskurse, die Einfluss auf die real sich durchsetzenden Szenarien gesellschaftlicher Entwicklung und auf zukünftig mögliche Szenarien haben.

Sie werden in der Form einer kritischen Textanalyse ausgewählter Publikationen untersucht, die jeweils als repräsentativ für einen ganzen Diskursstrang bzw. eine Diskursrichtung gelten dürfen. «Zukunft oder Ende des Kapitalismus?« wird der Fokus der kritischen Diskursanalyse sein. Nicht vorwiegend die reale Wirtschaft, Politik oder Kultur moderner bürgerlich-kapitalistischer Gesellschaften und ihre Entwicklungstendenzen sind der unmittelbare Untersuchungsgegenstand, sondern die gesellschaftlichen Diskurse und ihr Einfluss auf die Realprozesse. Das Herrschaftsinteresse der Machteliten ist es, ein mögliches Ende des Kapitalismus von vornherein aus dem gesellschaftlichen Diskurs herauszuhalten. So wie Michel Foucault schrieb:

> »Ich setze voraus, dass in jeder Gesellschaft die Produktion des Diskurses zugleich kontrolliert, selektiert und kanalisiert wird: und zwar durch gewisse selektive Prozeduren, deren Aufgabe es ist, die Kräfte und Gefahren des Diskurses zu bändigen, sein unberechenbar Ereignishaftes zu bannen.« (Foucault 1991: 10)

An der Zukunft des Kapitalismus zu zweifeln, galt daher lange Zeit als undenkbar und unaussprechbar, besonders in akademischen Diskursen. Pierre Bourdieu formulierte als Gegenposition zu dem von Foucault kritisch beschriebenen Versuch der Herrschenden, einen systemkonformen Diskurs zu sichern:

> »Politik beginnt eigentlich erst mit der Aufkündigung dieses für die ursprüngliche Doxa charakteristischen unausgesprochenen Vertrags über die Bejahung der bestehenden Ordnung; mit anderen Worten: Politische Subversion setzt kognitive Subversion voraus, Konversion der Weltsicht.

1.2 Zukunft oder Ende – wechselhafter Verlauf

»... Die Möglichkeit, die soziale Welt zu ändern, indem ein Teil ihrer Realität, nämlich die Vorstellungen von dieser Welt, verändert werden oder, genauer gesagt, indem der üblichen Vorstellung, bei der die soziale Welt als eine natürliche Welt verstanden wird, eine *paradoxe Voraus-Schau*, eine Utopie, ein Plan, ein Programm entgegengehalten wird, macht sich die häretische Subversion zu Nutze. Die politische Voraus-Schau ist als *performative* Aussage eine Vorher-Sage ihrer selbst, mit der herbeigeführt werden soll, was sie sagt, indem sie Realität verkündet, vorher-sieht und vor-sieht, vorstellbar und vor allem glaubhaft macht und damit den kollektiven Willen und die kollektive Vorstellung erzeugt, die ihrer Verwirklichung förderlich sind, trägt sie selber praktisch zur Realität dessen bei, was sie verkündet. ... Mancher ›Streit um Ideen‹ ist weniger realitätsfern, als er scheint, wenn man weiß, wie sehr sich die soziale Wirklichkeit über eine Veränderung der Vorstellungen ändern lässt, die sich die Akteure von ihr machen.« (Bourdieu 2005: 131f.)

»Über eine Veränderung der Vorstellungen« – das heißt, darauf zu setzen, dass Machtverschiebungen auf der Ebene der Diskurse erheblich zu einer Richtungsänderung in der Politik zugunsten einer Zukunft jenseits des Kapitalismus beitragen können. Die Erfahrungen im 20. Jahrhundert, im Jahrhundert der Extreme, wie Eric Hobsbawm es nannte, verweisen auf fundamentale, nicht erwartete Wendungen im Geschichtsverlauf, an denen der Diskursverlauf stets bedeutenden Anteil hatte.

1.2 Zukunft oder Ende – wechselhafter Verlauf im Jahrhundert der Extreme

Marx hatte im »Kapital« seine Analyse zu dem Schluss geführt, die Zentralisation der Produktionsmittel und die Vergesellschaftung der Arbeit würden einen Punkt erreichen, »wo sie unverträglich werden mit ihrer kapitalistischen Hülle. Sie wird gesprengt. Die Stunde des kapitalistischen Privateigentums schlägt. Die Expropriateure werden expropriiert.« (MEW 23: 791) Zu Beginn des 20. Jahrhunderts, im Oktober 1917, schien diese Stunde in Russland und in den danach sich anschließenden Revolutionen tatsächlich gekommen. Der sozialistisch-kommunistische Revolutionsdiskurs schlug um in den realen Geschichtsverlauf. Der rote Stern der Hoffnung schien dauerhaft das Firmament erobert zu haben. In der Großen Weltwirtschaftskrise 1929/32 sahen viele Zeitgenossen auch den amerikanischen Kapitalismus am Abgrund. Noch 1942 schrieb Joseph Schumpeter, einer der prägenden

Ökonomen des 20. Jahrhunderts, unter dem nachwirkenden Eindruck der Weltwirtschaftskrise und der schon 1937 in den USA folgenden nächsten Krise, angesichts faschistischer Barbarei und Aggression und trotz der Entscheidung der amerikanischen Machteliten in der Ära Roosevelt für einen anderen – in Grenzen – sozial regulierten Kapitalismus: »Die öffentliche Meinung ist allgemach so gründlich über ihn verstimmt, dass die Verurteilung des Kapitalismus und aller seiner Werke eine ausgemachte Sache ist, – beinahe ein Erfordernis der Etikette der Diskussion. Was auch die politische Vorliebe des jeweiligen Autors oder Redners sein mag, ein jeder beeilt sich, sich diesem Kodex anzupassen und seine kritische Einstellung zu betonen, sein Freisein von jeglichem ›sich zufrieden geben‹, seinen Glauben an die Unzulänglichkeit der kapitalistischen Leistungen, seine Abneigung gegen die kapitalistischen und seine Sympathie für die antikapitalistischen Interessen. Jede andere Haltung gilt nicht nur als verrückt, sondern als antisozial und wird als Zeichen unmoralischer Unfreiheit angesehen.« (Schumpeter 1987: 107) Und Schumpeter brachte seine eigene Zukunftserwartung auf den Punkt: »Kann der Kapitalismus weiterleben? Nein, meines Erachtens nicht.« (Ebd.: 105)

Über Marx' Theorie schrieb Schumpeter, durchaus scharfer Kritiker Marxschen Denkens: »Einfach das Ziel zu predigen, wäre wirkungslos geblieben; eine Analyse des sozialen Prozesses hätte nur ein paar hundert Spezialisten interessiert. Aber im Kleid des Analytikers zu predigen und mit einem Blick auf die Bedürfnisse des Herzens zu analysieren, dies schuf eine leidenschaftliche Anhängerschaft und gab dem Marxisten jenes größte Geschenk, das in der Überzeugung besteht, dass das, was man ist und wofür man einsteht, niemals unterliegen, sondern am Ende siegreich sein wird.« (Ebd.: 21)

Dieses Geschenk, das bis heute der Linken immer wieder Mut verleiht, birgt allerdings, wie die Geschichte der sozialistisch-kommunistischen Bewegung gelehrt hat, verhängnisvolle Gefahren. Die Überzeugung, dass die eigene Überzeugung obsiegen werde, verführte ihre Träger dazu, sich allein im Besitz der Wahrheit zu wähnen. Sie wurde für den Anspruch kommunistischer Parteien auf eine führende Rolle im Verhältnis zu allen anderen alternativen Akteuren missbraucht und schien schließlich jedes Mittel zur Durchsetzung des eigenen Sieges zu rechtfertigen.

Aber lernend aus der Geschichte und bei radikaler Überwindung dieser unheilvollen Konnotationen bleibt die Erwartung der Endlichkeit des Kapitalismus ein Grundakkord linker Diskurse und Grundlage sozialistischer Strategien. Umgekehrt bildet die Überzeugung der Anhänger des Kapitalismus, dass ihm allein die Zukunft gehöre, die Grundlage aller Politik kapitalistischer Herrschaftssicherung. »Zukunft oder Ende des Kapitalismus?«

1.2 Zukunft oder Ende – wechselhafter Verlauf

Dieser Diskurs wird den Verlauf des 21. Jahrhunderts begleiten und wesentlich beeinflussen. Im Laufe des 20. Jahrhunderts wurden die Zuversicht und die Hoffnungen der sozialistischen und kommunistischen Linken jedoch zutiefst erschüttert. Sie wurden durch die Praxis des Staatssozialismus untergraben und schließlich fast zerstört, während sich in den kapitalistischen Gesellschaften Wandlungen vollzogen, die nicht auf das Ende, sondern auf eine von Vielen kaum noch für möglich gehaltene Zukunft des Kapitalismus hindeuteten. 1936 erklärte Franklin Delano Roosevelt im Vorfeld der amerikanischen Präsidentschaftswahlen im Madison Square Garden: »Wir kämpfen seit vier Jahren erbittert gegen die Feinde dieses (inneren – D.K.) Friedens. Wir kämpfen gegen die Hochfinanz- und gegen die Wirtschaftsbosse, die gewissenlosen Spekulanten, gegen die Klassenspaltung, den Partikularismus und gegen die Kriegsprofiteure. Sie alle haben sich daran gewöhnt, die amerikanische Regierung als Anhängsel ihrer Geschäfte zu betrachten. Wir wissen nun, vom organisierten Geld regiert zu werden, ist genauso gefährlich wie von der Mafia regiert zu werden. Jetzt hassen sie mich, ich nehme ihren Hass entgegen. In meiner ersten Amtszeit haben die Kräfte des Egoismus und der Gier in mir einen gleichwertigen Gegner gewonnen. In meiner zweiten Amtszeit werden sie in mir ihren Bezwinger finden.« (Zitiert nach: Land 2009: 55) Die flexiblen Teile der US-Machteliten schickten sich unter Führung Roosevelts an, mit der Entfaltung des New Deal die Grundlagen für einen sozialstaatlichen Reformkapitalismus auszubauen, der nach dem Zweiten Weltkrieg das Gesicht des Kapitalismus in der OECD-Welt bis in die 1970er Jahre geprägt hat (Jaeger 1974; Klein 2016: 31-91). Der Kapitalismus bewies eine Reform- und Lebensfähigkeit, die die Linke und viele andere schon längst nicht mehr erwartet hatten.

Im gleichen Jahr 1936 fanden in Moskau die ersten Schauprozesse statt, die unter dem Vorwurf des Verrats der Revolution die Erschießung von mehr als 683.000 Menschen 1936 bis 1938 und den Tod von rund zwei Millionen Menschen durch schwerste Haft- und Lagerbedingungen allein in diesen Jahren einleiteten (Schlögel 2008: 639). In nie gekanntem Tempo wurde die Industrialisierung der Sowjetunion vorangepeitscht, »Großbauten des Kommunismus« wurden aus dem Boden gestampft, anfangs überwiegend mit Arbeitskräften, die kaum lesen und schreiben konnten, aber schnell alphabetisiert wurden. Projekte wie der Moskwa-Wolga-Kanal mit ästhetisch anspruchsvoller Architektur der vielen Funktionsgebäude markierten den kulturellen Anspruch des Kommunismus – aber sie wurden unter Einsatz von Hunderttausenden Häftlingen und Zwangsarbeitern bei elenden Lebensbedingungen errichtet. Traum und Terror waren verwoben ineinander (ebd.).

Diktatorisch und zentralistisch verfasst verspielte der Staatssozialismus die mit der Überwindung kapitalistischer Ausbeutung verbundenen Hoffnungen auf den Sieg einer neuen menschlichen Ordnung über den Kapitalismus. 1989/90 ging nicht der Kapitalismus, sondern der Staatssozialismus unter. Francis Fukuyama verkündete, dass mit der Implosion des Staatssozialismus und dem Sieg des Westens über ihn das Ende der Geschichte selbst erreicht sei (Fukuyama 1989; Fukuyama 1992).

In den kapitalistischen Kernländern des Westens stabilisierten nach dem Zweiten Weltkrieg soziale Reformen die bürgerliche Demokratie und fand ein historisch einmaliger wirtschaftlicher Aufstieg statt. Die Mehrheit der Lohnabhängigen arrangierte sich gegen das Versprechen von Wohlstand und Aufstiegschancen mit dem geläuterten Kapitalismus, der in Deutschland nun soziale Marktwirtschaft hieß. Führende Sozialwissenschaftler verkündeten das Ende der Klassengesellschaft. Gedanken an ein Ende des Kapitalismus wurden weitgehend verdrängt. In der Hoch-Zeit des sozialstaatlich regulierten Kapitalismus beherrschten zuversichtliche Diskurse zur Zukunft des Kapitalismus die öffentliche Diskussion.

Gegen Ende der 1970er Jahre jedoch geriet auch der etwa vier Jahrzehnte hindurch erfolgreiche Teilhabekapitalismus an seine Grenzen (Busch/Land 2013). Seine Krise führte – wie ehedem die Weltwirtschaftskrise 1929/32 – erneut in eine historische Entscheidungssituation. Die herkömmlichen Reformen sozialdemokratischen Typs, die den Sozialstaatskapitalismus getragen hatten, reichten nicht mehr aus, um die entstandenen neuen Bedingungen zu bewältigen. Zu diesen Bedingungen gehörten das verlangsamte Wirtschaftswachstum, die Globalisierung, das neue Gewicht bedrohlicher ökologischer Probleme, die Herausforderung zu Geschlechtergerechtigkeit und die wachsende Bedeutung postmaterieller Bedürfnisse im Verhältnis zur Konsumtion stofflicher Güter. Der für die Moderne charakteristische Individualisierungsprozess implizierte Entscheidungen: entweder für eine neue Dimension der Emanzipation oder für die Verkehrung von Individualität in konkurrenzgetriebenes Ego-Verhalten der Einzelnen gegen alle anderen in der Marktgesellschaft. Machtfragen traten schärfer hervor – aber ihre radikal-demokratische Beantwortung lag außerhalb der sozialdemokratisch-reformistischen Strategien.

Eine progressive Bewältigung der Krise des sozialstaatlichen (fordistischen) Kapitalismus überstieg das theoretische Rüstzeug, das strategische Denken, die Mobilisierungskraft, kurz die Fähigkeit zu radikaler Realpolitik der alten Linken. Die neue Linke schickte sich erst an, die politische Bühne zu betreten und war ebenfalls überfordert. So kam die Stunde der marktradikal orientierten, mit neoliberalen Konzepten wohl ausgerüsteten Teile

1.2 Zukunft oder Ende – wechselhafter Verlauf

des Establishments. In einem schon seit Jahrzehnten geführten Diskurs war das neoliberale Konzept zielgerichtet vorbereitet worden (Walpen 2004).

Im Namen individueller Freiheit, die am besten durch Abbau sozialstaatlicher Bevormundung, durch Verwandlung einer und eines jeden in Unternehmer der eigenen Arbeitskraft auf deregulierten Märkten zu erreichen sei, nutzte diese Fraktion der Machteliten die Krise des Teilhabekapitalismus. Ihre Antwort auf die Krise war die Durchsetzung einer ganz anderen, sozial repressiven und weniger demokratischen Variante des Kapitalismus: des neoliberalen und im Verlauf der Zeit zunehmend finanzmarktgetriebenen Kapitalismus.

Die Versprechen der Meinungsführer im neoliberalen Diskurs waren ein Rollback all der sozialstaatlichen »Verfälschungen« der Marktsignale, eine davon zu erwartende neue Dynamik des Kapitalismus und darauf gegründete nie gekannte Freiheitsräume der Einzelnen. Die Zukunft wurde als alternativlos kapitalistisch beschworen.

Wo sie ein antikapitalistisches Gesicht anzunehmen drohte, wurden schon lange vor dem von Margaret Thatcher und Ronald Reagan durchgesetzten Sieg des Neoliberalismus in Großbritannien und in den USA die Machtmittel des theoretisch und rhetorisch heruntergespielten Staates bedenkenlos gegen die Träger von Alternativen zum Kapitalismus mobilisiert. Von der CIA organisiert wurde im Iran 1953 die Regierung Mossadegh gestürzt, nachdem sie die Ölwirtschaft verstaatlicht hatte. Ebenfalls stark von der CIA finanziert und vorbereitet und vor allem von der United Fruit Company betrieben, erfolgte 1954 ein Staatsstreich in Guatemala, als dort unter Präsident Gutsman ein Teil des brachliegenden Landes der United Fruit gegen Entschädigung enteignet worden war. Diesen und anderen Vorfeldoperationen folgte 1973 der erste große Coup zur weltweiten Durchsetzung des neoliberalen Kapitalismus, der gewaltsame Sturz der demokratischen Regierung Allende. Boykottmaßnahmen internationaler Konzerne, die die Verstaatlichung ihrer Unternehmen in Chile fürchteten, hatten den militärischen Putsch ökonomisch vorbereitet. Die CIA trug im Untergrund einen Hauptteil der Vorbereitung des von General Pinochet geführten Umsturzes. Das akademische Zentrum des Neoliberalismus, die um Milton Friedman gruppierte wirtschaftswissenschaftliche Fakultät der Universität Chicago, hatte seit Langem das Projekt Chile als neoliberalen Großversuch in allen Einzelheiten vorbereitet, der nun durch die Diktatur Pinochets als Blaupause für Lateinamerika und darüber hinaus exekutiert wurde (Naomi Klein 2007: 75-125).

In den meisten Ländern vollzog sich die Transformation vom sozialstaatlich regulierten Kapitalismus zu einem neoliberalen Kapitalismustyp auf andere Weise, auf dem Weg von Wahlen. Gleichwohl trat in Chile einem Menetekel gleich nackt und blutig hervor, was in meist weniger offener Gestalt den gesamten Diskurs über Endzeit des Kapitalismus oder neue Dynamik des Systems, über die Erschöpfung kapitalistischer Antworten auf die Probleme des 21. Jahrhunderts oder neue Entwicklungsvarianten des Kapitalismus, über Transformation im Kapitalismus und Transformation über ihn hinaus durchzieht.

Dieser Diskurs über Zukunft oder Ende des Kapitalismus ist stets wesentliches Feld von Machtkämpfen und selbst Instrument der Kämpfe um Macht. Diskurse über Zukünfte sind nicht die Flausen abgehobener Sozialwissenschaftler oder schöngeistiger Feuilletonisten. Michel Foucault schrieb:

»Denn der Diskurs ... – dies lehrt uns die Geschichte – ist auch nicht bloß das, was die Kämpfe oder die Systeme der Beherrschung in Sprache übersetzt; er ist dasjenige, worum und womit man kämpft; er ist die Macht, deren man sich zu bemächtigen sucht.« (Foucault 1974: 8) Er besitzt eine »schwere und bedrohliche Materialität« (ebd.: 7).

Aussagen über künftigen Gedeih oder Verderb des Kapitalismus ergreifen das Denken gesellschaftlicher Akteure, können sie orientieren oder desorientieren, ermutigen oder demoralisieren. Wenn sie reale Tendenzen in das Bewusstsein heben, wenn sie diese stabilisieren, zur Stärkung oder Abwendung gegenläufiger Tendenzen beitragen, wenn sie neue Entwicklungspfade öffnen, gewinnen sie Einfluss auf den offenen Gang der Geschichte.

Das gilt für begrenzte Diskurse über das künftige Rentensystem, über Bildungspolitik, Finanzpolitik, Industrie 4.0, Flüchtlingspolitik und alle anderen Sphären der Gesellschaft. Jeder Diskurs ist an Akteure mit unterschiedlichen Interessen gebunden, nimmt Einfluss auf die öffentliche Meinung, ist abhängig vom Zugang zu Kommunikationsmedien oder betroffen von Ausschlusspraktiken, wird von Institutionen begünstigt oder benachteiligt, hängt von den Interessen gesellschaftlicher Klassen, Schichten und Milieus ab und beeinflusst sie umgekehrt. Immer ist der Diskurs Machtverhältnissen unterworfen und zugleich Teil der Veränderung oder Bewahrung von Machtstrukturen.

Wenn dies schon für die Diskurse in Teilsphären der Gesellschaft über konkrete politische Einzelfragen zutrifft, so gilt dies erst recht für den grundsätzlichen Diskurs über Zukunft oder Ende des Kapitalismus. Der impressionshafte kurze Rückblick auf diesen Grunddiskurs zeigte ein extremes Auf und Ab seines Verlaufs. Schon schien das erstrebte oder gefürchtete

1.2 Zukunft oder Ende – wechselhafter Verlauf 21

Ende des Kapitalismus greifbar nahe. Zeitweilig wurde es in weiten Regionen der Erde sogar Realität. Der Revolutionsdiskurs schien den bestimmenden Einfluss auf den Geschichtsverlauf und die Deutungshoheit über ihn erobert zu haben.

Aber die Implosion der Staatssozialismus kehrte den Verlauf von Realgeschichte und Diskurs abermals um. Der Kapitalismus nahm für einige Jahrzehnte in der Minderheit von Staaten sogar ein sozialstaatliches und demokratisch erneuertes Gesicht an, das ihm Zukunftsfähigkeit versprach – bis die Krise des fordistischen Teilhabekapitalismus den Aufstieg des neoliberalen Kapitalismus einleitete, schließlich mündend in die jüngste Mehrfachkrise.

Erneut traten in der Krise die Defizite und Grenzen des Kapitalismus so deutlich zutage, dass der Diskurs über das kommende Ende des Kapitalismus abermals eine Belebung erfährt. Aber er trifft auf neue Beschwörungen kapitalistischer Zukünfte mit Verweis auf die Chancen, die mit der digitalen Revolution, der Globalisierung, den neuen Märkten und kaufkräftigen Mittelschichten in Asien und Afrika und mit anderen Wandlungen verbunden seien. Alle diese Wendungen des Geschichtsverlaufs waren von politischen Diskursen durchzogen. So wird es auch künftig sein.

| Der Diskurs über Zukunft oder Ende des Kapitalismus ist daher als wichtiger Teilgegenstand alternativer Transformationsforschung zu betrachten.

In den innersystemischen Transformationen des Kapitalismus ging und geht es immer um die Zukunft des Kapitalismus durch Veränderungen im System – ob nichtintendiert wie im Übergang vom Konkurrenzkapitalismus zum monopolistisch-oligopolistischen Kapitalismus, ob von Teilen der Machteliten unter dem Druck der subalternen Klassen bewusst durchgesetzt wie der New Deal in den 1930er Jahren in den USA oder ob durch die Herausbildung und Entfaltung des Neoliberalismus in der Wechselwirkung von vermachteten Märkten und marktradikalen Theorien und Strategien.

Besonders der Übergang zum sozialstaatlich regulierten Kapitalismus und umgekehrt die neoliberale Gegenrevolution waren stark von Diskursen getragen, in denen es um Macht, Einflussnahme auf die Politik, positive Deutung der jeweils verfolgten eigenen Interessen und Abwertung entgegenstehender Interessen, um die Mobilisierung von Akteuren für oder gegen die angestrebten oder sich bereits vollziehenden Transformationsprozesse ging.

Erst recht gilt für linke Strategien, die langfristig auf eine Überwindung des Kapitalismus zielen, dass sie die neoliberale und kapitalistische Diskurshoheit zugunsten der eigenen Diskursinhalte und ihrer Akzeptanz in der Öffentlichkeit durchbrechen müssen. Immer sind politische Diskurse wesentliche Elemente von Transformationsprozessen und transformatorischer Politik.

> Je tiefer die Krisenprozesse, die den Kapitalismus ergreifen, je mehr die Welt des Kapitalismus aus den Fugen gerät, desto mehr gewinnt der Diskurs über Zukunft oder Ende des Kapitalismus an Bedeutung. In Zeiten extremer Turbulenzen, unvorhersehbarer Ereignisse, chaotischer Prozesse und hochgradiger Unsicherheit versuchen die Machteliten unbeirrt, ihrem System der Unwägbarkeiten eine alternativlose Zukunft zuzuschreiben. Gegenkräften fällt in dieser Lage zu, einen öffentlich wirksamen Diskurs der Suche nach realisierbaren Wegen zur Zurückdrängung und perspektivischen Überwindung des Krisenkapitalismus zu stärken.

Die Unmöglichkeit von Vorhersagen über Erfolg oder Misserfolg spricht nicht dagegen, in den praktischen Kämpfen Auswege zu suchen und daran theoretisch-konzeptionell zu arbeiten. Immanuel Wallerstein hält eine verbreitete Einsicht fest, wenn er schreibt: »Das Grundlegende ist die Unvorhersehbarkeit, auf nicht nur mittlere, sondern sehr lange Sicht.« (Wallerstein 2014: 43) Was soll aber der Sinn eines Diskurses über Zukunft oder Ende des Kapitalismus sein, wenn die Zukunft sich gesicherten Vorhersagen mit Sicherheit entzieht? Gerade deshalb, so antwortet eine prominente Autorengruppe, sei das Engagement für jene Entwicklungen unverzichtbar, die als überlebensnotwendig gelten können: »Die Zeiten verlangen nach einer bewussten Strategie des Systemwandels.« (Wallerstein/Collins/Mann/Derlugian/Calhoun 2014: 235)

Gegen diesen Standpunkt argumentiert Helmut Wiesenthal, unter anderem gestützt auf seine Interpretation von Transformationsvorgängen in den 1980er Jahren: »Das Bemühen einzelner Akteursgruppen, die angestrebten Veränderungen mit Bezug auf ein umfassendes Leitbild, eine besondere Weltanschauung, ein säkulares Problemszenario oder die Utopie einer besseren Welt zu propagieren, fanden nur geringen Widerhall und war per Saldo mobilisierungshemmend.« »Etwas zugespitzt ließe sich sagen: Intellektuelle Orientierungs- und Erklärungsangebote – etwa die Fokussierung auf Metaphänomene wie Pfadwechsel, Wandlungstypen, Entwicklungsrichtungen, diskrete Gesellschaftsmodelle oder auch nur das scheinbar unschuldige Verlangen nach einer Einheit von Theorie und Praxis – erweisen sich als wenig relevant, bestenfalls unterhaltend, aber wenn ernsthaft vertreten, als dissoziierend.« (Wiesenthal 2016: 187) Wiesenthal verweist dabei auf Renate Mayntz, die großen Transformationen eine Reihe von Eigenschaften zuschreibt, welche gegen ambitionierte Gesellschaftsentwürfe

1.3 Szenarien realer und möglicher Entwicklungspfade

und Transformationsdiskurse sprächen: »hohe Kontingenz, multiple Kausalitäten, nichtlineare Prozesse, dynamische Verläufe und hilfreiche, aber unplanbare Koinzidenzen« (ebd.: 186).

Doch es gibt eine überzeugendere Schlussfolgerung aus den begründeten Bedenken gegen unrealistische Erwartungen an die Kraft von Utopien jenseits politischer Bodenhaftung, aus der Warnung vor »Politik als Wunschmaschine« (Schütt 2017) als den Verzicht auf eingreifende, konzeptionell begründete Diskurse.

1.3 Szenarien realer und möglicher Entwicklungspfade

Der Offenheit künftiger Entwicklung entspricht, sich den verschiedenen möglichen Zukünften durch eine diskursive Verständigung über das jeweils Wesentliche unterschiedlicher realer und möglicher Entwicklungspfade in der Gestalt von Szenarien anzunähern. Die Erarbeitung von Szenarien verdeutlicht alternative Wege und kann die Entscheidung für oder gegen sich abzeichnende Alternativen erleichtern.

In diesem Buch werden zunächst sechs reale oder als Tendenz existierende oder überwiegend als Konzepte diskutierte mögliche Szenarien gesellschaftlicher Entwicklung genannt (siehe Abbildung 1, folgende Seite). Sie werden mit Verweisen auf dazu vorliegende Literatur nicht näher beschrieben (Institut für Gesellschaftsanalyse 2011; Candeias 2014: 303-329; Streeck 2016; Klein 2013: 34-54). Die konzeptionelle Überlegung dabei ist, dass Diskurse stets eingebettet in reale Prozesse verlaufen und sie umgekehrt maßgeblich beeinflussen.

Das Szenario 1 »Neoliberaler Kapitalismus« ist Ausdruck der gegenwärtig dominierenden Realität und entspricht den Zukunftsvorstellungen des heute herrschenden Machtblocks. Dieses Szenario wird vom Mainstream-Diskurs gestützt. Ich unterscheide in diesem Buch innerhalb des neoliberalen Diskurses: den Heile-Welt-Diskurs des Weiter so ohne wesentliche Änderungen (exemplarisch Bert Rürup), den Diskurs vom Wachstum als universelle Lösung aller Probleme (exemplarisch Karl-Heinz Paqué) und kritische Texte zur gegenwärtigen neoliberalen Politik, die auf die Anpassung des Neoliberalismus an veränderte Bedingungen zielen (exemplarisch Hans Werner Sinn).

Das Szenario 2 »Rechtsextremer, tendenziell entzivilisierter Kapitalismus« erfasst eine gegenwärtig nicht dominierende, jedoch bereits reale Entwicklungstendenz zu einer autoritären, rechtspopulistischen, nationalistischen und rassistischen Ausprägung des neoliberalen Kapitalismus. Nicht

Abbildung 1: Reale und mögliche Szenarien zukünftiger Entwicklung

Szenario	Status
1. Neoliberaler Kapitalismus	dominierende gesellschaftliche Realität
2. Rechtsextremer, tendenziell entzivilisierter Kapitalismus	als Tendenz in Szenario 1 bereits wirkend
3. Interregnum – quälend langer Niedergang ohne Perspektive	bereits wirkend im Rahmen von Szenario 1
4. Grüner Kapitalismus auf neoliberaler Grundlage	als begrenzter, real wirkender Prozess im Rahmen von Szenario 1
5. Green-New-Deal-Kapitalismus	Überschneidungen mit Szenario 4 und Ansätze von Szenario 6
6. Solidarische Gesellschaft, grüner demokratischer Sozialismus	existiert in Gestalt konkreter Utopien/Konzepte in linken Diskursen und als Vor-Schein in der Realität

wahrscheinlich in demokratisch verfassten Staaten, aber nicht vollständig auszuschließen mit Blick auf die historische Erfahrung faschistischer Regime und Militärdiktaturen ist eine rechtsextreme Entwicklung, die schließlich in einen entzivilisierten Kapitalismus mit Zügen der Barbarei münden könnte (exemplarisch für den rechtsextremen Diskurs: Björn Höcke).

Das Szenario 3 »Interregnum. Krisenhafter Niedergang ohne Hoffnung« beschreibt eine mögliche künftige Entwicklung, deren Momente gegenwärtig in failing states zu beobachten sind: eine lange Kette von Niedergangserscheinungen; von ökonomischen, politischen, sozialen und ökologischen Krisen; Kontrollverlust des Staates; hochgradige Diskreditierung der Machteliten; Zerfall der Gesellschaft; die Einzelnen auf sich selbst zurückgeworfen. Und doch keine Hoffnung auf Alternativen, weil Gegenmächte schwach, marginalisiert und ohne taugliche Strategien sein würden. Der Mensch wird zur Ego-Maschine. Von Wolfgang Streeck in seiner linken Anklage beschrieben, von Frank Schirrmacher als liberal-konservative Klage über den schon im Gegenwärtigen erkennbaren Verlust von Menschlichkeit.

1.3 Szenarien realer und möglicher Entwicklungspfade

Das Szenario 4 »Grüner Kapitalismus auf neoliberaler Grundlage« entspricht einer in problembewussten Teilen der Machteliten stark verankerten realen kapitalistischen Entwicklung, die allerdings weitgehend konzentriert auf umwelttechnologischen Wandel ohne größere Veränderung der gesellschaftlichen Machtverhältnisse keine Rettung vor der Klima- und Umweltkrise bewirken wird. Hoffnung auf dieses Szenario wird im öffentlichen grünen Diskurs stark genährt – von Al Gore bis zu Ralf Fücks, der zugleich mit einem Green New Deal kokettiert.

Das Szenario 5 »Green-New-Deal-Kapitalismus« existiert in Gestalt von alternativen Projekten in Freiräumen des Kapitalismus, aber überwiegend bisher in der Form von Konzepten auf der Diskursebene und von Strategien, die auf eine postneoliberale grüne Transformation im Rahmen des Kapitalismus hinauslaufen. Ihre Verwirklichung wäre ein enormer Fortschritt, bliebe aber ohne die Überschreitung der Grenzen des Kapitalismus doch beschränkt. Für diesen Diskurs stehen beispielsweise Tim Jackson und in Deutschland Michael Müller.

Das Szenario 6 »Solidarische Gesellschaft/Demokratischer grüner Sozialismus« ist nirgendwo realisiert. Es existiert in linken Diskursen in Gestalt unterschiedlicher Konzepte für eine postneoliberale und postkapitalistische Transformation, zu behandeln im Teil 2 dieses Buches. Dieses Szenario wird nicht eines Tages mit einem einzigen umfassenden Umbruch zur Realität werden, sondern in einem längeren Prozess begrenzter Experimente, Reformen und größerer Brüche. Dieser Prozess fordert der Linken ab, jeden »Vor-Schein« künftig möglicher fundamentaler Veränderungen schon in gegenwärtigen Formen der Gesellschaft zu erfassen, um die Keimformen des Neuen über das Heute hinaus zu treiben.

Die Szenarien realer oder möglicher künftiger Entwicklung einerseits und die mit den verschiedenen Entwicklungspfaden korrespondierenden Diskurse andererseits sind nicht deckungsgleich. Zwar sind sowohl Szenarien, die vor allem gegebene Verhältnisse und Tendenzen abbilden, als auch Szenarien, die eher Umrisse künftig möglicher Entwicklungen erfassen, stets in beträchtlichem Maße Resultat von Diskursen in den Machteliten, unter alternativen Kräften und in der gesamten Bevölkerung. Aber sie sind nicht allein das Resultat solcher Diskurse. Sie ergeben sich ebenso aus nicht-intendierten Prozessen, die autonom und weitgehend unabhängig von Diskursen verlaufen: aus Naturbedingungen, aus den Wirkungen der Geschichte auf gegenwärtiges Handeln, aus der Produktivkraftentwicklung, aus zufälligen Ereignissen, institutionellen Besonderheiten und der Entwicklung der gesellschaftlichen Kräfteverhältnisse. Deshalb ist es sinnvoll, nach dem Zusammenhang von realen und möglichen Entwicklungspfaden – erfasst in

Szenarien – und bestimmten Diskursen zu fragen. Dies geschieht vorwiegend in der Auseinandersetzung mit Texten, die besonders charakteristisch oder prägend für die unterschiedlichen Szenarien sind.

Bevor wir uns den Textanalysen zuwenden, liegt eine kurze Verständigung über die Struktur solcher Analyse nahe. Zu fragen ist, unter welchen Gesichtspunkten Diskurse und die zu ihnen gehörenden Texte zu untersuchen sind. Welche Fragen sind für jede Textanalyse wichtig? Zur Diskurstheorie, die unter anderem Maßstäbe der Diskursanalyse entwickelt, liegt umfangreiche Literatur vor (Foucault 1974; Bourdieu 2005; Habermas 1995; Turowski/Mikfeld 2013; Turowski 2016; Nonhoff 2006; Jäger 2004; Keller 2004).

Häufig verschwindet allerdings in der verästelten Darstellung des diskurstheoretischen Gebäudes der Inhalt der Diskurse selbst. Sie zu untersuchen, wird in der Diskurstheorie häufig der Politikwissenschaft, der Wirtschaftswissenschaft, den Kulturwissenschaften usw. zugeschrieben. Inhalt und Sinn von Texten werden oft ausdrücklich aus dem Gegenstand diskurstheoretischer Arbeiten ausgeschlossen, auch wenn die Wechselwirkung von Fachwissenschaften und Diskurstheorie betont wird. Martin Nonhoff beispielsweise hebt hervor: »Diskursanalyse interessiert sich nicht für die auf die Tiefe zielende, interpretatorische Frage, welcher Sinn im Text verborgen ist, vielmehr interessiert sie das Oberflächenproblem, wie Sinn generiert wird.« (Nonhoff 2006: 41) Hier dagegen werden Aussagen aus der Diskurstheorie über Prinzipien einer Diskursanalyse aufgenommen, aber die Aufmerksamkeit wird auf die Inhalte des Diskurses zu Zukunft oder Ende des Kapitalismus konzentriert. Bourdieu schrieb:

> »Es gibt keine Wissenschaft vom Diskurs an und für sich.« (Bourdieu 2005: 141)

Zu erwägen war bei der Konzipierung der hier vorliegenden Arbeit, ob jeder zu analysierende Text streng nach einem einheitlichen diskurstheoretisch zu bestimmenden Raster behandelt werden sollte, wie dies beispielsweise Nonhoff mit Texten zur »Sozialen Marktwirtschaft« systematisch tut (Nonhoff 2006). Das hätte jedoch erschwert, der inhaltlichen Spezifik und dem besonderen Charakter jedes einzelnen Diskursbeitrags gebührende Aufmerksamkeit zuzuwenden. Deshalb werden im Folgenden übergreifende Prinzipien der Auseinandersetzung mit den einzelnen Texten genannt und in den Analysen der Texte aufgegriffen. Aber sie werden nicht für jeden einzelnen Text in der gleichen Reihenfolge und mit dem gleichen Gewicht dieser Maßstäbe beachtet.

1.3 Szenarien realer und möglicher Entwicklungspfade

Die Auseinandersetzung mit ausgewählten Texten erfolgt unter dem Gesichtspunkt, welche Aspekte in diesen Schriften aus der Perspektive einer linken Transformationsstrategie besonders wichtig sind, als Gegenpol zu ihr oder weil sie Orientierungen, Anregungen oder Ansatzpunkte für demokratische Allianzen bieten. Turowski und Mickfeld nennen das »strategische Diskursanalyse«.

Als Prinzipien oder wichtige Fragen in der kritischen Auseinandersetzung mit einzelnen Texten werden hier angesehen:
- ihr historischer Kontext,
- ihre Rolle in den gesellschaftlichen Machtkämpfen (Welche Interessen werden vertreten?),
- Ihre Hauptaussagen, wichtigsten Forderungen und Versprechen,
- Ihr »Außen« (Gegen welche andere Diskurswelt wird die eigene Diskurswelt in Stellung gebracht?),
- welche soziale Gruppen den im Text enthaltenen Diskurs vorwiegend tragen,
- welche emotionalen Bedürfnisse der Text bedient (vgl. Foucault 1974; Jäger 2004; Nonhoff 2006; Turowski/Mikfeld 2013; Turowski 2016).

2. Kapitel
Der neoliberale Diskurs:
Zukunft als modifiziertes »Weiter so«

Einig darin, dass an der neoliberalen Verfasstheit des Kapitalismus festzuhalten sei, bietet der neoliberale Diskurs doch ein differenziertes Bild. Er umfasst einen »Heile-Welt-Diskurs«, der ein Weiter so ohne wesentliche Veränderungen der Politik propagiert (z.B. Bert Rürup), den Diskurs »Wachstum als Lösung aller Probleme« (z.B. Karl-Heinz Paqué), die Kritik einzelner Seiten der neoliberalen Politik, die auf einen funktionsfähigeren neoliberalen Kapitalismus zielt (z.B. Hans Werner Sinn) und einen Diskurs, der auf ein »Weiter so mit staatsinterventionistischer Hilfe« hinausläuft (EU-Kommission).

Das neoliberale Weiter so bedeutet meist nicht, den neoliberalen Kapitalismus ohne Veränderungen in seiner gegenwärtigen Ausformung zu erhalten. Doch festgehalten wird an der Unterwerfung von Politik und Gesellschaft unter die Interessen der mächtigsten Kapitaloligarchien. Vor allem dies erklärt die Wirkungsmacht der Repräsentanten des neoliberalen Diskurses. Auf sie trifft die Aussage Bourdieus zu:

> »Im Kampf um die Durchsetzung der legitimen Vorstellung, in dem die Wirtschaft ganz unvermeidlich selber engagiert ist, bemisst sich die Macht der Akteure ganz direkt nach ihrem symbolischen Kapital, also nach der Anerkennung, die sie von einer bestimmten Gruppe bekommen. Die Autorität, auf der die performative Wirkung des Diskurses beruht, ist ein *percipi*, ein Gekannt- und Anerkanntwerden, das offiziell, d.h. vor den Augen und im Namen aller, den Konsens über den Sinn der sozialen Welt erzwingen kann, auf dem der *common sense* beruht.« (Bourdieu 2005: 100)

Die Gruppe, die die neoliberalen Theoretiker mit Anerkennung adelt und ihnen dadurch ihren Einfluss verleiht, ist die am meisten marktradikale, konservative Fraktion der Machteliten.

2.1 Liberalismus, Ordoliberalismus, Neoliberalismus

Das Verständnis gegenwärtiger Diskurse wird durch einen Rückblick auf ihre Entstehung und Entwicklung erleichtert. Daher wird hier der Analyse ausgewählter Texte des gegenwärtigen neoliberalen Diskurses der historische und theoriegeschichtliche Hintergrund vorangestellt, auf dem diese Texte zu verstehen sind.

Eine allgemeine Erfahrung ist zudem, dass Phänomene bei ihrem ersten Auftreten besonders eindringlich wahrgenommen werden können – sei es unter dem Eindruck ihrer Neuheit, sei es, weil sie sich in ihrer nackten Geburtsgestalt deutlicher offenbaren als in ihren späteren abgewandelten, verkleideten und angepassten Formen. Am Marx-Engels-Denkmal in Berlin ist in Stahlstelen eingraviert ein Foto aus der frühen Zeit der Elektrifizierung der jungen Sowjetunion zu sehen. Es zeigt eine Gruppe von Bauern, die in einer ärmlichen Kate mit dem Ausdruck gläubigen Erstaunens zu der ersten Glühbirne emporblicken. Bildhaft zu greifen wie später kaum mehr ist hier der Bruch mit der Rückständigkeit durch das gigantische Unternehmen der Stromversorgung eines riesigen, wirtschaftlich und kulturell noch vormodernen Landes. So klar wie später kaum treten die Eckpunkte des neoliberalen Diskurses in den Texten der Väter des Neoliberalismus zutage. Unverschleiert begegnen uns in ihnen die Grundideen neoliberalen Denkens und neoliberaler Politik.

In Deutschland wird neoliberales Denken in besonderem Maße von der Friedrich A. von Hayek-Gesellschaft, der Initiative Neue Soziale Marktwirtschaft und der Friedrich-Naumann-Stiftung gepflegt. Diese Institutionen gehören zu einem weltweiten Netz von etwa einhundert neoliberalen Think Tanks im Umfeld der 1947 von Friedrich August von Hayek, Ludwig von Mises, Karl Popper, Milton Friedman und anderen gegründeten Mont Pellerin Society (MPS). (Walpen 2004)

Spätestens seit diesem Zeitpunkt arbeiten marktradikale Denkfabriken im Verbund mit konservativen und wirtschaftsliberalen Forschungsinstituten, privaten und staatlichen Universitäten international vernetzt am Übergang zu einem postfordistischen neoliberalen Kapitalismustyp. Milton Friedman schrieb über diesen langen Atem des neoliberalen Netzwerks: »Wenn sich Leute für eine neue Lösung entscheiden, nehmen sie meist das, was gerade vor ihnen liegt. Und daher bin ich mehr und mehr davon überzeugt, dass die Rolle von Büchern wie diesem hier (Friedmans »Kapitalismus und Freiheit« oder Hayeks »Der Weg zur Knechtschaft« – D.K.) in erster Linie darin liegt, Alternativen für bestehende Einrichtungen aufzuzeigen und lebendig zu halten, bis das Klima für eine ernsthafte Auseinandersetzung mit diesen Alternativen durch die Gemeinschaft mehr oder weniger günstig ist.« (Friedman 2004: 20)

Der neoliberale Diskurs war eine ideologische und konzeptionelle Voraussetzung für die reale Transformation des sozialstaatlich regulierten Kapitalismus zum sozial deregulierten neoliberalen Kapitalismus seit den 1970er Jahren. Dieser Diskurs liefert auch gegenwärtig die Begründungen für die Fortsetzung der profitdominierten, stark finanzmarktfixierten Politik.

Der neoliberale Diskurs soll jeden Ansatz einer postneoliberalen progressiven Transformation ausschalten. Mit der Suggestion, dass dem Kapitalismus alternativlos die Zukunft gehöre, erklären die Wortführer dieses Diskurses und ihre Gefolgschaften jedes Nachdenken über eine Endlichkeit des Kapitalismus und alle Suche nach Alternativen zu hoffnungslos realitätsfernen Irrwegen und die Träger eines linken Gegendiskurses zu Gefährdern der Zivilisation schlechthin.

Der Laissez-faire-Liberalismus des 19. Jahrhunderts war gegen vorkapitalistische feudale Formen staatlicher Regulierung gerichtet und feierte die »invisible hand« der Märkte (Adam Smith) als die natürliche Form des gesellschaftlichen Fortschritts. Claus Thomasberger schreibt über diesen progressiven Liberalismus: »Entscheidend ist zu verstehen, dass sich der ökonomische Liberalismus gerade deswegen auf Laissez-faire stützen konnte, weil er wie selbstverständlich von der Annahme ausging, dass gesellschaftliche Entwicklung, Fortschritt und Ausdehnung der Marktordnung gleichgesetzt werden konnten.« (Thomasberger 2009: 6)

In einer grundsätzlich anderen Situation befand sich der Liberalismus des 20. Jahrhunderts, das durch den Kampf zwischen Sozialismus und Kapitalismus bestimmt war. Die Marktgesellschaft konnte nicht mehr als die selbstverständliche Perspektive angesehen werden. Nun musste der Staat gegen eine mögliche Alternative zur kapitalistischen Marktgesellschaft weit stärker als zuvor mobilisiert werden. Die Väter des gegenwärtigen Neoliberalismus, Hayek und Friedman, haben stets klargestellt, dass staatliche Interventionen unverzichtbar, aber nur legitim als »Planung zum Zwecke des Wettbewerbs« (Hayek 1952: 66), also zur Stärkung der Marktregulation sei. »Planung für den Markt ist daher immer auch gleichbedeutend mit Planung *gegen* den Sozialismus, *gegen* eine gemischte Wirtschaft und *gegen* alles, was darauf zielt, Produktion, Verteilung in anderer Form als über Märkte zu organisieren.« (Thomasberger 2009: 7)

Vor dieser Herausforderung sahen sich bereits die Theoretiker des Ordoliberalismus, der seine Wurzeln in der von Walter Eucken zu Beginn der 1930er Jahre begründeten Freiburger Schule hat. Neben Eucken werden zu den Ordoliberalen vor allem Wilhelm Röpke, Franz Böhm, Alexander Rüs-

2.1 Liberalismus, Ordoliberalismus, Neoliberalismus

tow und Alfred Müller-Armack gerechnet. Sie alle betonen die Zuständigkeit des Staates für einen Ordnungsrahmen des Marktes.

Unter dem Eindruck faschistischer Barbarei, des Weltkrieges und der aus diesen Erfahrungen resultierenden Anziehungskraft sozialistischer Ideen propagierten die Ordoliberalen darüber hinaus auch eine soziale Verantwortung des Staates. Soziale Marktwirtschaft bedeute, so Müller-Armack, »dass dies eben keine sich selbst überlassene, liberale Marktwirtschaft, sondern eine bewusst gesteuerte, und zwar sozial gesteuerte Marktwirtschaft sein soll« (Müller-Armack 1990: 96). Nach der ordoliberalen Theorie und Diskurspolitik sollte als Bedingung solcher sozialen Orientierung jede monopolistische Machtkonzentration verhindert werden. In der Realität geschah genau das Gegenteil.

Gleichwohl hatte sich seit den 1930er Jahren trotz anhaltend hohen Monopolisierungsgrades der Wirtschaft für etwa vier Jahrzehnte zunächst in den USA und in Skandinavien, nach dem Krieg aber auch in Westeuropa ein sozialstaatlich regulierter Kapitalismus durchgesetzt. Die Politik, die diesen fordistischen Kapitalismus gestaltete, war überwiegend keynesianisch geprägt und ein Beweis dafür, dass im Rahmen der ökonomischen Gesetze und Verhältnisse des Kapitalismus sehr unterschiedliche varieties of capitalism möglich sind.

Gegen diese Entwicklung, die ihnen sozialismusverdächtig erschien, mobilisierten die Neoliberalen Hayekscher und Friedmanscher Prägung alle verfügbaren Potenziale. Friedrich August von Hayek wirkte zwischen 1935 und 1950 an der London School of Economics. Milton Friedman, 1976 mit dem Nobelpreis für Wirtschaftswissenschaften ausgezeichnet, lehrte von 1946 bis 1976 an der University of Chicago und wurde dort das Haupt der sogenannten Chicagoer Schule. Seit den 1980er Jahren wurde der von Hayek und Friedman vertretene Neoliberalismus hegemonial gegenüber den bis dahin vorherrschenden keynesianischen Auffassungen. Der neoliberale Diskurs wurde in Großbritannien von Margret Thatcher und in den USA von Ronald Reagan in praktische Regierungspolitik umgesetzt. Der Kapitalismus machte eine Transformation vom sozialstaatlich regulierten (fordistischen) Kapitalismus zum neoliberalen Kapitalismus durch. Der im ordoliberalen Diskurs propagierte »Wohlstand für alle« (Ludwig Erhard) wurde beiseitegefegt. Soziale Deregulierung, Liberalisierung, Privatisierung und Finanzialisierung wurden bestimmend. Die Deregulierung der Finanzmärkte und die soziale Deregulierung durch Rückbau des Sozialstaates und Flexibilisierung des Arbeitsmarktes schließen allerdings einen massiven Staatsinterventionismus im Interesse oligarchischer Macht keineswegs aus, wo er dem herrschenden Block notwendig erscheint.

Die Bezeichnung des gegenwärtigen Kapitalismus als neoliberaler Kapitalismus hat im öffentlichen Diskurs diesem realen Wandel entsprechend allmählich eine negative Konnotation erlangt. Im Kampf um Begriffe ist es der Linken und anderen demokratisch-sozialen Kräften in diesem Fall gelungen, in der öffentlichen Meinungsbildung den Begriff Neoliberalismus so zu deuten, dass er eine negative Wertung der gesellschaftlichen Realität signalisiert. Die Adenauer-Stiftung hat das mit Empörung registriert. Sie wirft der Linken vor: »Manchen Begriffen wird bewusst Gewalt angetan. ›Neoliberalismus‹ ist ein solcher Fall. Seit seiner Entstehung hat dieser Begriff unter dem Einfluss der politischen Linken in aller Welt einen derartigen Bedeutungswandel erlitten, dass er im öffentlichen Diskurs mittlerweile für das Gegenteil des ursprünglich Gemeinten steht. Stichworte der Verunglimpfung sind: Kapitalismus ohne Herz, Effizienz und wirtschaftlicher Profit statt sozialer Gerechtigkeit, Entmachtung der Politik und Primat des ›ungezügelten‹ Markts, Minimalstaat, kollektive Regelmäßigkeit, Ausbeutung. Mit den Absichten und Inhalten, die sich mit dem originären Neoliberalismus verbinden, hat dies nichts gemein.« (www.kas.de/wf/de/71.11514/) Aber nicht die Linken haben den Neoliberalismus mit diesem hässlichen Gesicht in Chile erstmals in einer Art gesellschaftlichem Experiment eingeführt – unter dem Vorzeichen von Folter und Mord. Nicht die Linke, sondern Margaret Thatcher in Großbritannien und Ronald Reagan in den USA sorgten nach ihren Wahlsiegen für das antisoziale Antlitz des neoliberalen Kapitalismus.

Hans-Werner Sinn ist auf solchem Hintergrund bedacht darauf, eine Distanz zu dem in Verruf geratenen Neoliberalismus zu markieren. Er bezeichnet sich selbst als Ordoliberalen im Gegensatz zum »Chicago-Liberalismus« Milton Friedmans. Sinn schreibt: »Während der Chicago-Liberalismus in der Krise an die Wand fuhr, wird der Neoliberalismus der deutschen Schule, wie er von Alexander Rüstow und Wilhelm Röpke bis zu Walter Eucken propagiert wurde, durch die Geschehnisse des Jahres 2008 bestätigt. Es war die zentrale These der neoliberalen Ökonomen, dass Märkte ihre segensreichen Wirkungen nur in einem starken Ordnungsrahmen entfalten können, der vom Staat definiert wird. Es gibt keine Selbstregulierung der Märkte, nur eine Selbststeuerung innerhalb des staatlich gesetzten Regulierungsrahmens. Das Haftungsprinzip gehörte zu Euckens konstituierenden Prinzipien der marktwirtschaftlichen Ordnung, die vom Staat definiert und durchgesetzt werden müssen.« (Sinn 2012: 367)

Er argumentiert auf diese Weise im Rahmen des unter den deutschen Eliten beliebten Musters, die Schuld für die Krise 2008 vor allem in der US-amerikanischen Deregulierungspolitik zu suchen – aber nicht in den auch in Deutschland und Europa bestimmenden und vom neoliberalen

2.2 Konturen des Neoliberalismus in Texten Hayeks und Friedmans

Mainstream auch hierzulande mitgetragenen Grundstrukturen des finanzmarktgetriebenen Kapitalismus.

Der neoliberale Mainstream in der Volkswirtschaftslehre ist in Europa zusammen mit den amerikanischen Kollegen voll in die jüngste Mehrfachkrise hineingesegelt. Karl-Heinz Paqué hat seine Mitgliedschaft in der Hayek-Gesellschaft und in der Initiative Neue Soziale Marktwirtschaft nicht etwa unter Protest aufgekündigt, als ihre marktradikale Orientierung in die Krise steuerte. Bert Rürup hat keinen Anstoß an Carsten Maschmeyers anrüchigen Finanztransaktionen genommen, als er in dessen AWD-Unternehmen einstieg. Hans-Werner Sinn hat – dies ist festzuhalten – in seinem hochgelobten Buch »Kasino-Kapitalismus« Auswüchse des neoliberalen Finanzmarktkapitalismus kritisiert. Aber eben nur, damit er besser funktioniere und ohne die Grundstrukturen des neoliberalen Kapitalismus infrage zu stellen – wie noch zu zeigen ist.

2.2 Die Konturen des Neoliberalismus in den Basistexten Hayeks und Friedmans

Hayeks und Friedmans Texte sind auf wenige neoliberale Kernideen konzentriert, die auch den gegenwärtigen neoliberalen Diskurs bestimmen, allerdings in vielfach modifizierter Weise. Sie formulieren die Eckpunkte des neoliberalen Konzepts so zugespitzt, dass bei ihnen die Zusammenhänge, in welche heutige neoliberale Meinungsbildung einzuordnen ist, besonders klar vortreten.

Erstens: Individuelle Freiheit
Das oberste Ziel einer freiheitlichen Gesellschaft sei die »Anerkennung des Individuums als des obersten Richters über seine Ziele, die Überzeugung, dass es, soweit nur irgend angängig, in seinen Handlungen seinen eigenen Anschauungen folgen sollte« (Hayek 1952: 86). Die Unantastbarkeit des Kapitaleigentums und die Alternativlosigkeit der kapitalistischen Marktgesellschaft im Namen individueller Freiheit zu beschwören, ist einer der gelungensten Coups des Neoliberalismus. Mit konkurrenzgetriebenen Innovationen, steigender Arbeitsproduktivität, Produktvielfalt und einer riesigen Palette von Leistungsangeboten wird für große Teile der Bevölkerung eine Wahlfreiheit in ihrer persönlichen Lebenswelt tatsächlich erweitert. Im Rahmen einer konsumorientierten und zugleich imperialen Lebensweise, die große Teile der Weltbevölkerung ausgrenzt und deren natürliche Lebensbedingungen zerstört, wird das Leben für die oberen und mittleren sozialen

Milieus der Gesellschaft in den reichen Teilen der Welt bunter und bindet sie an die Marktgesellschaft. Aber dieser partielle individuelle Freiheitsgewinn muss mit steigendem Leistungsdruck in der Arbeitswelt, wachsendem Stress und oft gesundheitlichen Schäden bezahlt werden. Die Grenzen zwischen Arbeit und Freizeit verschwimmen zugunsten ständiger Verfügbarkeit einer steigenden Zahl von Lohnabhängigen für ihre Arbeitgeber bzw. Freizeitnehmer. Mehr Selbstverantwortung der einzelnen in der Arbeit schlägt unter dem Druck der Konkurrenz in mehr Selbstanpassung und Selbstausbeutung um. Statt reich entfalteter Individualität ist der seinen eigenen Nutzen kalkulierende homo oeconomicus allpräsent. Menschen werden zu Egomaschinen (siehe im Folgenden Schirrmacher 2013), gesteuert von Konkurrenzzwängen. Der Markt gebiert Freiheiten der Individuen, die sie in vorkapitalistischen Gesellschaften nicht hatten und die ihnen auch der Staatssozialismus weitgehend verweigerte. Im Rahmen kapitalistischer, patriarchaler, ethnozentrierter und an körperlichen und psychischen Unterschieden der Menschen anknüpfender »intersektioneller« Herrschaft (siehe Kapitel 7.1.5) gelten Rede- und Versammlungsfreiheit, Wahlrecht für alle und Rechtsstaatlichkeit als Basisinstitutionen des modernen Kapitalismus. Als Ersatz für die vielen Einschränkungen dieser Freiheit in der Realität, für soziale Gleichheit, für Gerechtigkeit und Solidarität hält in den reichen Ländern eine überwältigende glitzernde Warenwelt her. Die ursprünglich deklarierten Werte der bürgerlichen Revolution wirklich zu leben, ist nur im Widerstand gegen die Profitdominanz auf den Märkten möglich. Allerdings ist der neoliberale Kapitalismus flexibel genug, um materiellen und postmateriellen Forderungen partiell stattzugeben und entsprechende Teilreformen in sein System zu integrieren.

Die erste große Formel der Neoliberalen »Individuelle Freiheit durch freie Märkte« entpuppt sich als geniale Täuschung. Weder die Individuen noch seit dem Übergang vom Konkurrenzkapitalismus zum dominant monopolistischen Kapitalismus die Märkte sind tatsächlich frei.

> Die Stärke des neoliberalen Kapitalismus ist, dass er sich im Namen individueller Freiheit bewegt, damit eines der größten Ideale der Menschen für sich beansprucht und im Rahmen einer imperialen Lebensweise großer Teile der Bevölkerung in den reichen Ländern begrenzte Freiräume auch tatsächlich eröffnet. Die Schwäche des neoliberalen Kapitalismus besteht darin, dass dieser freiheitliche Anspruch per Saldo selbst in den reichen Ländern mit der Arbeits- und Lebenswirklichkeit kollidiert, zudem zulasten der Menschen in den armen Erdregionen verläuft und mit der Zerstörung unserer natürlichen Lebensgrundlagen verbunden ist.

2.2 Konturen des Neoliberalismus in Texten Hayeks und Friedmans 35

Zweitens: Markt und Kapitaleigentum im Zentrum der Regulationsweise

Der archimedische Punkt des neoliberalen Gedankengebäudes und praktischer neoliberaler Politik ist die Zentralität des Marktes, also des Profits. Die Regulationsweise des neoliberalen Kapitalismus ist die Marktregulation.

Milton Friedman formulierte als neoliberales Credo, »dass freie Märkte für Güter und Ideen die entscheidende Vorbedingung individueller Freiheit« seien (Friedman 2004: 19) und »dass das System des Privateigentums die wichtigste Garantie für die Freiheit ist, und zwar nicht nur für diejenigen, die Eigentum besitzen, sondern auch fast ebenso für die, die keines haben. Allein aus dem Grunde, weil die Herrschaft über Produktionsmittel sich auf viele Menschen verteilt, die unabhängig voneinander handeln, sind wir niemand ausgeliefert, so dass wir als Individuen entscheiden können, was wir tun und lassen wollen.« (Hayek 1952: 138)

Dieses Fundament neoliberaler Theorie ist gleich mehrfach brüchig. Es ist eine ideologische Konstruktion, fern der Wirklichkeit und doch eine Art Mythos, der dem Neoliberalismus seine Anhängerschaft sichert. Zunächst, spätestens seit dem Übergang des Konkurrenzkapitalismus zum Monopolkapitalismus gegen Ende des 19. Jahrhunderts existieren freie Märkte nicht mehr. Zwar sind die weitaus meisten Unternehmen kleine und mittlere Firmen. Aber die ökonomische Macht ist hochgradig bei Monopolunternehmen bzw. oligopolistischen Unternehmen konzentriert. Die entscheidende Macht auf den Märkten haben Großunternehmen, die eine freie Preisbildung als Kernstück freier Konkurrenz nicht zulassen.

Ferner funktionieren die Märkte längst nicht mehr ohne eine starke Präsenz des Staates in der Wirtschaft. Er setzt nicht nur Rahmenbedingungen, sondern interveniert durch Geld- und Finanzpolitik, Struktur-, Technologie- und Regionalpolitik sowie in Gestalt staatlicher Unternehmen und öffentlicher Infrastrukturen überall dort, wo privatkapitalistische Rentabilität nicht gesichert ist.

Der neoliberale Kapitalismus bewegt sich in einem tiefen Widerspruch. Er praktiziert (soziale) Deregulierung und Privatisierung und öffnet durch Liberalisierung neue Märkte. Aber nur mittels permanenter Staatsintervention kann der Marktmechanismus überhaupt funktionieren. Die neoliberalen Theoretiker haben die Funktion des Staates, die Marktwirtschaft und die Marktgesellschaft zu gewährleisten, stets betont, jedoch zugleich enge Grenzen dafür gefordert: »Eine Regierung, die für Ruhe und Ordnung sorgt, die die Eigentumsrechte definiert ..., die Einhaltung von Verträgen erzwingt, den Wettbewerb fördert, ein monetäres System schafft, sich für die Bekämpfung technischer Monopole und die Beseitigung ihrer Folgewirkungen einsetzt, wenn dies angebracht erscheint, und die die private Wohlfahrt und die Familie bei der Fürsorge für Unzurechnungsfähige, seien es Geisteskranke oder Kinder, unterstützt – eine solche Regierung hat zweifellos eine Reihe wichtiger Funktionen zu erfüllen.« (Friedman 2004: 59) Heute sehen sich die Machteliten genötigt, den Staat weit über das borniert, von den Stammvätern des Neoliberalismus vorgesehene Maß hinaus zu nutzen – zunehmend autoritär, aber angesichts des Drucks von Gegenmächten auch mit sozialen Teilreformen und unter prekären Umständen sogar in der Gestalt eines sozialdemokratischen »progressiven Neoliberalismus« (Fraser 2017). Seitdem Tony Blair und Gerhard Schröder dem neoliberalen Kapitalismus in Europa einen erheblichen Schub gaben, bedarf es dafür auch nur noch mäßiger Überwindung der Herrschenden.

Denn im Prinzip bleibt es dabei: Soweit die kapitalistischen Machteliten in der Lage sind, den Staat als »materielle Verdichtung eines Kräfteverhältnisses« (Poulantzas 2002: 91) trotz des Widerstands demokratischer Akteure für ihre Interessen einzusetzen, dient selbst ein staatsinterventionistischer Neoliberalismus letzten Endes der Profitdominanz der mächtigsten Marktakteure. Der deutlichste Ausdruck dafür ist die Wandlung des neoliberalen Kapitalismus in die Richtung eines finanzmarktgetriebenen Kapitalismus. Die Finanzmärkte sind trotz aller Regulierungsbeschwörungen die am meisten deregulierten und noch zudem heute dominierenden Märkte (Huffschmid 2002; Bischoff 2006; Bischoff/Detje 2001; Sablowski/Alnasseri 2001).

Claus Thomasberger hat den theoretischen Grundgedanken deutlich gemacht, mit dem Hayek begründete, dass staatliche Interventionen nur dann akzeptiert werden könnten, wenn sie der Stärkung der Marktregulierung dienen (Thomasberger 2009: 24ff.). Hayek wendet sich kategorisch gegen »die Doktrin, die unterstellt, dass ... es in unserer Macht steht, unsere Institutionen so zu gestalten, dass von allen möglichen Arten von Ergebnissen dasjenige, dass wir allen anderen vorziehen, verwirklicht werden wird; ... Aus dieser Art des sozialen Rationalismus oder Konstruktivismus entspringen Totalitarismus, Planung und der gesamte moderne Sozialismus.« (Hayek 1969: 79)

Anders ausgedrückt, die gesellschaftlichen Institutionen, insbesondere der Markt, würden unbeeinflussbar von subjektivem Wollen der gesellschaftlichen Kräfte existieren. Der Versuch, aus den kapitalistischen Institutionen auszubrechen, könne nur in Chaos und Diktatur enden. Gesellschaftliche Akteure könnten nur im Rahmen der Marktgesetze handeln, die ihnen als objektive Gegebenheiten die Grenzen ihres Handelns setzen.

So begründete beispielsweise Meinhard Miegel, langjähriger Leiter des Bonner Instituts für Wirtschaft und Gesellschaft und prominenter Berater

2.2 Konturen des Neoliberalismus in Texten Hayeks und Friedmans

in Politik und Wirtschaft, seine Forderung an die »einkommensverwöhnten Westler«, ihre Löhne in der Konkurrenz mit asiatischen Niedriglöhnen nach unten zu korrigieren, mit der Berufung auf den Zwang der Marktgesetze: »es sind die Gesetze des Marktes, die der Westen die Welt gelehrt hat. Sie jetzt ändern zu wollen, ist nicht nur Doppelzüngigkeit, sondern auch aussichtslos.« (Miegel 2005: 98)

Die Beschwörung der Objektivität der ökonomischen (Markt-)Gesetze als Zwangsgesetze menschlichen Handelns ist nicht ohne Ironie. Wird doch von bürgerlicher Seite dem an Marx orientierten Denken immer wieder falscher Determinismus vorgeworfen. Marx und mehr noch seine späteren Anhänger sind von diesem Vorwurf nicht freizusprechen.

Aber im Gegensatz zu den Neoliberalen hat Marx selbst die theoretischen Ansätze zur Relativierung der Wirkungsmacht ökonomischer Gesetze geliefert. Erstens hat er den Tendenzcharakter ökonomischer Gesetze und ihre innere Widersprüchlichkeit deutlich gemacht. In seiner Analyse des Profits beispielsweise hebt er den nur tendenziellen Fall der Profitrate hervor: »Es müssen entgegenwirkende Einflüsse im Spiel sein, welche die Wirkungen des allgemeinen Gesetzes durchkreuzen und ihm nur den Charakter einer Tendenz geben, weshalb wir auch den Fall der allgemeinen Profitrate als tendenziellen Fall bezeichnet haben.« (im Folgenden sind Zitate von Marx nachgewiesen nach Marx-Engels-Werke MEW 23: 242) Hier verblasst die eindeutige Gerichtetheit im Wirken der ökonomischen Gesetze, weil diese stets die Bewegung von Widersprüchen einschließen.

Zweitens hob Marx, die Vorstellung vom Wirken eherner ökonomischer Gesetze weiter relativierend, genau das hervor, was Hayek und andere Neoliberale später bestreiten: dass die Art und Weise der Wirkung und Durchsetzung struktureller Handlungsstränge und das Maß ihrer Auswirkungen durchaus vom Handeln der sie konstituierenden Akteure abhängen. Als er die Bewegung der Profitrate analysierte, schrieb er: »Die Fixierung ihres faktischen Grades erfolgt nur im unaufhörlichen Ringen zwischen Kapital und Arbeit ... Die Frage löst sich auf in die Frage nach dem Kräfteverhältnis der Kämpfenden.« (MEW 16: 149) In den Blick gerät hier die Dialektik von Handlungszwängen: Sie werden durch nichts anderes als durch menschliches Handeln erst einmal hervorgebracht. Sie gewinnen Wirkungsmacht über die, die sie selbst konstituiert haben. Aber da es das millionenfache Verhalten der Menschen ist, die die gesellschaftlichen Verhältnisse und ihre Gesetze hervorbringen, kann ein verändertes Verhalten das Wirken dieser Gesetze auch verändern und überwinden.

Drittens und im Gegensatz zu den Neoliberalen hebt Marx den Widerspruch zwischen dem durch die kapitalistischen Verhältnisse bewirkten ungeheuren Fortschritt in der Entwicklung des gesellschaftlichen Reichtums und seiner gleichzeitigen ungeheuren permanenten Zerstörung hervor, der schließlich die Überwindung des Kapitalismus zur Folge haben werde. Die Exponenten des Neoliberalismus dagegen bringen ihr Beharren auf der Unterordnung jeglichen gesellschaftlichen Handelns unter die Gesetze des Marktes auf einen schlichten Nenner:

> Als Stärke des neoliberalen Kapitalismus sei unbestreitbar, dass er mit dem Marktmechanismus über eine hochflexible Regulationsweise verfüge. Dies garantiere, dass er in der Lage sein würde, sich auch künftig an jede neue Situation anzupassen. Damit scheint ihm die Zukunft zu gehören.
> Die Schwäche des neoliberalen Kapitalismus ist jedoch, dass die Marktkonkurrenz sozial rücksichtslos, ökologisch blind, offen für jede Art Gewalt und Korruption und insgesamt ohne Lösungspotenzial gerade für die größten Probleme der Menschheit im 21. Jahrhundert ist.

Drittens: High Tech-Kapitalismus und digitale Revolution
Ein starkes realitätsgestütztes Argument der Neoliberalen ist der Verweis auf die dem Marktwettbewerb geschuldete Dynamik der Wirtschaft, auf die Entwicklung der Produktivkräfte der Gesellschaft. »Ein Ungeheuer, aber ungeheuer produktiv.« (Haug 2003: 25) So beschreibt Wolfgang Fritz Haug den neoliberalen Kapitalismus als High Tech-Kapitalismus. Hayek und Friedman haben in ihren Arbeiten stets ins Feld geführt, dass die kapitalistische Marktwirtschaft jeder sozialistischen Planwirtschaft in der Entwicklung der Produktivkräfte überlegen sei. Zwar treiben seit dem Ende des 19. Jahrhunderts nicht die freien Märkte, sondern in hohem Maße die monopolistische Konkurrenz – gestützt allerdings auf die Innovationskraft vieler kleiner und mittlerer Unternehmen –, die arbeitsteiligen internationalen Produktionsketten innerhalb transnationaler Unternehmen, imperiale Aneignung von Ressourcen rund um die Erde und die Finanzierungsmacht großer Finanzmarktakteure die Produktivkräfte voran. Aber das Resultat ist eine neue wissensbasierte technologische Basis des Kapitalismus, in deren Zentrum gegenwärtig die digitale Revolution tritt (siehe Kapitel 7.3).

> Eine Stärke des neoliberalen Kapitalismus ist, dass die entfesselte Weltmarktkonkurrenz eine neue Qualität der Produktivkraftentwicklung, die digitale Revolution, hervortreibt. Damit entstehen neue ökonomische Manövrierräume für das Kapital. Dem Kapitalismus scheint dank überlegener Produktivität die Zukunft zu gehören.

2.2 Konturen des Neoliberalismus in Texten Hayeks und Friedmans

Die vielfältige Separierung der Arbeitskräfte voneinander, zusammengeführt durch Informations- und Kommunikationsströme seitens des Managements, die Interessenunterschiede zwischen den für die Digitalisierung dringend gefragten Hochqualifizierten und den durch sie Bedrohten, aber auch zwischen ausgedünnten Kernbelegschaften und über Plattformen projektgebunden Eingeworbenen, zwischen Inlandsbeschäftigten und durch digitale Vernetzung vom Ausland her konkurrierenden externen Arbeitskräften schwächen die Gewerkschaften und insgesamt die Lohnabhängigen.

Als Schwäche des digitalisierten Neoliberalismus könnte sich herausstellen, dass er mehr qualifizierte Arbeitskräfte braucht, die in Zusammenhängen denken können, die angesichts wachsender Unsicherheit ihrer Existenzgrundlagen mehr Sicherheit fordern, deren ihnen abgeforderte Selbstverantwortung und Subjektivität sie denken lässt und umschlagen könnte in das Verlangen nach tatsächlich freier Persönlichkeitsentfaltung.

General. Dein Tank ist ein starker Wagen.
Er bricht einen Wald nieder und zermalmt hundert Menschen.
Aber er hat einen Fehler:
Er braucht einen Fahrer.
General, dein Bombenflugzeug ist stark.
Es fliegt schneller als ein Sturm und trägt mehr als ein Elefant.
Aber es hat einen Fehler:
Es braucht einen Monteur.
General, der Mensch ist sehr brauchbar.
Er kann fliegen, und er kann töten.
Aber er hat einen Fehler:
Er kann denken.
Bertolt Brecht

Wohin die digitale Revolution sozial und politisch wirklich führen wird, entscheidet die künftige Entwicklung der gesellschaftlichen Kräfteverhältnisse.

Viertens: Neoliberalismus in permanenter Konfrontation zu Sozialismus und sozialen Reformen
Zu den Grundbehauptungen im neoliberalen Diskurs gehört, dass die Marktwirtschaft, das Eigentum und damit die individuelle Freiheit durch den Kollektivismus tödlich bedroht seien. Nur im ständigen unversöhnlichen Kampf gegen alle Spielarten des Kollektivismus, zu denen Hayek Sozialismus, Kommunismus, Faschismus, Planwirtschaft und selbst Planungsansätze in der ka-

pitalistischen Gesellschaft und den Wohlfahrtsstaat zählt, könne die Marktwirtschaft als Freiheitsgarantie behauptet werden. Das ist der verbindende Grundgedanke in Hayeks Werk »Der Weg zur Knechtschaft« und in Friedmans »Kapitalismus und Freiheit«. Dieses Geburtscredo des Neoliberalismus ist bis in die Gegenwart wirkungsmächtig. Auch nach dem Verschwinden der Staatssozialismus schließt neoliberales Denken und Handeln einen fortwährenden Kampf gegen alle kapitalismuskritischen, basisdemokratischen, sozialstaatlichen und umverteilungsverdächtigen Ansätze ein. Die CDU-Spitzenpolitiker Hans Filbinger und Alfred Dregger führten ihre Wahlkämpfe unter der unveränderten Parole »Freiheit oder Sozialismus«. Die Behauptung »Ein Sozialismus, der mit demokratischen Mitteln erkämpft und erhalten wird, scheint endgültig zu den utopischen Dingen zu gehören.« (W.H. Chamberlin in: Hayek 1952: 48) gehört auch heute zum Grundrepertoire neoliberaler Diskurse. Ebenso ist ein durchgängiges Motiv in Friedmans »Kapitalismus und Freiheit«, » ... dass eine sozialistische Gesellschaft nicht zugleich demokratisch sein kann« (Friedman 2004: 30). Die Tragik des Sozialismus ist, dass er in seiner staatssozialistischen Gestalt dem antisozialistischen Hass Hayeks und seiner Gefolgschaft das praktische Anschauungsmaterial lieferte.

Demokratischen Sozialisten und Sozialisten ist zugefallen, in ihren Praxen, theoretischen Überlegungen und Transformationsstrategien nicht nur die Möglichkeit eines demokratischen Sozialismus zu begründen, sondern ihre Zuwendung zu einem demokratisch-sozialistischen Weg und Ziel bereits gegenwärtig praktisch unter Beweis zu stellen.

Dazu gehörten als Gründungskonsens der damaligen PDS und heutigen LINKEN die unwiderrufliche Abkehr vom Stalinismus als System, eine Fülle von Konferenzen, Basisdiskussionen und Publikationen zur Kritik der Staatssozialismus und zur Programmatik eines demokratischen Sozialismus sowie eine radikal demokratische Realpolitik, die in Deutschland seit Jahrzehnten im Rahmen des Grundgesetzes der Bundesrepublik praktiziert wird.

Die unter dem Begriff des Kollektivismus – später Totalitarismus – zusammengefasste Abgrenzung vom Stalinismus und Faschismus lässt die politisch als bürgerliche Demokratie verfasste kapitalistische Marktwirtschaft ohne Wenn und Aber als einzig mögliche Zukunft erscheinen. Der Diskurs »Zukunft oder Ende des Kapitalismus« gilt mit diesem Dogma bereits a priori als besiegelt zugunsten des Kapitalismus. Alle grundsätzliche Kritik des Kapitalismus und jede Alternative werden damit vom Tisch gefegt. »There is no Alternative!«

Das falsche »Sozialismus oder Freiheit« wirkt als eine Art lähmendes Gift im gesellschaftlichen Diskurs. Wo nur Kapitalismus bliebe, wenn Freiheit

2.2 Konturen des Neoliberalismus in Texten Hayeks und Friedmans

statt totalitärem Terror sein soll, gilt dieser Diskurs als schon entschieden. Für die plurale Linke und alle anderen kapitalistischen Kräfte geht es daher um eine handlungsorientierte Auflösung des Widerspruchs, dass Mehrheiten der Bevölkerung die gegenwärtige profitdominierte Gesellschaft weder als gerecht noch als demokratisch empfinden, sich aber trotzdem nicht zu Alternativen aufraffen, weil diese nicht als möglich erscheinen.

Die geistige und politische Skrupellosigkeit der neoliberalen Vordenker in der Auseinandersetzung mit allen des Sozialismus verdächtigen Tendenzen tritt in Hayeks »Weg zur Knechtschaft« exemplarisch in der Art und Weise seiner Faschismus-»Analyse« zutage. Als dieses Buch 1943 erschien, nach Hayeks eigener Aussage seit 1938 gedanklich vorbereitet, lief die industrielle Mordmaschinerie der Nazis in den Konzentrations- und Vernichtungslagern auf Hochtouren. Große Teile Europas standen unter faschistischer Fremdherrschaft. Die menschliche Zivilisation selbst war in Gefahr. Den Hauptanteil an ihrer Rettung trug mit dem Blut und dem Leiden ihrer Bevölkerung die Sowjetunion. Am Ende des Krieges hatte sie den Sieg über den Faschismus mit dem Verlust von 22 Millionen Menschenleben bezahlt.

Es war diese historische Situation, in der Hayek sein Konzept der Gleichsetzung von Faschismus und Sozialismus entwickelte. Mehr noch, Hayek interpretierte den Faschismus in Deutschland im Grunde als eine besondere Spielart des Sozialismus/Kommunismus: »Wie wir zu zeigen hoffen, ist der Konflikt zwischen der ›Linken‹ und der ›Rechten‹, d.h. den Nationalsozialisten, in Deutschland von jener Art, wie er immer zwischen radikalisierten sozialistischen Parteien ausbrechen wird.« (Hayek 1952: 26f.)

Während in Deutschland Kommunisten und Sozialdemokraten verfolgt, in Konzentrationslager verbracht, gefoltert und ermordet wurden, schrieb Hayek in London, dass Hitlers Aufstieg sich »weitgehend mit der Unterstützung alter Sozialisten« vollzogen habe (ebd.: 212). »Seit 1914 entstand aus den Reihen des marxistischen Sozialismus ein Verbündeter nach dem anderen, der dem Nationalsozialismus zwar nicht die Konservativen und die Reaktionäre zuführte, wohl aber die Werktätigen und die idealistische Jugend.« (Ebd.)

Bei solcher Sicht nimmt es nicht Wunder, dass in Hayeks Buch selbst eine zahnlose Kritik des Faschismus zugunsten voller Konzentration seiner Polemik gegen alles, was er dem Sozialismus zurechnete, an den Rand geriet. In der heute beliebten Nennung von Rechtsextremismus und Linksextremismus in einem Atemzug und immer wieder im Extremismusverdacht auch gegen die demokratische Linke lebt diese wissenschaftlich unhaltbare und politisch verhängnisvolle Totalitarismuskonzeption weiter.

> Die Stärke des neoliberalen Kapitalismus ist noch immer ein Feindbild, das große Teile der Subalternen gegen das verteufelte »Außen« in den gegebenen Strukturen zusammenhält. Seine Schwäche ist, dass im Namen dieses Feindbildes selbst solche inneren Reformen verhindert oder begrenzt werden, die den Kapitalismus in gewissem Maße stabilisieren könnten. Seine Schwäche ist, dass er selbst die bürgerliche Demokratie untergräbt und für alle demokratischen Kräfte der Gesellschaft eine Bedrohung ist.

Seit den Grundsteinlegungen für den Neoliberalismus haben dessen Vertreter Lernprozesse durchgemacht. Die Verkehrung sozialer Reformen zu Sozialabbau kommt nicht mehr so kompromisslos und offen deklariert daher wie in ihren Anfängen, sondern nicht selten kombiniert mit Teilzugeständnissen der Machteliten an die Subalternen, um ihren Widerstand gegen die generelle Austeritätspolitik zu schwächen und der ausgehöhlten Demokratie ihre Fassade nicht zu nehmen. Doch der Rückblick auf die ursprünglichen Kerngedanken des Neoliberalismus in den Texten seiner Urväter schärft den Blick für den Fortbestand dieser Eckpunkte im gegenwärtigen neoliberalen Diskurs.

2.3 Drei Repräsentanten des neoliberalen Diskurses

Auf dem Hintergrund des Blicks auf die Wurzeln neoliberalen Denkens sind im folgenden Abschnitt exemplarisch Texte von drei gegenwärtigen Vertretern des Neoliberalismus zu analysieren. Ihre Konzepte sollen hier im Rahmen des Diskurses über Zukunft oder Ende des Kapitalismus gelesen werden. Auf diese Autoren trifft in besonderem Maße zu, was Pierre Bourdieu über die »Richtungen« im Diskurs schrieb:

> »Der autorisierte Sprecher kann nur deshalb mit Worten auf andere Akteure und vermittels ihrer Arbeit auf die Dinge selber einwirken, weil in seinem Wort das symbolische Kapital konzentriert ist, das von der Gruppe akkumuliert wurde, die ihm Vollmacht gegeben hat und deren Bevollmächtigter er ist.« (Bourdieu 2005: 103)

Diese Gruppe umfasst den alten Machtblock von Finanzoligarchie, konservativen und wirtschaftsliberalen Parteien, ihnen verbundenen Medien und von ihnen dominierten staatlichen Apparaten.
Professor Hans-Werner Sinn, Präsident des unternehmernahen ifo-Instituts von 1991 bis zum März 2016, gilt als einer der Ideengeber der von Ger-

2.3 Drei Repräsentanten des neoliberalen Diskurses

hard Schröder 2004 auf den Weg gebrachten Agenda 2010, die einen entscheidenden Schub neoliberalen und finanzmarktorientierten Umbaus in Deutschland auslöste. Sinn trug dazu unter anderem mit seinen Büchern »Ist Deutschland noch zu retten?« (2003) und »Mut zu Reformen. 50 Denkanstöße für die Wirtschaftspolitik« (2004) sowie als einer der ersten Unterzeichner des »Hamburger Appells« für wirtschaftliche Reformen im Jahr 2005 bei. Seine Aufsichtsratsposition von 2000 bis 2010 in der Hypo-Vereinsbank verdeutlicht seine Einbindung in die herrschenden Machtstrukturen. In einer Umfrage der Financial Times Deutschland und des Vereins für Sozialpolitik unter 550 deutschen Wirtschaftsexperten aus dem Jahr 2006 wurde nur zwei Ökonomen – Hans-Werner Sinn und Bert Rürup – nennenswerter Einfluss auf die Politik zugeschrieben (Financial Times Deutschland, 10. Mai 2006). In der FAZ vom 5. September 2014 wurde Sinn bescheinigt, so viel Gewicht in Medien und Politik zu haben wie kein anderer deutscher Ökonom. Er wurde mit dem Verdienstkreuz am Bande des Verdienstordens der Bundesrepublik Deutschland ausgezeichnet.

Wenn es darum ging und geht, in wichtigen Entscheidungssituationen neoliberale Maßstäbe einzufordern, ist Hans-Werner Sinn stets einer der Ersten – ob in einem Aufruf von 172 Ökonomieprofessoren während der sogenannten Euro-Krise im Jahr 2012 gegen eine als marktwidrig betrachtete »Vergemeinschaftung der Bankenschulden«, ob in einem Artikel dazu gegen den »Missbrauch des Restrukturierungsfonds und der Einlagensicherung für die Vergemeinschaftung der Abschreibungsverluste«, ob für ein Ende der Staatsanleihekäufe durch die EZB oder ob mit dem Vorwurf, die EZB betreibe eine rechtswidrige monetäre Staatsfinanzierung, die die Marktsignale verzerre und die schwachen Schuldnerstaaten auf Kosten der Gläubigerländer stütze.

In Professor Bert Rürups Karriere machen zwei Momente seine Rolle als herausragender organischer Intellektueller der deutschen Machteliten besonders deutlich. Von 2000 bis 2009 gehörte er als »Wirtschaftsweiser« dem Sachverständigenrat zur Begutachtung der gesamtwirtschaftlichen Entwicklung an, seit März 2005 als dessen Vorsitzender. Als weniger honorig wurde in der Wirtschaftspresse die Übernahme des hoch dotierten Postens eines Chefökonomen und danach anderer Aufgaben in Carsten Maschmeyers anrüchigem Finanzvertriebsunternehmen AWD im Jahr 2009 kommentiert. Transparency International nannte Rürups Geschäftsbeziehungen zu Maschmeyers AWD ein Beispiel für politische Korruption. Rürup wurde mit dem Großen Verdienstkreuz des Verdienstordens der Bundesrepublik Deutschland dekoriert. Als Mitglied der Rentenreformkommission des ehemaligen Bundesarbeitsministers verhalf er der Riester-Rente und als Chef der späteren »Rürup-Kommission« der marktgerechten steuerlich geförderten privaten Altersvorsorge in Deutschland zu stärkerem Gewicht. Wie Hans-Werner Sinn wirkt Hans-Adalbert Rürup in einer kaum unübersehbaren Fülle von Gremien als prominenter Mainstream-Politikberater.

Professor Karl-Heinz Paqués Einbindung und Rolle im neoliberalen Mainstream kann durch seine Mitgliedschaft im Konvent für Deutschland verdeutlicht werden. Der Konvent bezeichnet als Ziel seiner politikberatenden Funktion und seiner Öffentlichkeitswirkung die »Reform der Reformfähigkeit« Deutschlands. Gemeint ist damit die Durchsetzung marktradikaler Reformen, d. h. die Besetzung des herkömmlich sozial konnotierten Reformbegriffs mit dem Gegenteil des Drucks auf Löhne und Sozialleistungen. Gründer des Konvents im Jahr 2003 waren der damalige BDI-Präsident Olaf Henkel, der erst mit seiner – zeitweiligen – Mitgliedschaft in der AfD aus dem Konvent ausschied, Roland Berger, der Chef der gleichnamigen Unternehmensberatungs-Gesellschaft, und Manfred Pohl von der Deutschen Bank.

Der geschäftsführende Sekretär ist seit 2014 Oswald Metzger, langjähriges Mitglied der Friedrich A. von Hayek-Gesellschaft und Botschafter der Initiative Neue Soziale Marktwirtschaft. Zudem befindet sich Paqué, selbst Mitglied des FDP-Vorstands, dort unter anderem in Gesellschaft des früheren FDP-Vorsitzenden und heutigen Vorstandsvorsitzenden der Friedrich-Naumann-Stiftung, Wolfgang Gerhard, des Vorsitzenden des RWE-Aufsichtsrats Manfred Schneider, des früheren Verteidigungsministers Rupert Scholz, des ehemaligen Baden-Württembergischen Ministerpräsidenten Erwin Teufel und anderer prominenter Träger neoliberaler Politik. Auch der Hayek-Gesellschaft gehört Paqué an und ist Kurator der Initiative Neue Soziale Marktwirtschaft. Diese wurde 1999 von den Unternehmerverbänden der Metall- und der Elektroindustrie gegründet. Sie hat das Ziel, marktorientierte ordnungspolitische Vorstellungen und ein unternehmerfreundliches Klima in der Öffentlichkeit zu vertreten und zur Durchsetzung entsprechender »Reformen« beizutragen.

Wenn also im Folgenden der neoliberale Diskurs über die Zukunft des Kapitalismus anhand von Texten der drei genannten Autoren kritisch betrachtet wird, so dürfen sie als repräsentativ für neoliberales Denken gelten. Mehr noch, die eigene Stellung der drei organischen Intellektuellen im herrschenden Block weist ebenso wie die Textinhalte daraufhin, dass es in dem von ihnen geführten Diskurs immer um die Behauptung und Festigung der gegebenen Machtverhältnisse geht.

Pierre Bourdieu hat herausgearbeitet, dass die Wirkung der Diskursteilnehmer in hohem Maße von der Anerkennung einer – möglichst großen – sozialen Gruppe als ihr autorisierter Sprecher abhängt. Vor allem Hans-

2.3 Drei Repräsentanten des neoliberalen Diskurses 45

Werner Sinn und Bert Rürup beziehen ihre Autorität von solcher Anerkennung; und zwar von der Anerkennung der marktorientierten Machteliten. Diese sorgen durch die Berufung in einflussreiche Positionen, offizielles Lob, Auszeichnungen und privilegierten Zugang zu den Medien für jene »Delegation von Autorität, durch die der autoritäre Diskurs seine Autorität bekommt« (Bourdieu 2005: 107).

> »In Wirklichkeit ist der Sprachgebrauch, also Form und Inhalt des Diskurses, von der sozialen Position des Sprechers abhängig, die über seine Zugangsmöglichkeiten zur Sprache der Institution, zum offiziellen orthodoxen, legitimierten Wort entscheidet.« (Ebd.: 103)

2.3.1 Bert Rürups »Heile-Welt-Diskurs«

Bert Rürup und Dirk Heilmann bedienen mit ihrem Buch »Fette Jahre. Warum Deutschland eine glänzende Zukunft hat« zwei Bedürfnisse. Sie bestärken erstens die deutschen Machteliten darin, dass dank ihrer Politik dem Kapitalismus und speziell dem Kapitalismus in Deutschland die Zukunft gehöre – und zwar ohne wesentliche Änderungen dieser Politik. Zweitens tragen sie zu einem Verdrängungsdiskurs in der Öffentlichkeit bei. Sie bedienen die Hoffnung vieler Menschen, ohne die Unsicherheit großer Veränderungen über die Runden zu kommen. Sie kommen der Neigung entgegen, am Gewohnten festzuhalten. Sie sehen keine größeren Gefahren in den kommenden »fetten Jahren«. Ein kritisches Problembewusstsein in der Öffentlichkeit soll entsorgt werden. Dank der mit der Agenda 2010 durchgesetzten Reformen befinde sich Deutschland auf sicheren – neoliberalen – Pfaden. Wohlgemut verkünden Rürup und Heilmann: »Wir werden mit einigen populären Mythen aufräumen – wie mit ... dem vermeintlich gesetzmäßigen Niedergang einer alternden Gesellschaft.« (Rürup/Heilmann 2012: 2) Zu beklagen sei, »dass die Wirtschaftsliteratur hierzulande von Büchern beherrscht wird, die den scheinbar unvermeidlichen Untergang der reichen Industrienationen ausmalen.« (Ebd.: 1) »Hier wollen wir einen Kontrapunkt setzen.« (Ebd.: 2) Sie würden »das Zerrbild eines Raubtierkapitalismus auf dem Rücken der Armen und sozial Schwachen« zerstören (ebd.). Deutschland erlebe nach der Krise 2008/2009 gerade ein »zweites Wirtschaftswunder« und sei prädestiniert, »in den nächsten 20 Jahren der große Gewinner unter den klassischen Industriestaaten zu werden« (ebd.).

Dass in einer globalisierten Welt die Gewinner stets auch Verlierer produzieren, deren Krisen auf die Gewinner zurückwirken und Siege in der internationalen Verdrängungskonkurrenz in Pyrrhussiege verwandeln, ignorieren Rürup und Heilmann. Obwohl die Flüchtlingswellen nach Europa genau das zeigen. Sie sind Ausdruck des Scheiterns der Strukturreformen, die der IWF und die Weltbank den armen Ländern als Preis für Kredite aufgezwungen haben. Sie wurden ausgelöst durch Kriege, in die die Ressourcengier der reichen Länder eingewoben ist. Sie spiegeln die Kehrseite der imperialen Lebensweise wider, die in hohem Maße auf der Ausplünderung der Ressourcen und billiger Arbeitskräfte in den armen Teilen der Welt beruht. Die Verheißung, dass Deutschland der große Gewinner der nächsten Jahrzehnte sein wird, ist angesichts dieser Zusammenhänge eine höchst bedrohliche Sicht auf die Zukunft.

Zu den Globalisierungsgewinnern werde Deutschland dank der 2003 durch die Regierung Schröder auf den Weg gebrachten Agenda 2010, so Rürup und Heilmann. Der Sachverständigenrat zur Begutachtung der gesamtwirtschaftlichen Entwicklung, dem Rürup damals selbst angehörte, habe in seinem Jahresgutachten 2002/03 erheblich zu dieser Agenda beigetragen. Von den »Zwanzig Punkten für Beschäftigung und Wachstum« in diesem Gutachten hätten 13 in Schröders Agenda Eingang gefunden und sie wesentlich geprägt.

Auch Hans-Werner Sinn lässt sich zuschreiben, zu den geistigen Vätern der Agenda zu gehören (Sinn 2013: 18ff.). Beide loben das Maßnahmenpaket der Agenda ausdrücklich. Dazu gehören die Verkürzung des Arbeitslosengeldes auf zwölf Monate, die »aktivierende Sozialhilfe« in Gestalt des Arbeitslosengeldes II in Höhe des Sozialhilfesatzes – gewährt nur nach Aufbrauchen des eigenen Vermögens bis auf einen niedrigen Betrag, nur bei Offenlegung der Vermögensverhältnisse, nur dann, wenn das Einkommen einer sogenannten Bedarfsgemeinschaft nicht zu hoch ist, und unter ständigem Sanktionsdruck. Die Zumutbarkeitsregeln für Arbeitsangebote sind mit der Agenda verschärft worden. Jede »nicht sittenwidrige« Arbeit gilt als zumutbar, auch wenn sie keinen existenzsichernden Lohn garantiert. Nichtannahme zumutbarer Stellen führt zu Leistungskürzungen. Mit der Zusammenlegung der Arbeitslosenhilfe und der Sozialhilfe zum Arbeitslosengeld II erhöhte sich nach dem Befund des Deutschen Instituts für Wirtschaftsforschung die Armutsquote von der Hälfte der Bezieher vor der Reform auf zwei Drittel seit der Reform. Die massenhafte Einführung von Minijobs und die starke Ausweitung von Leiharbeit zu dauerhaft prekären Arbeitsverhältnissen waren weitere Schritte zu einem breiten Niedriglohnsektor. Aus dem Katalog der gesetzlichen Krankenversicherung wurden viele bis dahin gewährte Leistungen gestrichen. Damit und mit der Einführung eines Selbstkostenanteils der Versicherten, mit der Entlastung der Unternehmer von den Kosten für Krankengeld bis zur Korrektur dieser Regelung 2018 und mit anderen Schritten wurden die Lohnnebenkosten gesenkt.

2.3 Drei Repräsentanten des neoliberalen Diskurses 47

Kurz, die Agenda 2010, konzeptionell mitbegründet von Bert Rürup und Hans-Werner Sinn, zielte nicht etwa auf eine soziale Einhegung der Märkte, sondern auf die staatliche Stärkung der Fitness deutscher Unternehmen in der entfesselten globalen Verdrängungskonkurrenz zulasten der Lohnabhängigen.

Doch dies sei, so wird von neoliberaler Seite argumentiert, letzten Endes durchaus zu deren Wohl geschehen. Denn die frühe und anhaltende Lohndämpfung in Deutschland und die nur langsame Steigerung der Lohnstückkosten im Vergleich zu anderen Ländern hätten schließlich zu der gegenwärtigen relativ komfortablen wirtschaftlichen Situation Deutschlands im internationalen Vergleich geführt. Soweit das überhaupt zutrifft – Rürup selbst nennt auch andere Stärken der Bundesrepublik – hat Deutschland seine positive Leistungsbilanz zulasten der negativen Leistungsbilanz anderer Länder erreicht. Den Defizitländern wird von den exportstarken EU-Ländern, allen voran Deutschland, von der EU-Kommission und der EZB eine radikale Sparpolitik aufgenötigt, die bei ihnen zur Demontage des Sozialstaats, zu Privatisierungen, Massenentlassungen von Staatsbediensteten und Lohndruck, zu Wachstumsschwäche und Armut führt. Das ist in die »segensreichen Wirkungen der Agenda 2010« aufzunehmen.

Mehr noch, die Marktorientierung der Agenda 2010 korrespondierte stets mit Schritten der Deregulierung der Finanzmärkte. In den vorsichtigen Teilkorrekturen der Agenda 2010, die die SPD anstrebt, wird dieser Umstand gründlich ausgeblendet. Schon im Vorfeld der Agenda wurden im Jahr 2000 die Unternehmenssteuern drastisch gesenkt. Das trug zum Anschwellen von Geldkapital bei, das auf den Finanzmärkten Verwertungschancen suchte. In demselben Jahr beschloss die rot-grüne Regierung Schröder auch die Steuerfreiheit für Gewinne aus dem Verkauf von Unternehmensteilen. Das lief auf die Förderung des Geschäftsmodells von Private Equity-Fonds hinaus, Unternehmen aufzukaufen, rücksichtslos durchzurationalisieren, zu filetieren und die sanierten Teile profitträchtig zu verkaufen. Zur Zeit der Einführung der Agenda 2010, zwischen 2002 und 2006, erhöhte sich das Kapital von Private Equity-Fonds in Deutschland von knapp 7 Milliarden Euro auf 51 Milliarden.

2003 wurde die Freistellung der von Banken gegründeten Zweckgesellschaften von der Gewerbesteuer beschlossen. Damit wurde gefördert, dass die Banken mit der Auslagerung von Hochrisikopapieren in Zweckgesellschaften ihre eigenen Bilanzen bereinigen können und Destabilisierungspotenziale verdeckt werden. Im Jahr 2004 ließ die Regierung Schröder mit dem Investmentförderungsgesetz erstmals Hedgefonds in Deutschland zu. Weitgehend von der für Banken vorgesehenen Kontrolle befreit, betreiben sie mit einem besonders hohen Fremdkapitalanteil und besonders geringer Eigenkapitalhaftung hochriskante Geschäfte, nicht zuletzt Leerverkäufe. Zudem wurden im Jahr 2004 Gewinne auf der Fondsebene von Private Equity-Fonds von Steuern freigestellt. Erst bei der Gewinnausschüttung an die Kapitaleigner erfolgt die Besteuerung. Wenn die allerdings ihren Sitz im Ausland haben, geht der deutsche Staat leer aus – zugunsten internationaler Finanzmarktakteure.

In Deutschland verlief also die dem Übergang vom Sozialstaat zum nationalen Wettbewerbsstaat (Hirsch 1998) verpflichtete Einführung der Agenda 2010 Hand in Hand mit großen Einschnitten zur Deregulierung der Finanzmärkte. Diese in der Selbstdarstellung der Agenda-Akteure und in der medialen Kommunikation meist verschwiegene Kopplung verweist auf die Durchsetzung eines aggressiven Neoliberalismus, der wenig mit einem »wohlwollenden deutschen Ordoliberalismus« zu tun hat.

> Festzuhalten ist, dass der neoliberale Diskurs starken Einfluss auf die Durchsetzung der neoliberalen Gestalt des Kapitalismus in der wirtschaftlichen und gesellschaftlichen Realität hatte und hat. Hans-Werner Sinn und Bert Rürup als Exponenten dieses Diskurses schreiben sich selbst zu Recht solche Einflüsse zu.

Rürup und Heilmann sehen die Bundesrepublik im Jahr 2030 auf Platz 1 in der Weltrangliste des Pro-Kopf-Einkommens. Sie erwarten dies ohne größere Brüche auf dem bisherigen Weg des Erfolgs nach ihren Maßstäben, einem Weg des neoliberalen Weiter so mit nur mäßigen Modifikationen.

Eine zentrale These in Rürups und Heilmanns Buch »Fette Jahre« ist, dass die deutschen Unternehmen und die Bundesrepublik insgesamt der Gewinner der Globalisierung deshalb sein werden, weil sie besonders gute Voraussetzungen für die Ausnutzung des extraordinären Wachstums asiatischer Volkswirtschaften hätten. Deutschlands Chance bestehe in seiner Stellung als Exportnation. Seine Exportstruktur entspreche genau dem Industrialisierungsbedarf in China, aber auch in Indien, Brasilien und Russland. Deutschland habe daher unbedingt an seiner exportorientierten Wachstumsstrategie festzuhalten. Die optimistischen Voraussagen der beiden Autoren für die Bundesrepublik beruhen also vor allem auf der Erwartung, dass Deutschland in der globalen Marktkonkurrenz in der Lage sein werde, seine Stärken erfolgreich gegen andere Wettbewerber auszuspielen. Ihr Denken bewegt sich in erster Linie im neoliberalen Weltmarktkontext. In diesem Rahmen sind ihre bis 2030 gespannten Überlegungen zu den relativen Konkurrenzpotenzialen von 14 als Konkurrenten analysierten Ländern angesiedelt und

2.3 Drei Repräsentanten des neoliberalen Diskurses

informativ (Rürup/Heilmann 2012: 107ff.). Allerdings müsse Deutschland auf dem Weg an die Weltspitze im Pro-Kopf-Einkommen fünf Herausforderungen bewältigen. Auch Rürup und Heilmann ignorieren ungelöste Fragen nicht vollständig, aber ihre Antworten verkennen deren Dimension. Erstens sollten »alle Bürger an den Erträgen der Globalisierung teilhaben« (ebd.: 167). Seit 25 Jahren habe nämlich die soziale Ungleichheit global und in Deutschland zugenommen. Rürup und Heilmann verweisen auf den weithin bekannten Umstand, dass in Deutschland von 1993 bis 2007 der Anteil der unteren Hälfte der Vermögensbesitzer von 6% auf unter 1% gesunken ist. Der Anteil der Armutsgefährdeten, so halten sie fest, ist seit dem Ende der 1990er Jahre von zehn auf 15% gestiegen. Nach solchen und anderen neoliberalen Befunden könnten die Leserinnen und Leser des Werks der beiden Autoren versucht sein, von einem Wirtschaftsweisen ernsthafte Vorschläge zur Minderung der Ungerechtigkeit und zur Überwindung der globalen und innergesellschaftlichen sozialen Klüfte erfahren zu wollen. Aber eine so vorschnelle Vorstellung wird schnell korrigiert. Zur Globalisierung wird »postfaktisch« festgestellt: »Es gibt nur wenige Verlierer«. Allerdings: »In den etablierten Wirtschaftsnationen haben niedrigqualifizierte Arbeitnehmer nicht an den Globalisierungsgewinnen teil.« (Ebd.: 85) Keine Teilhabe an den Gewinnen – eine vornehme Umschreibung des in Europa, USA und anderswo wachsenden Armutsrisikos. Allerdings sei da leider auch noch der afrikanische Kontinent: »Afrika droht trotz ansehnlicher Wachstumsraten abgehängt zu werden.« (Ebd.)

Angesichts der Hungerkatastrophen, Kriege und Epidemien auf dem afrikanischen Kontinent ist schwer zu begreifen, dass Rürup und Heilmann bei ihrem Blick auf die Welt nicht eine einzige Vorstellung zur Überwindung von Not und Armut in großen Regionen der Erde anbieten. Aber in der neoliberalen Logik interessiert die Welt eben vor allem aus der Sicht auf die globalen Konkurrenzverhältnisse. Zwar bekunden die beiden Autoren: »Das eigentliche Ziel des Wirtschaftens liegt zu einem großen Teil außerhalb des Sichtfeldes der ökonomischen Brille. Es sind nämlich das Wohlbefinden und die Zufriedenheit des Einzelnen und der Zusammenhalt der Gesellschaft.« (Ebd.: 167) Aber ihre Vorschläge für das Wohlbefinden sind begrenzt auf Deutschland und geraten einfach nur ärmlich: Drei Ergänzungen (zur Agenda 2010 – D.K.) sind allerdings noch notwendig:

- Die Einführung eines moderaten gesetzlichen Mindestlohns – was inzwischen geschehen ist.
- »Eine Veränderung der Hinzuverdienstregelungen beim Arbeitslosengeld II, um es für die Empfänger attraktiver zu machen, eine reguläre Beschäftigung auf dem ersten Arbeitsmarkt aufzunehmen.«

- »Abschaffung der abgabenrechtlich privilegierten geringfügigen Beschäftigung im Nebenerwerb« (ebd.: 177ff.).

Dem Menschheitsproblem Gerechtigkeit mit solchem Kleinformat begegnen zu wollen, heißt sich den Herausforderungen unserer Zeit nicht ernsthaft zu stellen. Aber selbst neoliberale Ökonomen können nicht völlig ignorieren, dass die soziale Spaltung der Welt bis hinein in die reichsten Länder zu den größten ungelösten Problemen des 21. Jahrhunderts gehört. Eines Tages werden auch die Machteliten anders als kleinkariert darauf reagieren müssen – wenn starke Gegenmächte sie dazu zwingen.

Zweitens sehen Rürup und Heilmann eine Herausforderung darin, die Sozialversicherungssysteme und den Arbeitsmarkt auf das Altern und Schrumpfen der Bevölkerung in Deutschland einzustellen. Denn von beiden Entwicklungen erwarten sie eine Bedrohung des Wirtschaftswachstums. Das ist ihre große Sorge. Die demografische Entwicklung sei mittel- und langfristig das größte Problem der Gesellschaft, weil den Unternehmen die qualifizierten Arbeitskräfte auszugehen drohen (ebd.: 182ff.).

In der Rentenversicherung ergebe sich bis 2030 kein Handlungsbedarf. Denn gewährleistet sei nach der Gesetzeslage ein Mindestsicherungsniveau vor Steuern von 43% des durchschnittlichen Lebenseinkommens, eine gleitende Anhebung des Renteneintrittsalters auf 67 Jahre und eine Obergrenze für die Beitragsrate von 22%. Kein Handlungsbedarf? Schon im Jahr 2015 lebten nach Eurostat-Angaben in Deutschland 14,5% aller älteren Männer und 18,3% aller älteren Frauen (65 Jahre plus) in Armut, weil sie über ein geringeres Alterseinkommen als 60% des mittleren Einkommens der Gesamtbevölkerung verfügen. Das Grundsicherungsniveau für Rentnerinnen und Rentner lag im Juni 2016 bei 799 Euro. Aber die Armutsschwelle für Alleinstehende wurde im Juli 2015 bei 942 Euro gesehen. Durchschnittlich Verdienende benötigten schon im Jahr 2000 24 Beitragsjahre, um mit der zu erwartenden Nettorente den damaligen Grundsicherungsbedarf zu erreichen. Heute sind dafür unter der Voraussetzung eines Durchschnittsverdienstes schon über 30 Jahre erforderlich. Wer aber – wie sehr viele – nur 75% des durchschnittlichen Einkommens oder weniger erreicht, wird nach geltendem Recht der Altersarmut nie entkommen.

Eine Anhebung des Renteneintrittsalters auf 67 Jahre ist angesichts permanent zunehmender Leistungsverdichtung und daraus folgender Zunahme vieler durch Arbeitsintensität, Stress und sozialer Unsicherheit bedingter Krankheiten keinesfalls eine Perspektive ohne Handlungsbedarf.

Dass die Obergrenze für den Beitragssatz 22% nicht übersteigen soll – vor allem, um die Unternehmen vor zu hohen Lohnnebenkosten zu bewahren –, wäre eine akzeptable Nachricht, wenn die Rente armutssicher wäre.

2.3 Drei Repräsentanten des neoliberalen Diskurses 51

Aber sie ist es vor allem deshalb nicht, weil gute und gut bezahlte Arbeit nicht gesichert ist. Deshalb fehlt dem Rentensystem die Grundlage, auf der es in der kurzen Phase hohen Wachstums und geringer Arbeitslosigkeit in den zweieinhalb Jahrzehnten nach dem Zweiten Weltkrieg für männliche Beschäftigte in den entwickelten Industrieländern funktionierte: das hohe Beschäftigungsniveau mit gutem Einkommen.

Für ein alternatives Rentenkonzept müssen schon lange vor der Rente durch Überwindung prekärer Beschäftigungsverhältnisse und Zurückdrängung von Arbeitslosigkeit Voraussetzungen hergestellt werden. Da diese kaum schnell zu erwarten sind, müsste für Zeiten der Arbeitslosigkeit, Kindererziehung und Beschäftigung im Niedriglohnsektor eine bessere rentenrechtliche Absicherung als gegenwärtig vorgesehen werden (Birkwald/ Riexinger 2017: 18). Ohne Anhebung des Rentenniveaus auf lebensstandardsichernde 53% wird es keine armutsfeste Rente geben. Da in den letzten Jahrzehnten vielfach unterbrochene und prekäre Beschäftigungsverhältnisse bestanden, wäre zur Überwindung von Altersarmut eine Solidarische Mindestrente erforderlich, die bei mindestens 1050 Euro netto liegen könnte. Für die Finanzierung eines solchen Rentenkonzepts wäre eine Erwerbstätigenversicherung erforderlich. Für alle Erwerbseinkommen wären von allen – auch von Selbständigen, Freiberuflern, Beamten, Managern und Politikern – Beiträge in die gesetzliche Rentenversicherung einzuzahlen. Die Beitragsbemessungsgrenze wäre in mehreren Schritten anzuheben und schließlich aufzuheben. Die Rentenansprüche wären oberhalb des Doppelten der Standardrente degressiv zu gestalten, um eine Umverteilung zugunsten beitragsschwacher Versicherter zu erreichen. Im Gegensatz zur gegenwärtigen Praxis, für deren Veränderung Rürup keinen Anlass vor 2030 sieht, müssten die Beiträge zur gesetzlichen Rentenversicherung wieder paritätisch von Beschäftigten und Unternehmen aufgebracht werden.

Rürup und Heilmann vertreten eine ganz andere Rentenkonzeption. Die gesetzliche Rentenversicherung soll nicht lebensstandardsichernd sein, sondern da das abzusenkende Rentenniveau durch »ein Mindestsicherungsniveau vor Steuern von 43% des durchschnittlichen Lohneinkommens« (Rürup/Heilmann 2012: 188) bestimmt sein soll, werde die gesetzliche Rentenversicherung den »Charakter einer Basisabsicherung« annehmen – die zum Leben nicht ausreicht. Die Pointe dabei: die Arbeitnehmer hätten folglich selbst für eine kapitalgedeckte private oder betriebliche Altersvorsorge zu zahlen. Und wer so wenig verdient, dass das nicht möglich ist, wird im Alter arm sein.

Ein »hybrider Sozialstaat« sei also die »Zukunft nicht nur für die Altersvorsorge, sondern auch für die Absicherung gegen die anderen großen Lebensrisiken Krankheit und Pflegebedürftigkeit« (ebd.: 188). Ein hybrider Sozialstaat ist nach diesem Konzept einer, der vorwiegend aus den Steuern und Beiträgen der Lohnabhängigen finanziert wird, seine Leistungen aber so reduziert, dass sie sich schließlich privat versichern müssen – wenn sie es denn könnten. Die Unternehmer seien auch in Zukunft von einer paritätischen Finanzierung der Sozialsysteme zu verschonen. Die Begründung dafür entbehrt nicht eines offenherzigen zynischen Zuges: »Der Glaube, durch paritätisch aufgebrachte Beiträge würden auch die Arbeitgeber einen Teil der Finanzierungslasten tragen, ist ein Mythos, der auf einer Verteilungsillusion basiert. Die Illusion besteht darin, zu glauben, dass derjenige, der eine Abgabe zahlt, auch derjenige ist, der letzten Endes dadurch belastet wird. In einer Marktwirtschaft kann es aber gar nicht anders sein, dass langfristig die Arbeitnehmer die Sozialabgaben tragen.... Jeder Arbeitnehmer muss deshalb mit seiner Produktivität, seiner Wertschöpfung, letztlich immer seine gesamten Arbeitskosten, also seinen Lohn und alle darauf liegenden Lohnnebenkosten erwirtschaften. Arbeitgeberanteile sind deshalb nichts anderes als vorenthaltener Barlohn.« (Ebd.: 199) Warum da noch eine paritätische Finanzierung der Sozialsysteme fordern, wenn der Unternehmeranteil sowieso der Arbeit der Lohnabhängigen entspringt!

Drittens sei die Sorge um solide Staatsfinanzen eine Herausforderung. Das Wachstum sei der Königsweg zur Konsolidierung der Staatshaushalte. Notwendig sei aber zugleich eine Kürzung staatlicher Ausgaben, die Schuldenbremse ein wichtiges Instrument dafür. Das Konzept des »hybriden Sozialstaats«, nach dem der Staat seine Sozialausgaben zulasten privater Vorsorge zurückfährt, verweist auf den Schwerpunkt der vorgesehenen Ausgabenkürzungen. Zwar könnten Grundbesitz und Erbschaften stärker besteuert, aber Kapitalgesellschaften sollten steuerlich entlastet werden. Die Mehrwertsteuer, die vor allem die »kleinen Leute« belastet, sei anzuheben. Keine Rede etwa von einer Umkehr der Umverteilungsprozesse zugunsten der sozial Schwachen und zulasten der Reichen und Superreichen.

Viertens sei die internationale Wettbewerbsfähigkeit deutscher Unternehmen zu stärken. Diese Schwerpunktsetzung entspricht der Logik neoliberaler Orientierung auf deutsche Spitzenpositionen im globalen Verdrängungswettbewerb. Gerhard Schröders Steuerentlastung für Kapitalgesellschaften von 50 auf 39% habe die richtige Richtung gewiesen. Künftig seien beispielsweise Forschung und Entwicklung in Unternehmen steuerlich zu fördern.

Fünftens: Den Euro zu retten und die Europäische Integration voranzutreiben – das sei eine Herausforderung schon deshalb, weil Deutschland daraus die größten Vorteile für seine Exporte und das Wachstum ziehe. Die

2.3 Drei Repräsentanten des neoliberalen Diskurses

politischen Eliten hätten sich zu staatlichen Rettungsaktionen zu zögerlich verhalten. Rürup, der den Entscheidungszentren nahe genug steht, um urteilen zu können, deutet dieses Zögern allerdings als bewusste Strategie. Diese habe darin bestanden, »die Krise so weit eskalieren zu lassen, bis die weniger stabilitätsorientierten Euro-Partner bereit sind, sich unumkehrbar zu künftiger fiskalischer Disziplin zu verpflichten« (ebd.: 242). Die Strategie bindender Austeritätspolitik, gegossen in den neuen Eurozonen-Regelmechanismus (siehe Kapitel 7.5.2), ist tatsächlich aufgegangen. Eine harte Sparpolitik zulasten der Bevölkerungsmehrheit, vorerst die Sanierung des privaten Bankensektors und ein Ordnungsrahmen, der zu gefährliche Finanztransaktionen in Grenzen halten soll, wurden durchgesetzt. Aber die Chancen für eine dauerhafte Stabilität von Eurozone und Europäischer Union sind gering.

Dabei werden Differenzen zwischen führenden neoliberalen Ökonomen und Politikberatern sichtbar. Während sich Hans-Werner Sinn zu einer verstärkt staatsinterventionistisch angelegten Europapolitik und zu Umverteilungsprozessen zwischen den Euro-Staaten äußerst kritisch verhält, befürworten Rürup und Heilmann eine starke Europäische Wirtschaftsregierung, einen Europäischen Währungsfonds (EWF), der sogar den Konkurs eines Landes organisieren könnte, eine – weitere – Europäische Aufsichtsbehörde mit Sanktionsgewalt, eine Europäische Finanzagentur, die Euro-Anleihen auf den Markt bringen kann, einen neuen Stabilitäts- und Wachstumspakt und erweiterte Aufgaben für die EZB. Aber diese Forderungen werden ohne Bezug auf die tiefen Konflikte in diesen Fragen deklariert, die die europäische Realität bestimmen.

Rürup und Heilmann schließen ihre Zeitdiagnose mit einer Aussage zu der Frage nach Zukunft oder Ende des Kapitalismus ab. Für sie steht ohne allen Zweifel fest: dem Kapitalismus gehöre die Zukunft, vor allem aber dem Kapitalismus in Deutschland. Für keine einzige der von ihnen wahrgenommenen Herausforderungen bieten sie jedoch eine sozial und ökologisch akzeptable Lösung an. Aber dank ihrer Antworten in überwiegend gewohntem neoliberalen Rahmen werde sich Deutschland nach dem Bild, das die beiden Autoren für 2030 malen, in einem fabelhaften Zustand befinden. Der Europäischen Währungsunion verheißen sie ungeachtet aller Zerfallserscheinungen eine Überwindung ihrer Krise.

Sie sehen Deutschland bei steigenden Löhnen und kräftig wachsendem privaten Konsum als das Land mit dem höchsten Pro-Kopf-Einkommen in der G-7-Gruppe und erwarten die Bundesrepublik in der Weltspitze bei Lieferungen von Ausrüstungen und Luxusgütern in die aufstrebenden Märkte. Die Wohlstandsgewinne würden gerechter verteilt sein, und Deutschland werde sich der Welt als tolerantes Land präsentieren. Das Erstarken der Neuen Rechten scheint für Rürup und Heilmann kein Problem zu sein.

Es ist wohl charakteristisch für den Bewusstseinszustand von Machteliten im Angesicht von Systemkrisen, sich der Wirklichkeit zu verweigern. Wer an den Erfahrungen in der Endphase der DDR teilhatte, hat dies einprägsam miterlebt. Vielleicht spiegelt das Buch mit dem Titel »Fette Jahre« eben diese Verfasstheit des Bewusstseins eines Teils der deutschen Machteliten wider.

2.3.2 Karl-Heinz Paqué: Wachstum als Lösung schlechthin!

Wie Rürup und Heilmann sieht auch Paqué eine gesicherte Zukunft für den Kapitalismus. Auch er bedient ein zentrales Bedürfnis der Machteliten. Die kapitalistische Marktkonkurrenz erfordert permanente Akkumulation als Lebenselixier des Kapitalismus, jedenfalls eines Kapitalismus, der primär durch den Marktmechanismus reguliert wird. Paqués Buch ist ein durchgängiges Plädoyer für Kapitalakkumulation und Wachstum. Er weicht absehbaren Problemen weniger aus als Rürup. Aber für jedes Problem präsentiert er dieselbe Lösung. Sie heißt immer Wachstum. »Wachstum! Die Zukunft des globalen Kapitalismus!«. So lautet der Titel seines hier zu analysierenden Buches. Gegen jede Wachstumskritik gerichtet heißt es programmatisch auf der ersten Seite: »Wachstum – richtig verstanden – ist nicht der falsche Weg. Im Gegenteil, es ist der einzige Weg, wie überhaupt im Weltmaßstab die großen Ziele der Menschheit erreicht werden können. Und es ist in Deutschland und Europa der einzige Weg, um Lebensqualität und soziale Sicherheit auf die Dauer zu gewährleisten.« (Paqué 2010: 1)

Zunächst definiert Paqué Wachstum als Zuwachs der Wertschöpfung: »Was wächst, ist die Wertschöpfung, also der Wert der Produktion, gemessen in realen oder Mengeneinheiten, d.h. bereinigt um reine inflationäre Steigerungen des Preisniveaus, die sich nicht in einer Erhöhung des Lebensstandards niederschlagen.« (Ebd.: 24)

Gemessen also am Bruttosozialprodukt – und genau in dieser Auffassung steckt das Problem. Bei kapitalistischem Wachstum geht es in erster Linie um die Erzeugung und um die Realisierung von mehr Wert schlechthin, um auf solche Weise wachsende Profite zu erlangen – mit welchen Produkten, Leistungen oder destruktiven Fehlleistungen auch immer sie realisiert werden. Weniger gefragt wird nach Strukturpolitik zugunsten Ressourcen schonender Technologien, nach Ausweitung der Zuwendung zu Menschen in der Sorge um Kinder, Kranke und andere Hilfsbedürftige, nicht gefragt

2.3 Drei Repräsentanten des neoliberalen Diskurses 55

nach dem Rückbau von Wirtschaftsbereichen, die der Umwelt schaden. Gesamtvolkswirtschaftliches Wachstum gilt als das umfassende Ziel. Wachstum wo immer Chancen dafür sich auftun – das ist Paqués Credo als Widerspiegelung kapitalistischer Konkurrenz auf den Märkten. Allerdings versichert Paqué, es ginge durchaus um qualitatives Wachstum. Damit meint er aber nicht wie viele Umweltökonomen ein Wachstum unter Beachtung ökologischer Erfordernisse – wie weit das möglich ist, ist eine andere, weiter unten zu behandelnde Frage. Vielmehr gilt ihm die Veränderung der Gebrauchswertqualität von Gütern und Leistungen als qualitatives Wachstum. Mit der Bewertung von Produktverbesserungen würden Qualitätsverbesserungen quantifiziert und in der Volkswirtschaftlichen Gesamtrechnung der Veränderung der Gütermenge und dem Wertzuwachs zugeordnet (ebd.: 25). So verwandelt sich bei Paqué unter der Hand das undifferenzierte volkswirtschaftliche Wachstum überwiegend in Qualitätsverbesserungen des Angebots als Resultat von Innovation. Wachstumskritik bedeute dagegen »Verzicht auf die Umsetzung von neuem Wissen in eine qualitativ bessere und vielfältigere Produktwelt. ... Wollen wir wirklich, dass die Entstehung oder die Anwendung neuen Wissens gebremst wird?« (Ebd.: 27) Und wollen wir wirklich den Entwicklungs- und Schwellenländern Wachstum zur Überwindung von Armut verwehren? Auf solche unredliche Weise verschiebt Paqué das Problem, um jede Wachstumskritik als wissenschafts- und fortschrittsfeindlich und zudem noch als ignorant gegenüber berechtigten Wachstumsinteressen armer Länder zu denunzieren.

Aber gerade die durchaus unabhängig von jeder Wachstumskritik aus endogenen Gründen sinkenden Wachstumsraten in den frühindustrialisierten Ländern und erst recht eine künftige mögliche Politik des gedämpften oder sogar Nullwachstums in den reichen Ländern der Erde erfordert kategorisch wissenschaftliche, technische und soziale Innovationen. Je weniger neuen Problemen und der Entfaltung von Bedürfnissen aus dem Zuwachs des Volkseinkommens zu entsprechen ist, desto mehr wachsen die Anforderungen an Wissenschaft, Technik und soziale Gestaltung der Gesellschaft, um mit den Ersatzinvestitionen Erneuerungen und Strukturwandel hervorzubringen, um die Ressourceneffizienz zu erhöhen, um zu umweltverträglichen und zwischenmenschlich reichen Lebensweisen beizutragen, um das Verhältnis zwischen stofflichem Konsum, kulturellen Ansprüchen und Sorgearbeit für Menschen positiv zu verändern und um durch Umverteilung die Gesellschaft gerechter zu machen.

Gerade wenn die Überwindung der Armut in großen Erdregionen dort Wirtschaftswachstum erfordert, ist den reichen Ländern aufgegeben, dafür durch den Abschied von einem undifferenzierten Wachstum mit dem Ziel höchstmöglichen Profits ausgleichend Raum zu geben. Zugleich ist es ihre Aufgabe, durch die eigene ressourcenarme Entwicklung den Entwicklungs- und Schwellenländern Anregungen auch für deren Entwicklung ohne ein dauerhaft höchstmögliches Wirtschaftswachstum zu bieten.

Paqués Sorge gilt dagegen der Sicherung eines hohen Wirtschaftswachstums ohne Wenn und Aber. Seine Wachstumsfixiertheit, Ausdruck des gegenwärtigen Mainstream-Denkens, führt zu absonderlichen Argumentationen. Paqué sieht durchaus Umweltgefahren – für das Wachstum nämlich:»Die Lage scheint also trostlos zu sein. Alles deutet darauf hin, dass wir in der Zukunft unweigerlich mit lautem Krach gegen die Klimagrenzen des Wachstums stoßen werden. Gibt es da überhaupt einen Ausweg? ... Ähnlich wie beim Ende der Bevölkerungsexplosion hat die denkbare Lösung des Problems einen vertrauten Namen: Wachstum. Allein das globale Wirtschaftswachstum selbst kann jene Kräfte in Gang setzen, die den Wohlstand mit einer Stabilisierung des Klimas in Einklang bringt.« (Ebd.: 96)

Denn je wohlhabender ein Land werde, desto größeren Wert werde es auf eine gesunde Umwelt legen, desto eher werde es sich auch solchen Investitionen in Klima- und Umweltschutz zuwenden, die wenig rentabel sind. »Es geht bei dem Wertewandel wahrscheinlich um nicht mehr als 30 Jahre, also die Zeitspanne einer Generation, die man Geduld haben muss, bis sich das ökologische Bewusstsein in den großen schnell wachsenden Entwicklungsländern dem Niveau der westlichen Industrieländer deutlich annähert. Zwar stellt auch Paqué die Frage:»Kann die Menschheit überhaupt so lange warten? Sind nicht die Risiken zu groß?« (Ebd.: 100) Er verweist sogar auf den IPPC-Bericht aus dem Jahre 2007 und auf den Stern-Report für die britische Regierung. Nicholas Stern belegt dort, dass jedes Jahr Zeitverlust bei der Reduzierung von Treibhausgasen die Kosten für eine Umkehr erhöht – auf bis zu 20% des globalen Bruttoinlandsprodukts im Verhältnis zu 1% jährlich bei schnellem Handeln.

Aber Paqué glaubt, eine klügere Einsicht zu haben als das in Hunderten von Expertenstudien durch den Weltklimarat (IPPC) zusammengefasste Wissen.»Da jeder zusätzliche Ausstoß an Kohlendioxid in der Erdatmosphäre eine sehr lange Verweildauer hat, ist es tatsächlich für die langfristige Wirkung nur von begrenzter Bedeutung, ob die Verringerung des Ausstoßes ›heute‹ oder ›morgen‹ (sagen wir, in 30 Jahren), erfolgt.« (Ebd.: 104) Ob den kurz- und mittelfristig von Dürren, Überschwemmungen, Ernteausfällen und Klimamigration Betroffenen Paqués Langfristperspektive ein Trost ist? Jorgen Randers, Mitautor des legendären Berichts an den Club of Rome »Die Grenzen des Wachstums« von 1972, kommt zu einer ganz anderen Sichtweise, die, wie er schreibt,»unter fachlich gebildeten und gut informier-

2.3 Drei Repräsentanten des neoliberalen Diskurses 57

ten ökologischen Ökonomen in der industrialisierten Welt von heute die Mehrheitsmeinung darstellt« (Randers 2012: 85). Er prognostiziert: »Das Ausbleiben von engagierten und konsequenten Reaktionen der Mehrheit in der ersten Hälfte des 21. Jahrhunderts wird die Welt in der zweiten Hälfte des Jahrhunderts auf einen gefährlichen Pfad der sich selbst verstärkenden globalen Erwärmung bringen.« (Ebd.: 407) »Meine Prognose lässt für mich nur den Schluss zu, dass eine Lösung erst dann kommen wird, wenn wir unseren Kindern und Kindeskindern in der Mitte des 21. Jahrhunderts eine Welt hinterlassen haben, in der die Temperatur um 2,8 °C angestiegen ist. Das wird ironischerweise genau der Zeitpunkt sein, zu dem es völlig offen ist, ob wir einen Klimawandel auslösen, der sich selbst (irreversibel – D.K.) verstärkt, oder ob uns die Umkehr gelingen wird.« (Ebd.: 300) Die Chancen würden dann 50 zu 50 stehen. Für eine rettende Wende müsste die Mehrheit in der zweiten Jahrhunderthälfte, wie Randers formuliert, ein Wunder vollbringen.

Paqué allerdings setzt unbeirrt auf Wachstum – auch wenn es in den nächsten drei Jahrzehnten verheerende Umweltfolgen haben wird. Das Wachstum werde ja mit dem Wohlstand das Umweltbewusstsein in den Schwellenländern deutlich an das ökologische Bewusstsein in der industrialisierten Welt heranführen (Paqué 2010: 99) und dann, in einigen Jahrzehnten – vielleicht sogar mit viel besseren Umwelttechnologien – die Bewältigung des Klimawandels näherrücken. Nur dass das OECD-Bewusstsein in Deutschland nicht einmal ausreicht, um das selbst gesetzte Ziel der Senkung von CO_2-Emissionen um 40% bis 2030 gegenüber 1990 einzulösen. Und in den USA mündet der von Paqué gepriesene westliche Bewusstseinsstand darin, Obamas Umweltpläne zu großen Teilen wieder zu kassieren.

Ein Problem allerdings auf den künftigen Wegen sträubt sich dagegen, so zurechtgedeutet zu werden, dass es schließlich für mehr Wachstum spricht. Das ist die Finanzkrise. Unter dem Druck der Umstände neigt Paqué dazu, dass eine stärkere Regulierung der Finanzmärkte wünschenswert sei, etwa höhere Eigenkapitalquoten der Banken, die Einschränkung oder sogar das Verbot bestimmter Finanzprodukte und eine eingriffsstarke Finanzaufsicht. Für Deutschland und für andere Industrienationen gelte allerdings: »Hier mag es im Einzelnen, kaum aber im Grundsätzlichen einen Handlungsbedarf geben.« (Ebd.: 144) Abzulehnen sei die Besteuerung grenzüberschreitender Kapitalbewegungen, wie zum Beispiel eine Finanztransaktionssteuer. Eine supranationale Finanzaufsicht sei auf eine gegenseitige Information, Beratung und Koordinierung der nationalen Aufsichten zu begrenzen. Jedoch: »Wie sieht es mit den Möglichkeiten aus, die Vorstände und Aufsichtsratsgremien von Banken stärker in die Verantwortung zu nehmen?« Paqué scheint da guten Willens zu sein. Doch dann lesen wir bei ihm: »Auch hier gibt es enge Grenzen.« (Ebd.) Denn: »Die Möglichkeiten, falsche Einschätzungen von Risiken in der Zukunft zu vermeiden, sind überaus begrenzt. Dies liegt in der Natur der Sache; systemische Risiken sind eben systemisch (und nicht individuell), und sie würden sich letztlich nur vernünftig abschätzen lassen, wenn das System selbst im Vorhinein mit allen Interdependenzen bekannt wäre. Gerade dies ist aber in einem globalisierten Finanzmarkt nicht der Fall.« (Ebd.: 152) Da das System nun mal nicht durchschaubar sei, könne den Führungspersönlichkeiten in Finanzunternehmen auch keine größere Verantwortung oder gar Haftung zugeschrieben werden – zumal die Risiken, die sie eingehen, im Haftungsfall »jedes noch so gut verdienende Vorstands- oder Aufsichtsratsmitglied ruinieren kann« (ebd.: 149). Davor muss das Führungspersonal natürlich bewahrt werden – anders als die Lohnabhängigen, die in der Krise schon mal ihre Arbeit verlieren und danach zu Empfängern von Arbeitslosengeld II werden können – allerdings erst, nachdem sie bis auf ein kleines Schonvermögen ihr lebenslang Erspartes aufgezehrt haben. Was in ihrem Falle natürlich zumutbar ist, zumal sie keine Schuld an der Krise hätten.

Paqué schließt seine Betrachtungen zur Finanzkrise doch noch mit einem tröstlichen Ausblick ab. Die historische Erfahrung zeige ja, dass die Weltwirtschaft selbst nach schweren Krisen irgendwann zu einem Wachstumspfad zurückführt. Genau »diese Erkenntnis setzt ein Fragezeichen hinter jene grundsätzliche Kritik an der kapitalistischen Marktwirtschaft, die auf deren Neigung zu übersteigenden Boom- und Krisenphasen beruht. Niemand kann wissen, ob diese Ausschläge nicht doch Teil eines unvermeidlichen Lernprozesses sind …, um im Markt das Bewusstsein für etwaige Risiken wieder zu schärfen. … Und besteht nicht sogar die Stärke der kapitalistischen Marktwirtschaft darin, auch dieses Lernen zuzulassen?« (Ebd.: 158) So mündet Paqués Blick auf die Finanzkrise auf verschlungene Weise schließlich doch in ein Lob des Marktmechanismus. Der gebe auch die Antwort auf die wachsenden sozialen Probleme her.

Auf den Wegen in die Zukunft lauert in den wirtschaftlich entwickelten Ländern die Überalterung der Bevölkerung. Aber für Paqué liegt die Lösung auf der Hand: Wachstum! Die Erhöhung des Renteneintrittsalters bedeute eine Art »doppelter Dividende«: mehr Wachstum und weniger Belastung der Rentenkassen. Der länger Arbeitende wird vom Leistungsempfänger zum Leistungsträger und Beitragszahler, am wirksamsten, wenn die älteren Arbeitskräfte »relativ preiswert« beschäftigt werden (ebd.: 169) und zuvor durch private Altersvorsorge die gesetzliche Rentenversicherung entlasten. Die heute privat versicherten Großunternehmer, Politiker, gut verdienen-

2.3 Drei Repräsentanten des neoliberalen Diskurses 59

den Freischaffenden und Beamte mit Beiträgen auf die Gesamtheit ihrer Einkommen in die gesetzlichen Sicherheitssysteme einzubeziehen, kommt Paqué nicht in den Sinn.

Als ein weiteres Zukunftsproblem sieht Paqué die relativ zum Bruttoinlandsprodukt schneller steigenden Gesundheitskosten – bedingt durch das Altern der Gesellschaft und den teuren technischen Fortschritt im Gesundheitswesen. Paqués Lösung lautet, wir ahnen es: Wachstum! Je stärker das Bruttoinlandsprodukt wächst, desto leichter könnten die Gesundheitskosten getragen werden.»Einmal mehr spricht die Herausforderung der Zukunft für – und nicht gegen – das Wachstum. ... Denn es erlaubt überhaupt erst, den Sozialstaat in seinen verschiedenen Dimensionen zu finanzieren. Dies gilt insbesondere für das Gesundheitswesen in einer alternden Gesellschaft.« (Ebd.: 179)

Paqué ignoriert, dass unbegrenztes Wachstum mit der Belastung und Zerstörung der Umwelt zugleich die Gesundheit untergräbt, besonders in den armen Ländern der Erde, die am meisten unter der Umweltkrise leiden und die geringsten Mittel zum Schutz dagegen haben. Ausgeblendet bleibt, dass die Gesundheitskosten anders als durch verstärktes Wachstum aufgebracht werden können. In einer einheitlichen solidarischen Bürgerversicherung würden ausnahmslos alle Bürgerinnen und Bürger einen bestimmten Prozentsatz von der Summe ihrer sämtlichen Einkommen – ob Lohneinkommen, Zinsen auf Vermögen, Profite, Mieteinnahmen – in die Bürgerversicherung einzahlen. Auch ohne rücksichtsloses Wirtschaftswachstum würde das zu weit größeren Finanzierungsmöglichkeiten für das Gesundheitswesen führen. Besonders hohe Einkommen würden zu besonders hohen Einnahmen der gesetzlichen Krankenkassen führen. Poliklinische Strukturen und Gemeinschaftspraxen würden die Effizienz medizinischer Einrichtungen erhöhen. Demokratische Kontrolle der Preisgestaltung durch die Pharma-Unternehmen könnte überhöhten Medikamentenpreisen entgegenwirken. Wirtschaftliche Überschüsse im Gesundheitswesen würden nicht als Profit privat angeeignet werden, sondern wären zum Wohle der Versicherten und Beschäftigten einzusetzen. Verstärkte Gesundheitsförderung und Krankheitsprävention als eigenständige Säule des Gesundheitswesens würden die Gesundheitskosten dämpfen. Es gibt andere Wege zur Gesundheit als allein Wirtschaftswachstum.

Auch die in vielen Ländern explodierende Staatsverschuldung gilt Paqué durchaus als Problem. Aber er bleibt bei seiner Standardantwort auf jegliche Fährnisse:»Wirtschaftswachstum, denn ein vorhandener Schuldenberg verliert immer mehr ein volkswirtschaftliches Gewicht und damit an politischem Gefahrenpotenzial, je stärker die Leistungskraft der betroffenen

Volkswirtschaft ausfällt.«(Ebd.: 204) Da es ja auf vielleicht 30 Jahre Zeitverlust beim Abwenden des Klimawandels nicht ankomme, ist das einleuchtend. Niedrige Steuertarife sollten das Wachstum fördern. Allerdings: »Es bedarf bei Steuersenkungen einer frühzeitigen Festlegung auf Ausgabeneinschnitte, denn sonst bleibt die Steuersenkung als wirtschaftspolitisches Signal unglaubwürdig. Es geht letztlich um eine Senkung der Staatsquote, also um eine grundlegende Weichenstellung in der Ordnungspolitik – und nicht einfach um eine kurzfristige ›steuerpolitische Wohltat‹.« (Ebd.: 208f.) Weniger Staat und neoliberale Marktorientierung! Das ist Paqués Botschaft. Dem soll auch die Schuldenbremse dienen – vor allem zulasten von Sozialausgaben: »Der Sozialstaat als größter Einzelposten öffentlicher Ausgaben wird dabei besonders hart betroffen sein. Helfen kann da wiederum nur eines: mehr Wirtschaftswachstum.« (Ebd.: 206) Die sozial Schwächeren sollen es mit Kürzungen von für sie existenziellen Sozialleistungen bezahlen.

Paqués Buch endet mit dem Kapitel »Zukunft des Kapitalismus«. Für Deutschland gelte im sich verschärfenden Standortwettbewerb, dass es an seiner Exportorientierung festhalten sollte. Leistungsbilanzüberschüsse dürften dem nicht entgegenstehen. Die Anpassungslast liege zu Recht bei den Defizitländern (ebd.: 324). Das schließe eine Stärkung der Binnenwirtschaft der Überschussländer nicht aus, aber nicht etwa durch expansive Nachfragepolitik, sondern durch Wachstumspolitik, am ehesten durch Senkung von Unternehmenssteuern und durch Zurückdrängen von Wachstumshemmnissen wie dem Flächentarifvertrag und zu weitreichendem Kündigungsschutz (ebd.: 225).

Die Zukunft des Kapitalismus sei also auf neoliberalen Pfaden zu sichern – durch Wirtschaftswachstum! Der mit dem Wachstum verbundene Klimawandel und eine globale Finanz- und Wirtschaftskrise mit anschließenden politischen Wirren bleiben »Restrisiken« (ebd.: 247). Aber ihnen sei zu begegnen – durch Wirtschaftswachstum.

Die armen Länder der Welt seien ohnehin nicht bereit, ihre erfolgreiche Aufholjagd zu stoppen. Eine Konsensfindung mit ihnen sei erst zu erwarten, wenn sie sich dem Entwicklungsniveau der reichen Länder angenähert haben würden. International und innergesellschaftlich würde die Politik ohne Wachstum zu einem Null-Summen-Spiel verkommen. Dann müssten sich Verteilungskämpfe zuspitzen. Dies sei jedoch erfolgreich abzuwenden – durch Wirtschaftswachstum. Der Fortschritt würde gebremst werden, wenn er ohne Wachstum nur noch Fortschritt der einen zulasten der anderen wäre. Fortschritt erfordere daher Wachstum. »Kurzum: Wir wünschen Wachstum, nicht Stillstand oder gar Schrumpfung. Und das ist menschlich. Nicht mehr, aber auch nicht weniger.« (Ebd.: 251)

2.3 Drei Repräsentanten des neoliberalen Diskurses

Eine menschliche Zukunft ist nach Paqué nur auf einem einzigen Weg zu sichern: durch Wachstum! Wachstum aber werde auf den Märkten generiert, mit weniger Staat und vor allem mit weniger Sozialstaat. Die Zukunft des Kapitalismus liege – so das neoliberale Denkmuster – auf den Weltmärkten, dort also, wo transnationale Konzerne und vor allem das Finanzkapital die Entwicklung diktieren.

Doch Wachstum schlechthin, verstanden als Verwertung von Wert zugunsten der ökonomischen Machteliten, ist in Wahrheit keine Lösung. Auszuloten ist, was in umweltverträglichem Maße wachsen darf und soll, was schrumpfen muss, weil es die Natur zerstört, wie die Ressourceneffizienz zu steigern ist und welche Lebensweisen gut für Menschen und für die Bewahrung unserer natürlichen Lebensgrundlagen sein können.

Diese Fragen sind Gegenstand der Kapitel 5.3 bis 5.5. Hier ist nur festzustellen, dass ein von den Großakteuren auf den Weltmärkten vorangetriebenes Wachstum eine extrem kleine Vermögenselite stärkt, die kraft ihrer ökonomischen und politischen Macht alle wesentlichen wirtschaftlichen, politischen, sozialen und kulturellen Prozesse bis zum Einsatz militärischer Gewalt dominiert. Nicht das Wachstum an sich entscheidet über Wohl oder Wehe der Gesellschaft, sondern die Machtverhältnisse bestimmen, was aus dem Wachstum, so es denn erreichbar wäre, gemacht wird. Die gegenwärtigen Eigentums-, Verfügungs- und Machtverhältnisse führen zu wachsender sozialer Polarisierung. Wirtschaftswachstum in der Regie von Oligarchien untergräbt die Demokratie und hat vielfach schon längst zu postdemokratischen Verhältnissen geführt. Statt des Rückbaus umweltschädigender Bereiche und der Förderung umweltfreundlicher Technologien, statt des Ausbaus der Sorgearbeit für die Menschen und der Dämpfung der stofflichen Konsums ist profitgetriebenes Wachstum undifferenziert, rücksichtslos gegen die Natur und gegen die auf sie angewiesenen Menschen. Es ist wahr und ein unschätzbarer Fortschritt, dass das Wirtschaftswachstum vor allem in aufsteigenden Schwellenländern, allen voran in China, Hunderte Millionen aus absoluter Armut erlöst. Aber unreguliert den Märkten überlassen, zerstört es zugleich ihre natürlichen Lebensgrundlagen und vertieft die sozialen Klüfte zwischen der reichen Oberschicht und der Bevölkerungsmehrheit.

Wachstum an sich ist nicht der Schlüssel zur Zukunft. Paqué hat ihn nicht gefunden.

2.3.3 Hans-Werner Sinn: Pro-neoliberale Kritik neoliberaler Politik

Hans-Werner Sinn wurde von Bloomberg im Jahr 2012 als einziger Deutscher zu den 50 weltweit wichtigsten Personen in der Wirtschaft gezählt. Die Zeitschrift Cicero platzierte ihn in einem Ranking der 500 wichtigsten deutschen Intellektuellen im gleichen Jahr auf Rang 14 – nach welchen Kriterien auch immer. Solche Wertschätzungen sind deshalb bemerkenswert, weil sie auf das Bedürfnis im Establishment hindeuten, den willkommenen Lobeshymnen auf die herrschenden Verhältnisse, der herrschaftssichernden Beschwichtigung von Sorgen und dem Wachstumsoptimismus des Mainstreams eine Relativierung hinzuzufügen: systemtreue kritische Benennung gefährlicher Zustände, Suche nach strategischen Antworten auf unübersehbare Krisen, sogar schmerzhafte Schritte gegen allzu systemgefährdende Transaktionen großer Player auf den Finanzmärkten und Kritik an etablierten Regelwerken, wenn diese stabilisierender Reorganisation des Kapitalismus entgegenstehen.

Genau solchem Interesse entspricht das Wirken Hans-Werner Sinns, wenn er betont: »Der bloße Moralappell führt deshalb nicht weit. Bei der Analyse der Systemfehler geht es umgekehrt auch nicht um die Systemfrage an sich, wie manche meinen. Man sollte sich hüten, das Kind mit dem Bade auszuschütten, denn gegenüber dem wirtschaftlichen Chaos und der Gewaltbereitschaft, die sozialistische Systeme mit sich brachten, ist selbst die Finanzkrise mit ihren Auswirkungen ein kleines Problem. Die Finanzkrise ist keine Krise des Kapitalismus, sondern eine Krise des angelsächsischen Finanzsystems, das zum Kasino-Kapitalismus mutierte und leider auch in Europa immer mehr Nachahmer gefunden hat.« (Sinn 2012: 14) Da ist es, das von Hayek militant betonte »Außen«, das alle Defizite und Verbrechen des Kapitalismus in ein mildes Licht rückt und ihre Bearbeitung zugleich strikt in den Rahmen des Kapitalismus verbannt. In solchem Rahmen allerdings dürfe einer von seinem Format, so bekennt Professor Sinn, »seine Empfehlungen nicht schon im Hinblick auf das Machbare formulieren, sondern muss vom Grundsätzlichen her argumentieren. Er muss aufklärerisch und kompromisslos sein, er darf sich nicht verbiegen, darf nicht kapitulieren vor dem scheinbar Unumstößlichen, Wahrscheinlichen, dass vermeintlich ohnehin passieren wird. Es gibt seltene Augenblicke in der Geschichte mit eruptiven Umbrüchen, in denen das Grundsätzliche in der Lage ist, die Welt zu verändern. Darauf muss er die Öffentlichkeit vorbereiten, die Diskurse öffnen und vorantreiben. Womöglich ist jetzt so ein Augenblick gekommen ... Kein Zweifel, Europa befindet sich in der größten Krise seit dem Zweiten Weltkrieg. Die Herausforderungen, vor denen es steht, sind gewaltig, allen voran Euro-Desaster, Flüchtlingswelle und Brexit.« (Ebd.)

2.3 Drei Repräsentanten des neoliberalen Diskurses 63

Mit dem Anspruch, eingreifend in die gesellschaftlichen Diskurse zu grundsätzlichem Wandel in der Welt beizutragen, konstatiert Sinn eine »Welt in der Krise«, »fast eine Kernschmelze« (ebd.: 15), vor allem eine Krise der Europäischen Union. Dieser – zunächst – kritische Gestus unterscheidet ihn von Bert Rürup und Karl-Heinz Paqué und macht darauf aufmerksam, dass der neoliberale Diskurs keineswegs – wie in linken Aussagen oft angenommen – aus einem Guss ist. Aber deckt Sinn tatsächlich das »Grundsätzliche in der Lage« auf? Trifft er die Wurzeln der Euro-Krise, der Flüchtlingswelle und des Brexit, der drei Phänomene, die ihn gegenwärtig am meisten beunruhigen? (Sinn 2016)

Scharfe Kritik der Finanzmärkte – und doch am Kern vorbei
Als tiefste Ursache der Finanzkrise, die Euro-Krise eingeschlossen, betrachtet Sinn die weitgehende Begrenzung der Haftung von kapitalistischen Eigentümern (Aktionären) für die Folgen ihres Wirtschaftens und des Handelns ihrer Manager: »Im Mittelpunkt des Konstruktionsprinzips, das für die hohen Erträge der Investmentbanken, ja aller Banken, verantwortlich ist, steht das Rechtsinstitut der Haftungsbeschränkung, denn die Haftungsbeschränkung macht es möglich, bloßes Risiko in Gewinn zu verwandeln, indem sie die Erträge privatisiert und die Verluste sozialisiert.« (Sinn 2012: 109)

Eine solche harte Kritik von neoliberaler Seite kann sich Sinn erlauben, da sie ja – wie eben zitiert – keineswegs das kapitalistische System betreffe, sondern nur die spezifische Gestalt, die der Kapitalismus ausgehend von seiner finanzkapitalistischen Funktionsweise in den USA angenommen habe. Teils trifft dies zu; der Kapitalismus muss tatsächlich nicht zwangsläufig neoliberal-finanzmarktgetrieben bleiben. Teils lenkt diese Argumentation aber von der längerfristig notwendigen Tiefe des Wandels ab. Denn diese Funktionsweise ist das Resultat der von Sinn ausgeblendeten Grundstruktur des Kapitalismus.

Weil der Kapitalismus ein Ausbeutungsverhältnis ist, weil die Einkommen und Vermögen der großen Kapitaleigentümer und der ganzen reichen Oberschicht einerseits und die der großen Mehrheit der Bevölkerung andererseits auseinanderdriften, weil die Kapitalrenditen weltweit schneller wachsen als die Nationaleinkommen (Piketty 2014, siehe Kapitel 7.1.7), weil folglich die Massennachfrage nach den kapitalistisch produzierten Gütern und Leistungen hinter dem Angebot zurückbleiben muss und dies auch die Investitionsneigung der Unternehmen bremst, wächst die Überakkumulation von Kapital. Das heißt, große Teile des Kapitals finden in der Realwirtschaft nicht die ihren Profitansprüchen gemäßen Anlagemöglichkeiten. Die

Folge ist, dass Auswege aus diesem systemischen Dilemma in »Investitionen« auf den Kapitalmärkten gesucht werden.

Gewiss hatte erst die überbordende Phantasie von Banken und ihren »Quants« – den Virtuosen der Mathematik und Computerwissenschaft im Dienste der Wall Street (Schirrmacher 2013: 50) – jene »innovativen Finanzprodukte« hervorgebracht, die die Risiken aus der Welt zu schaffen versprachen, in Wahrheit jedoch selbst die Risiken vervielfachen. Aber die tiefste Ursache für diese abartige und schließlich in der Finanzkrise 2008 gescheiterte Kreativität ist die Flucht vor den Grenzen, die das Profitsystem sich selbst setzt. Die Bevölkerung kann die Gesamtheit der Waren, die sie selbst produziert hat, nicht kaufen, weil der Druck auf die Reallöhne, ein wachsender Niedriglohnsektor, andere Formen der Prekarität, die Unterbezahlung weiblicher Lohnarbeit und die Armut der Bevölkerung im Globalen Süden das verhindern. Zudem scheut das Kapital Investitionen in soziale und technische Infrastrukturen, weil ihm dort die Kapitalrenditen zu niedrig sind. Investitionen in den ökologischen Umbau, die aufs dringlichste erforderlich wären, bleiben zu gering, wenn sie erst langfristig Renditen versprechen. Hans-Werner Sinn wird also dem von ihm selbst proklamierten Maßstab nicht gerecht, »das Grundsätzliche in der Lage« zu erfassen und gar zu ändern. Sein Tiefgang verbleibt im Wattenmeer. Er springt entschieden zu kurz.

Wie sehr ihn seine Einbindung in die herrschenden Verhältnisse an einem angemessen großen konzeptionellen Sprung hindert, wird deutlich, wenn er die von ihm als Hauptursache für die Finanz- und Euro-Krise angesehene Haftungsbeschränkung nach grundsätzlicher – und höchst berechtigter – Anklage dann plötzlich doch in Schutz nimmt. Die Kapitalanleger der Aktiengesellschaften, die Aktionäre, würden ihr Kapital nämlich gar nicht investieren, wenn sie das ganze Risiko der Geschäftspolitik tragen müssten. Weil aber lediglich für das Eigenkapital – also beschränkt – zu haften ist, das nur einen Bruchteil des durch Aufnahme von Fremdkapital ausgedehnten Geschäftsvolumens großer Unternehmen ausmacht, streichen die Aktionäre zwar Profite aus dem eingesetzten Gesamtkapital eines Unternehmens ein, haften aber nur für ihren Anteil am Eigenkapital des Unternehmens. Dieser Anteil liegt nach Sinns eigenen Angaben in den USA durchschnittlich nur bei 3 bis 4,5% der Bilanzsumme, in Europa nicht viel höher.

Sinn relativiert also seine groß angelegte Kritik an der Haftungsbeschränkung, wenn er feststellt: »Wer die Dynamik des kapitalistischen Systems will, dem der Lebensstandard der westlichen Welt zu verdanken ist, muss also die Kapitalgesellschaft wollen und die Haftungsbeschränkung in Kauf nehmen. So gesehen ist die Haftungsbeschränkung ein notwendiges und segensreiches Rechtsinstitut.« (Sinn 2012: 114)

2.3 Drei Repräsentanten des neoliberalen Diskurses

Aber es werde ebenso überzogen ausgestaltet, dass es zu nicht verantwortbaren Risiken führe. Übersichtlich wie in einem Lehrbuch stellt Sinn dar, wie die »Verbriefung«, d.h. die Kombination von Kreditforderungen, die aus völlig unterschiedlichen Vorgängen resultieren, zu einem neuen Typ von Wertpapieren führt, zu den sogenannten CDOs (collatoralized debt obligations), den besicherten Schuldverschreibungen. Aber diese Art von Derivaten verschleiert die ihrer Konstruktion zugrunde liegenden Wirtschaftsprozesse derart, dass sie einer Einladung zu unkontrollierbarer Spekulation gleichkommt.

Die Versicherung von Kreditgeschäften gegen ihr Platzen in Gestalt von CDS (credit default swaps) führt dazu, dass Kreditbürgschaften selbst als Wertpapier verkauft werden können. Das Risiko des Verlusts durch das Eintreten der Bürgschaftsbanken wird einfach weitergegeben. Auch das verführt zu riskanter Spekulation.

Wenn bei Immobiliengeschäften Kredite vergeben werden, aber die Kreditpapiere verschiedener Bonitätskategorien gemischt und dann als eigenständige Wertpapiere weiterverkauft werden, entstehen mit dieser Verbriefung neue hypothekengesicherte Wertpapiere, die MBS (mortgage-backed securities).

Werden Kredite für ganz andere Zwecke als im Immobiliengeschäft zu einem neuen Wertpapier verkoppelt, so heißen die Produkte dieser Verbriefung ABS (asset-backed securities), d.h. anspruchsgesicherte Papiere.

Besonders unkalkulierbar, so beklagt Sinn, sind die mit der Explosion des Umsatzes von CDS-Wertpapieren verbundenen Risiken. Die CDS entstehen, wenn eine Bank, die eine unsichere Forderung gegen einen Schuldner hat, sich bei einer anderen Bank eine Absicherung gegen dieses Risiko kauft und dafür jährlich einen bestimmten Prozentsatz des Kreditvolumens (meist 0,5 bis 1%) an diese Bank zahlt. Diese CDS-Absicherungen, denen wegen der Zinseinnahmen Wertpapiercharakter zugeschrieben wird, werden weiterverkauft und haben zu einem eigenständigen riesigen spekulativen Markt geführt, der das Volumen des gesamten jährlichen Weltsozialprodukts übertrifft (ebd.: 257).

Sinn kritisiert, dass aus Mehrfachverbriefungen in drei bis zu 40 Stufen der Kombination von Wertpapieren ganze Verbriefungskaskaden entstehen, die zuletzt auch für Insider kaum noch zu durchschauen sind und sich schließlich in der Krise als Schrottpapiere erwiesen haben. Und er konstatiert einsichtsvoll: »Der wirkliche Grund für die offenkundig gewordenen Defizite ist der Glaube an die Selbstregulierung der Märkte.« (Ebd.: 193) Für einen Neoliberalen ist das eine bemerkenswerte Einsicht, die ihn zu scharfer Kritik führt: an den zu geringen Eigenkapitalquoten der Banken, an der Verschleierung der Bestände toxischer Papiere durch die Auslagerung solcher Schrottpapiere aus den regulären Bankbilanzen in bad banks, an den Leerverkäufen durch Hedgefonds und schließlich an einem »Laschheitswettbewerb der Staaten« um die niedrigschwelligste Regulierung der Märkte (ebd.: 216ff.). Angesichts der Destabilisierung des gesamten Bankensystems durch solche und andere Finanzprodukte und Bankpraktiken stimmt Sinn den staatlichen Rettungspaketen für Banken ausdrücklich zu: »Wie viele private Banken es ohne die staatlichen Rettungsaktionen heute noch gäbe und ob die Marktwirtschaft überhaupt noch existieren würde, steht in den Sternen.« (Ebd.: 265) Zum Zeitpunkt des Erscheinens der 3. Auflage seines Buches »Kasino-Kapitalismus« erreichten die staatsfinanzierten Banken-Rettungspakete bereits einen Umfang von rund 5 Billionen Euro (ebd.: 266). Sinn begrüßt auch keynesianische Konjunkturpakete, soweit sie nicht mit Steuererhöhungen einhergehen (ebd.: 294ff.). Der gegenwärtige Neoliberalismus ist mit seinen rechtskeynesianischen Anleihen eben ein Bastard-Neoliberalismus. Sinn wird auch nicht von Gewissensbissen geplagt, wenn gegen den Strich der ordoliberalen reinen Lehre vom monopolfreien Marktwettbewerb mächtige Banken gerettet werden. »Die Politiker sollten sich nicht aufregen, wenn als Nettoeffekt große Banken entstehen, denn bei den Größenvorteilen handelt es sich um privatwirtschaftliche und öffentliche Vorteile.« (Ebd.: 377) Er polemisiert vielmehr gegen den »alten Chikago-Ansatz«, »die Banken zu einem vorsichtigen Geschäftsgebaren zu veranlassen, indem man sie fallen lässt, wenn sie sich nicht selbst helfen können« (ebd.: 375). Die großen Banken zu zerschlagen, damit sie im Falle des Bankrotts kein Systemrisiko mehr sind, lehnt er ab, weil kleine Banken noch eher als große untergingen und der Staat dann eben vielen kleinen Banken helfen müsse.

Hans-Werner Sinn geht erst dann auf die konzeptionellen Barrikaden, wenn nationale Banken und verschuldete Staaten durch übernationale Mechanismen gerettet werden sollen, durch internationale Umverteilung zulasten der starken Staaten, vor allem Deutschlands, durch eine Gemeinschaftshaftung für schlechte Wirtschaftspolitik der Schuldnerstaaten. Deshalb war für ihn der Juni 2016 ein schwarzer Juni, als sich das deutsche Bundesverfassungsgericht mit seinem sogenannten OMT-Urteil dem Europäischen Gerichtshof (EuGH) unterwarf. Der nämlich unterstützt vollauf die unter dem Kürzel OMT (Outright Monetary Transaction) im Sommer 2012 von EZB-Chef Mario Draghi verkündete Politik offener monetärer Transaktionen der Europäischen Zentralbank. Das bedeutet, wie Sinn heftig kritisierend schreibt, »die Staatspapiere der Krisenländer notfalls unbegrenzt zu kaufen und so das Risiko des Konkurses dieser Länder von den privaten Anle-

2.3 Drei Repräsentanten des neoliberalen Diskurses 67

gern auf die Staatengemeinschaft zu übertragen« (Sinn 2016: 141). Die Staaten mögen ihre Banken mit nationalen Rettungsschirmen retten, wenn sie wollen. Aber bitte keine Gemeinschaftshaftung im Rahmen der Eurozone oder der EU! Das potenziere die ohnehin abzulehnende Haftungsbeschränkung nochmals beträchtlich. Deshalb sei auch die Einrichtung des Rettungsfonds ESM (Europäischer Stabilitätsmechanismus) auf dem vorläufigen Höhepunkt der Euro-Krise ein Fehler gewesen. Der verfüge zwar nur über 80 Milliarden Euro Eigenkapital. Aber die Euro-Staaten haben sich in seinem Rahmen verpflichtet, in gemeinsamer Haftung bis zu 705 Milliarden Euro Garantien zu übernehmen. Ferner kann sich der Fonds in ebenfalls gemeinschaftlicher Haftung der Euro-Länder verschulden, um bis zu 500 Milliarden Euro Kredite an Krisenländer zu vergeben. Und er darf unbegrenzt Staatspapiere der Krisenländer kaufen. Im Haftungsfall würde Deutschland stets für den größten Schadensanteil aufzukommen haben.

Nach der Vorstellung der EU-Kommission würde dies die Wirtschaft der Krisenländer stabilisieren, ihnen durch den Gemeinschaftsrückhalt zu günstigen Finanzierungsbedingungen auf den internationalen Kapitalmärkten verhelfen und sie überdies als Voraussetzung für Leistungen aus dem ESM zwingen, sich vertraglich zu Reformprogrammen zu verpflichten, d.h. zu Austerität, Privatisierung und Flexibilisierung der Arbeitsmärkte.

Sinn dagegen argumentiert, dass die Finanzierung der Schuldnerländer durch internationale Fonds bei gemeinschaftlicher Haftung sie vom Zwang zu harten Reformschritten befreie. Umgekehrt würde gerade die Verweigerung gemeinschaftlicher Hilfsaktionen die wirtschaftsschwachen Länder zu größeren Anstrengungen auf neoliberalem Kurs zwingen. Eurobonds, Gemeinschaftsgarantien und der Aufkauf von Staatsschuldpapieren geringer Bonität mit der Gefahr für die stärksten Gläubiger, schließlich auf dem Weg der Gemeinschaftshaftung die Verlierer zu sein, werden von Sinn daher strikt abgelehnt. Er warnt zwar davor, auf die Selbstregulierung der Märkte zu setzen. Doch die schwächeren Länder der Eurozone will er durch die Verweigerung gemeinschaftlicher Stützung genau dieser Marktregulierung aussetzen. Dieser Widerspruch wurzelt in den Widersprüchen des Kapitalismus selbst. Einerseits erfordert die Stabilisierung internationaler Gebilde wie der Eurozone und der Europäischen Union, die Schwächsten gemeinsam zu stützen, um das Ganze zu bewahren. Andererseits dürfen die Stärksten getrost erwarten, dass sie es sind, die sich auf weitgehend deregulierten Märkten durchsetzen, ohne sich selbst mit den Risiken gemeinschaftlicher Stützung der Schwachen belasten zu müssen.

Kurz: Die Marktregulierung soll nicht durch zu viel staatliche Stützung der kapitalistischen Unternehmen verfälscht werden. Wo aber der Markt nicht funktioniert oder gar das kapitalistische System in Gefahr gerät, müssen trotzdem staatliche Interventionen und Rettungsschirme her. Diese dürften jedoch nicht so gestrickt sein, dass die stärksten Marktakteure – in diesem Fall in Europa die deutschen Großunternehmen und der Standort Deutschland – auf dem Wege der Gemeinschaftshaftung zugunsten der schwächeren Schuldnerstaaten belastet werden. Eine Strategie für die Zukunft des Kapitalismus und für Deutschlands Zukunft im Besonderen muss nach Sinns Überzeugung die »Grenzlinie zwischen Staat und Markt« (Sinn 2013: 13) und die Verteilung der Belastungen zwischen oben und unten richtig ziehen – nämlich in jedem Fall zugunsten der mächtigsten unter den ökonomischen Machteliten.

»Verspielt nicht Eure Zukunft!«, fordert Sinn dementsprechend und präsentierte 2013 »Konturen eines neuen ›Zukunftsprogramms‹ für Deutschland« (Sinn 2013), die 2016 in seinem Buch »Der schwarze Juni. Brexit, Flüchtlingswelle, Euro-Desaster – Wie die Neugründung Europas gelingt« (Sinn 2016) nochmals aktualisiert wurden.

Weiterentwicklung der Agenda-Politik
Im Umfeld der Agenda 2010 habe er in dem für die deutsche Reformdiskussion prägenden Bestseller »Ist Deutschland noch zu retten?« erfolgreich eine »Kehrtwende bei den Tarifvereinbarungen«, vor allem »die Forderung nach Verlängerung der Arbeitszeit bei gleichem Lohn« vertreten: »Weniger Macht für die Gewerkschaften, weg mit starren Flächentarifen und mehr betriebliche Tarifautonomie« (Sinn 2013: 19). Damals habe er für die Agenda 2010 den richtigen Weg gewiesen: »Die Arbeitslosenhilfe wurde beseitigt, und Langzeitarbeitslose wurden auf die Sozialhilfe heruntergestuft, die man Arbeitslosengeld (ALG) II oder auch Hartz IV nannte.« Niedriglöhne werden durch Zuschüsse für »Aufstocker« gefördert (ebd.: 22f.). Leider seien seine Forderungen nach Ablehnung des »Zuwanderungsmagneten« in Gestalt sozialstaatlicher Leistungen an Zugewanderte aus der EU, nach einer radikalen Steuerreform (zugunsten des Kapitals, D.K.) und nach »Neuem Schwung in den neuen Ländern« bisher nicht erfüllt worden. In Ostdeutschland hätten künstliche Lohnerhöhungen die Selbstheilungskräfte der Wirtschaft und das Entstehen neuer Arbeitsplätze geschwächt (ebd.: 27).

Nun gelte als Weg in die Zukunft: »Die Agenda 2010 muss fortgesetzt und weiterentwickelt werden.« (Ebd.: 28) Verführerisch, aber falsch und zu überwinden sei die Vorstellung, dass jeder von seiner Hände Arbeit leben können müsse. Das würde eine Beschäftigungspflicht auch zu unrentablen Bedingungen voraussetzen, »und mit einem solchen Beschäftigungszwang kehren wir zum Kommunismus zurück« (ebd.: 36). Wie schon Hayek zu wis-

2.3 Drei Repräsentanten des neoliberalen Diskurses

sen glaubte: alles, was dem Kapital nicht recht ist, sei der Neigung zum Kommunismus verdächtig und daher von vornherein falsch. Auszuweiten seien vielmehr staatliche Lohnzuschüsse, die einen noch breiteren Niedriglohnsektor ermöglichen, die Stärkung der Leiharbeit und der Anteil der Minijobs. Zukunft wird von der Flexibilisierung des Arbeitsmarktes erwartet.

Rückwärtswende für Energie- und Klimapolitik
Die deutsche Energie- und Klimapolitik sei dagegen ein zu überwindender Irrweg, insbesondere der Ausstieg aus der Kernenergie.»Im Moment sind die Romantiker und Idealisten mal wieder am Ruder. Wir werden deshalb erst einmal ein, zwei Jahrzehnte lang in die falsche Richtung laufen, bis wir merken, dass wir auf einem Irrweg sind und uns umbesinnen. Und dann braucht die Wiederinstallation der in der Zwischenzeit abgebauten oder nicht mehr gewarteten Kraftwerke Jahrzehnte.« (Sinn 2013: 55) Für Kohle, Öl und Gas gelte:»Die bittere Wahrheit unserer Umweltpolitik ist, dass Mengen, die wir Europäer nicht verbrauchen, anderswo verbraucht und verbrannt werden.« (Ebd.: 51) Den Beweis für diese Behauptung bleibt Sinn schuldig. Ein deutscher und europäischer Ausstieg aus fossilen Energien würde den Klimawandel nach seiner Ansicht sogar beschleunigen. Denn die Unternehmen, denen die»Marktvernichtung« ihrer Domänen droht, würden als Gegenreaktion die Extraktion fossiler Ressourcen sogar noch vorziehen. Allenfalls ein weltweiter Emissionshandel könnte dagegen in Stellung gebracht werden – also die Weisheit der Märkte. Staatliche Ge- und Verbote zieht Sinn in dieser Frage nicht in Betracht.

In Deutschland jedenfalls sei es zu kalt für eine effiziente Gewinnung von Sonnenenergie. Höchstens könnte die – unter der Voraussetzung einer Befriedung der Region – durch Großprojekte in der Sahara nach Deutschland geliefert werden. Auch Windenergie sei zu teuer für die Wettbewerbsfähigkeit des Standorts Deutschland. Anstelle einer Förderung erneuerbarer Energien müssten eben die Sicherheitsstandards der Kernkraftwerke erhöht werden. Die Betreiber von Kernkraftwerken sollten verpflichtet werden, eine Haftpflichtversicherung gegen die Folgen von Kernkraftunfällen bei Dritten abzuschließen. Sie müssten durch die Ausgabe von Bonds eine Art Anleihe auflegen, deren Aufkommen der»Schadensregulierung« für den Fall eines Atomunfalls dienen soll. Den Käufern dieser Bonds auf den Kapitalmärkten würden von den Kernkraftbetreibern Zinsen auf diese Atomwertpapiere gezahlt werden. Und die würden im Falle unsicherer Kernkraftwerke höher sein als bei»sicheren« Anlagen. Da die Kernkraftwerksbetreiber das Interesse hätten, den Eigentümern der Bonds möglichst niedrige Zinsen zu zahlen, würden sie durch die Märkte, auf denen die von Sinn vorgeschlagenen atomaren Versicherungspapiere gehandelt werden sollen, zu größtmöglicher Sicherheit der Atomkraftwerke veranlasst. »Der Kapitalmarkt übernimmt in diesem Fall die Kontrollfunktion.« (Ebd.: 57) Da ist sie, die unverbrämt neoliberale Grundposition. Die Zukunft ist den Märkten zu überlassen, den Kapitalmärkten zumal und irgendwann vielleicht den globalen Märkten für Emissionszertifikate, die aber – wie die Erfahrung zeigt – nicht oder zu langsam und unzureichend funktionieren. Und allenfalls könnten monopolistische Großprojekte – wie das inzwischen ebenfalls scheiternde Projekt Desertec – zur begrenzten Nutzung erneuerbarer Energien beitragen. Aber der Staat solle sich bitte aus strategischer Energiepolitik heraushalten.

Sinns rhetorische Frage lautet: »Wieso sollte der deutsche Staat besser als die Unternehmen wissen, wie sich die weltweite Energiewende vollziehen wird?« (Ebd.: 53) Der Gedanke ist ihm fern, dass die Zivilgesellschaft, die Ökobewegung, die überwältigende Mehrheit der wissenschaftlichen Fachwelt, Betroffene, deren Lebensräume von den Folgen des Extraktivismus zerstört werden, und Kommunen wie Energiegenossenschaften, die auf 100% erneuerbare Energien setzen, es besser wissen könnten. Sinn erwägt auch nicht, dass der Staat immerhin seine Finanzen in der Regel nicht in Kohle, Öl und Gas investiert hat, dass er nicht unmittelbar der Kapitalverwertung in diesen Wirtschaftsbereichen verpflichtet ist, dass er als »materielle Verdichtung eines Kräfteverhältnisses zwischen Klassen und Klassenfraktionen« (Nicos Poulantzas 2002: 91) auch den Einsichten solcher gesellschaftlicher Kräfte Rechnung tragen muss, die sich der Abwendung einer Klimakatastrophe und einer Energiewende verpflichtet sehen. Immerhin war der einzige konstruktive große Schritt zu einer Energiewende in Deutschland, das Erneuerbare-Energien-Gesetz vor zehn Jahren, ein staatlicher Akt, gestützt auf die Umweltbewegung vor allem von Hermann Scheer durchgesetzt. Es ist das Denkkorsett des Marktliberalismus, das Hans-Werner Sinn solche Erwägungen verwehrt.

Wenn das kapitalistische Wirtschaftssystem wie in der jüngsten Finanzkrise akut und unübersehbar an den Rand des Kollapses gerät, ist Sinn mit hörbarer – wenn auch systemtreuer – Stimme zur Stelle. Wo es aber um noch langfristigere Zukunftsfragen wie die Bedrohung der ökologischen Lebensbedingungen der Menschheit geht, um »Umbrüche, in denen das Grundsätzliche in der Lage ist, die Welt zu verändern«, versagt Sinn vor seinem eigenen Anspruch, die dafür notwendigen »Diskurse öffnen und vorantreiben« zu wollen. Dann findet er sich plötzlich im Lager der Gestrigen á la Donald Trump wieder. »Verspielt nicht Eure Zukunft!« So mahnte er mit dem Titel seines Interview-Buches zur Fortentwicklung der Agenda 2010 –

2.3 Drei Repräsentanten des neoliberalen Diskurses 71

und wendet sich von dieser Zukunft in der ökologischen Überlebensfrage für die Menschheit mit einer Rolle rückwärts ab.

Nationalistische Empfehlungen für die Flüchtlingspolitik
Gesinnungsethik sei vielleicht ehrenwert. Aber sie locke nur Flüchtlinge zu waghalsiger Flucht nach Europa an und führe zu massenhaftem Tod auf See (Sinn 2016: 88ff.). Rationale Politik dagegen habe sich auf den Schutz des Eigentums an Klubgütern zu konzentrieren. Als Klubgüter werden solche verstanden, die durch zu viele Nutzer ihre Qualität einbüßen. Der Sozialstaat und die Lebensweise in den wohlhabenden Staaten hätten solchen Klubgutcharakter und müssten durch Abschottung vor zu vielen Teilhabenden bewahrt werden: »Klubgüter bedürfen des Eigentumsschutzes und eines Ausschlussmechanismus zur Abwehr von jenen, die nicht zum Klub gehören, und zwar in Form einer verschließbaren Tür oder eines Zaunes, der Polizei und des Rechtssystems. Nur so lässt sich ein ordentlicher Betrieb sicherstellen.« (Ebd.: 98)

Dieser Gedanke führt Sinn dann geradeswegs zu einer Grundfigur im Diskurs der von ihm zunächst so heftig kritisierten Chicago-Neoliberalen, zum Schreckgespenst des Kommunismus nämlich, das dann drohe, wenn die neoliberale Orthodoxie verlassen wird. Für ein Privathaus gelte doch: »Es kann niemand kommen und ein Zimmer beanspruchen, nur weil er es schön findet.« (Ebd.: 99) Das müsse auch für die von Flüchtlingen bedrohten reichen Gesellschaften als Ganzes gelten: »Und wenn mangels privater Eigentumsrechte keine Wild-West-Gesellschaft entsteht, dann doch bestenfalls eine kommunistische Gesellschaft, in der doch allen alles gehört und doch wiederum niemandem.« (Ebd.)

Unter solcher Androhung des mit den Flüchtlingen hereinbrechenden Kommunismus wird die kurze Phase einer Willkommenskultur in Deutschland kritisiert. Die EU-Außengrenzen seien gegen die Flüchtlinge noch wirksamer als bisher zu schließen. Auf See Aufgegriffene sollten sofort wieder in ihre Herkunftsländer zurückgeschafft werden. Und zu beachten sei: »Auch die Bürgerkriegsflüchtlinge werden im Allgemeinen auf der Flucht zu Wirtschaftsmigranten in dem Sinne, dass sie ihr Zielland nach wirtschaftlichen Gegebenheiten aussuchen.« (Ebd.: 94) Und wenn schon Asylanträgen stattgegeben würde, dann dürften zumindest keine Mindestlöhne weiterbestehen. Die würden nur als Integrationsbremse wirken. Dem innerhalb der Europäischen Union Freizügigkeit genießendem EU-Bürger dürfte nicht weiter Anspruch auf Sozialleistungen des Gastlandes gewährt werden, sondern sozialstaatliche Leistungen müssten künftig von den Heimatländern getragen werden.

Wirtschaftlichen Erwägungen folgend, so Sinn, sollte mit einer geordneten Migrationspolitik qualifizierten Bewerbern Zuwanderung genehmigt werden, weil sie mehr leisten als den Sozialstaat kosten. Wenig qualifizierte Migranten würden dagegen den Sozialstaat in nicht verantwortbarer Weise schwächen. Dass der Sozialstaat auch bei umfangreichen Leistungen an bedürftige Schutzsuchende stabil bleiben kann, wird von Sinn nicht erwogen. Zu erstreben wären ja eine gerechte Steuerpolitik zulasten hoher Unternehmensgewinne und von Reichen und Superreichen, Abgaben auf Großvermögen und die Vermeidung von Steuerflucht. Das würde die Einnahmen des Sozialstaats erheblich vergrößern. Er wäre zu stabilisieren durch strukturpolitische Lenkung von Kapitalanlagen in produktive Realwirtschaftsbereiche statt in Finanzspekulationen. Kosten durch Umweltschäden wären auf dem Weg sozial-ökologischen Umbaus zu vermeiden. Aufs Äußerste dringlich sind wirksame Friedenspolitik für Kriegsregionen und umfangreiche Soforthilfen, damit Menschen nicht vor Hunger, Obdachlosigkeit und Krankheiten flüchten müssen. Schnell müssen Weichen für eine künftige Entwicklungspolitik gestellt werden, die die Ursachen von Flüchtlingswellen in den Herkunftsländern zu beseitigen hilft.

Eine humane Migrationspolitik der Bundesrepublik muss eine Balance zwischen moralisch und menschenrechtlich gebotener unbedingter Solidarität mit Zuwandernden und der Bewahrung sowie Erneuerung des Sozialstaats für alle in unserem Land herstellen, für schon immer hier Lebende und für Migrant*innen. Gewiss gehört dazu eine geregelte Migrationspolitik, die nicht ohne Kontrollregime an den Außengrenzen der Europäischen Union möglich ist. Aber diese Grenzen müssen humanisiert, das heißt völkerrechts-, menschenrechts- und flüchtlingsrechtskonform ausgestattet werden. Im Kapitel 7.6 wird das näher ausgeführt. Das wären Schritte, die Hans-Werner Sinns eigener Forderung gemäß das Grundsätzliche in der Lage betreffen, um die Welt zu verändern. Aber Sinn will die Welt der Klubgüter nicht wirklich infrage stellen. Er will sie durch Ausschluss der »Fremden« bewahren.

Worauf beruht Hans-Werner Sinns Gewicht im öffentlichen Diskurs?
Worauf gründen der politische Einfluss, die Wertschätzung in den Machteliten und die Wirkung Hans-Werner Sinns in öffentlichen Diskursen? Wieso in aller Welt gilt er den Meinungsmachern als ein herausragender Intellektueller, wenn seine konzeptionellen Vorschläge nicht selten geeignet sind, im Falle ihrer Verwirklichung die Widersprüche des Kapitalismus eklatant zu verschärfen? Seine Stärke im Auge der Herrschenden ist, dass er sich keine andere Zukunft als eine neoliberale vorstellen kann. Auf ihn können

2.4 Zwischenfazit zum neoliberalen Diskurs

sie sich verlassen. Und der Bevölkerung mutet er keine unsicheren Wege in eine noch unbekannte Zukunft zu. Doch illusionsloser als andere Neoliberale sieht er den Kapitalismus von gefährlichen Krisen bedroht. Oft nimmt er die Position des großen Mahners vor drohenden Gefahren ein. Das Establishment braucht eben nicht nur pure Zustimmung, sondern auch ein Vorwarnungspotenzial. Bei der Bevölkerungsmehrheit findet einer, der Widrigkeiten beim Namen nennt, unter denen viele leiden, allemal Gehör – auch wenn er taugliche Lösungsvorschläge schuldig bleibt. Und manche der Vorschläge Sinns sind zudem durchaus geeignet, auf Krisen dämpfend zu wirken, etwa seine Forderungen zur Erhöhung der Eigenkapitalquoten von Banken und nach höherer Haftung der Eigentümer für die Folgen ihres Tuns.

Andere Forderungen bringen kurzfristige Interessen vor allem der deutschen Machteliten zum Ausdruck, nehmen aber auch kurzsichtige populistische Stimmungen auf. Das trifft beispielsweise auf die Verweigerung gemeinschaftlicher Stabilisierung wirtschaftlich angeschlagener EU-Mitgliedstaaten zu. Solche Politik kann zum Scheitern der Europäischen Union führen. Aber sie soll um diesen möglichen Preis die Bundesrepublik vor der Hauptlast im Falle einer gemeinschaftlichen Haftung für schwere Einbrüche in den Schuldnerstaaten bewahren. Sinns Vorschläge zur Flüchtlingspolitik laufen auf eine gespaltene Welt hinaus, kommen aber der verbreiteten Fremdenfeindlichkeit und vielen Ängsten vor »Überfremdung« entgegen und bestärken sie mit der Autorität des Berufenen. Sinns umweltpolitischer Rat ist katastrophal. Er unterstützt den Weg in die Vernichtung der natürlichen Lebensgrundlagen großer Teile der Menschheit, knüpft jedoch am Festhalten der Bevölkerungsmehrheit in den reichen Ländern an einer imperialen Lebensweise zulasten der Natur und billiger Arbeitskräfte in den armen Regionen der Erde an. Diskursmächtig sind Sinns Bücher durch eine Kombination von wissenschaftlicher Teillogik, reicher empirischer Datenbasis und allgemeinverständlicher Darstellungsweise – leider im Rahmen eines insgesamt für die Lösung der großen Fragen unserer Zeit untauglichen neoliberalen Gesamtkonzepts.

2.4 Zukunft oder Ende des Kapitalismus?
Zwischenfazit zum neoliberalen Diskurs

Noch bestimmen der neoliberale Diskurs und die ihm entsprechende Realität des neoliberalen Kapitalismus trotz gegenläufiger Tendenzen die gesellschaftliche Entwicklung. Im Namen individueller Freiheit zu sprechen, auf

Abbildung 2: Braucht es grundlegende Veränderungen?

»Ich bin fest davon überzeugt, dass unsere Gesellschaft auf eine große Krise zusteuert. Mit den derzeitigen politischen Möglichkeiten können wir diese Probleme nicht lösen. Das schaffen wir nur, wenn wir unser politisches System grundlegend ändern.«

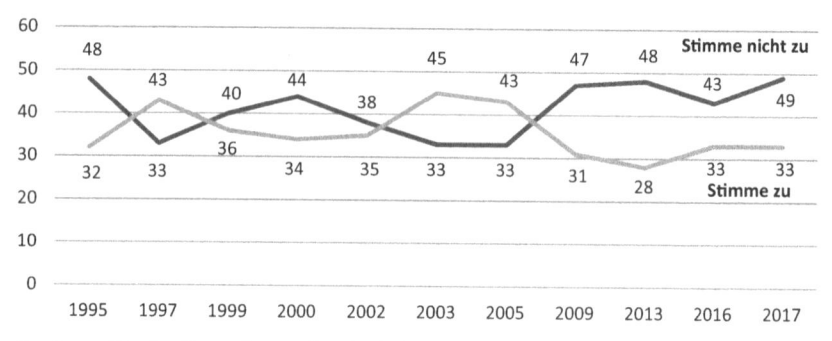

Jahr	Stimme nicht zu	Stimme zu
1995	48	32
1997	43	33
1999	40	36
2000	44	34
2002	38	35
2003	45	33
2005	43	33
2009	47	31
2013	48	28
2016	43	33
2017	49	33

Quelle: Institut für Demoskopie Allensbach/
John Stuart Mill Institut für Freiheitsforschung e.V. (2017)

die Fülle des Warenangebots und möglicher Lebensstile als Resultate der Marktregulation zu verweisen, als Garant des Gewohnten gegen risikoreiche Veränderungen aufzutreten und die Furcht vor gar sozialistischen Veränderungen zu schüren – das sichert dem Neoliberalen noch immer eine breite Anhängerschaft. Und doch hat der Begriff neoliberal einen verdächtigen Klang bekommen und ist der neoliberale Diskurs vor allem seit der jüngsten großen Mehrfachkrise ins Schlingern geraten. Ein beträchtlicher Teil der Bevölkerung in Deutschland glaubt nicht mehr an ein neoliberales Weiter so (Abbildung 2).

Der neoliberale Diskurs beschwört vor allem die Alternativlosigkeit des gegenwärtigen Kapitalismus. Welche Fragen auch immer verhandelt werden, die Antworten verbleiben im Rahmen neoliberaler Verhältnisse. Im schlimmsten Fall wird als Trumpfkarte ausgespielt, dass selbst die Krisen des Kapitalismus paradiesischen Charakter im Vergleich zu dem hätten, was im Kommunismus drohe. Darin sind sich Sinn, Rürup und Paqué einig im Geiste Hayeks und Friedmans.

Die zentrale Aussage in diesen Diskursen ist, dass alle guten Wege in die Zukunft in erster Linie durch die Märkte bestimmt werden. Tatsächlich wird die Hightech-Produktivkraftentwicklung, die dem neoliberalen Kapitalismus Anziehungskraft verleiht, durch die globale Verdrängungskonkurrenz vorangetrieben. Aber selbst das ist nur ein Teil der Wahrheit. Mit Ver-

2.4 Zwischenfazit zum neoliberalen Diskurs

weis auf viele Fakten schreibt Sahra Wagenknecht: »Vom siliziumbasierten Halbleiter über das Internet bis zum GPS, von bahnbrechenden medizinischen Neuerungen bis zur Nanotechnologie: Es waren nicht private Unternehmen, sondern staatliche Entwicklungslabore oder mit dem Geld der Steuerzahler finanzierte Entwicklungsprogramme, denen wir die entscheidenden Durchbrüche zu verdanken haben.« (Wagenknecht 2016: 122) Der Aufstieg des legendären Silicon Valley als Wiege umwälzender Innovationen war nur mit den Milliardenaufträgen des Pentagon möglich. Mariana Mazzucato, Professorin für Innovationsökonomie an der University of Sussex, verweist darauf, dass zwölf der für die digitale Revolution entscheidenden Produkte mit staatlichen Mitteln und in staatlicher Verantwortung entwickelt wurden (Mazzucato 2014: 22).

Verdrängt wird im neoliberalen Diskurs, dass die Kehrseite des in solcher Weise vom staatlich überformten Marktmechanismus vorangetriebenen Produktivkraftfortschritts zutiefst destruktive Prozesse sind. Wohlstandsverluste resultieren aus der Zerstörung der Umwelt, aus Kriegen und Rüstungsproduktion, aus unproduktiven Finanztransaktionen, die der Realwirtschaft und insbesondere dem möglichen ökologischen Umbau Mittel entziehen und dann auch noch in Wirtschaftskrisen münden, aus Arbeitslosigkeit, aus den Mechanismen der Wegwerfgesellschaft mit ihrem extremen Werbeaufwand, aus Fehlallokationen zugunsten von Luxus- und Prestigekonsum und zulasten der Sorgearbeit für Menschen. Eine Zukunft, die einen derart hohen Preis fordert, ist keine dauerhafte Zukunft. Aber das wird im neoliberalen Diskurs weitgehend ausgeblendet – bei Rürup wie bei Paqué und besonders wirklichkeitsfern in Sinns Auffassungen zu Klimawandel und Energiewende.

Teils behauptet die neoliberale Krisenanalyse zu viel Einmischung des Staates in die Wirtschaft. Häufig wird aber auch auf die Dringlichkeit wirksamerer Rahmensetzung und zur Not auch direkter staatlicher Interventionen in Wirtschafts- und Gesellschaftsprozesse verwiesen. Der neue supranationale EU-Regelmechanismus, der tief in die nationalen Wirtschaftspolitiken und damit in die Märkte eingreift, ist weit von purer Regulation durch den Markt entfernt (Kapitel 7.5.2). Präsident Trump und seine Administration belegen Unternehmen anderer Länder mit Sanktionen, wenn sie den Interessen der US-Politik in die Quere kommen, etwa wenn sie Geschäfte mit dem Iran betreiben. Das ist das Gegenteil der neoliberal gepriesenen Marktregulation. Die deutsche Bundesregierung bemüht sich um eine nationale Industriestrategie und zieht sich damit den Zorn von vier der fünf Wirtschaftsweisen zu. In der Mehrfachkrise gegen Ende des ersten Jahrzehnts unseres Jahrhunderts konnte das Bankensystem nur durch billionenschwere staatliche Rettungsschirme vor dem Zusammenbruch bewahrt werden.

> Der Neoliberalismus entwickelt sich mit der Kombination von dominanter Marktregulation und marktkonformer (rechtskeynesianischer) staatlicher Regulierung in die Richtung eines Bastard-Neoliberalismus. Das neoliberale Modell existiert schon längst nicht mehr so, wie es in den Lehrbüchern steht. Aber neoliberal ist die Wirtschaftsverfassung gleichwohl noch immer, da die Staatsinterventionen in aller Regel darauf zielen, die mächtigsten Unternehmen fit für die globale Marktkonkurrenz zu halten.

Die Bandbreite der im neoliberalen Diskurs vertretenen politischen Ausformungen des Kapitalismus ist groß. Sie reicht von Plädoyers für einen – in manchen Schritten der Merkel-Regierung durchscheinenden – sozialdemokratischen Neoliberalismus, der durchaus partielle soziale Verbesserungen einschließt, bis zur Stärkung eines Neoliberalismus, der sich autoritärer und diktatorischer Herrschaftsformen bedient. Die Positionen der drei hier behandelten Autoren liegen eher in der Mitte zwischen diesen Extremen.

In den Tendenzen zur Sozialdemokratisierung des neoliberalen Kapitalismus (Fraser 2017: 72-76) steckt trotz gegenläufiger Beschwörungen die Ahnung, dass ein Neoliberalismus pur keine Zukunft bietet. Aber sozialdemokratische Reförmchen zur Stabilisierung neoliberaler Herrschaft ändern nichts daran, dass ein Gesellschaftssystem zunehmender sozialer Ungleichheit und Spaltung im dauerhaften Krieg gegen die Natur ohne Zukunft ist. Und die Zuflucht zu autoritären und oligarchischen Herrschaftsformen bedeutet, Zukunft ohne Demokratie herbeizwingen zu wollen. Das Scheitern des Staatssozialismus hat bewiesen, dass dies längerfristig ein hoffnungsloses Unterfangen ist.

> Der neoliberale Kapitalismus hat den Nährboden für eine heute nicht bestimmende, aber doch erstarkende Entwicklung bereitet: für die Tendenz zum Rechtsextremismus. Wenn es nicht gelingt, diesen gefährlichen Prozess zu stoppen und zurückzudrängen, könnte der neoliberale Kapitalismus künftig eine rechtsautoritäre Gestalt annehmen. In den USA, in Ungarn, Polen und in der Türkei zeichnet sich dies bereits ab.

Erstens bewirken die dem neoliberalen Kapitalismus eingeschriebene soziale Polarisierung und Ungerechtigkeit, die Erosion des Sozialstaats und der Demokratie eine Entsicherung für große Teile der Bevölkerung. Die Folge

2.4 Zwischenfazit zum neoliberalen Diskurs

ist bei vielen eine Abkehr von demokratischen Institutionen und die Bereitschaft, auf die zu hören, die mit Scheinalternativen die Empörung gegen das Establishment schüren. Der neoliberale Kapitalismus verschafft der Neuen Rechten auf solche Weise eine soziale Basis.

Zweitens hat der neoliberale Kapitalismus mit seiner Verteufelung jeder Art kritischen Denkens und linker Politik der Neuen Rechten die Stoßrichtung ihrer Politik förmlich in den Schoß gelegt. Wenn Rechtsextreme und Neonazis Anschläge auf Büros linker Politiker verüben, ihnen Mord androhen, Flüchtlingsunterkünfte in Brand setzen und Jagd auf »Andere« machen, kehren sie im Grunde zur Geburtsstunde des Neoliberalismus zurück – zu General Pinochet.

Drittens bieten die oligarchischen Strukturen des Neoliberalismus (Dellheim 2014: 332-367), die Ferne der Machteliten von der Lebenswelt und den Interessen der Mehrheit und die verbreitete Korruption Anlass für die Neue Rechte, sich im Namen des Volkes als Vorkämpfer gegen das Establishment und gegen das diffus unbenannte »*System*« *zu inszenieren.*

Für die plurale gesellschaftliche Linke und alle anderen demokratischen humanistischen Kräfte in der Gesellschaft bedeutet der Zusammenhang zwischen Neoliberalismus und extremen Rechtstendenzen, dass ein dauerhaftes Zurückdrängen der Neuen Rechten zugleich erfordert, die neoliberale Gestalt des Kapitalismus selbst zu überwinden. Dieser Zusammenhang dramatisiert die Herausforderung für die Linke und breite demokratische Allianzen, zumindest eine postneoliberale progressive Transformation im Rahmen des Kapitalismus zu erreichen, um ausgehend von solcher einschneidenden Wende weiter reichende Veränderungen einleiten zu können (siehe Kapitel 6). Wenn ihr dies nicht gelingt, die neoliberalen Kräfte aber keine tauglichen Lösungen für die Großprobleme der Epoche hervorbringen, erwarten manche prominente Autoren einen langen qualvollen Niedergangsprozess des Kapitalismus ohne positive Aussichten.

3. Kapitel
Diskurs »Ohne Hoffnung.
Das lange Ende des Kapitalismus«

Ein Diskurstyp eigener Art ist das pessimistische Pendant zum Diskurs des neoliberalen Weiter so. Er ist durch die Erwartung eines lang andauernden qualvollen Niedergangs des Kapitalismus bestimmt. Scharfe Kritik des Kapitalismus bleibt jedoch ohne Hoffnung auf Auswege aus dem Kapitalismus. Handlungsfähige Gegenmächte tauchen in diesem entmutigenden Diskurs nicht oder nur schemenhaft am Rande auf. Oft heftige und treffende Kritik wird in diesem Kontext stumpf, weil eine Perspektive gezeichnet wird, die Gegenkräften fast jede Chance zur Überwindung des Kapitalismus abspricht. Dieser Niedergangsdiskurs wirkt ohne solche Absicht seiner Protagonisten als eine Kritik, die alternativen Akteuren den Mut nehmen könnte, wenn es nicht gelingt, sein kritisches Potenzial in einem linken alternativen Diskurs aufzuheben und für eine kapitalismuskritische und antikapitalistische Offensive eines breiten progressiven Bündnisses unterschiedlichster demokratischer Kräfte zu nutzen. Einer revolutionärer Realpolitik (Rosa Luxemburg) verpflichtete Linke wird sich die in diesem Diskurs formulierte Kapitalismuskritik kritisch aneignen und für eine progressive Transformation im Kapitalismus und über ihn hinaus mobilisieren.

Wallerstein, Collins, Mann, Derlugian und Calhoun erwarten eher andere Zukünfte des Kapitalismus und andere Mechanismen seines Untergangs als ein solches endloses Niedergangsende. Aber sie schließen dieses Szenario nicht aus: »Eine Katastrophe mittleren Grades ist Zerfall und Evolution (d.h., dass es im Prinzip weitergeht wie bisher, nur in verminderter, verkrüppelter und verschlimmerter Form).« (Wallerstein u.a. 2014: 228) Sie arbeiten aber »die Möglichkeit hoffnungsvollerer Wege durch die Wirren der vor uns liegenden Jahre« heraus (ebd.).

Diese Alternative sehen die im Folgenden zitierten höchst unterschiedlichen beiden Exponenten des Diskurses vom langen qualvollen Ende des Kapitalismus oder von seiner entmenschlichen Fortdauer nicht. Der eine, Wolfgang Streeck, war von 1995 bis zu seiner Emeritierung im Jahre 2014 Direktor am Max-Planck-Institut für Gesellschaftsforschung in Köln und lehrte Soziologie an der Universität zu Köln. Er ist Mitglied der Berlin-Brandenburgischen Akademie der Wissenschaften, auswärtiges Mitglied der British Academy und gehört zur gesellschaftswissenschaftlichen Funktionselite Deutschlands. Der andere Autor eines trostlosen Kapitalismusbildes

Diskurs »Ohne Hoffnung. Das lange Ende des Kapitalismus« 79

war Frank Schirrmacher, von 1994 bis zu seinem Tod 2014 der Herausragende unter den fünf Herausgebern der Frankfurter Allgemeinen Zeitung. Pierre Bourdieu schrieb über den Exponenten in Diskursen, dem durch die von ihm repräsentierten Gruppen öffentliche Autorität verliehen wird – zumal wenn diese Gruppen zum herrschenden Machtblock gehören:

> »Dadurch, dass er die Dinge mit Autorität ausspricht, öffentlich und offiziell, entreißt er sie der Willkür, schreibt sie fest, heiligt, bestätigt sie, lässt sie existieren als etwas, das zu existieren wert, der Natur der Dinge gemäß, ›natürlich‹ ist.« (Bourdieu 2005: 123)

Genau dies ist die Funktion von Intellektuellen wie Sinn und Rürup. Genau diese Heiligsprechung haben Streeck und Schirrmacher verweigert. Sie, denen Autorität durch höchste Ehrungen und einflussreiche Wirkungsorte zugesprochen wurde, entheiligen mit ihrer Autorität die neoliberale Denkwelt. Plötzlich erscheint diese als das, was sie ist: als unnatürlich, weil gegen die menschliche Würde gerichtet. Das jüngst von Ihnen gezeichnete Bild des Kapitalismus macht die Brüchigkeit der neoliberalen Theorie und Ideologie umso deutlicher, je mehr beide Autoren zuvor als den etablierten Verhältnissen zugehörig betrachtet werden durften.

Im November 1999 erschien das Magazin *Der Spiegel* mit dem Cover-Titel »Aus Schröders Schublade. Der Plan. Radikalkur gegen die Arbeitslosigkeit«. Gemeint war das Reformprogramm von Wolfgang Streeck und Rolf Heinze in dieser Spiegel-Ausgabe, mit dem sie eine »grundlegende Neubestimmung auch der Ziele der deutschen Arbeitsmarkt- und Beschäftigungspolitik« forderten. Das entstandene »Arbeitsverhältnis de Luxe« für einen Teil der Bevölkerung müsse durch »institutionelle Reformen« beendet werden. Gescheitert sei die Stärkung der Nachfrage und die ihr zugrunde liegende Theorie. Die Marktkonkurrenz erfordere »eine weitere Senkung der Lohnnebenkosten« und generell eine Reduzierung der Abgabenbelastung der deutschen Wirtschaft, vor allem eine Senkung der Sozialbeiträge. Insbesondere im Dienstleistungsbereich seien ein anderes Arbeitsregime als in der Industrie, andere Entlohnungsformen und ein anderes Verhältnis von internen und externen Arbeitsmärkten durchzusetzen. Denn dort »steigt die Zahl der Beschäftigten nur dann, wenn Arbeitskosten und Löhne im Vergleich zur Industrie niedrig sind«. Die geringe Wertschätzung der Care-Arbeit, d.h. der Sorgearbeit für Menschen, im Vergleich zur produzierenden Arbeit, die heute von vielen Akteuren insbesondere auf feministischer Seite als ernste Fehlentwicklung beklagt wird, wurde damals von Streeck und Heinze als marktgerecht eingefordert.

Zudem hingen Beschäftigungszuwächse dort davon ab, »in welchem Maße wir uns bereitfinden, private Nachfrage nach Gesundheits- und Ausbildungsleistungen zu mobilisieren«. »Staat und Selbstverwaltung müssen durch die Dynamik der Märkte ergänzt werden.« Mehr noch: »Das wichtigste Instrument einer neuen Arbeitsmarktpolitik im Übergang zur Dienstleistungsgesellschaft ist der Markt.« (Der Spiegel 19/1999) Interpretiert als ein Mechanismus, der niedrige Lohn- und Sozialkosten, Privatisierung, Verschärfung der Zumutbarkeitskriterien und die Politik eines raschen Entzugs von Leistungen bei Ablehnung eines Beschäftigungsangebots, ein »höheres Maß an räumlicher und beruflicher Mobilität« der Arbeitssuchenden und bevorzugte Förderung von Zeitarbeitsfirmen verlange. »Aus Schröders Schublade« hatte Der Spiegel getitelt. Kein Zweifel, dass Streeck, damals Mitglied der SPD, und Heinze als Ideengeber für die Agenda 2010 wirkten, für den neoliberalen Schub, der durch CDU und FDP nicht durchsetzbar gewesen wäre.

Diese Politik hat den deutschen Unternehmen internationale Konkurrenzvorteile gebracht – zulasten der Lohnabhängigen in Deutschland und der Verlierer im Ausland. Diese wurden als Unternehmer oder als Staaten zu Schuldnern, weil die auf diesem Wege zu erreichenden Leistungsbilanzüberschüsse der einen immer die Verschuldung der anderen als Kehrseite haben müssen. In der Spaltung der EU zwischen Gläubiger- und Schuldnerstaaten tritt dies gegenwärtig spannungsreich zutage. Das Scheitern des neoliberalen Grundkonzepts wurde spätestens in der Mehrfachkrise von 2008 offenbar. Die diesem Konzept entsprechende Wirtschafts- und Gesellschaftspolitik wird gleichwohl fortgesetzt. Doch der Neoliberalismus ist so spektakulär diskreditiert, dass Wolfgang Streeck sich angesichts dieser Erfahrung von einem Wegbereiter der Agenda 2010 zu einem überzeugenden linken Kritiker des neoliberalen Kapitalismus gewandelt hat, wie im Kapitel 3.1 deutlich werden wird. In herausgehobener Position den Wissenschaftsbetrieb der Bundesrepublik eingebunden, war es ihm in seinem hochgelobten Buch »Gekaufte Zeit« zunächst nicht möglich, sich eine realistische Gesellschaftsalternative und Wege dahin vorzustellen.

Aber dann, im zweiten Halbjahr 2018, vollzog Streeck abermals eine Wende – zumindest in seinem persönlichen politischen Engagement. Hatte er gerade noch beklagt, dass mit Akteuren eines progressiven gesellschaftlichen Aufbruchs nicht zu rechnen sei, so brachte er sich nun mit substanziellen konzeptionellen Beiträgen in die Sammlungsbewegung #aufstehen ein – in der Hoffnung, dass diese jene Akteure der Veränderung mobilisieren könnte, auf die er in seiner Zeitdiagnose nicht mehr gerechnet hatte. Obwohl aus dieser Diagnose die Erwartung eines langen trostlosen Nieder-

»Das lange Ende des Kapitalismus«

gangs des Kapitalismus ohne Hoffnung auf eine Alternative folgte, versucht Streeck zur Korrektur der eigenen pessimistischen Prognose beizutragen, indem er der Sammlungsbewegung alternativer Akteure seine wissenschaftliche und politische Unterstützung bietet. Er handelt damit ähnlich, wie Hermann Hesse über den chinesischen Moralphilosophen Kung Fu Tse schrieb, als er gebeten wurde, diesen zu charakterisieren: »Ist das nicht der, der genau weiß, dass es nicht geht und es trotzdem tut?«

Könnte dies ein Signal künftig möglichen Übergangs von Teilen der Wissenschaftselite auf die Seite postneoliberaler Bewegungen sein? Könnten die unter Intellektuellen verbreiteten pessimistischen Zukunftserwartungen wie bei Wolfgang Streeck das Gegenteil von dem Befürchteten auslösen: das Engagement gegen den zu erwartenden negativen Trend?

Als zweiter Exponent des Diskurses vom Niedergang des Kapitalismus wird im Folgenden Frank Schirrmacher genannt, exemplarisch sein letztes Buch »Ego. Das Spiel des Lebens«. Während Streeck seine Niedergangserwartung vorwiegend ökonomisch und soziologisch begründet, vertrat Schirrmacher eine weit ausgreifende kulturpessimistische Perspektive. Es ist vielleicht kein Zufall, dass er mit einer Arbeit über Franz Kafka promovierte. Von 1994 bis zu seinem Tod 2014 stand er als Mitherausgeber der FAZ für ihr besonderes Gewicht unter den bürgerlich-konservativen Printmedien in Deutschland. Er prägte als Chef des Feuilletons dessen hohes Anspruchsniveau. In oft spektakulärer Weise griff er in öffentliche Debatten ein oder inszenierte sie selbst. Damit trug er erheblich zur Macht zentraler Medien über die öffentliche Meinung bei. Schirrmacher wurde mit dem Jacob-Grimm-Preis, 2004 von der Jury des Medium Magazins als Journalist des Jahres, 2010 als Kulturjournalist des Jahres und posthum 2014 nochmals für sein Lebenswerk als Journalist des Jahres ausgezeichnet. 2013 führte ihn das Gottlieb Duttweiler Institut in seiner Liste der 100 einflussreichsten Denker des Jahres. Er war Träger mehrerer Literaturpreise und des Bundesverdienstkreuzes erster Klasse. Franziska Augstein, Adrian Kreye und Gustav Seibt nannten ihn in ihrem Nachruf zu seinem Tod einen »Vordenker der Bundesrepublik«, »eine schier unglaubliche Erscheinung« »mit einer nie bestrittenen literarischen Höchstbegabung« und der »Fähigkeit, kommende Dinge zu erahnen, neue Konstellationen zu entdecken.« (Süddeutsche Zeitung vom 15.6.2014).

Im Jahr 2010 reagierte die FAZ mit einer für diese konservative Zeitung ungewöhnlich kritischen Debatte über die »Zukunft des Kapitalismus« auf die mehrdimensionale Krise des Kapitalismus, um »einigen der avanciertesten Denker und Polemiker ein Forum zu geben, das die systemische Veränderungskraft von Gedanken demonstriert« – wie Frank Schirrmacher in seinem Vorwort zur zusammenfassenden Publikation der Diskussionsbeiträge in Buchform unter dem Titel »Die Zukunft des Kapitalismus« schrieb. Manche der an diesem Diskurs Beteiligten gingen unbeirrt von einer alternativlosen Zukunft für den Kapitalismus aus, andere sahen jedoch Grund zu Zweifel und Sorge. Schirrmacher selbst schrieb in seinem Vorwort: »Lässt man beiseite, was seitdem (seit 1989, D.K.) an Appeasement, Relativierung, Schuldumwälzung vorgetragen wurde, so bleibt, dass, am Höhepunkt der Krise, die Bundeskanzlerin von einer Gefährdung der Gesellschaftsordnung gesprochen hat. Solche Rhetorik war früher ausschließlich militanten, systemfeindlichen Kräften – dem deutschen und internationalen Terrorismus – vorbehalten. Die Frage ist, ob die Rhetorik zu stark war und die Krise vorüber ist – oder ob die Gefährdung der Gesellschaftsordnung sich nicht in Wahrheit längst real vollzieht.« (Schirrmacher/Strobl 2010 : 9) In einem Artikel der FAZ vom 15.8.2011 mit dem Titel »Ich beginne zu glauben, dass die Linke recht hat« ging er noch weiter: »Im bürgerlichen Lager werden die Zweifel immer größer, ob man richtig gelegen hat, ein ganzes Leben lang. Gerade zeigt sich in Echtzeit, dass die Annahmen der größten Gegner zuzutreffen scheinen.« 2013 sah Schirrmacher in seinem letzten Buch die Gefährdung des Kapitalismus als dessen dauerhafte Konditionierung. Der Kapitalismus degradiere den Menschen zur »Egomaschine«, auf ein Nichts außer seiner Eigenschaft als homo oeconomicus. Von Schirrmacher als »Nummer 2« bezeichnet, könne der so entwürdigte Mensch unmöglich der Komplexität der Probleme unserer Zeit gemäß handeln. Aber: »Es besteht wenig Hoffnung, dass der Respekt vor Nummer 2 eingetauscht wird gegen den Respekt vor Lebenserzählungen, die nicht auf das 1+1 eines angeblich genetisch in uns einprogrammierten Egoismus reduziert werden können.« (Schirrmacher 2013: 104) Angesichts der Reputation Frank Schirrmachers wiegt der bittere, grundpessimistische Zug in seiner letzten Buchpublikation besonders schwer.

Die von Streeck und Schirrmacher gezeichnete negative Perspektive des Kapitalismus ist im Folgenden näher zu betrachten.

3.1 Wolfgang Streecks Erzählung vom unaufhaltsamen Niedergang des Kapitalismus

Streecks Grundaussage lautet: »Was in Anbetracht der jüngsten Geschichte des Kapitalismus zu erwarten steht, ist eine lange und schmerzhafte Periode kumulativen Verfalls: sich verschärfende Friktionen, zunehmende Fragilität und Ungereimtheit sowie eine laufende Abfolge ›normaler Unfälle‹

3.1 Wolfgang Streeck: Unaufhaltsamer Niedergang des Kapitalismus

– nicht zwangsläufig, aber durchaus möglicherweise von der Größenordnung der Weltwirtschaftskrise der 1930er Jahre.« (Streeck 4/2015: 120) Zu erwarten sei ein »kontinuierlicher Prozess schrittweisen Niedergangs, der sich zwar hinzieht, aber umso unerbittlicher durchsetzt« (Streeck 3/2015: 100). »Das Bild, das ich mir vom Ende des Kapitalismus mache – einem Ende, dem wir uns nach meiner Meinung gegenwärtig nähern –, ist das eines aus sich heraus, und ohne dass es einer funktionsfähigen Alternative bedürfte, chronisch funktionsgestörten Gesellschaftssystems.« (Ebd.: 108) Das heißt, »dass der Kapitalismus von sich aus, von innen heraus kollabiert« (ebd.: 106).

Eine starke kritische Auseinandersetzung mit Streeck hat Michael Brie unter drei Gesichtspunkten geliefert: »– Streeck als Erzähler der Tragödie vom Ende des Kapitalismus; – Streecks sozialwissenschaftliches Verständnis von der Evolution kapitalistischer Gesellschaften; – Streecks Konzept des Interregnum.« (Brie 2017)

Streeck setzt der neoliberalen Beschwörung, dass der Kapitalismus das gute Ende der Geschichte sei und selbst kein Ende habe, die Erwartung seines Untergangs entgegen, den er widersprüchlich als lang und qualvoll andauernd, aber doch als schon absehbar beschreibt. Er begründet seinen Standpunkt mit so zwingenden Gedankenabfolgen, dass naheliegt, sie knapp zu präsentieren und der pluralen Linken zur kritischen Aneignung zu empfehlen. Der Rede von der Alternativlosigkeit des Kapitalismus die Alternativlosigkeit seines Endes entgegenzusetzen, ist im höchsten Maße notwendig und richtig. Dieses Ende aber ohne das entscheidende Zutun alternativer gesellschaftlicher Akteure und ohne Vorstellung von den Konturen einer alternativen Gesellschaft nach dem Kapitalismus zu erwarten, ist im höchsten Maße geeignet, das Leben des Kapitalismus zu verlängern.

Eine Analyse des Streeckschen Diskurses macht vier Grundursachen für den Abstieg des Kapitalismus erkennbar:

Erstens: Drei Trends des Niedergangs
Wolfgang Streeck erwartet eine Endzeit des Kapitalismus vom Wirken empirisch feststellbare Langzeittrends, die er in seinem Buch »How will Capitalism End?« die »drei apokalyptischen Reiter« nennt (Streeck 3/2015: 99f.; 2016: 17f.). Dazu zählt er folgende Prozesse:
- Wachstumsrückgang und lang anhaltende Stagnation treibe den Kapitalismus in die Krise. Zutreffend stellt Streeck fest, dass die gegenwärtigen Innovationen nicht den Wachstumseffekt früherer Basisinnovationen haben.
- Die zunehmende soziale Ungleichheit zerstört den sozialen Zusammenhalt der Gesellschaft, destabilisiert den Kapitalismus, begrenzt zudem

die Massenkaufkraft und trägt damit ebenfalls zur Dämpfung des Wirtschaftswachstums bei.
- Die steigende Gesamtverschuldung in den führenden kapitalistischen Volkswirtschaften verringert den wirtschaftspolitischen Spielraum für Maßnahmen gegen Krisen unterschiedlicher Art.

Die bedrohliche Verschärfung des Widerspruchs zwischen weitgehend ungebändigter Profitorientierung und den Erfordernissen einer gesunden Natur bleibt in Streecks Gesamtkonzept leider weitgehend ausgeblendet.

Zweitens: Fünf systemische Störungen
Aus den genannten drei und weiteren Trends leitet Streeck »fünf systemische Störungen im fortgeschrittenen Kapitalismus unserer Tage« (Streeck 4/2015: 113ff.) ab, in denen sich die finale Krise des Kapitalismus manifestiere. Diese Krisenphänomene sind »Stagnation, oligarchische Umverteilung, Plünderung der öffentlichen Sphäre, Korruption und globale Anarchie« (ebd.).

- Um der Stagnation entgegenzuwirken, wird die Arbeit konfliktär intensiviert, kommt es zu krisenschwangeren »innovativen« Finanzpraktiken und wird die Natur – dies von Streeck allerdings nur in einem Halbsatz erwähnt – mit gefährlichen Folgen ausgebeutet, »alles in dem verzweifelten Bestreben, die Profite hoch und die Kapitalakkumulation in Gang zu halten« (ebd.: 115).
- Von dem Langzeittrend zu einer immer größeren Ungleichheit ist zu erwarten, dass vor allem die Bereicherung der Superreichen auf den Finanzmärkten die Macht von *Oligarchien* stärkt. »Dass ein globalisierter Kapitalmarkt es möglich macht, sich selbst und seine Familie in Sicherheit zu bringen, indem man zusammen mit seinen Besitztümern aus seinem Land auszieht, führt die Reichen in die fast unwiderstehliche Versuchung, in den Endspielmodus zu wechseln: abkassieren, alles versilbern, die Brücken hinter sich abfackeln und nichts zurücklassen als verbrannte Erde.« (Ebd.: 116)
- »Eng verbunden hiermit ist die dritte Funktionsstörung: die *Plünderung der öffentlichen Sphäre* – der Almende – durch Unterfinanzierung und Privatisierung.« (Ebd.) Steuerflucht, Steuervermeidung und Erpressung der Staaten zur Steuersenkung für die Reichen und Großunternehmen spielen dabei eine erstrangige Rolle und bringen als Kehrseite die Austeritätspolitik und vermehrte Privatisierung öffentlicher Ressourcen als Konsequenz knapper Staatskassen hervor.
- *Korruption* ist die vierte systemische Funktionsstörung. Zu ihren Formen gehören die Bezahlung der Ratingagenturen von den Produzenten toxi-

3.1 Wolfgang Streeck: Unaufhaltsamer Niedergang des Kapitalismus

scher Papiere; Offshore-Schattenbanking; Geldwäsche; hoch bezahlte Beihilfe renommierter Banken zur Steuerflucht; Geschäfte führender Banken mit betrügerischem Fixing von Zinssätzen und Goldpreis.»Niemand glaubt mehr an eine moralische Renaissance des Kapitalismus.«
- *Globale Anarchie* ist der Zustand einer aus den Fugen geratenen Welt. Sie ist, so Streeck, stark dadurch verursacht, dass die USA bedingt durch ihre relative Schwächung nicht mehr weltweit als Ordnungsstifter wirken. Wo sie es versucht haben, sind sie in drei großen Landkriegen entweder besiegt worden oder stecken geblieben (ebd.: 120)

Diese fünf Befunde sind ebenso wie die von Streeck hervorgehobenen Langzeittrends nicht neu. Wichtig ist aber ihre Deutung als Elemente einer sich bereits gegenwärtig vollziehenden Selbstzerstörung des Kapitalismus und als Ausdruck eines fundamentalen Umstandes.

Drittens: Demontage stabilisierender Gegentendenzen zur Kapitallogik

Wolfgang Streeck ruft in das Bewusstsein, was bereits Karl Polanyi herausgearbeitet hat. Er macht aktuell darauf aufmerksam, dass der Kapitalismus durch das Erstarken von Gegenkräften und nichtkapitalistischen Institutionen Stabilität erlangt hatte, weil er gezwungen war, sich durch Korrekturen seiner selbst anders als pur entsprechend der Logik der Kapitalverwertung zu bewegen. Gegenwärtig jedoch habe er seine Korrektoren derart geschwächt, dass er sich damit unrettbar selbst destabilisiere (siehe auch Klein 2002: 86f. zum Widerspruch zwischen Kapitallogik und Soziallogik). »Das bedeutet, dass der Kapitalismus sich dadurch selbst den Boden unter den Füßen wegziehen kann, dass er zu erfolgreich ist.« (Streeck 3/2015: 107)

Damit hebt Streeck eine entscheidende Ursache vertiefter Krisen des Kapitalismus hervor. Die plurale Linke kann daraus schließen, dass der Ausweg aus der Krise die Stärkung und Entfaltung aller antikapitalistischen Elemente, Institutionen und Praxen der Gesellschaft in sich aufnehmen muss. Streeck zieht diese Schlussfolgerung in seinen Büchern bisher nicht, weil er gesellschaftliche Gegenkräfte als hoffnungslos geschwächt ansieht.

Viertens: Gescheiterte Auswegsuche

Streeck leitet seine Diagnose, dass der Kapitalismus auf einen langen qualvollen Niedergang zusteuere, ferner daraus ab, dass die Machteliten alle vorstellbaren Auswege praktisch schon erprobt hätten. Sie hätten auf immer wieder neuen Wegen versucht, Zeit zu erkaufen, um der Krise zu entgehen. Nachdem sich alle diese Wege als Sackgassen entpuppt hätten, bleibe nun nur noch der Untergang. Diesen Gedanken entwickelte Streeck in seinem Buch »Gekaufte Zeit. Die vertagte Krise des demokratischen Kapitalismus« in einer so packenden Erzählung über die jüngere Wirtschaftsgeschichte des Kapitalismus, dass er im gesellschaftlichen Diskurs über Zukunft oder Ende des Kapitalismus ungewöhnlichen Widerhall und viel Lob erfuhr (Streeck 2013).

- Vor allem in der zweiten Hälfte der 1970er Jahre, so Streeck, sollte die inflationistische Vergrößerung der Geldmenge das Wachstum ankurbeln. Die expansive Geldpolitik sicherte in Deutschland zeitweilig zwar weiter eine hohe Beschäftigungsquote, entwertete jedoch die Lohnzuwächse, begrenzte so die Nachfrage und führte schließlich zu gleichzeitiger Inflation und Stagnation, zur sogenannten Stagflation (Streeck 2013 : 60-65).
- Als die Inflation in die Sackgasse führte, wurde in den 1980er Jahren ein neuer Ausweg in der verstärkten Verschuldung der Staaten gesucht. Die Banken konnten Kapital, für das sie keine profitable Anlagemöglichkeit fanden, durch gut verzinste Kredite an Staaten verwerten. Die Staaten entwickelten sich zu Schuldnerstaaten. Die Kreditaufnahme bei den Banken ermöglichte eine – wenn auch bereits verminderte – Fortsetzung sozialstaatlicher Leistungen, die aber noch gar nicht erwirtschaftet waren. Mit steigender Staatsverschuldung stiegen jedoch auch die Zinsen, die die Gläubiger einforderten, als unsicherer wurde, ob der Schuldendienst auf die Dauer leistbar bleiben würde. Die Staaten begannen, ihrer Verschuldung vor allem durch Kürzung der Sozialleistungen entgegenzuwirken (ebd.: 64f.). Auch die Staatsverschuldung erwies sich als untaugliches Mittel gegen die wachsende Unfähigkeit des Kapitalismus, die Wachstums- und Wohlfahrtsversprechen der Machteliten einzuhalten.
- Als nächster Ausweg wurde in den 1990er Jahren mithilfe einer verstärkten Deregulierung der Finanzmärkte eine lange Welle der Verschuldung privater Haushalte eingeleitet. Die Massenkonsumtion konnte weiter gestützt werden. Die Banken machten Geschäfte mit einer neuen Dimension der Kreditvergabe an private Kunden. Der Gipfel dieser Scheinlösung war erreicht, als vor allem in den USA, in Spanien, Holland, Schweden, aber auch anderswo Kredite für den Bau oder Kauf von Häusern auch an Millionen Haushalte vergeben wurden, deren Einkommen die Rückzahlung der Kredite gar nicht erlaubten. Auf dem Wege der Verwandlung der einfachen Kreditverträge in Derivate durch die Kombination mehrerer Wertpapiere und durch den Verkauf dieser Derivate auf den internationalen Finanzmärkten blieb die Finanzblase, die mit der Vergabe von faulen Krediten in Milliardenhöhe entstand, eine Zeit lang verdeckt. Schließlich führte das Platzen dieser Blase 2007/08 in eine Immobilienkrise, mit der eine internationale Finanzkrise begann. Die wechselseitige

3.1 Wolfgang Streeck: Unaufhaltsamer Niedergang des Kapitalismus 87

Kreditvergabe zwischen den Banken kam ins Stocken, weil angesichts der Schrottpapiere in den Bankbilanzen niemand die Bonität der jeweils anderen Bank einschätzen konnte. Die Kreditvergabe an die Realwirtschaft brach ein. Die Finanzkrise verflocht sich mit einer Realwirtschaftskrise. Auch die private Verschuldung erwies sich als Sackgasse, untauglich für die Revitalisierung des Kapitalismus.
- Die Staaten sprangen in der Krise mit milliardenschweren Bankenrettungsschirmen und Konjunkturprogrammen ein. Vor allem Staaten in Südeuropa gerieten in eine Staatsschuldenkrise, die sie an den Rand des Staatsbankrotts und die Europäische Union an die Grenzen des Krisenmanagements in der Eurozone geführt hat. Abermals erwies sich ein Fluchtweg als Sackgasse. Durch Steuersenkungen zugunsten von Großunternehmen und Riesenvermögen hatte, so Streeck, der »Steuerstaat« seine Fähigkeit verloren, Verteilungsgerechtigkeit herzustellen, und war nun obendrein noch zum »Schuldenstaat« mutiert. Im Schuldenstaat sorgt nun das von Streeck als »Marktvolk« bezeichnete Finanzkapital dafür, dass das »Staatsvolk«, nämlich die Bevölkerungsmehrheit (ebd.: 118ff.; 124ff.), die Zeche für die Aufkündigung des Sozialstaats zu zahlen hat.
- Der Ausweg aus den daraus resultierenden Konflikten werde nun im Wechsel vom »Schuldenstaat« zum »Konsolidierungsstaat« gesucht. Dies geschieht durch den Übergang zur Austeritätspolitik, zur Reduzierung sozialstaatlicher Leistungen für das »Staatsvolk«, damit der Schuldendienst an das »Marktvolk« der Gläubiger geleistet werden kann. Flankiert wird dieser Sparkurs durch »Strukturreformen« des Arbeitsmarktes, um durch Abschaffung von Flächentarifverträgen, »betriebsnahe Lohnfindung«, Flexibilisierung und Prekarisierung der Arbeitsverhältnisse den Leistungsdruck auf die Lohnabhängigen zu erhöhen. Die Befreiung der »Marktgerechtigkeit«, wie Streeck die Verteilung zugunsten der mächtigsten Marktakteure ironisch bezeichnet, rücke immer näher. Aber auch der »Konsolidierungsstaat« gerät in eine Sackgasse. Er braucht Wirtschaftswachstum, um den Schuldendienst zu sichern. Aber das Sparen zulasten der Lohnabhängigen schränkt die Massenkaufkraft und damit das Wachstum ein. »Die Aufgabe, Austerität mit Wachstum zu verbinden, ähnelt der Quadratur des Kreises, niemand weiß wirklich, wie sie zu bewältigen wäre.« (Ebd.: 128)
- Da die schwächeren verschuldeten Staaten der Europäischen Union, aber selbst Frankreich und Italien, nach Auffassung internationaler Finanzmarktakteure, der Gläubigerstaaten unter Führung der Bundesrepublik, der EU-Kommission, der EZB und des IWF die Austeritätspolitik nicht mit ausreichender Härte verfolgen, wird gegenwärtig ein neuer

Ausweg erprobt. Im Gefolge der jüngsten großen Mehrfachkrise wurde ein neuer europäischer Interventionsmechanismus eingeführt, ein Regelsystem, das die Mitgliedstaaten bei Strafe von Sanktionen zu rücksichtsloser Durchsetzung der Austeritätspolitik und der Arbeitsmarktflexibilisierung zwingt (siehe Kapitel 7.5.2).»Wenn die 2012 beschlossenen Pläne zur Neuordnung des europäischen Staatensystems mithilfe eines ›Fiskalpakts‹ an ihr Ziel kommen sollten, werden die Nationalstaaten sich und ihre Politik unter dem Druck der Finanzmärkte und internationaler Organisationen völker- und verfassungsrechtlich an die Grundsätze der Marktgerechtigkeit gebunden und sich die Möglichkeit weitgehend versperrt haben, diese im Namen sozialer Gerechtigkeit zu modifizieren.« (Ebd.: 133)

Die bürgerliche Demokratie, durch den Druck der internationalen Finanzoligarchie auf die Nationalstaaten ohnehin längst in eine Postdemokratie verwandelt, wird auf der Ebene zwischenstaatlicher Integration zusätzlich unterlaufen. »Damit ist eine historisch neuartige institutionelle Konstruktion entstanden, die der Sicherung der Marktkonformität vormals souveräner Nationalstaaten dient: eine marktgerechte Zwangsjacke für einzelstaatliche Politik, mit Befugnissen, die formal anderen neuartigen Durchgriffsmöglichkeiten im internationalen Recht ähneln, nur dass es bei ihnen nicht um eine *duty to protect* geht, sondern um die *duty to pay*. Der Zweck des Ganzen, dessen Erreichung immer näher rückt, ist die Entpolitisierung der Wirtschaft bei gleichzeitiger Entdemokratisierung der Politik.« (Ebd.: 164)

Streecks zusammenfassende Wertung lautet: »Diesen Prozess ... könnte man als Hayekisierung des europäischen Kapitalismus bezeichnen, in Erinnerung an ihren lange vergessenen, dann aber umso folgenreicher wieder entdeckten theoretischen Vordenker.« (Ebd.: 147f.)

Wolfgang Streeck liefert eine kraft der Logik seiner Argumentation eindrucksvolle Kritik des Kapitalismus. Oft findet er ohne Scheu vor Unschärfen einprägsame Begriffe wie die Gegensatzpaare Schuldenstaat und Konsolidierungsstaat, Marktvolk und Staatsvolk, Marktgerechtigkeit und Verteilungsgerechtigkeit. Sein Narrativ von der immer wieder scheiternden Suche der Machteliten nach Auswegen aus der Krise des Systems verdichtet bei den Leserinnen und Lesern ihr Gefühl für die tiefe Krise des Kapitalismus. So steuert Streeck überzeugend auf seine Pointe zu: »Die Alternative zu einem Kapitalismus ohne Demokratie wäre eine Demokratie ohne Kapitalismus, zumindest ohne den Kapitalismus, den wir kennen. Sie wäre die andere, mit der Hayekschen konkurrierende Utopie.« (Ebd.: 235) Zwar glaubt Streeck – in seinen hier behandelten Publikationen – nicht an die Realisierbarkeit dieser Utopie. Zwar kann sich Streeck nicht dazu entschließen, aus-

3.1 Wolfgang Streeck: Unaufhaltsamer Niedergang des Kapitalismus

drücklich einen Sozialismus mit Demokratie ins alternative Spiel zu bringen. Aber die Frage nach der möglichen Alternative liegt nach Streecks vernichtender Kapitalismuskritik unausweichbar nahe.

Die Grenzen Streeckscher Kritik
Doch an diesem in höchstem Maße spannenden entscheidenden Punkt seiner Erzählung verliert diese ihre Kraft. Der Löwe hat gebrüllt und schlägt sich in den Busch. Streeck befindet nämlich über die andere, mit der Hayekschen konkurrierende Alternative: »Aber im Unterschied zu dieser läge sie nicht im historischen Trend, sondern würde im Gegenteil dessen Umkehr auffordern. Deshalb und wegen des enormen Organisations- und Verwirklichungsvorsprungs der neoliberalen Lösung sowie der Angst vor der Ungewissheit, die unvermeidlich mit jeder Wende verbunden ist, erscheint sie heute als vollkommen unrealistisch.« (Ebd.: 235f.)

Eigentlich müssten Institutionen aufgebaut werden, mit denen Märkte wieder unter soziale Kontrolle gebracht werden können. Der dafür erforderliche demokratische Handlungsraum sei jedoch durch das internationale Regime der Währungsunion weitgehend ausgeschaltet. Die einzige Chance wäre daher die Rückkehr zu einem flexiblen Währungsregime, das dem Nationalstaat wieder Abwertungen erlaubt und ihn vom Zwang zu neoliberalen Strukturreformen befreit. Gegen diese Überlegung gibt es berechtigten Widerspruch, darunter von Jürgen Habermas.

Wenn sich nämlich die einzelnen Nationalstaaten ohne gemeinsame europäische Rettungsfonds, ohne das Potenzial der EZB zum Aufkauf geringwertiger Staatsschuldpapiere, ohne den Garantiebeistand der stärkeren EU-Mitgliedstaaten auf den internationalen Kapitalmärkten finanzieren müssten, würden sich die Konditionen dafür sofort enorm verschlechtern. Die Vorteile von Abwertungsmöglichkeiten wären schnell durch die Nachteile nationaler Alleingänge überkompensiert. Grenzüberschreitende Produktionsketten würden zerreißen oder teurer werden. Die Klüfte zwischen wirtschaftsstarken und wirtschaftsschwachen europäischen Staaten würden wohl noch tiefer werden und in verstärkte politische Spannungen münden. Der Nationalismus würde neue Nahrung erhalten und die Demokratie noch mehr unterwandern. Die Bedingungen für dringliche internationale Solidarität linker und anderer progressiver Kräfte würden sich noch verschlechtern (siehe Kapitel 7.5.3).

Es ist wohl wahr, dass die Wahl zwischen der heutigen neoliberal verfassten Währungsunion und dem Rückfall in die Nationalstaatlichkeit der Wahl zwischen Scylla und Charybdis gleichkommt. Also wäre diese Wahl zu verweigern und ein dritter Weg zu suchen: der Übergang der Linken und ihrer potentiellen Bündnispartner von der Defensive zur Offensive für demokratischen Richtungswechsel im Rahmen der Nationalstaaten als Hauptkampfarena progressiver Kräfte und gleichzeitige Anstrengungen zur demokratischen Neuverfassung der Europäischen Union. Es ginge um ein Vorwärts ohne Rückfall in das Nationale (Busch u.a. 2016).

Wolfgang Streecks Erwartungen schließen einen solchen Weg aus. Ihm ist nicht vorzuwerfen, dass er »eine lange und schmerzhafte Periode kumulativen Verfalls – sich verschärfende Fraktionen, zunehmende Fragilität und Ungewissheit sowie eine laufende Abfolge ›normaler Unfälle‹« erwartet (Streeck 4/2015: 120). Auch andere kritische Intellektuelle wie die Autoren des Buches »Stirbt der Kapitalismus?« ziehen diese Möglichkeit als eine unter anderen in Betracht.

Zu problematisieren ist jedoch, dass Streeck in seiner Analyse von vornherein Ansätze für erfolgreiche Kämpfe alternativer Kräfte in den gegenwärtigen Verhältnissen des Kapitalismus weitgehend außer Acht lässt. Sicher sind nicht-marktliche Institutionen, Bewegungsformen und Instrumente gegenwärtig in das kapitalistische System integriert. Aber viele dieser Seiten des Kapitalismus bergen potenziell Systemüberschreitendes. Das trifft beispielsweise auf den in Deutschland und in anderen Ländern starken Non-Profit-Sektor zu, auf öffentliches Eigentum, öffentliche Daseinsvorsorge, sozialen Wohnungsbau und auf öffentliche Räume demokratischer Meinungsbildung, auf nicht-konkurrenzielle Kooperation in der IT-Sphäre, auf das Dezentralisierungspotenzial erneuerbarer Energien, auf die Zuwendung kommunaler Energieerzeuger und von Energiegenossenschaften zu 100-Prozent-Erneuerbaren, auf europäische Strukturausgleichsfonds und Sozialfonds, Unternehmen der Solidargemeinschaft in den Nischen des Kapitalismus und die Emanzipationspotenziale der freien Kulturwirtschaft.

Streeck ignoriert diese Sphären der Hoffnung, wohl weil er sie als unabwendbar okkupiert durch das neoliberale Herrschaftssystem betrachtet. Eine Erklärung dafür mag sein, dass er jene demokratischen Akteure, die die Ansätze des Morgen im Heute freisetzen könnten, die ihrer Stellung in der Gesellschaft, ihrer Lage, ihren Interessen und ihren Fähigkeiten zur Selbstermächtigung und Selbstorganisation entsprechend den Willen zur Freisetzung des Neuen im alten Gegebenen aufbringen könnten, für zu kraftlos zu einem umwälzenden Aufbruch hält. Streeck hat – sehr einleuchtend für die Erklärung des Abstiegskapitalismus – an Polanyis Gedanken angeknüpft, dass der Kapitalismus nur kraft der Gegenmächte funktioniert, die ihm ständig Korrekturen seiner selbst aufnötigen. Er hat aber aus der gegenwärtigen Schwäche dieser Gegenkräfte auf einen selbstzerstörerischen Niedergang des Kapitalismus geschlossen – als wären alternative Akteure

3.1 Wolfgang Streeck: Unaufhaltsamer Niedergang des Kapitalismus

und mit ihnen mobilisierende, von Hoffnung getragene Vorstellungen von einem freiheitlichen, friedlichen Sozialismus nach dem Kapitalismus ein für alle Mal verschwunden. Er hat damit das Gesamtwerk Polanyis verkürzt rezipiert, indem er dessen Grundanliegen und die logische Konsequenz seiner Analyse nicht verarbeitete. Denn Polanyi betonte den später von Streeck in seiner theoretischen Arbeit herabgesetzten und heute in seinem praktischen politischen Engagement selbst aufgenommenen Kampf von unten um eine Gesellschaftsalternative, in der die Errungenschaften der kapitalistischen Moderne durch deren Überschreitung aufgehoben werden – weit über einen bloßen Schutz gegen die Folgen des Profitsystems hinaus. Polanyi schrieb: »Wir werden in der Zukunft bewusst um diese Werte kämpfen müssen, wenn wir sie überhaupt besitzen sollen; sie müssen die erklärten Ziele der Gesellschaft werden, der wir zustreben. Dies mag wohl der wahre Sinn der heutigen weltweiten Bemühungen sein: die Sicherung von Frieden und Freiheit.« (Polanyi 1978: 337)

Polanyi verstand sich als Sozialist, der im Anschluss an sein Werk »The Great Transformation« ein nächstes Buch mit dem Titel »The Common Man's Masterplan« schreiben wollte. Er hat nur eine Skizze für dieses Buch hinterlassen, das eine Erzählung über den von ihm erstrebten demokratischen Sozialismus werden sollte. Michael Brie hat in seinem »Hellblauen Bändchen« mit dem Titel »Polanyi neu entdecken« für das Erscheinen dieses Umrisses einer Erzählung von den möglichen Konturen der kommenden Gesellschaft gesorgt. Er hat dort Polanyi als Sozialisten, eng verbunden mit den Kämpfen seiner Zeit um eine bessere Gesellschaft und mit Vorstellungen von deren Umrissen gewürdigt – gegen die verbreitete Rezeption Polanyis als nur reformorientierten »Polanyi light«. (Brie 2015b)

Andauerndes Interregnum

In der Einleitung zu seinem Buch »How will Capitalism End?« führt Streeck seine Vorstellung davon näher aus, wie der Untergang des Kapitalismus aussehen könnte: »Das Ende des Kapitalismus kann dann vorgestellt werden als ein Tod durch tausend Einschnitte oder durch eine Vielzahl von Schwächen, von denen jede umso weniger behandelbar sein wird als alle zur gleichen Zeit Behandlung erfordern.« (Streeck 2016: 13) Diesen Niedergangsprozess und den aus ihm resultierenden Gesellschaftszustand bezeichnet Streeck als »Interregnum«. »Was nach dem Kapitalismus in seiner Endkrise kommt,... ist nicht Sozialismus oder irgendeine andere bestimmte soziale Ordnung, sondern ein andauerndes *Interregnum* – kein neues Weltsystem-Gleichgewicht á la Wallerstein, sondern eine verlängerte Periode sozialer Entropie oder Unordnung (und genau aus diesem Grund eine Periode der Unsicherheit und Unbestimmtheit). Es ist ein interessantes Problem für die soziologische Theorie, ob und wie sich eine Gesellschaft für eine signifikant lange Zeit in weniger als eine Gesellschaft, als die gewesene post-soziale Gesellschaft, oder in eine Gesellschaft lite verwandeln kann – bis sie sich erneuern kann, oder auch nicht, und wieder eine Gesellschaft im vollen Wortsinn wird.« (Ebd.)

Ein solches Interregnum wäre nach Streecks Erwartung durch den Zusammenbruch der Sozialintegration auf der Makroebene der Gesellschaft gekennzeichnet. Die Individuen wären auf die von ihnen selbst realisierbaren Arrangements wechselseitiger Unterstützung auf der Mikroebene verwiesen. Das wäre eine »unter-institutionalisierte«, »de-institutionalisierte«, »unter-regierte Gesellschaft«. Sie wäre essenziell unregierbar und würde stabilisierende Momente nur für kurze Zeit durch lokale Improvisationen kennen. »Eine Gesellschaft dieser Art, die ihre Mitglieder allein lässt, wie oben dargestellt, ist weniger als eine Gesellschaft.« (Ebd.: 36) Sie kann jederzeit von Desastern getroffen werden. Aus einer kollabierten Peripherie würde Gewalt in die Zentren vordringen. Streeck schließt aus der Auflösung sozialer Integration und den Schwächen der sozialen Sicherungssysteme, dass die Individuen künftig nur noch mit einer ausgeprägt individualistischen Verhaltenskultur überleben könnten. Hier begegnet sich seine Erwartung mit Frank Schirrmachers Aussagen über die Tendenz zur Degradierung des Menschen auf eine Egomaschine. Die künftige Verhaltenskultur könnte vier Elemente umfassen:

- Coping als individualisiertes Zurechtkommen der einzelnen mit den unvorhersehbaren Vorgängen in einer nichtregierten Welt;
- Hoping als individuelle mentale Anstrengung, daran zu glauben, dass trotz aller Widrigkeiten ein eigenes besseres Leben möglich sein wird;
- Doping als Konsum von Suchtmitteln zwecks Leistungssteigerung oder als Ausflucht für Verlierer;
- Shopping als marktkonforme Kompensation von Ängsten und Nöten und als Freizeitbeschäftigung der wohlhabenden und Reichen.

Dieses sprachpolitisch einprägsame Vierfachbild von der psychischen Verfasstheit der Interregnumsbürgerinnen und -bürger knüpft durchaus an bereits gegenwärtigen Elementen eines solchen Interregnums in den Zentren des Kapitalismus an. Aber die Gegenfaktoren, an denen alternative Akteure ansetzen können, bleiben in Streecks pessimistischen Zukunftserwartungen lange Zeit ausgeblendet, obwohl sie durchaus existieren. Solidarverhalten ist der Gegenpol zu Coping, und es lebt überall in der Gesellschaft. Gemeinsames Engagement für die Verteidigung des Sozialstaats und seiner Erneuerung, für gleiche Bildungschancen aller und für demokratische Betei-

3.1 Wolfgang Streeck: Unaufhaltsamer Niedergang des Kapitalismus

ligung an Entscheidungen sind der Gegenpol zu individualisierten Hoffnungen. Öffentlich garantierte soziale Sicherungen sind die bessere Grundlage für Hoffnungen der einzelnen als ihr Verwiesensein auf sich selbst. Bernie Sanders und Jeremy Corbin konnten mit Forderungen solcher Art erstaunlich viel Zustimmung erwerben. Syriza und Podemos konnten ihren Aufstieg auf die Organisierung des Widerstands gegen eine Politik gründen, die die einzelnen nur noch auf sich selbst hoffen lässt. Selbstermächtigung zu individuellem und kollektivem Handeln für mehr Gerechtigkeit im Alltag ist durchaus geeignet, das Doping als Leistungs- und Lebenshilfe zurückzudrängen. Anerkennung ihrer Persönlichkeit ist für immer mehr Menschen wichtiger als Prestigekonsum.

Fazit: Wolfgang Streeck sieht das Ende des Kapitalismus nahen. Aber das »Andrängende«, »Aufbrechende«, »Anrückende«, das »Neue im Heraufkommenden« (Ernst Bloch) liegt in seinem Buch »Gekaufte Zeit« außerhalb seiner Analyse. Die Akteure, die dieses Neue zu voller Entfaltung auf dem Weg in eine bessere Gesellschaft bringen könnten, fallen dort aus seiner sonst so scharfen Wahrnehmung heraus. Deshalb wurden seine Texte hier mit kritischem Unterton referiert. Dem war jedoch ein kräftiger Ton der Zustimmung hinzuzufügen: Alle Trendaussagen Streecks haben beunruhigenden Realitätsgehalt. Sie werden sich durchsetzen, wenn sie von der gesellschaftlichen Linken und ihren gegenwärtigen und potenziellen Bündnispartnern nicht als Alarmsignal zu stärkster Gegenwehr verstanden werden. Wenn sie nicht in Mobilisierung von Gegenmacht verwandelt werden. Wenn sie nicht dazu führen, trotz aller konstatierten Schwäche alternativer Akteure wie durch einen Realitätsschock ausgelöst die Widerstands- und Gestaltungspotenziale potenzieller Gegenmächte aufzuwecken, zu vervielfachen, ihnen mit einer positiven modernen linken Erzählung Orientierung zu geben und diese in machbare Teilprojekte zu übersetzen, in Empowerment und Solidarität. Wenn es nicht gelingt, dass die vielen aus einer drohenden Niedergangsperspektive die Schlussfolgerung ziehen, die Wolfgang Streeck jüngst offenbar selbst gezogen hat: teilzuhaben an dem Versuch, aufzustehen gegen den neoliberalen Kapitalismus, aufzustehen für eine solidarische Gesellschaft.

Diese Teilhabe führt Streeck in jüngerer Zeit dazu, u.a. in Formen der Gemeinwirtschaft und des Care-Sektors, die er als »Fundamentalökonomie« bezeichnet, nun doch Ansätze für eine erneuerte sozialistische Politik zu sehen und herauszuarbeiten: »In einer Zeit, in der Sozialisten darauf angewiesen sind, kleine Brötchen zu backen, könnte kommunale Fundamentalökonomie als Grundlage und Ausgangspunkt einer neosozialistischen Programmatik fungieren, die wieder an reale Produktions- und Reproduktionsprozesse anschließt, nachdem man diese so lange den neoliberalen Marktfetischisten überlassen und sich auf (anti-)identitäre Symbolpolitik beschränkt hat.« (Streeck 2019: 100)

Und Streeck sieht unter dem Titel »Der alltägliche Kommunismus« trotz aller von ihm analysierten Gegentendenzen Chancen für eine Neuformierung der Linken und für die Erprobung nichtkapitalistischer Eigentumsformen. »Hier wäre auch Gelegenheit, vor allem für eine sich neu von unten nach oben formierende Linke, zur Erprobung anderer Eigentumsformen und lokalisierter Marktstrukturen, von der Energie bis zur Gesundheitsversorgung, ermöglicht durch eine nationale Regionalpolitik, die auf lokale Selbstorganisation und Selbstregierung setzt.« (Ebd.: 105)

3.2 Frank Schirrmachers Erzählung von der Zerstörung des Menschseins im Menschen

Wie Wolfgang Streeck beansprucht Frank Schirrmacher, eine Erzählung zu präsentieren, die den Trend der Epoche bloßlegt. Streeck gründet seine Erwartung vom Ende des Kapitalismus auf eine stringente ökonomische Analyse neoliberaler Trends. Schumacher fokussiert sein letztes Buch »Ego. Das Spiel des Lebens« darauf, wie der »ökonomische Imperialismus« den Menschen zur Egomaschine degradiere, wie das Muster der Marktkonkurrenz in alle Winkel menschlichen Verhaltens einzieht, wie der ökonomische Imperialismus um die Dimension eines »mentalen Imperialismus« erweitert (Schirrmacher 2013: 197) die Seele des Menschen okkupiere (ebd.: 226).

Das Spezifische seiner Erzählung ist die Konzentration auf das, was die herrschenden Verhältnisse aus den Menschen machen, und auf eine Doppelstruktur der Erklärung dieses Vorgangs. Vorausgesetzt wird die ursächliche Allpräsenz des neoliberalen Marktkapitalismus. Zu voller Geltung seien die Spielregeln des Neoliberalismus aber erst mit der Digitalisierung der Gesellschaft gekommen. Erst beide Prozesse zusammen würden den ganzen Menschen, der seiner Natur gemäß viel mehr als ein ökonomisches Wesen ist, so radikal wie in den letzten Jahrzehnten auf den homo oeconomicus reduzieren.

Erst beide Prozesse in ihrer Wechselwirkung würden aus der Nummer 1, die der Mensch ursprünglich ist, die Nummer 2 machen, den eindimensionalen Menschen, der wie ein Automat nach den Spielregeln des Marktes zu funktionieren hat. »Das von den Ökonomen konstruierte Wesen hat glasklare und berechenbare Präferenzen – Misstrauen und Selbstsucht –, es wird getrieben vom Willen zum Profit, und seine ›Wahrheit‹ beginnt und

3.2 Frank Schirrmacher: Zerstörung des Menschseins im Menschen 95

endet im Preis. Nummer 2 hat eine unbändige Sucht nach Informationen, die ihm im Spiel des Lebens Vorteile verschaffen können.« (Ebd.: 59) Diese Informationen aber sind in der Welt der vernetzten Computer konzentriert und verdichtet. Dort werden sie Algorithmen gemäß durchleuchtet, gruppiert und automatisiert, in Interpretationen des Zeitgeschehens und in Handlungsorientierungen umgeformt, die sich in den Köpfen der Individuen einnisten, ihren Alltag durchdringen und bestimmen.

Schirrmachers Erzählung folgt viel weniger als Streecks Narrativ einer wissenschaftlichen Logik. Sie ist gespeist aus universeller Belesenheit des Autors, aus Impressionen, die der ökonomischen Theorie und Wirtschaftsgeschichte, den Computerwissenschaften, der Psychologie und Politik, literarischer Erfassung des Zeitgeistes und seiner Hintergründe entstammen. Dieses Gemisch gewinnt Diskursmacht durch ein Anknüpfen an vielen Alltagserfahrungen, durch Schirrmachers eigene Machtposition in der Medienlandschaft und nicht zuletzt durch das, was Albrecht von Lucke seine »vielleicht stärkste Waffe« genannt hat,»den Jargon der Apokalypse«. (von Lucke 2014: 87) Aber die Neigung des Starjournalisten zu dramatischer Überhöhung sollte nicht zu leichtfertiger Unterschätzung der Befunde Schirrmachers verleiten.

Schirrmachers Narrativ führt verschiedene Teilerzählungen zu einer schillernden Collage zusammen:
- Momente der Spieltheorie;
- die These von der Übertragung der spieltheoretischen Grundlagen politischer Entscheidungen während des Kalten Krieges auf die Sphäre der Ökonomie;
- literarische Darstellungen von Mensch-Maschine-Mischwesen;
- die Deutung von mechanischen Apparaten nach dem Bild von Menschen im 18. Jahrhundert als Vorboten späterer Verwandlung des Menschen in marktorientierte Ego-Maschinen;
- das Big Data-Konzept als Zugang zu gegenwärtigen Strukturen des Kapitalismus;
- den Ausblick auf die Widersprüche spieltheoretischer Optimierung des Menschen für sein Funktionieren im neoliberalen Kapitalismus.

**Spieltheoretisches Verständnis des Menschen
in der Marktgesellschaft**
Wenn vorausgesetzt wird, dass in einer konkurrenzgetriebenen Gesellschaft die Menschen darauf konditioniert werden, ökonomisch entweder Gewinner oder Verlierer zu sein, und dass sich dieses binäre Muster in alle Sphären des Lebens schiebt, wird das menschliche Verhalten plötzlich spieltheo-

retisch deutbar und lenkbar. »Wenn man als Prämisse akzeptiert, dass jeder nur aus Eigennutz handelt, kann man die ganze Komplexität menschlichen Verhaltens in die Sprache der Mathematik übersetzen. Man kann Formeln schreiben, Spielzüge berechnen, Verhandlungen und Kompromisse modellieren und Menschen eine neue ›Rationalität‹ antrainieren, die sie wie in Trance automatisch beherrschen.« (Ebd.: 26) Das dem Kapitalismus eingeschriebene egoistische Handeln wird selbst- und fremdberechenbar, sowie Spieltheorie und massenhafte Speicherung von Daten über menschliches Verhalten zusammenkommen. Der Computer macht den Menschen dadurch noch besser als eine Art lebende Rechenmaschine vorstellbar, dass »das Individuum auf den Punkt eines Nichts heruntergebrochen wird, mit Ausnahme der Eigenschaft seiner automatenhaften Präferenzen« (Zitat von Milonakis/Fine bei Schirrmacher 2013: 32). Google und Facebook, Supermarktketten und Geheimdienste können heute aufgrund ihrer Datenmassen Verhaltensprofile von Individuen und sozialen Gruppen berechnen und gezielt beeinflussen. Wenn spieltheoretisch computergestützt kalkulierbar wird, mit welchen Zügen im »Spiel des Lebens« Erfolg oder Niederlage bewirkt werden, wird das Verhalten der Einzelnen als Ego-Maschine im Lebenspoker zur Überlebensbedingung. Daher Schirrmachers Buchtitel »Ego. Spiel des Lebens.«.

In der Rage journalistisch-literarischer Überhöhung der Rolle digitaler Technik auf dem Wege in eine Ego-Gesellschaft verblasst in Schirrmachers Erzählung, dass es die gesellschaftlichen Verhältnisse des neoliberalen Kapitalismus sind, die die Nutzung der Computer dem Profitinteresse unterordnen und Menschen zur Anpassung ihres Ich an diese Verhältnisse nötigen. Nicht die Computer und nicht deren spieltheoretischer Gebrauch konstituieren die »Nummer 2«, sondern die neoliberalen Eigentums- und Machtverhältnisse werden von den Machteliten verkörpert, die die Digitalisierung und die Spieltheorie ihrer Herrschaft dienstbar machen. Bei Schirrmacher scheint das Wissen darum immer wieder auf, tritt aber per Saldo hinter der Dämonisierung der Kopplung von Computertechnik und Spieltheorie zurück.

Zur vollen Entfaltung kommt das Ego-Menschenbild nach Schirrmachers Komposition seit den frostigen 1950er Jahren des Kalten Krieges. Zwar verweist er darauf, dass der homo oeconomicus in die gesamte Geschichte des Kapitalismus eingeschrieben ist. Das Dasein der Unternehmer als Charaktermasken des Kapitals, als konkurrenzgeprägte Personifizierung der Kapitalverwertung also, und der Lohnabhängigen, die auf ihre Eigenschaft als Träger der Ware Arbeitskraft reduziert werden, soweit die Unternehmer dies gegen den Widerstand der Ausgebeuteten durchsetzen können, sind die tieferen gesellschaftlichen Wurzeln des Menschen als Ego-Maschine..

3.2 Frank Schirrmacher: Zerstörung des Menschseins im Menschen

Marx hat dies vor allem im »Kapital« theoretisch begründet und anschaulich geschildert. Schirrmacher argumentiert vordergründiger. Die Karriere der Nummer 2 habe verbreitet im Kalten Krieg und nach dessen Ende erst wirklich begonnen (ebd.: 27). Damals begann der Computer seinen Siegeszug. Zugleich habe im Kalten Krieg als rational nur gegolten, den Gegenspieler als Feind wahrzunehmen und auf eigenen Sieg zu setzen. Auf spieltheoretischer Ebene erscheint hier das Hayeksche Muster des Entweder – Oder im Kampf zwischen kapitalistischer Marktwirtschaft und Sozialismus. Sieg oder Untergang – dieser binäre Code und das durch ihn bestimmte menschliche Handeln wurden mathematisch darstellbar. In der RAND-Corporation und anderen US-Think Tanks wurden mithilfe der Spieltheorie und der ihr verwandten Rational Choice Theory mathematische Entscheidungsmodelle für das Pentagon entwickelt. »Der vielleicht genialste und paranoideste Kopf in diesem Spiel war der amerikanische Mathematiker John Nash ... Nash hatte eine Theorie ›nicht-kooperativer‹ Spiele entworfen. Spiele also, in denen man mit dem Spielpartner nicht kommunizieren kann, ihm nicht traut und in denen beide Opponenten in ihrem Kopf genau die wahrscheinlichsten Pläne des anderen vorwegnehmen ..., um seinen eigenen Egoismus besser ausspielen zu können. ... Das war das mittlerweile berühmte Nash-Equilibrium, und es ist nichts anderes als die mathematische Weltformel für konsequenten und erfolgreichen Egoismus.« (Ebd.: 62) »Je erfolgreicher im Kalten Krieg die Verteidigungsexperten in den Denkfabriken mit ihren Ratschlägen waren, je effizienter ›Gegenseitige Abschreckung‹ und die Androhung ›massiver Vergeltung‹, zwei der strategischen Leitsätze des Kalten Kriegs, funktionierten, desto mehr konnte sich diese Logik als gutes Rezept für jede Art zwischenmenschlicher Verhandlungen durchsetzen.« (Ebd.: 63)

Von den Think Tanks des Pentagon in die Wall Street
Als mit dem Ende des Kalten Krieges vorübergehend die ersten massiven Kürzungen in den Budgets des Pentagon stattfanden, begann eine Abwanderung vieler Computerwissenschaftler, Physiker und Mathematiker aus den militärischen Denkfabriken in die Wall Street. Mit dem Wirken dieser dort in Anspielung an das Manhattan-Atombomben-Projekt sogenannten Quants sei eine neue Spezies von Wissenschaftlern im Dienste der Finanzmärkte entstanden, so Schirrmacher. Ihre später mit dem Nobelpreis geadelte Black-Scholes-Formel zur Vorausberechnung der Volatilität von Aktien unter bestimmten Bedingungen habe das Agieren in der Welt des Geldes und der Investitionen dramatisch verändert. »Wer heute in die Büros und auf die Bildschirme in den stahlgeschützten und hoch gesicherten

Code-Roomes der Quants schaut, sieht nicht etwas, was genauso gut eine Kommandozentrale des Militärs sein *könnte: Sie ist es.* Die Maschinen, die Räume, die Screans, das sekundenschnelle Absaugen des Sauerstoffs, um Flächenbrände zu vermeiden, Nummer 2, der digitale Agent, der mithilfe der Spieltheorie zuschlägt oder verteidigt, das ist in der Tat das Hirn, das ein historisch einzigartiger Rüstungswettlauf in uns hervorgebracht hat. ... Viele derjenigen, die in die Monitore starren, sahen keinen Unterschied zwischen militärischen und finanztechnischen Operationen. Beides sind Gelegenheiten, einen Sieg zu erringen oder eine Niederlage zu verhindern. Seit den Neunzigerjahren verwandelten sich ihre Arbeitsplätze mit der steigenden Geschwindigkeit vollautomatisierter Börsenmarkte zu symbolischen Kriegsschauplätzen.« (Ebd.: 86f.).

Monster-Literatur und mechanische Automaten als Vorboten automatenhaften menschlichen Verhaltens
Schirrmacher füttert seine Erzählung von Nummer 2, der automatengleich auf den Finanzmärkten und mehr und mehr in allen Sphären der Lebenswelt wie auf Kriegsschauplätzen handelt, mit Verweisen auf ein Literaturgenre, in dem Mensch-Maschine-Mischwesen das Leben als Monster durchgeistern. Nüchtern das Herrschafts- und Manipulationspotenzial der Informations- und Kommunikationstechnologien zu beschreiben, sachlich den Druck der Digitalisierung auf die Beschäftigten nachzuzeichnen, die sich verstärkt zu einem Verhalten als Konkurrenten gezwungen sehen – das hätte allenfalls als ein weiterer Beitrag unter vielen begrenzte politische Kreise und Fachleute für das Phänomen Industrie 4.0 interessiert. Aber der Medien- und Meinungsmacher Schirrmacher, der Inspirator öffentlicher Debatten, der bürgerliche Radikalliberale im konservativen Umfeld, der um des Erhalts der bürgerlichen Ordnung willen den Verlust bürgerlich- humanistischer Werte fürchtete, vervielfachte seine Wirkung, indem er in seine Zeitdeutung literarische Phantasien von der Verwandlung des Menschen in Monster einbezog. Die wissenschaftlich-journalistische Sachbuchrecherche gewinnt damit Züge einer emotional wirkenden Erzählung: Phantastische Geschichten aus der Feder von Literaten und Horrorfilme erscheinen als ahnungsvolle Vorwegnahme einer tatsächlichen Verwandlung des Menschen in seiner Ganzheit in von Gier getriebene Ego-Monster. Susan Sonntag, darauf verwies Schirrmacher, hat bereits in den 1960er Jahren die in Science-Fiction- und Horrorfilmen wie »The Brain Eater« und »The Puppet People« ausgemachte Invasion von Monstern als Ausdruck der Angst vor dem Verlust des individuellen Ich gedeutet. Die Monster-Romane »Frankenstein«, »Dr. Jekyll und Mr. Hyde« und »Dracula« interpretiert Schirrmacher als li-

3.2 Frank Schirrmacher: Zerstörung des Menschseins im Menschen

terarische Symbole für Anomalien des Systems. Ihre Negativhelden stellt er als »Monster der Ökonomie« (ebd.: 94f.) dar.»Als Frankensteins anonymes Monster sich heimlich um den Haushalt seiner ›Freunde‹ kümmert, nennt er sich selbst die ›unsichtbare Hand‹ – eine Anspielung auf die ›unsichtbare Hand des Marktes‹, jene Metapher, mit der der schottische Moralphilosoph und Aufklärer Adam Smith im 18. Jh. die Selbstregulierung des Marktes beschrieben hatte.« (Ebd.) Der scheußliche Mr. Hyde wurde umstandslos als der freundliche Dr. Jekyill anerkannt, als er einen Scheck mit guter Bonität vorlegte – die Anerkennung als Mensch unter der Voraussetzung seiner Kreditwürdigkeit. In Bram Stokers Roman »Dracula« ist der Vampir-Graf ein transsylvanischer Investor, der mit Kisten voller Devisen die Bank von England übernehmen will – der ganze Roman »durchwoben von Anspielungen auf Kredite, Verbriefung, Kosten, Schecks, Grundbesitz. Einmal, als der Graf mit einem Messer attackiert wird, fließt kein Blut, sondern ›ein Strom von Gold‹.« (Ebd.: 96) Vorahnung von der Nummer 2, dem ökonomistisch reduzierten Ego-Akteur im Gold- bzw. Geldkreislauf. Auf solche Weise produziert Schirrmacher bei seinen Leserinnen und Lesern Assoziationen zwischen heutigen marktfixierten Akteuren und ihren abstoßenden Monster-Vorfahren. Er lädt den Diskurs emotional auf.

In der Begeisterung der Öffentlichkeit im 18. Jahrhundert für den Bau und Besitz von mechanischen Automaten, vorwiegend in Menschengestalt, sieht Schirrmacher die Vorwegnahme der Tendenz, den Menschen auf einen reibungslos funktionierenden Automaten reduzieren zu wollen.»Und es war die eigentliche Mission der Automaten zu zeigen, wie ein Mensch funktionieren würde, wenn er eine Maschine wäre. Der Zugang ins Innere des Androiden war der Zugang ins Innere des Menschen, denn indem die Menschen ins Innere der Maschine blickten, veränderte die Maschine das Innere ihrer Köpfe. Der Flötenspieler und der Trommler und die Tänzerin und sogar die Ente waren Weltbildfabriken. Die Menschen sahen, wie sie sich selbst sehen sollten: als ein Ineinandergreifen von Zahnrädern, elastischen Federn und Hydrauliken, die alle abhängig waren von der mechanischen Zentraleinheit. Wenn eine Ente so funktionierte, dann auch der menschliche Körper ohne Seele.« (Ebd.: 119ff.) Nach dem Prinzip der mechanischen Automaten habe, so Schirrmacher unter Verweis auf Überlegungen Foucaults, Friedrich II. seine Armee in »Automaten« mit mechanisch gedrillten Bewegungsabläufen verwandelt. Und Napoleon habe in Analogie dazu Verwaltung, Krankenhäuser und Schulen als Apparate mit vorbestimmten Abläufen umgeformt. Technologie sei in soziale Organisationen umgesetzt worden – Geburt der Techno-Politik (ebd.: 120). Nun sei es darum gegangen, vor allem die Ökonomie als einen sich selbst automatisch regelnden Mechanismus und den Menschen als den entsprechend reduzierten homo oeconomicus zu verstehen. Das Sicherheitsventil der Dampfmaschine, »governor« genannt, habe die Idee sich selbst regulierender Systeme und damit die des Liberalismus beflügelt (ebd.: 127). Und in den in Mode kommenden Séancen werden Menschen in Trance versetzt und bereits Möglichkeiten der Manipulation und Suggestion von außen erprobt, von denen sich die heutige Massenmanipulation bis zur Beeinflussung individuellen Kaufverhaltens allerdings durch ihr Eindringen in das Innere des Menschen unterscheidet: kraft computergestützter Big Data-Speicherung dringt man in die Köpfe der einzelnen ein, erfährt, was sie denken, verheimlichen und wünschen und sei in der Lage, Individuen und Gesellschaft zu einem Funktionieren nach dem Modell von Automaten zu veranlassen (ebd.: 133).

Schließlich wird ein Zustand erreicht, den der britische Biologe Richard Dawkins mit der These beschrieb, dass »Lebewesen nur die Überlebensmaschinen zum Zwecke des Fortbestehens egoistischer Gene sind« (ebd.: 136). Während Friedrich August von Hayek die Rolle der Information für die Märkte hervorhob und Menschen als Hörige der Marktinformation ansah, betrachtete Dawkins das Egoverhalten des Menschen als begründet in der in seinen Genen enthaltenen Information. Beide, ökonomistisch der eine, biologistisch der andere, predigen das egozentrierte Verhalten der Individuen als gesellschaftliches Grundprinzip.

Obwohl Schirrmacher eine biologistische Deutung des menschlichen Ego nicht teilte, brachte er seine pessimistische Grundthese vom Dasein des Menschen als Ego-Maschine doch auf den Punkt: »Nummer 2 hat nur zwei Gene: eines für Egoismus und eines für Profit (und vielleicht noch ein drittes für Angst).« (Ebd.: 140) Die Zurichtung des Menschen als Nummer 2, dessen Handeln von Egoismus und Aggressivität getrieben ist, entäußert sich in Schirrmachers Darstellung der Ego-Gesellschaft in deren strukturellen Grunddefiziten.

Der Mensch im Informations-Markt-Staat
Die Staaten werden zu »Informations-Markt-Staaten«. So lautet die These von Philipp Bobbitt, einem einflussreichen Intellektuellen der USA, Berater von Bill Clinton und George Bush. In Zeiten von Big Data stütze sich die Macht der Staaten weitgehend auf die Herrschaft über aggregierte Datenmassen, vor allem aus der Wirtschaft. Die Monopolisierung der Machtressource Information ermöglicht es ihnen, ihren Bürgerinnen und Bürgern bestimmte Verhaltensweisen – eben als marktorientierte Konkurrenten – abzunötigen. Der Wohlfahrtsstaat wird zurückgebaut, die Einzelnen sind

3.2 Frank Schirrmacher: Zerstörung des Menschseins im Menschen 101

darauf zurückgeworfen, ihre Chancen individuell zu maximieren, um welchen Preis auch immer.

Als Prototyp für diesen Staatstypus verweist Schirrmacher auf die Informations- und Machtkonzentration bei der nationalen Sicherheitsbehörde der USA, der NSA, und auf die Demontage der Demokratie als wesentliche Qualität eines solchen Staates (ebd.: 175ff.; 190; 197). Demokratie ist eben unverträglich mit »mentalem Imperialismus«. Einst hätten die Alchimisten versucht, unedles Material in Gold zu verwandeln. Heute sei die Alchemie abermals am Werke. Nicht nur auf den Finanzmärkten seien die Finanzgenies dabei, Vermögen aus nichts zu schöpfen. »Aus nichts Gold zu machen: Das ist heute der Auftrag an alle, und das Wunder der Verwandlung richtet über den Wert der eigenen Seele.« (Ebd.: 226) Die Menschen hätten auf den Märkten ständig ihre eigene Seele zu verkaufen, um zu bestehen. Nicht mehr Stoff in Geld zu verwandeln, sei der Traum der Alchimisten heute, sondern es gehe »um die alchimistische Umwandlung der Seele in jeden beliebigen Stoff.« (Ebd.: 211)

Dieses Vorhaben ist so ungeheuerlich gegen das Ich des ursprünglichen ganzen Menschen gerichtet, »dass der Widerstand dieses Ich enorm war« (ebd.: 203). Schon Max Weber, so kann den Überlegungen Schirrmachers hinzugefügt werden, hatte zu der Unterwerfung des Menschen unter die Rastlosigkeit der Kapitalverwertung kommentiert: » ... der Mensch will ›von Natur‹ nicht Geld und mehr Geld verdienen, sondern einfach leben, so leben wie er zu leben gewohnt ist, und so viel erwerben, wie dazu erforderlich ist.« (Weber 1991: 50) Nun aber, mit der Dominanz kapitalistischer Verhältnisse, gelte umgekehrt: »Der Mensch ist auf das Erwerben als Zweck seines Lebens, nicht mehr das Erwerben auf den Menschen als Mittel zum Zweck der Befriedigung seiner materiellen Lebensbedürfnisse bezogen. Diese für das unbefangene Empfinden schlechthin sinnlose Umkehrung des, wie wir sagen würden, ›natürlichen‹ Sachverhalts ist nun ganz offenbar ebenso unbedingt ein Leitmotiv des Kapitalismus wie sie dem von seinem Hauche nicht berührten Menschen fremd ist.« (Ebd.: 44) Eine solche Gesinnung »wäre im Altertum wie im Mittelalter ebenso als Ausdruck des schmutzigsten Geizes und einer schlechthin würdelosen Denkart proskribiert worden, wie dies noch heute von allen denjenigen sozialen Gruppen regelmäßig geschieht, welche in die spezifisch moderne kapitalistische Wirtschaft am wenigsten verflochten oder ihr am wenigsten angepasst sind« (ebd.: 47).

Tiefer lotend als Schirrmacher führte Weber die Verwandlung des Menschen in ein Werkzeug der Kapitalverwertung auf den innersten »Geist des Kapitalismus« zurück, während in Schirrmachers Erzählung die Macht der Computer mehr in den Vordergrund tritt als die Herrschaftsverhältnisse, in deren Rahmen sich die kapitalistischen Machteliten der Informations- und Kommunikationstechnologien bedienen. Aber immerhin verweist Schirrmacher – wenn auch nur in wenigen Absätzen seines Buches – auf enorme Widersprüche der Ego-Gesellschaft. Obwohl er immer wieder auf den ökonomischen Hintergrund für die Reduzierung des Menschen auf die Nummer 2 verweist, faszinieren ihn doch mehr die horrenden psychischen Probleme, wenn Menschen gezwungen werden »zu handeln, wie man nicht denkt und zu denken, was man nicht weiß« (Schirrmacher 2013: 146).

Einerseits Zuwendung zu Schwarmintelligenz, Vernetzung, Transparenz und Kooperation, andererseits Verkehrung in das Gegenteil, beispielsweise in die völlige Intransparenz der Finanzmärkte, in Manipulation, Vernichtung von Intelligenz durch Reduktion des Menschen und ein feindliches Gegeneinander. Einerseits Anonymität, andererseits Enthüllung des Intimsten. Einerseits Partizipation, andererseits Diskreditierung von Plebisziten, wenn sie »die Märkte« als die wahren Abstimmungsmaschinen verunsichern könnten. Einerseits Forderung nach Kreativität, andererseits Inflation von unbezahlter Teilzuarbeit, Selbstausbeutung und Vernichtung sozialer Bedingungen für Kreativität.

Solche Widersprüche würden, so Schirrmacher, in eine »strukturelle Schizophrenie«, in Paranoia führen (ebd.: 147). »Vom Menschen wird in einer im Wortsinne perversen Übertragung ökonomischer Krisenverursachung erwartet, dass er das tut, was die Börsenplätze der Welt ihm vormachen: Er muss in sich ›selbst investieren‹ und enorme Risiken eingehen und, zur Not, Crashs und Schocks künstlich in seinen Lebenslauf einbauen.« (Ebd.: 250)

Schirrmachers Grenzen

> Das ganze Buch Frank Schirrmachers handelt von der Reduzierung des Menschen auf ein des Reichtums menschlicher Qualitäten beraubtes Marktwesen. Diesen Kern des neoliberalen Kapitalismus in einer Fülle von Nuancen bloßzulegen, ist das beachtliche Verdienst der letzten buchförmigen Botschaft Schirrmachers. Er fasst seinen Blick auf die von ihm ausgeleuchtete Ego-Welt in einem grundpessimistischen Satz zusammen: »Wie soll man so ein Leben leben?« Eine Antwort weiß er nicht.

Er will an eine Antwort glauben, aber seine Analyse erlaubt dies nicht. Doch ein Fünkchen Hoffnung glimmt – im Widerspruch zur Logik seines ganzen Buches – auf einigen Seiten doch: »Erstaunlich, wie widerspenstig Menschen sind, wenn man sie zu Egoisten machen will. Man hat ihnen das hochmoderne Menschenbild des Eigennutzes präsentiert, aber die meisten spie-

3.2 Frank Schirrmacher: Zerstörung des Menschseins im Menschen

len nicht richtig mit. Im Gegenteil: Es zeigt sich, dass zwischen dem, was sie sein *sollen*, und dem, wie sie *sind*, ein fast unüberbrückbarer Abgrund klafft.« (Ebd.: 146)

An dieser Schwelle zur Lösung angelangt, zur Loslösung von einem verzerrten, ökonomisch-funktionalistischen Menschenbild, hält Schirrmacher inne. Der dem von ihm so kritisch reflektierten System selbst Zugehörige hat keinen Zugang zu jenen Akteuren, die diese Schwelle überwinden könnten. Tatsächlich systemkritisch Handelnde existieren in Schirrmachers Erzählung nicht.

Zwei miteinander verbundene Grunddefizite machen die Schwäche von Schirrmachers Buch aus, wenn es um Auswege aus scheinbarer Alternativlosigkeit geht. Erstens ist Schirrmachers Blick auf das Innere des Menschen gefangen von dessen dunklen Seiten, von Egoismus, Gier, Rücksichtslosigkeit, Gewaltbereitschaft, Aggressivität und Gefühlsarmut – mobilisierbar in der Figur des eindimensionalen Konkurrenzmenschen. Menschliche Qualitäten wie Solidarität, Empathie, Toleranz und Mitmenschlichkeit, an denen ein alternatives Menschenbild und seine Verwirklichung anknüpfen können, bleiben fast vollständig unbeachtet. Zweitens kommen in seinem Buch Gegenmachtakteure nicht vor, die doch rund um die Erde existieren, zwar schwach im Verhältnis zu den Herrschenden, aber Repräsentanten humanistischer Werte, Motive und Verhaltensweisen und Träger des möglichen besseren Morgen schon im Heute.

Schirrmacher, der in seinem Buch eine beeindruckende Vielzahl von Wissenschaftlerinnen und Wissenschaftlern, Literaten, Zeitzeugen, Politikerinnen und Politiker zu Worte kommen lässt, kennt nur Zeugen für die Negativseiten der Nummer 2. Hätte er doch wenigstens dem Prinzip der Ausgewogenheit Raum gegeben! Richard Wilkinson und Kate Pickett beispielsweise schreiben in ihrem Werk »Gleichheit ist Glück«: »Menschen sind nicht nur zu Auseinandersetzungen fähig, sie besitzen auch die einzigartige Gabe, zusammenzuarbeiten, voneinander zu lernen, sich zu lieben und in jeder Weise zu unterstützen. ... Menschen können die schlimmsten Gegner füreinander sein, aber ebenso auch Sicherheit und Wohlergehen untereinander stiften.« (Wilkinson/Pickett 2010: 226) Johannes R. Bechers Gedanken kreisen in seiner Schrift »Der Aufstand im Menschen« um eben diesen gleichermaßen schockierenden wie hoffnungsgeladenen Widerspruch, »dass wir oft unendlich erschrocken und betroffen sind von der Unendlichkeit des Verbrecherischen, wozu der Mensch als Einzelner und als Gemeinschaft imstande ist, aber ebenso unendlich erstaunt und beglückt sind wir über die

Unendlichkeit des menschlichen Verhaltens, welches der Mensch als Einzelner und als Gemeinschaft zeigen kann.« (Becher 1983: 125f)

Gar nicht zu überschätzen ist die Bedeutung von humanistischen Diskursinhalten, deren Vertreter – ob einzelne Intellektuelle, Gewerkschaften, soziale, ökologische und feministische Bewegungen, linke oder bürgerlich-liberale Parteien und Kirchen – in den Auseinandersetzungen um politisch-geistige Hegemonie positive menschliche Werte zur Geltung bringen. Sie besteht darin, gegen das egozentrierte Menschenbild des neoliberalen Kapitalismus das Bild vom wirklichen menschlichen Reichtum zu politischer Geltung zu bringen. Karl Marx setzte gegen die borniere Auffassung von Reichtum als Kapitalvermehrung und des Menschen als bloßem Verwertungsinstrument die »Bereicherung des menschlichen Wesens selbst« (MEW 40: 545) und »die Entwicklung des Reichtums der menschlichen Natur« (MEW 26.2: 111) – die Entfaltung aller produktiven Fähigkeiten, sprachlicher und künstlerischer Ausdrucksmöglichkeiten, der Fähigkeiten zur Aufnahme des Ästhetischen in der Umwelt, der Genussfähigkeit im weitesten Sinne und des Reichtums menschlicher Beziehungen. »Man sieht, wie an die Stelle des nationalökonomischen *Reichtums und Elendes* der *reiche Mensch* und das reiche menschliche Bedürfnis tritt. Der reiche Mensch ist zugleich der einer Totalität der menschlichen Lebensäußerung *bedürftige Mensch*.« (MEW Ergänzungsband. Erster Teil: 544)

Die Unendlichkeit humanen Verhaltens, von der Johannes R. Becher schrieb, ist in der realen Lebenswelt lebendig. Sie lebt in der Selbstlosigkeit von Zehntausenden, die sich um die Aufnahme von Flüchtlingen kümmern. Sie ist lebendig im freiwilligen Einsatz von Ärzten für Kranke, deren Leben in armen Ländern von solcher Solidarität abhängt. Und wie viel Zuwendung von Menschen steckt in der alltäglichen Care-Arbeit von Millionen für Kinder, Kranke, Ältere und Schwächere aller Art. In Freundschaft und Liebe finden die wunderbarsten menschlichen Empfindungen ihren Ausdruck. Das Gefühl für Gerechtigkeit lebt in gewerkschaftlichen Kämpfen. Verantwortung für kommende Generationen wirkt in den Umweltbewegungen.

In vielen Kämpfen der Gegenwart verbinden sich positive Emotionen und Rationalität. Das Selbstverständnis der Occupy Wall Street-Bewegung »We are the 99 percent« brachte die Grundeinsicht in die gegebenen Machtverhältnisse als Ursache für die Desaster des gegenwärtigen Kapitalismus zum Ausdruck. Von derselben Einsicht sind die internationalen Proteste gegen G 20-Treffen und die Alternativgipfel parallel zu Klima- und Weltwirtschaftsgipfeln bestimmt. Die Wucht der internationalen Bewegung gegen TTIP zeigte ein erstaunliches Begreifen der zu erwartenden negativen Wir-

3.2 Frank Schirrmacher: Zerstörung des Menschseins im Menschen 105

kungen dieses Projekts auf das Leben der einfachen Menschen. Dass Bernie Sanders sich im Vorfeld der US-Wahlen in 22 Bundesstaaten mit seinem Selbstverständnis als Sozialist gegen Hillary Clinton als Präsidentschaftskandidat der Demokraten durchsetzen konnte, verweist auf Chancen von Vernunft und Moral gegen die hochemotionale Verteufelung jeder Alternative. In Griechenland haben die Wählerinnen und Wähler zweimal eine linksgeführte Regierung gewählt. Dass diese von den internationalen Gläubigern Griechenlands zu einer brutalen Austeritätspolitik gegen das eigene Volk gezwungen wurde und die europäische Linke nicht die Kraft für die Organisierung von Solidarität dagegen aufbrachte, steht auf einem anderen Blatt.

All diese Kämpfe folgen einem anderen Menschenbild als dem des marktgetriebenen Ego-Menschen, der von der Fülle seiner menschlichen Potenzen abgetrennt ist. Im Teil 2 dieses Buches wird zu behandeln sein, dass es der pluralen Linken zufällt, einen alternativen Diskurs um die Grundidee eines demokratischen Sozialismus zu gruppieren: dass die Zukunft einer Gesellschaft gehört, in der die Verhältnisse alle guten Anlagen des Menschen fördern, statt sie zu bestrafen, in der sozial gleiche Teilhabe für jede und jeden an den Grundbedingungen eines selbstbestimmten Lebens in sozialer Sicherheit garantiert ist, in der die sozialen Verhältnisse solidarisch und in Frieden mit der Natur gestaltet werden.

> Der Diskurs über ein langes qualvolles oder endloses Ende des Kapitalismus steuert zu der Frage nach Zukunft oder Endlichkeit des Kapitalismus Wichtiges bei. Wenn den Machteliten nur noch Sackgassen einfallen, wie Wolfgang Streeck zeigt: liegt dann nicht auf der Hand, dass nur noch Gegenmächte in der Lage sind, die Dinge zum Guten zu wenden? Und wenn es die Kapitallogik ist, die nach Streeck in den Niedergang führt, muss dann eine Wende nicht in der Dominanz einer Gegenlogik gesucht werden, in der Sozial logik? Also in der Überwindung aller äußeren Verhältnisse, die den Menschen so zurichten, wie es Schirrmacher beschreibt?

Der allerdings sah nicht einmal ein Ende des Kapitalismus nahen. Er sah ihn nur ohne Zukunft für ein menschenwürdiges Leben, weil der Mensch längst zu einem fast ohnmächtigen Wesen deformiert sei. Ist also der Schlüssel die Transformation der inneren Verhältnisse des Menschen, ein Zu-sich-selbst-Kommen als reiches, gestaltungsfähiges, solidarisches Individuum?

> Ein Dilemma wird sichtbar: Es sind die gesellschaftlichen Verhältnisse, die dem Menschen sein Emanzipationspotenzial zu entreißen drohen. Aber es ist der Mensch, der obwohl durch die Verhältnisse gefesselt, allein in

der Lage ist, diese Fesseln zu sprengen. Es gibt nur eine Lösung: die äußere Welt und die innere Welt des Menschen zugleich zu ändern. Indem die einzelnen zusammen mit anderen daran gehen, die Gesellschaft zu verändern, verändern sie sich selbst zu größerer Handlungsfähigkeit. Und indem sie beginnen, die gesellschaftlichen Verhältnisse infrage zu stellen, schaffen sie sich selbst für weitere Schritte größere Freiräume. Die Selbstermächtigung der Vielen wird zur Ausgangskategorie einer sozialistischen Transformationstheorie (siehe Kapitel 6).

Ein Gegendiskurs für eine postneoliberale und postkapitalistische Zukunft vermag die Gesellschaftskritik beider Autoren, die als herausragende Vertreter der wissenschaftlichen und der medialen Funktionselite betrachtet werden dürfen, in sich aufzuheben. Er muss aber die entscheidende Schwäche von beiden überwinden: dass sie kaum Ansätze in den gegebenen Verhältnissen für deren Überwindung und keine Akteure einer progressiven Transformation im Kapitalismus und über ihn hinaus erkennen. Dies ist existenziell angesichts wachsender Mobilisierungsfähigkeit der extremen Rechten in Europa.

4. Kapitel
Der Diskurs der extremen Rechten

Der rechtspopulistische, rechtsautoritäre und rechtsextreme Diskurs wird hier nicht mit dem Anspruch auf umfassende Wertung und Kritik behandelt, sondern geleitet von der Frage nach Zukunft oder Ende des Kapitalismus. Im Diskurs der Rechten zeichnen sich Tendenzen schlimmstmöglicher Entwicklung des Kapitalismus ab: die Herausbildung eines autoritären neoliberalen Kapitalismus als Zwischenstation zu einem hochgradig entzivilisierten Kapitalismus. Charaktere des Faschismus würden in diesem Szenario der Barbarei wieder deutlich hervortreten: Gewaltherrschaft, Menschenverachtung, Rassismus, Chauvinismus, Militarisierung der Gesellschaft und alltäglicher Terror.

In demokratisch verfassten Staaten ist eine solche Zukunft des Kapitalismus nicht wahrscheinlich. Zu groß wäre der Rückfall von dem erreichten Zivilisationsgrad der Menschheit, zu stark trotz ihrer Schwäche die demokratischen Kräfte der Gesellschaft, zu lebendig im öffentlichen Bewusstsein trotz aller Verdrängungsstrategien von rechts die historischen Erfahrungen mit faschistischen Regimen und Militärdiktaturen. Aber ein Rückfall in die Barbarei ist nicht mit Sicherheit auszuschließen. Eher wächst seine Möglichkeit.

Der Holocaust fand nicht in grauer Vorzeit statt. Im Juli 1995 wurden in der Nähe von Srebrenica mehr als 8.000 Bosniaken durch Einheiten der bosnisch-serbischen Armee und paramilitärische Verbände nach einheitlichem Muster ermordet. Dieses Verbrechen wurde von den dort stationierten niederländischen Blauhelmsoldaten nicht verhindert. Der Massenmord vor nicht einmal drei Jahrzehnten auf europäischem Boden wurde vom Internationalen Strafgerichtshof für das ehemalige Jugoslawien in Den Haag und vom Internationalen Gerichtshof als Völkermord bewertet. Waffenlieferungen westlicher Demokratien in Kriegsgebiete verlängern dort das Töten. Unternehmen der reichen Länder verdienen an Elendslöhnen und manchesterkapitalistischen Arbeitsbedingungen im globalen Süden. Drogen- und Menschenhandel sind ein Billionengeschäft. Organisierte Kriminalität und Korruption wuchern (siehe Kapitel 8.1). In Ländern wie Türkei, Ungarn und Polen sind die Herrschaftssysteme dabei, sich in autoritäre Regime zu verwandeln. Irrationalität und Unberechenbarkeit der Politik sind mit Donald Trump in das Machtzentrum der Vereinigten Staaten eingezogen und können unter unvorhergesehenen Konstellationen in massive Entzivilisierungsprozesse umschlagen.

Keimformen eines hochgradig menschenfeindlichen autoritären Kapitalismus existieren rund um die Erde, Deutschland eingeschlossen. Aggressiv vertretene rechtsextreme Auffassungen können in Zukunft Erscheinungen der Barbarei gefährlich vorantreiben. In diesen Zusammenhang wird der Diskurs der Rechten hier eingeordnet – über seine gegenwärtigen negativen Wirkungen hinaus.

Das neuerliche Erstarken rechter Kräfte in Europa und in den USA wird von einem weit gefächerten Diskurs vorangetrieben. Neofaschistische Auffassungen gehören nicht der Vergangenheit an, wie Björn Höcke und andere glauben machen wollen, wenn Höcke behauptet, »der Faschismus ist eine geschichtlich und räumlich begrenzte Erscheinung gewesen und könnte heute in Deutschland nur als bizarrer Fremdkörper existieren« (Höcke 2018: 141). 6,4% der Deutschen stimmen der Formulierung zu: »Die Verbrechen des Nationalsozialismus sind in der Geschichtsschreibung weit übertrieben worden.« 8,4% meinen: »Der Nationalsozialismus hatte auch seine guten Seiten.« (Decker/Kiess/Brähler 2016: 36) »Auch heute noch ist der Einfluss der Juden zu groß.« Dieser Meinung stimmen 10,9% der Deutschen zu. »12% der Ostdeutschen finden, es gebe ›wertvolles und unwertes Leben‹, bei den Westdeutschen sind es 8,9%.« (Ebd.: 35) Diese und ähnliche Gedanken haben heute in der rechtsextremen Szene ihre Heimat gefunden – nur notdürftig kaschiert von halbherzigen Abgrenzungen in der AfD vom Nationalsozialismus.

Distanzierung von offenem Faschismus gehört zu der Scharnierfunktion zwischen rechtsextremen Kräften und Rechts- und Nationalkonservativen, die Wortführer der AfD für diese in Anspruch nehmen. Die Neue Rechte will hoffähig werden, in Deutschland in Gestalt der AfD: »Außerdem wächst uns als parteipolitische Kraft auch eine wichtige Aufgabe zu, nämlich die ›rohen Formen‹ der Bürgerproteste geistig zu veredeln und in eine vernünftige parteipolitische Programmatik und Strategie zu integrieren. In der ›Vox populi‹ steckt immer auch etwas Wahres drin, selbst wenn sie sich nicht so fein artikuliert.« (Ebd.: 234)

Zu den »rohen Formen« der Bürgerproteste gehört in Deutschland der Tod von mindestens 169 Menschen seit 1990 durch die Tat von Personen mit extrem rechten Einstellungen (FAZ-Angaben vom 17.9.2018). Die Zahl rechter Angriffe auf Flüchtlingsunterkünfte stieg von 18 im Jahr 2011 auf 988 nach BKA-Angaben, auf 1578 nach Recherchen der Amadeus Antonio Stiftung im Jahr 2016 bzw. auf 1387 Angriffe im Jahr 2017. Was ist da geistig zu veredeln? In Wahrheit gehört Höcke zu den geistigen Anstiftern rechtsextremer Gewalt. Seine Reden greifen auf NS-Gedankengut zurück und weisen eine Nähe zur NS-Sprache auf, mit solchen Formulierungen jedoch, die ihm, wenn erforderlich, einen Scheinrückzug vom tatsächlich Gemeinten offenhalten. Und das, was nach ihrem Wunsch wahr an der Stimme des Volkes sein soll, versuchen die populistischen und rechtsextremen Wortführer erst einmal dem Volk in den Mund zu legen. Diese Strategie ist hier mit der kritischen Analyse des Textes »Nie zweimal in denselben Fluss. Björn Höcke im Gespräch mit Sebastian Henning« deutlich zu machen. Höcke verfolgt in diesem Gespräch jene rechte Diskursstrategie, die Alexander Häusler und Rainer Roeser mit den folgenden wiederkehrenden Mustern beschreiben: »›Mut zur Wahrheit‹ als Slogan gegen ›politische Korrektheit‹ | Wechselspiel zwischen rechten Thesen und Dementi | Ritualisierte Behauptung von böswilligen Fehlinterpretationen | Anprangerung der Medien | Stärkung des inneren Zusammenhalts durch Einnahme eines Opferstatus | Verschiebung des Diskurses nach rechts (›Das wird man wohl noch sagen dürfen.‹)« (Häusler/Roeser 2015: 57)

4.1 Björn Höckes Weltbild

Höcke, bis 2014 beamteter Gymnasiallehrer, ist einer von zwei Sprechern der AfD in Thüringen und seit 2014 Fraktionsvorsitzender der Partei im Thüringer Landtag. Im März 2015 gehörte er zu den Gründern der rechtsradikalen AfD-Strömung »Der Flügel«, der in der AfD eine nationalistische, chauvinistische, rassistische und antisemitische Richtung stärkt. In Höckes Strategie haben »das Volk«, die gegen den »Ansturm von Ausländern« zu verteidigende »Heimat«, sein Geschichtsrevisionismus, die Mystifizierung deutscher Geschichte, eine demagogische Kritik des »Systems« und seiner Eliten und seine Konzeption für einen »teutonischen Systemwechsel« besonderes Gewicht.

Das Volk
»Wir sollten ganz selbstbewusst darauf hinweisen, dass die Kategorie ›Volk‹ der zentrale Orientierungspunkt in unserem politischen Denken und Handeln ist. Und dass das eigene an erster Stelle kommt.« (Höcke 2018: 133) Das Volk und sein Nationalstaat seien das politische Subjekt. Aber führende Politiker der Linken und der Grünen, »die jubeln regelrecht über unseren bevorstehenden Volkstod durch den Bevölkerungsaustausch. Die Flüchtlinge sind Ihnen nur Mittel zum Zweck, damit das verhasste eigene Volk endlich von der Weltbühne verschwindet.« (Ebd.: 216) Die Flucht von Menschen vor Krieg, Hunger, Gewaltherrschaft und Perspektivlosigkeit, die sich

zu Tausenden unter menschenunwürdigen Bedingungen in Lagern zusammengepfercht finden und sogar die Gefahr auf sich nehmen, auf dem Weg nach Europa zu ertrinken, verkehrt sich bei Höcke zur »massenhaften Einwanderung von Glücksrittern und Menschen, die sich einfach ein besseres Leben in Europa und Deutschland versprechen« (ebd.: 40). Langfristig münde das in die »brutale Verdrängung der Deutschen aus ihrem angestammten Siedlungsgebiet« (ebd.: 205). Das deutsche Volk sei in besonderem Maße Opfer der »Afrikanisierung Europas« (ebd.: 193), der als Mongoliden bezeichneten »anstürmenden« Asiaten und der Islamisierung Deutschlands. Seine Klage um das deutsche Volk wird bei Höcke zum Instrument der Hetze gegen Ausländer, die den Deutschen angeblich nicht nur seinen natürlichen Siedlungsraum nehmen wollen, die »blonden« Frauen sexuelle Gewalt antun und das Volk sogar um seine Sprache und sein Innerstes bringen. »Unsere ›Klage um Deutschland‹ dreht sich nicht primär darum, dass der Wohlstand zurückgeht, sondern vor allem darum, dass unser Volk seine Seele und Heimat verliert.« (Ebd.: 120) Das Konzept einer multikulturellen Gesellschaft bestreite den einheimischen Deutschen sogar das Recht auf eigene Entfaltung und Interessenwahrnehmung (ebd.: 187). Die »etablierte Seite« in Deutschland halte »eine Entdeutschung Deutschlands« durchaus für wünschenswert.

Höckes gesamte realitätsferne und absurde Darstellung einer angeblichen existenziellen Bedrohung des deutschen Volkes schürt von Ängsten getriebene Ausländerfeindlichkeit und Fremdenhass. Sie läuft auf eine rigide Migrationspolitik, auf eine radikale Abschottung Europas und Deutschlands gegen Zuwanderer und langfristig auf ein »großangelegtes Remigrationsprojekt« hinaus. Höcke fordert eine künftige völlige Rückführung von Migranten in ihre Herkunftsregionen und erstrebt, gegeneinander abgegrenzte kulturell und ethnisch homogene Großräume zu schaffen. Gelegentlich versichert er in seinem Gesprächsband, dass er natürlich wirklichen Flüchtlingen humanitäre Unterstützung gewähren wolle. Allerdings, bei dem Projekt der Remigration »wird man, so fürchte ich, nicht um die Politik der ›wohltemperierten Grausamkeit‹, wie es Peter Sloterdijk nannte, herumkommen. Das heißt, dass sich menschliche Härten und unschöne Szenen nicht immer vermeiden lassen werden.« (Ebd.: 254) Eine – illusionäre – Zwangsumsiedlung ganzer Bevölkerungsteile aus Europa in andere ethnische Räume würde wohl Gewalt weit über »unschöne Szenen« hinaus hervorbringen.

4.1 Björn Höckes Weltbild

Geschichtspolitische Wende
Nicht genug mit der Bedrohung des deutschen Volkes durch hereinbrechende Ausländermassen – Multikulturalisten, naive Philanthropen, Linke und alte Eliten seien dabei, den Deutschen ihr nationales Selbstgefühl zu nehmen und an ihrer Selbstabschaffung zu arbeiten. »Nichts gegen ein ausgeprägtes Verantwortungsgefühl gegenüber der eigenen Geschichte, aber es ist mittlerweile zu einem Wunsch nach Selbstabschaffung ausgeartet.« (Ebd.: 69) Der »offizielle Erinnerungszwang« zur Auseinandersetzung mit Hitlerdeutschland »kann allerdings bizarre Züge annehmen, wenn man sich den ständigen Verweis auf die einzigartige, fabrikmäßige, durchorganisierte Tötung vergegenwärtigt« (ebd.: 71).
Verbreitet habe sich »ein regelrechter nationaler Selbsthass entwickelt und sich in einen Selbstauslöschungswahn gesteigert« (ebd.: 215). Als Reaktion zur »offiziellen Negierung alles Volkshaften« forderte Höcke in seiner Dresdner Rede zum Jahresbeginn 2017 eine geschichtspolitische Wende um 180 Grad, um sich nicht mehr »allein von den belastenden auf Dauer krankmachenden Zügen beherrschen zu lassen« (ebd.: 67) und sich nicht selbst zu erniedrigen. Neonazis und Rechtsextreme dürfen sich durch Höcke ermuntert sehen, wenn sie mit Naziemblemen und Hitlergruß gegen die Demokratie aufmarschieren.

Die Anrufung des Volkes hat in Höckes Gesamtkonzept eine doppelte Funktion: Als angeblich vom Ausländerzustrom mit »Entvolkung« bedroht, wird seine Verteidigung zum hehren Anlass für Abschottungspolitik gegen Zuwanderung, für Fremdenfeindlichkeit, Rassismus, Nationalismus und europäische Festungspolitik. Als angeblich zu Selbsthass und Selbsterniedrigung getrieben, wird es zur Pflicht von Patrioten wie Höcke, die Geschichte auf solche Weise neu zu deuten, dass die guten Seiten des Nationalsozialismus wieder in das öffentliche Bewusstsein gehoben und beispielsweise preußische Ordnung und Tugenden in die Gegenwart zurückgeholt werden.

Mystik und Mythen
Zu Höckes Geschichtsphilosophie gehört, die Rückschau auf die Geschichte, die Interpretation der Gegenwart und die Vorstellungen von der Zukunft mystisch aufzuladen. Höcke bekennt sich zu dem Glauben, »dass die romantische Tiefenhellsichtigkeit der Deutschen sich insgesamt stärkend und heilbringend auswirkt« (ebd.: 158). Mythen gehörten zum propagandistischen Grundinstrumentarium der Nationalsozialisten. Lion Feuchtwanger hat das in seinem Roman »Die Geschwister Oppermann« eindringlich dargestellt. Verständlich, dass Höcke den Rückgriff auf Mythen reichlich pflegt. Denn für sie gelte: »Der Wahrheitsgehalt ist aber gar nicht das entschei-

dende, sondern die belebende und identitätsstiftende Wirkung auf Menschen und Völker.« (Ebd.: 159).

Höcke wandelt da auf unseligen Pfaden. Zwar findet sich bei ihm nicht einmal der Ansatz konsistenter Sozialpolitik. Zwar hat er umweltpolitisch nichts zu bieten außer der Ablehnung »hysteriegesteuerter Energiewende« (ebd.: 108). Von dem Gedanken der Geschlechtergerechtigkeit ist er um Welten entfernt. Aber die Defizite der AfD in der Realpolitik will Höcke mit dem Rückgriff auf Mythen kompensieren. »Wir sollten Mythen ganz praktisch als mögliche Kraftquellen und Orientierungshilfen ansehen, die uns auch in schlechten Zeiten Hoffnung und Zuversicht spenden. Man denke da nur an den Kyffhäuser-Mythos der Deutschen: Bekanntlich schläft der alte Kaiser Barbarossa in einer Höhle des Kyffhäuserberges, um eines Tages mit seinen Getreuen zu erwachen, das Reich zu retten und seine Herrlichkeit wieder herzustellen.« (Ebd.: 159) Auf den jährlichen Kyffhäuser-Treffen des rechten Flügels der AfD wird an dieser Rückkehr in Gestalt Höckes und seinesgleichen gearbeitet. Beim Kyffhäuser-Treffen in Schloss Burgscheidingen im Juni 2018 rief Höcke die rund 1000 Teilnehmer auf, die deutsche Kultur mutig zu verteidigen. Sonst würden in fünfzig Jahren fremde Völkerscharen sie hinweggefegt und einen in Deutschland nie erlebten Kultur- und Zivilisationsbruch durchgesetzt haben. Der Kyffhäuser-Mythos bringe das Bedürfnis der Deutschen nach einer heilsbringenden Führungspersönlichkeit zum Ausdruck, etwa vom Format Bismarcks: »Aber die Sehnsucht der Deutschen nach einer geschichtlichen Figur, welche einst die Wunden des Volkes wieder heilt, die Zerrissenheit überwindet und die Dinge in Ordnung bringt, ist tief in unserer Seele verankert, davon bin ich überzeugt.« (Höcke 2018: 161) So soll die Anrufung von Mythen die rechte Bewegung für ein künftiges autoritäres Regime stärken.

Wehrhafte Männer
Die künftige Ordnung werde echte Männer brauchen. Höcke scheut da nicht vor einer Nähe zum Männlichkeitskult der Faschisten zurück. Wenn es darum gehen wird, »an den Festungstoren der Machthaber zu rütteln«, dann gelte: »Vor allem die Männer werden aufwachen und sich ihrer Verantwortung für das Ganze bewusst werden. Unsere Zukunft hängt auch an der Frage männlicher Ehre und Würde« (ebd.: 112) und an ihrer »Wehrhaftigkeit« (ebd.: 114). Kultivieren sollten die Deutschen »Wehrhaftigkeit, Weisheit und Führung beim Mann – Intuition, Sanftmut und Hingabe bei der Frau« (ebd.: 115). Leider seien die deutschen Männer zu 80% Weicheier. Mit der Antigewalt- und Antikörperlichkeitserziehung in den Schulen vollziehe sich da, was Akif Pirinçci »Die große Verschwulung« genannt

4.1 Björn Höckes Weltbild

habe. Die »Erneuerung einer Männerkultur«, um wieder zu einer natürlichen Männlichkeit zu gelangen, werde allerdings Zeit brauchen. Und zur sozialen Benachteiligung von Frauen weiß Höcke: »Ein Großteil davon ist frei erfunden.« (Ebd.: 116) Höcke steht für ein erzkonservatives Familienbild.

Höckes völkische Vorstellungen, seine nationalistische und ausländerfeindliche Grundhaltung, sein Geschichtsrevisionismus und sein Ideal des wehrhaften Mannes sind Bausteine, die zu seinem rechtsextremen Zukunftsprojekt gehören. In seinem Gesprächsband »Nie zweimal in denselben Fluss« lässt er erkennen, welche Konturen eine von der AfD im Verein mit anderen Rechtsextremen und Rechtskonservativen geformte künftige Gesellschaft haben soll.

Höcke kritisiert die sogenannten Realpolitiker in der AfD, die nach seiner Einschätzung als kritischer Teil des Establishments agieren, das System selbst aber nicht abschaffen wollen. Eine wirkliche Alternative zum Bestehenden müsse »eine globalisierungs- und kapitalismusüberwindende Position« einschließen (ebd.: 250). Aber diese Forderung taucht in seinem dicken Gesprächsband nur einmal am Rande auf. Höcke bekennt sich zu einer »sinnvollen Marktwirtschaft« im Geiste Ludwig Erhards, die bekanntlich in der Realität eine monopoldominierte Marktwirtschaft war und schließlich in eine finanzmarktgetriebene Gesellschaft einmündete. Und um keinen Zweifel darüber zu lassen, dass er den Kapitalismus keineswegs überwinden will, beruft er sich auf US-Präsident Trump, der in den USA einen Epochenwechsel eingeleitet habe, unter anderem weg vom Migrationsextremismus. Zwar sei Trump mit der ihm zufallenden historischen Aufgabe überfordert, stehe jedoch »zumindest *symbolisch* für einen Bruch mit dem Establishment« (ebd.: 208). Und Höcke gibt mit Blick auf erhoffte künftige Regierungskoalitionen der AfD als »parlamentarische Speerspitze der Bürgeropposition« schon mal zu verstehen, dass er es mit dem großen Bruch unter bestimmten Umständen auch nicht ganz so ernst meine: »Trotz aller Euphorie und Hoffnung angesichts der parlamentarischen Erfolge würde es selbst als künftige Regierungspartei nur bedingt möglich sein, eine grundlegende Wende herbeizuführen. Zum einen bedarf es dazu eines veränderten kulturellen Unterbaus, der bis heute überwiegend anti-national geprägt ist, und zum anderen müssen die Voraussetzungen für einen ›konsequentes Durchregieren‹ vorhanden sein – wir dürfen die wahrscheinlichen Zugeständnisse an etwaige Koalitionspartner und die systemischen Blockierungen nicht unterschätzen.« (Ebd.: 234f.)

4.2 Unterwegs in Richtung Entzivilisierung

Wenn also Höckes erstrebte Systemwende schon nicht den Kapitalismus selbst betreffen soll, die Drohung des Durchregierens ist ausgesprochen und auch so gemeint. Nicht zufällig verweist Höcke auf gute Ansätze in Ungarn und Polen. Worauf zielt dann Höckes Strategie, die er der AfD anempfiehlt und für die er in rechtsextremen und bürgerlich-rechtskonservativen Kreisen Bündnispartner sucht?

Erstens will er mit »den westlichen Werten« aufräumen, die nach allgemeinem Verständnis die menschenrechtlichen Forderungen der französischen Revolution – Freiheit, Gleichheit und Solidarität – umfassen. »Dieser aufgeblasene Werteschaum soll doch nur das tiefe Loch verlorener Identität zudecken.« (Ebd.: 199) Damit kommt Höcke zur Sache: »Wenn einmal die Wendezeit gekommen ist, dann machen wir Deutschen keine halben Sachen. Dann werden die Schutthalden der Moderne beseitigt, denn die größten Probleme von heute sind ihr anzulasten.« »Die Moderne selbst halte ich für eine Verfallsform einer bedeutsamen Epoche, nämlich der Neuzeit, die vor rund fünfhundert Jahren in Europa einsetzte.« (Ebd.: 258f.)

Der Begriff der Moderne ist durchaus umstritten (Klein 2000). In der Regel bezeichnet er die Gesamtheit der Umwälzungen und gesellschaftlichen Hauptprozesse seit Beginn des bürgerlichen Revolutionszyklus und der industriellen Revolution. Zu den bestimmenden, widersprüchlichen Seiten der Moderne gehören die Kapitalverwertung in der Wirtschaft, die Unterordnung der Gesellschaft unter die Wirtschaft und die in diesem Rahmen nie gekannte dynamische Entwicklung der Produktivkräfte. Charakteristisch für die Moderne ist deren Ausdifferenzierung in relativ autonome gesellschaftliche Teilsysteme – etwa Wirtschaft, Politik, Kultur und Recht –, die sich nach eigenen inneren Maßstäben entwickeln, allerdings zugleich hochgradig vom Profitsystem dominiert sind. Als ein Grundprozess der Modernen gilt der Individualisierungsprozess. Als Basisinstitutionen der Moderne werden die pluralistische Demokratie, der Marktmechanismus und die Rechtsstaatlichkeit angesehen. Andere Modernequalitäten sind das Entstehen nationaler Identitäten und die gleichzeitige Internationalisierung, die Ausbreitung städtischer Lebensformen und formaler Schulbildung und die Verweltlichung von Normen und Werten.

Eine zentrale Herausforderung gegenwärtiger progressiver Politik ist, in diesem großen Prozess seine kapitalistische Form zurückzudrängen, die Profitdominanz zu überwinden und zugleich die zivilisatorischen Seiten der Moderne im Transformationsprozess zu einer solidarischen Gesellschaft anzuerkennen, zu bewahren, zu entfalten, also im Hegelschen Sinne aufzuheben.

4.2 Unterwegs in Richtung Entzivilisierung

Wie gefährlich dagegen Höckes Vorstellung von der Moderne für die menschliche Zivilisation, sie als Schutthalde in Bausch und Bogen beiseitefegen zu wollen. Und diese Gefahr ist höchst gegenwärtig – in rechtsextremer Gewalt, in populistischer Verdrehung der Köpfe, in der Verkehrung menschlicher Individualität zu Menschen als Egomaschinen, in konservativer Geschlechterpolitik, in autoritären Herrschaftsformen, in der wissenschaftsfeindlichen Leugnung des Klimawandels. Diese Gefahr ist manifest im Lieblingsthema der Rechten, in der Migrationsfrage.

Zweitens: Höckes zentrales Ziel ist die Verhinderung der von ihm imaginierten Islamisierung, Afrikanisierung und Orientalisierung Europas und Deutschlands. »Das heißt: Sofortiger Stopp der unkontrollierten Masseneinwanderung, klare Durchsetzung unserer Rechts- und Werteordnung, Rückführung der nichtintegrierbaren Migranten, Austrocknung des islamischen Terrors im Land und Unterdrückung des Einflusses fremder Regierungen auf innerdeutsche Belange« (Höcke 2018: 195f.). Wie der Populist Höcke formuliert: »Das alles ohne Vorurteile oder Hass auf den Islam als Religion und mit einem gebührenden Respekt gegenüber einer uns fremden Kultur.« (Ebd.: 196) Aber: »Wir können den Muslimen unmissverständlich klarmachen, dass ihre religiöse Lebensweise nicht zu unserer abendländisch-europäischen Kultur passt und wir anders leben wollen als nach der Scharia.« (Ebd.: 197) Schluss also mit den »irren Gesellschaftsexperimenten der Multikulturalisten«!

Drittens wird in Höckes Bekundungen deutlich, dass es ihm zwar nicht wirklich um die Überwindung des Kapitalismus geht, wohl aber um die Transition zu einem anderen politischen System des Kapitalismus. »Ein paar Korrekturen und Reförmchen werden nicht ausreichen.« (Ebd.: 257) Gemeint ist unverkennbar, dass es um einen autoritären Kapitalismus gehen soll. Im Gespräch mit Sebastian Hennig bekundet Höcke: »Ich bin von meinem ganzen Wesen her auf Offenheit, Dialog und Ausgleich angelegt.« (Ebd.: 85) »Aber irgendwann ist auch bei uns die Geduld am Ende, dann bricht der legendäre ›Furor teutonicus‹ hervor, vor dem die alten Römer schon gezittert haben« (ebd.: 212) – und den Goebbels' Propagandamaschine so gern beschworen hat. Dann werden »am Ende noch genug Angehörige des Volkes vorhanden sein ..., mit denen wir ein neues Kapitel unserer Geschichte aufschlagen können. Auch wenn wir leider ein paar Volksteile verlieren werden, die zu schwach oder nicht willens sind, sich der fortschreitenden Afrikanisierung, Orientalisierung und Islamisierung zu widersetzen.« (Ebd.: 257) So ein »Aderlass« sei eben die Kehrseite außergewöhnlicher Innovationskraft von uns Deutschen. – Wer soll da verloren werden?! Wohin sollen die Schwachen unter dem Volk verschwinden?! Welche Erinnerungen werden da geweckt! Kein Wunder, wenn gewaltbereite Nazis und Rechtsextremisten schon mal erproben, wie künftig mit den »unwerten« Volksteilen umgegangen werden soll.

Höcke wünscht sich eine friedliche Wende in Deutschland, wie er betont. Mein »ganzes politisches Engagement ist darauf gerichtet, dass noch rechtzeitig besonnene Kräfte dem Verhängnis Einhalt gebieten«, so erklärt er. Um dann sofort zu drohen: »Ansonsten wird ein neuer Karl Martell vonnöten sein.« (Ebd.: 252) Das bedeutet nichts anderes als Orientierung auf die Möglichkeit eines bewaffneten Umsturzes. Karl Martell war namensgebend für die Karolingerdynastie. Den Beinamen Martellus (der Hammer) erwarb er sich durch die Siege seiner Truppen gegen Sachsen, Friesen, Aquitanier, Bayern und Alemannen, aber vor allem in der Schlacht bei Poitiers 732, in der die Araber und nordafrikanischen Berber besiegt wurden. In der Folge wurde Karl zum Retter des christlichen Abendlandes stilisiert – zu Unrecht nach neueren Forschungsergebnissen. Krieg als letztes Mittel und vor allem Sieg über die herandrängenden Fremden – das hat Björn Höcke im Sinn, so abenteuerlich es klingt. Aber Irrationalität ist Teil seines Weltbildes.

Worauf es hier zusammenfassend ankommt: Rechtsextreme wie Höcke bereiten geistig den Weg in einen autoritären, rassistischen, militaristischen und schließlich entzivilisierten Kapitalismus mit faschistischen Zügen vor. Das ist die Zukunft, die sie zu bieten haben – vielfach verborgen unter der Klage, selbst Opfer schändlicher »politischer Hetzjagd auf Rechte«, »fast schon pogromartiger Atmosphäre gegen rechts« durch »die niederträchtige Bestialisierung der Unterstützter von AfD und Pegida (ebd.: 138, 106, 110) zu sein.

> Progressive Gestaltung der Zukunft gebietet, die Neue Rechte, Rechtspopulisten und Rechtsextreme mit allen demokratischen und rechtsstaatlichen Mitteln zurückzudrängen und Wege in die Barbarei auszuschließen. Breiteste Bündnisse aller demokratischer Kräfte für einen gesellschaftlichen Pol der Solidarität und Gerechtigkeit sind dafür eine wesentliche Bedingung.

5. Kapitel
Der Diskurs »Grüner Kapitalismus und Green New Deal«

Die bisherige Diskursanalyse hat folgendes Bild ergeben:
- Der neoliberale Diskurs besitzt noch immer den bestimmenden Einfluss auf die reale Entwicklung des Kapitalismus.
- Der neoliberale Diskurs kann trotz aller Medienmacht nicht abwenden, dass die in vielfältigen Krisen aufbrechenden Widersprüche des Kapitalismus und die durch ihn nicht zu bändigenden Gefahren Ängste und Proteste hervorrufen. Rechte Kräfte in ganz Europa nutzen die Instabilität des gegenwärtigen Kapitalismus in ihren Diskursen für ihren unheilvollen Aufstieg. Unter diesem Druck verstärken sich die dem Neoliberalismus ohnehin eigenen konservativ-reaktionären und autoritären Tendenzen.
- Die plurale gesellschaftliche Linke war nicht in der Lage, in der Mehrfachkrise 2008 und danach mobilisierende Alternativen zu präsentieren. Die Wahlsiege von Syriza in Griechenland, die Erfolge von Podemos in Spanien, die Bewegung der Gelbwesten in Frankreich, die von Jeremy Corbyn geführte Erneuerung der Labour Party in Großbritannien, in Deutschland Mobilisierung in Krankenhäusern und Kitas für bessere Personalausstattung, Arbeitsbedingungen und Bezahlung, die Aktionen im Hambacher Forst für den Ausstieg aus der Kohle und eine Vielzahl weiterer Projekte und Initiativen deuten jedoch auf künftige Chancen für eine Veränderung der Kräfteverhältnisse nach links hin.
- Die durch den neoliberalen Diskurs und erst recht durch den Diskurs der Rechtskräfte nicht abwendbare Krise des neoliberalen Kapitalismus wird in einem weiteren Diskurstyp manifest: im Diskurs über die Zerstörung des Menschseins im Menschen, im Diskurs über qualvollen Niedergang des Kapitalismus ohne Hoffnung auf zukunftsoffene Alternativen.

5.1 Überschneidung von grünem Kapitalismus und Green New Deal. Differenzen zwischen beiden

In dieser für den Kapitalismus hochbrisanten Situation geraten die Diskurse der gegensätzlichen Akteure zu intensiver Suche nach Auswegen. Als ein zentraler Diskurs mit diesem Anspruch kristallisiert sich die Debatte über einen grünen oder zumindest angegrünten Kapitalismus heraus. In einer grünen Wende sehen unterschiedliche gesellschaftliche Kräfte ein wesentliches Feld der Entscheidung über Zukunft oder Ende des Kapitalismus. Die Machteliten sind noch nicht am Ende ihrer Suche nach zukunftsfähigen Wegen des Kapitalismus. Alarmierte und bewegliche Fraktionen des herrschenden Machtblocks suchen in einer grünen Modernisierung eine neue Wachstumschance als Rettung aus dem Krisengewirr. Linke Akteure sehen in einer sozial-ökologischen Transformation den Weg zur Überwindung des Kapitalismus. Aber große Teile der gesellschaftlichen Linken haben die Zentralität der ökologischen Frage für die Menschheit im 21. Jahrhundert, für die Entscheidung über Zukunft oder Ende des Kapitalismus und für linke Strategien noch nicht oder nur unzulänglich erfasst.

Soweit der grüne Diskurs auf eine verbesserte Ressourceneffizienz, auf Zuwendung zu erneuerbaren Energien und regenerierbaren Rohstoffen zielt, ohne an die kapitalistischen Eigentums- und Machtverhältnisse zu rühren, läuft er auf die Anpassung des neoliberalen Kapitalismus von oben an die Gefährdung der Naturgrundlagen menschlicher Existenz hinaus, auf eine »passive Revolution« (Antonio Gramsci).

Es gilt, was Michel Foucault über den Umgang der Machteliten mit Diskursen auf der Suche nach neuen Anpassungsmöglichkeiten des Kapitalismus an veränderte Bedingungen schrieb. Das etablierte Institutionensystem würde jene, die im Gegebenen verhaftet schon solche Suche allein für bedenklich halten, beruhigen:

> »Und die Institution antwortet: ›Du brauchst vor dem Anfangen keine Angst zu haben; wir alle sind da, um Dir zu zeigen, dass der Diskurs in der Ordnung der Gesetze steht; dass man seit jeher über seinem Auftreten wacht; dass ihm ein Platz bereitet ist, der ihn ehrt, aber entwaffnet; und dass seine Macht, falls er welche hat, von uns und nur von uns stammt.‹« (Foucault 1974: 6)

Gleichwohl bieten die verstärkten grünen Elemente in der jüngeren Entwicklung des Kapitalismus alternativen Kräften Ansatzpunkte für eine ökologisch orientierte Überwindung seiner neoliberalen Gestalt.

Systemtragende Kräfte dagegen setzen in einen grünen Kapitalismus die Hoffnung, dass er verbunden mit der Entstehung von Green Tech-Märkten eine neue lange Welle des Wirtschaftswachstums auslösen werde. Investitionen in ressourcensparende Technologien, in die erneuerbaren Energien und in biotechnische Verfahren, in die Gewinnung neuer Materialien aus nachwachsenden Rohstoffen, in die informations- und kommunikationstechnische Basis für die Optimierung vernetzter Wirtschaftskomplexe

5.1 Überschneidungen und Differenzen

– beispielsweise der Kombination verschiedener Energiequellen oder von Mobilitätskomponenten – würden einen neuen Kondratieff-Zyklus lang andauernden Wachstums auslösen und damit eine ökologische Erneuerung des Kapitalismus gestatten (z.b. Fücks 2013: 164ff).

Die politischen Akteure eines grünen Kapitalismus können mit ihren begrenzten Maßnahmen daran anknüpfen, dass nach der repräsentativen Studie des Umwelt-Bundesamts zum »Umweltbewusstsein in Deutschland 2016« 75% der Befragten in Deutschland die Umweltqualität als sehr oder recht gut einschätzen (Bundesministerium für Umwelt, Naturschutz, Bau und Reaktorsicherheit/Umwelt-Bundesamt 2017: 44).

Das Versprechen neuen Wachstums und solche Mehrheitsstimmung sichern dem Konzept eines grünen Kapitalismus Rückhalt in Teilen der Machteliten. Dazu gehören Akteure der Finanzwirtschaft, der sich neue Felder ihrer Finanztransaktionen bis zum Handel mit Zertifikaten aus der Verpreisung der Natur auftun. Dazu zählen die großen Energiekonzerne, deren fossilistische Interessen die Energiewende teils blockieren, die aber nach langem Widerstand gegen die erneuerbaren Energien dabei sind, diese unter Missachtung ihres Dezentralisierungs- und Demokratisierungspotenzials in ihre eigenen zentralistischen Monopolstrukturen zu integrieren (siehe Offshore-Windanlagen). Konzerne wie Procter & Gamble, Chevron und Bayer bündeln neue Geschäftsfelder wie genetisch verändertes Saatgut und die Gewinnung grüner Energiequellen mit Monopolstellungen in der Produktion und Vermarktung von Düngemitteln und Pestiziden, verknüpft mit Machtpositionen auf den globalen Lebensmittelmärkten. Der Maschinen- und Anlagenbau sieht in der Lieferung von Umwelttechnologien große Wachstumspotenziale.

Eine solche Verankerung des grünen Kapitalismus in wichtigen Fraktionen der ökonomischen Machteliten bedeutet aber, dass Prinzipien des Neoliberalismus auch im grünen Gewand weiterwirken: Liberalisierung, Deregulierung, Privatisierung, Finanzialisierung und Austeritätspolitik.

Aber ressourcensparende Technologien und erneuerbare Energien bergen, obwohl sie gegenwärtig vorwiegend der Anpassung des neoliberalen Kapitalismus an die wachsenden ökologischen Gefahren dienen, auch Chancen für künftig mögliche sozial-ökologische Umbrüche: »Überall ist ein hoher Prozentsatz von dem, was ich ›Noch-nicht-Bewusstes‹ genannt habe, mitsamt seinem objektiv-realen Korrelat, dem Noch-nicht-Gewordenen, Ungewordenen.« (Bloch 1977: 72) Offen ist, ob künftige Prozesse zu nichts anderem als einem angegrünten Kapitalismus oder ob weiter reichende Lösungen der ökologischen Krise führen werden oder ob der prozesshafte Verlauf der Wirklichkeit vom »Vor-Schein« des in der Zukunft Möglichen in reale tiefgreifende progressive Transformationsprozesse umschlagen wird – getragen von kapitalismuskritischen und antikapitalistischen Kräften. Eher linksorientierte Akteure streben daher eine progressivere Variante grüner kapitalistischer Entwicklung an, einen Green New Deal. Dieser Begriff weckt die Erinnerung an die erhebliche Veränderungstiefe des New Deal in der Roosevelt-Ära. Analog zu dem damaligen New Deal zielt der grüne New Deal in den weitgehendsten Vorstellungen seiner Befürworter, in Deutschland beispielsweise bei Michael Müller und Kai Niebert, auf eine innersystemische Transformation zu einer progressiveren Variante des Kapitalismus. Damals war dies der Übergang von einem überwiegend privatmonopolistischen Kapitalismus zu einem – in Grenzen – sozialstaatlich regulierten Kapitalismus. Heute entspräche dem die Transformation vom neoliberalen Kapitalismus zum sozial und ökologisch regulierten postneoliberalen Kapitalismus. In der Realität gerät der grüne Kapitalismus bisher jedoch eher zu einer mehr oder weniger weitreichenden Modifikation im Rahmen des neoliberalen Kapitalismus. In der Interpretation seiner konsequentesten Vertreter würde der Green New Deal allerdings auf den Übergang zu einer qualitativ veränderten postneoliberalen Gestalt des Kapitalismus hinauslaufen.

Immerhin stimmen – im Widerspruch zu ihrer (durch die Art der Fragestellung wohl geförderten) bekundeten hohen Zufriedenheit mit der Umweltqualität in Deutschland – drei Viertel der Befragten voll und ganz oder eher zu, dass unsere energie-, ressourcen- und abfallintensive Wirtschafts- und Lebensweise »grundlegend umgestaltet werden sollte« (BMUB 2017: 9). »Um die erforderlichen Veränderungen umzusetzen, reichen Marktmechanismen allein nicht aus, meinen 61% der Befragten.« (Ebd.) Nur 15% sind der Meinung, dass die Industrie genug oder eher genug für den Schutz der Umwelt und des Klimas tut. Und nur ein Drittel billigt das der Bundesregierung zu (ebd.).

Aber wichtige Akteure und Institutionen, die einen Green New Deal proklamieren, erstreben ihn nur in einer höchst ambivalenten Weise. UNEP, das Umweltprogramm der Vereinten Nationen, verfolgt unter diesem Label eine Green Economy-Initiative mit dem Ziel, einen großen Teil der Investitionen in die ökologische Entwicklung des Energiesektors, der Land-, Forst- und Wasserwirtschaft, des Ökosystemschutzes und der Städte zu lenken. Zugleich mit dem Erhalt der Natur soll die Armut von über zwei Milliarden Menschen überwunden werden. Aber die dafür vorgesehenen Instrumente sind umstritten, weil sie das Prinzip der Kapitalverwertung ausweiten, statt es zu begrenzen. (Unmüßig/Sachs/Fatheuer 2015: 176ff.). Zwar soll die Belastung der Natur global durch den Handel mit Emissions-Zerti-

5.1 Überschneidungen und Differenzen

fikaten begrenzt werden, aber Ökodienstleistungen der Natur werden bei dieser Gelegenheit monetär bewertet, also in Waren verwandelt. Das betrifft beispielsweise die Reproduktion des Bodens und des Wasserhaushalts und die Fähigkeit der Wälder zur Bindung von CO_2. Allerdings sollen dafür Natursphären, die solche Systemdienstleistungen zuwege bringen, zunächst in Kapitaleigentum verwandelt werden. Denn erst dann könnten für die Erhaltung dieser Eigentumsobjekte – etwa für den Schutz von Regenwäldern statt ihrer Abholzung – profitable Zahlungen auf dem Markt der Ökosystemdienstleistungen gefordert werden. Solche Verwandlung von Natur in Eigentums- und damit auch in Spekulationsobjekte ist zudem oft identisch mit der Enteignung indigener Völker von ihren angestammten Lebensgrundlagen. Eine Kommodifizierung der Natur im Mantel des Green New Deal ist unter den gegenwärtigen Bedingungen eher grüner Finanzmarkt-Kapitalismus als dessen progressive Transformation.

In vielen Diskursen und in der realen Praxis zeigen sich also starke Überschneidungen beider Typen grüner Veränderung des Kapitalismus. Grüner Kapitalismus und Green New Deal zielen gleichermaßen auf die Durchsetzung ressourceneffizienter Technologien. Aber Unterschiede in der Tiefe und Radikalität des angestrebten umweltorientierten Umbruchs könnten durch die Unterscheidung zwischen grünem Kapitalismus und Green New Deal hervorgehoben werden, obwohl es eine scharfe Trennung zwischen ihnen nicht gibt.

> Während Repräsentanten eines grünen Kapitalismus dazu neigen, die ökologische Modernisierung weitgehend auf ihre technologische Dimension zu reduzieren und den erforderlichen Wandel von Eigentums- und Machtverhältnissen völlig zu ignorieren, thematisieren manche Protagonisten eines Green New Deal auch diese Seite gesellschaftlicher Transformation – jedoch in der Regel eher verschwommen und inkonsequent.

Angesichts starker Überschneidungen von grünem Kapitalismus als bereits realem, wenn auch nicht dominierenden Veränderungsprozess im Kapitalismus und dem Green New Deal als Projekt, dessen radikalste Dimensionen sich bisher eher auf der Diskursebene als in der Realität abzeichnen, ist eine berechtigte Frage, ob es überhaupt sinnvoll ist, beide grüne Diskurs- und Realentwicklungen zu unterscheiden. Diese Unterscheidung ist nützlich, weil sie auf die erhebliche Differenz zwischen einer von Teilen der Machteliten aktiv getragenen ökologischen Modernisierung ihres Systems und Vorstellungen für einen entschieden weiter reichenden sozial-ökologischen Umbau aufmerksam macht. Für die gesellschaftliche Linke macht es durchaus einen großen Unterschied, ob sich der Kapitalismus im Rahmen eines neoliberalen »Weiter so« neue Green Tech-Geschäftsfelder zulegt oder ob Umweltbewegungen, linke Fraktionen in grünen Parteien, Linksparteien und ökologisch engagierte Nichtregierungsorganisationen bis zu progressiven Unternehmern den Kapitalismus zu sozialem und ökologischem Wandel drängen – wenn auch begrenzt durch die andauernde Dominanz des Profits als Maß wirtschaftlicher und gesellschaftlicher Entwicklung. In diesem zweiten Fall findet die Linke entschieden größere Anschlussmöglichkeiten für ihre Politik eines sozial-ökologischen Umbaus im Rahmen des Kapitalismus und gleichzeitiger Suche nach Einstiegsmöglichkeiten in eine Perspektive über den Kapitalismus hinaus.

In Deutschland hat sich die Partei der Grünen ursprünglich das Projekt des Green New Deal programmatisch zu eigen gemacht. Die SPD liebäugelte ein wenig damit. Aber in der Großen Koalition von CDU/CSU und SPD ist diese Anwandlung längst zu einem mäßigen grünen Wandel des neoliberalen Kapitalismus geschrumpft.

> Der grüne Diskurs – ob reduziert auf eine grüne Gewandung des neoliberalen Kapitalismus, ob in Gestalt des Green New Deal oder ob als Projekt eines grünen demokratischen Sozialismus – ist Ausdruck einer Wendesituation in der Menschheitsgeschichte im Verhältnis von Gesellschaft und Natur. Für große Teile der Menschheit geht es um ihr Überleben. Entweder wird die fortgesetzte Ausbeutung der Natur die physischen Grundlagen menschlicher Existenz untergraben und zu Katastrophen nicht vorstellbaren Ausmaßes führen. Oder es gelingt der Umbruch zu einer gesellschaftlichen Entwicklung im Rahmen ökologischer Gleichgewichte auf einer endlichen Erde. Diese Entscheidung muss vor der Mitte des 21. Jahrhunderts zu gravierenden Strukturveränderungen in Wirtschaft und Gesellschaft führen. Niemals zuvor in der Geschichte musste ein so weitreichender Bruch der Entwicklung in so kurzer Zeit eingeleitet werden.

Dieser Befund ist in einer Fülle wissenschaftlicher Studien von exzellenten Wissenschaftler*innen in hochrangigen Wissenschaftseinrichtungen unwiderlegbar begründet worden.

5.2 Exponenten des grünen Diskurses und zwei Fragen für die Analyse ihrer Texte

Zwei Fragen müssen im Diskurs über einen grünen Kapitalismus und über einen Green New Deal sowie in der Realpolitik beantwortet werden. Sie sollen deshalb die folgende Textanalyse leiten.

- Sind die großen ökologischen Probleme – Stabilisierung des Klimas unterhalb einer Erderwärmung um 1,5 bis 2°C gegenüber dem vorindustriellen Niveau, Erhalt der Biodiversität, Stabilisierung der Ökofunktionen der Ozeane, Bewahrung der Bodenqualität und Sicherung des Wasserhaushalts für rund 10 Milliarden Menschen – bei andauerndem marktregulierten Wirtschaftswachstum zu lösen oder erfordert ein »gutes Leben« in den frühindustrialisierten Ländern und später auch in den heutigen Schwellen- und Entwicklungsländern eine *Entwicklung* ohne das *Wachstum* von bisher vorherrschender Art? Anders gefragt: Ist es möglich zu erreichen, dass Energie- und Ressourceneffizienz schneller wachsen als die Wirtschaft, gemessen am Bruttoinlandsprodukt, dass also eine absolute Entkopplung des Energie- und Materialverbrauchs vom Wirtschaftswachstum stattfindet?
- Wird eine sozial und ökologisch nachhaltige Entwicklung im Rahmen des Kapitalismus möglich sein? Oder ist die Profitdominanz in Wirtschaft und Gesellschaft unvereinbar mit der Respektierung von Grenzen der Naturbelastung, die nicht überschritten werden dürfen, und müsste folglich eine konsequente sozial-ökologische Zeitenwende mit dem Übergang zu einem grünen demokratischen Sozialismus verbunden werden? Oder – so die Erwartung des Autors dieses Buches – wird eine progressive innersystemische Transformation des Kapitalismus beachtliche Schritte eines sozial-ökologischen Umbaus ermöglichen, allerdings zunehmend auf die Grenzen des Kapitalismus dafür stoßen und diese nur überwinden können, wenn bereits mitten in der systeminternen postneoliberalen Transformation des Kapitalismus der Einstieg in eine das kapitalistische System überschreitende Große sozial-ökologische Transformation eingeleitet wird?

Der Diskurs zu diesen Fragen wird hier anhand von Texten verfolgt, deren Autoren unterschiedliche und zum Teil gegensätzliche Standpunkte vertreten.

Al Gore steht mit seinem Buch »Wege zum Gleichgewicht. Ein Marshallplan für die Erde«, mit weiteren Publikationen und aufrüttelnden Filmen für die aufgeklärte Minderheit der US-Machtelite, für die Warnung vor kommenden Gefahren, für Kritik an der vorherrschenden verantwortungslosen Politik. Aber zugleich teilt er die Borniertheit des Establishments, das die eigenen Eigentums- und Machtstrukturen unhinterfragt für alternativlos hält. Gore war während der Präsidentschaft Bill Clintons Vizepräsident der USA von 1993 bis 2001. Er gehört dem Aufsichtsrat von Apple an und hat hochrangige Beraterfunktionen für Google wahrgenommen. 2007 wurde er zusammen mit dem Weltklimarat IPCC für sein Umweltengagement mit dem Friedensnobelpreis ausgezeichnet.

Ralf Fücks war zeitweilig Sprecher des Bundesvorstandes der Grünen und drängte in deren Realo-Flügel stets auf eine gemäßigte Reformpolitik der grünen Partei. Er war Mitglied der Grundsatzprogrammkommission von Bündnis 90/Die Grünen und Mitautor des Parteiprogramms von 2002. Von 1997 bis 2017 wirkte er als Vorstandsmitglied der den Grünen nahestehenden Heinrich-Böll-Stiftung. Als er sich scharf und in arrogantem Ton gegen die Kritik der Bischöfin Margot Käßmann am Einsatz der Bundeswehr in Afghanistan wandte, forderten viele in der grünen Partei seinen Rückzug aus der Spitze der Böll-Stiftung.

Ralf Fücks' Buch »Intelligent wachsen. Die grüne Revolution« (Fücks 2013) kann als charakteristisch für das Mehrheitsverständnis in grünen Parteien angesehen werden, die sich der ökologischen Krise und ihrer Gefahren bewusst sind, ihnen aber vorwiegend durch ein von technischen Innovationen getragenes Wachstum begegnen wollen – und dies demonstrativ optimistisch innerhalb kapitalistischer Verhältnisse.

Michael Müller gilt als ökologischer Vordenker der SPD. Von 1983 bis 2009 war er Mitglied des Deutschen Bundestags, von 2005 bis 2009 Staatssekretär im Bundesumweltministerium. Gegenwärtig ist er Vorsitzender des Verbands NaturFreunde Deutschlands, gibt das Magazin zur Klima- und Energiewende Klimaretter.Info heraus und arbeitet als Ko-Vorsitzender der Endlagerkommission für atomaren Müll. 2016 wurde er mit dem Umweltmedienpreis ausgezeichnet.

Tim Jackson ist in Großbritannien einer der engagiertesten Wortführer für eine Gesellschaft ohne Wachstum. Er hat eine Professur für nachhaltige Entwicklung an der University of Surrey und ist Direktor des Center for the Understanding of Sustainable Prosperity (CUSP). Sieben Jahre lang arbeitete er im Auftrag der britischen Regierung als Wirtschaftsbeauftragter der Regierungskommission für Sustainable Development. Das Hauptergebnis dieses Wirkens war sein Bericht »Wohlstand ohne Wachstum?«, der 2017 zu seinem Buch »Wohlstand ohne Wachstum – das Update. Grundlagen für eine zukunftsfähige Wirtschaft« führte (Jackson 2017b). 2016 wurde er als Hillary Laureate für herausragende internationale Führungsqualität ausgezeichnet.

5.3 (Null-)Wachstum oder Entwicklung in den reichen Ländern?

Jackson hat in dem Bericht der Regierungskommission nichts weniger als das Schlachten einer heiligen Kuh des Kapitalismus eingefordert, des Wachstums. Der Bericht war just in jener Märzwoche des Jahres 2009 abzuliefern, in der die britische Regierung Gastgeber des zweiten G 20-Gipfels war. Das Ziel dieses Gipfels mitten in der Finanzkrise war die Wiederbelebung des Wirtschaftswachstums. Das Ziel der Kommission war, dem umweltzerstörenden Wachstum ein Ende zu machen. Jackson und seine Kollegen befanden sich in verzwickter Lage. Auf mittlerer Regierungsebene hatten sie zunächst Rückendeckung für ihre Arbeit und ihren Bericht »Wohlstand ohne Wachstum?«, vorsichtshalber schon mit einem Fragezeichen im Titel abgeliefert. »Es hatte den Vorteil, den Ton etwas zu mildern, ohne die Wucht der Arbeitsergebnisse ganz auszublenden.« »Will man aber seine Rolle als Berater behalten, sollte man vor den Stieren in der politischen Arena doch nicht allzu viele rote Tücher schwenken.« (Ebd.: 17a) So beschreibt Jackson die taktischen Überlegungen in der Kommission, die darauf zielten, der britischen Regierung als Auftrag- und Geldgeber der Kommission ein Umdenken in der Wirtschaftsstrategie möglichst schonend nahezulegen. Aber als der Bericht auf dem Tisch des Premierministers gelandet war und dessen Missbilligung fand, klang die Stimme des bisherigen Ansprechpartners im Regierungsapparat völlig verändert. »›Downing Street ist total ausgerastet‹, bellte eine Stimme am anderen Ende der Leitung. Die Stimme klang feindselig. ... ›Was habt ihr euch bloß dabei gedacht?‹ brüllte unser ehemaliger Verbündeter.« (Ebd.: 19) So beschreibt Jackson im Vorwort seines 2017 in überarbeiteter Form erschienenen Buches seine Lage als kritischer Intellektueller, der eingebunden in das System das System zu transformieren versucht. Kritischen Intellektuellen, die der DDR verbunden eine andere bessere DDR erstrebten, kommt solche Lage bekannt vor.

5.3 Wachstum, Nullwachstum oder Entwicklung in den reichen Ländern?

Im Kapitel 1 wurde das Wachstumsplädoyer Karl-Heinz Paqués als exemplarisch für rücksichtslose neoliberale Wachstumspolitik und für den ihr zugrunde liegenden wirtschaftstheoretischen Mainstream behandelt.

Al Gore dagegen hat als Protagonist der ökologisch sensibilisierten Fraktion der US-Machtelite mit seiner prominenten Stimme in Büchern und Filmen zur Alarmierung der Weltöffentlichkeit beigetragen. Aber dem Establishment des US-Kapitalismus zugehörig liegt ihm gleichwohl die Idee fern, das dem Kapital systemimmanente Wachstum infrage zu stellen. Es sei nur bisher eben nicht umweltorientiert. Zwar lautet Al Gores Einsicht: »Tatsächlich ist die teilweise Blindheit unseres gegenwärtigen Wirtschaftssystems die mächtigste Triebkraft, die hinter den irrationalen Entscheidungen über die Umwelt steht.« (Gore 1992: 182) Aber: »Glücklicherweise können die Mängel behoben werden – wenn auch nur mit großen Schwierigkeiten.« (Ebd.) Denn die tiefsten Wurzeln der globalen Umweltkrise seien in einer »geistigen Krise« zu suchen (ebd.: 25), in einer Krise der Werte, die durch eine neue Verantwortung vor allem aufgeklärter Regierungen und ihrer führenden Persönlichkeiten überwunden werden könne und müsse (ebd.: 176). Als Spitzenpolitiker seiner Klasse denkt er Umweltpolitik in erster Linie von oben und als Aufgabe der Aufklärung, vorbei an der Verwurzelung des rücksichtslosen Wachstumsfurors in den Akkumulationszwängen des Kapitals.

Ralf Fücks konstatiert wie Al Gore durchaus: »Die großen ökologischen Trends sind weiter negativ.« (Fücks 2013: 82) Die Treibhausgasemissionen steigen. Das Artensterben dauert an. Die Regenwälder schrumpfen. Die Schadstoffbelastung der Meere und ihre Versauerung wachsen. Der Verlust gesunder Böden nimmt zu. Die Dürrezonen breiten sich aus. Doch Fücks bekräftigt: »Die Frage ist nicht, *ob* Europa wirtschaftliches Wachstum braucht, sondern *wie* die Wachstumskräfte gestärkt werden können und *welche* Richtung wir einschlagen ... « (Ebd.: 119) Nullwachstum führe in eine Sackgasse. Es würde nach Fücks' Auffassung den Unternehmergeist lähmen, Arbeitslosigkeit zur Folge haben, zur Abwanderung des Kapitals in Wachstumsregionen führen, Erosion der Infrastrukturen bedeuten, die Finanzierung von Renten und Gesundheitsleistungen untergraben und alle Hoffnung auf eine bessere Welt schwinden lassen (ebd.: 118f.).

Tim Jackson betont ebenfalls, dass ein Übergang zu sehr geringem oder gar Nullwachstum solche Gefahren der Instabilität tatsächlich birgt: »In einfachster Form dargestellt besteht das Wachstumsdilemma in zwei diametral entgegengesetzten Thesen: (1) Wachstum ist nicht nachhaltig – zumindest nicht in seiner jetzigen Form. Ausufernder Ressourcenverbrauch und steigende Umweltkosten verschärfen fundamentale Ungleichheiten beim sozialen Wohlergehen. (2) ›Degrowth‹ ist instabil – zumindest unter den derzeitigen Bedingungen. Verringerte Verbrauchernachfrage führt zu steigender Arbeitslosigkeit, nachlassender Wettbewerbsfähigkeit und damit in eine Rezessionsspirale. Auf den ersten Blick wirkt dieses Dilemma wie ein Unmöglichkeitstheorem für dauerhaften Wohlstand. Man kann ihm aber nicht aus dem Weg gehen und muss es ernst nehmen.« (Jackson 2017a: 136)

Auch Fücks räumt ein, dass der bisherige Wachstumspfad nicht einfach fortgesetzt werden kann, weil er die Natur zerstört und die Gesellschaft spaltet. Nach seiner Überzeugung sei die einzig zukunftsfähige Option »ein

5.3 (Null-)Wachstum oder Entwicklung in den reichen Ländern? 127

ökologisch nachhaltiges, sozial-inklusives Wachstum« (Fücks 2013: 33). Genau das hatte die EU-Kommission in einem Grundsatzpapier vom 3. Mai 2010 als Ziel für das Jahr 2020 proklamiert:»Eine Strategie für intelligentes, nachhaltiges und integratives Wachstum«. Dieses Strategiedokument ist ein Beispiel für den Versuch in den europäischen Machteliten, ernst gemeinte Visionen von einem guten Leben in Einklang mit der Natur auf das Bestreben zu reduzieren, die internationale Verdrängungskonkurrenz mit einem grünen Wachstum zugunsten der EU zu entscheiden (EU-Kommission 2010).

Worin besteht dann aber die entscheidende Differenz zwischen Jackson und Fücks, wenn doch beide eine Fortsetzung des Wachstums in bisheriger Form nicht für möglich halten und wenn beide im Abschied von solchem Wachstum Gefahren sehen? Der Gegensatz zwischen Fücks und Jackson ist exemplarisch für den Unterschied zwischen grünem Kapitalismus und wachstumskritischen Varianten des Green New Deal-Konzepts. Fücks nennt als archimedischen Punkt zur Verwirklichung einer nachhaltigen Wachstumsstrategie wie die große Mehrheit aller Wachstumsbefürworter, die das Wachstum von seinen destruktiven Folgen für die Umwelt befreien wollen, die Entkopplung von Wirtschaftswachstum und Ressourcenverbrauch, genauer die *absolute* Entkopplung. Es bleibe »nur die Flucht nach vorn: zur Entkopplung von Wirtschaftswachstum und Naturverbrauch. Das ist der Kern der grünen industriellen Revolution« (Fücks 2013: 68). Die EU-Kommission formulierte ganz ähnlich als ihre Leitinitiative ein »›Ressourcenschonendes Europa‹, um das Wirtschaftswachstum von der Ressourcennutzung abzukoppeln« (EU-Kommission 2010: 6).

Würde die absolute Entkopplung von Wirtschaftswachstum und Ressourcenverbrauch gelingen, würde also die Ressourceneffizienz schneller zunehmen als das Wirtschaftswachstum, dann könnte das mit dem Maßstab des Bruttoinlandsprodukts gemessene Wachstum getrost andauern. Denn: »Nicht ob der Geldwert der verkauften Güter und Dienstleistungen wächst, ist die Frage, sondern mit welchen Ressourcenaufwand sie produziert werden, mit welchen Emissionen sie einhergehen und wie stark sie die Biosphäre belasten.« (Fücks 2013: 118)

Wachstum sei, so Fücks, ganz und gar unverzichtbar und werde vor allem von vier Faktoren vorangetrieben:
- Die Weltbevölkerung wird bis zur Mitte des Jahrhunderts voraussichtlich von rund 7 Milliarden auf rund 9 Milliarden Menschen anwachsen.
- Die globale Erwerbsbevölkerung werde sich von heute rund drei Milliarden Menschen in diesem Zeitraum annähernd verdoppeln.
- Auf der ganzen Erde wollen die Menschen den Errungenschaften der modernen Zivilisation teilhaben.

- Eine neue Innovationswelle führe zur Erhöhung der Innovationsgeschwindigkeit und trage mit der Durchsetzung von erneuerbaren Energien, Biotechnologien, künstlicher Fotosynthese, Robotik und Nanotechnik den neuen Wachstumsschub.

> Natürlich trifft zu, dass das Wachstum der Weltbevölkerung für die Überwindung von Hunger und Armut, für ein menschenwürdiges Leben und erst recht für eine gerechte Verteilung der Lebenschancen auf absehbare Zeit Wirtschaftswachstum in den Entwicklungs- und Schwellenländern erfordern wird. Gerade deshalb darf aber das Wachstum der frühindustrialisierten Länder nicht fortgesetzt werden wie bisher. Entschleunigung, gedämpftes Wachstum, Nullwachstum oder Degrowth in umweltzerstörenden Branchen der reichen Länder, aber Wachstum in Branchen, die ressourcenschonende Technologien bereitstellen, und beispielsweise in der nicht so ressourcenintensiven Care-Arbeitssphäre – eine solche Entwicklung muss einen Teil des Raumes für das Wirtschaftswachstum in den Ländern mit großer Armut und Not freimachen.

Fücks wendet dagegen ein, dass eine Konsumminderung von 500 Millionen Europäern keinen hinreichenden Spielraum für die Verbesserung des Lebensstandards von Milliarden Menschen in den Entwicklungsländern schaffen könne. Allenfalls würde eine Selbstmäßigung der Industrieländer 20% weniger Ressourcen- und Energieverbrauch erbringen, während doch eine Senkung von mindestens 90% erforderlich ist (ebd.: 70). Doch niemand behauptet, dass allein ein Ausstieg aus der Wegwerfgesellschaft in den reichen Ländern und eine Zuwendung dort zu weniger stoffintensivem Wohlstand das für die Verbesserung des Lebensstandards in den armen Regionen erforderliche Wirtschaftswachstum vollständig kompensieren kann. Aber ein beachtlicher Beitrag dazu wäre das schon.

Fücks' Hauptargument für anhaltendes Wachstum auch in den reichen Industrieländern bleibt jedoch, dass die ökologischen Wachstumsbarrieren – die Grenzen der Belastbarkeit der Erde durch den Verbrauch endlicher Ressourcen, durch Emissionen und Abfall jeglicher Art – durch relative und absolute Entkopplung von Wirtschaftswachstum und Naturzerstörung überwunden werden könne.

Er belegt dieses Argument mit dem Verweis auf wichtige Erfolge bei der Verbesserung der Energie- und Ressourceneffizienz. Die Energieeffizienz sei in Deutschland seit 1990 im Jahresdurchschnitt um 1,8% gesteigert worden. Die deutsche Industrie habe ihren Energieverbrauch von 1990 bis 2010 um rund ein Sechstel verringert, während der Umsatz von einer Bil-

5.3 (Null-)Wachstum oder Entwicklung in den reichen Ländern? 129

lion Euro auf 1,7 Billionen anstieg (ebd.: 173). Solche Rechnungen relativiert Tim Jackson mit dem Einwand, dass sie einen ganz entscheidenden Faktor ausblenden. Ein großer Teil der Güter und Rohstoffe, die in Industrieländern verbraucht werden, stammen nämlich aus Schwellen- und Entwicklungsländern. »Infolgedessen taucht ein signifikanter Teil der Energie, die für die Aufrechterhaltung der auf Konsum ausgerichteten Lebensweise in reichen Ländern benötigt wird, auf dem Energiekonto dieser Länder überhaupt gar nicht auf. Stattdessen erscheint er auf den Konten ärmerer Länder.« (Jackson 2017a: 145)

Die OECD verzeichnet für ihre Mitgliedstaaten zwischen 1980 und 2008 eine relative und absolute Entkopplung des Materialverbrauchs vom Bruttoinlandsprodukt. Die Materialintensität fiel in diesem Zeitraum um 42%, der Pro-Kopf-Verbrauch sank um 1,5% (OECD 2011: 5). Eine Studie der UNEP, in der der global entstehende »materielle Fußabdruck« mit der Messung des Inlandsmaterialverbrauchs für fast 200 Länder in einem Zeitraum von 20 Jahren verglichen wurde, ergab jedoch ein ganz anderes Bild. Bei Beachtung der jeweils nicht nur im Inneren verbrauchten Ressourcen, sondern auch der in anderen Ländern ausgebeuteten Energiequellen und Rohstoffe stieg der materielle Fußabdruck der OECD-Länder insgesamt zwischen 1990 und 2008 um fast 50% (UNEP 2015; Jackson 2017a: 148). Jackson begründet den Standpunkt, dass eine absolute Entkopplung des Ressourcenverbrauchs vom Wirtschaftswachstum nicht möglich ist, jedoch nicht allein mit einer kritischen Analyse der bisherigen Verläufe. Er stellt sich der Frage, ob diese Entkopplung in Zukunft womöglich doch noch durch neue Technologien erreicht werden könnte. Er verweist darauf, dass Ulrich von Weizsäcker, Amory Lovins und L. Hunter Lovins in ihrem Bericht an den Club of Rome eine Senkung der volkswirtschaftlichen Material- und Energieintensität um den Faktor Vier, später um den Faktor Fünf für möglich hielten, dass von Weizsäcker auch die Senkung des Ressourcenverbrauchs auf ein Zehntel des Niveaus von 1990 als realistisch ansah (Weizsäcker/Lovins/Lovins 1995; Weizsäcker/Hargroves/Smith 2010).

Tim Jackson prüft diese Erwartung und kommt zu folgendem Resultat: »Um andererseits eine zehnfache Reduktion der Kohlenstoffemission zu erreichen, müsste der durchschnittliche Kohlenstoffgehalt der Wirtschaftsleistung im Jahr 2050 niedriger sein als 20 g CO_2 pro Dollar, eine 26-fache Verbesserung gegenüber dem derzeitigen globalen Durchschnitt (und eine 15fache Verbesserung gegenüber dem gegenwärtigen Durchschnitt der Länder mit hohen Einkommen – D.K.). Das würde eine Reduktion der globalen Emissionsintensität um durchschnittlich 8,6% im Jahr bedeuten, fast zehn Mal so schnell, wie sie in den letzten 50 Jahren tatsächlich gesunken ist,

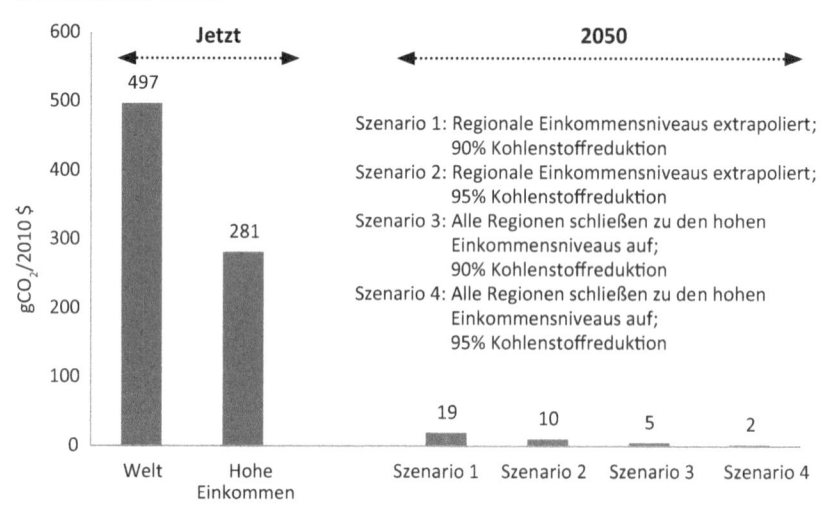

Abbildung 3: Kohlendioxidintensitäten: Gegenwärtiger und für die CO_2-Ziele erforderlicher Stand

Jetzt: Welt 497, Hohe Einkommen 281

2050:
Szenario 1: Regionale Einkommensniveaus extrapoliert; 90% Kohlenstoffreduktion — 19
Szenario 2: Regionale Einkommensniveaus extrapoliert; 95% Kohlenstoffreduktion — 10
Szenario 3: Alle Regionen schließen zu den hohen Einkommensniveaus auf; 90% Kohlenstoffreduktion — 5
Szenario 4: Alle Regionen schließen zu den hohen Einkommensniveaus auf; 95% Kohlenstoffreduktion — 2

(gCO_2/2010 $)

Quelle: Jackson 2017a: 156

und gute 50 Mal schneller als in den letzten zehn Jahren.« (Jackson 2017a: 154) Diesen Befund stellt Jackson in der Abbildung 3 dar.

In den Szenarien 1 und 2 wird deutlich, auf wie viel Gramm CO_2 pro Dollar Wirtschaftsleistung die CO_2-Emissionen bis 2050 gesenkt werden müssten, wenn insgesamt eine 90%-ige bzw. 95%-ige Kohlenstoffreduktion erreicht werden soll. In diesen beiden Szenarien würde aber die extreme Einkommensungleichheit im globalen Vergleich fortbestehen. Würde dagegen bis 2050 eine gerechte Welt mit einer Angleichung der Einkommen an das Einkommensniveau der reichen Länder erstrebt werden, so würde dies nochmals eine dramatische Steigerung der Anforderungen an die Senkung der Kohlenstoffintensität ergeben. Würden die Einkommen in den reichen Ländern weiter jährlich um 2% wachsen, müssten sie in Ländern mit heute mittleren Einkommen pro Jahr um 7,6% und in Ländern mit geringem Einkommen jährlich um fast 12% ansteigen. Dann allerdings ergäbe sich die Herausforderung, bei 90-prozentiger globaler Kohlenstoffreduktion den Kohlenstoffgehalt pro Dollar Wirtschaftsleistung auf 5 g CO_2, bei 95%iger Reduktion auf 2 g CO_2 zu senken (Szenario 3 und Szenario 4). Diese 2 g würden um 200 Mal niedriger liegen als die gegenwärtige globale Kohlenstoffintensität (ebd.: 155ff.). Ähnliches gilt für die absolute Entkopplung

5.3 (Null-)Wachstum oder Entwicklung in den reichen Ländern?

des gesamten Ressourcenverbrauchs, wenn an der gegenwärtigen Wachstumsorientierung festgehalten würde. Selbst in den kühnsten Träumen scheint ein solcher technischer Fortschritt kaum vorstellbar.

> Daraus folgt: Das bisher bestimmende Wirtschaftswachstum, das am Bruttoinlandsprodukt gemessen wird, zielt schlechthin auf Zuwachs von Wert, wo immer dieser getrieben von der Konkurrenz und Profit erreichbar ist. Diese Art Wachstum darf nicht fortgesetzt werden, weil eine absolute Entkopplung von solchem Wirtschaftswachstum und dem Ressourcenverbrauch bzw. der Belastung der Natursenken mit größter Wahrscheinlichkeit nicht erreichbar ist. Aber ohne solche Entkopplung droht das Wachstum herkömmlichen Typs, wesentliche Existenzgrundlagen großer Teile der Menschheit zu zerstören.

Wirtschaftswachstum ohne Naturzerstörung müsste nicht allein in kaum vorstellbarem Maße absolut entkoppelt vom Energie- und Ressourcenverbrauch erfolgen, sondern scheitert zudem an einem Phänomen, das als Rebound-Effekt bezeichnet wird.»Er bezeichnet jenen Anteil des Einsparpotenzials einer Technologie oder Effizienzmaßnahme, der durch einen Anstieg der Nachfrage wieder aufgefressen wird.« (Santarius 2015: 168) Beispielsweise mag ein neuer Automotor weniger Benzin verbrauchen als ein alter. Wenn dies jedoch durch mehr Fahrkilometer oder durch den Umstieg auf ein materialintensiveres schweres Fahrzeug kompensiert und überkompensiert wird, wenn das gesparte Benzingeld für den Kauf von mehr Waren beliebiger Art verwendet wird und die Anzahl der PKW weiter zunimmt, führt das Wirtschaftswachstum trotz gesteigerter Ressourceneffizienz weiter zur Schädigung der Natur. Und selbst die Umstellung auf ressourceneffizientere Produkte und Technologien erfordert für deren Bereitstellung wiederum den Aufwand von Energie und Material. Das gilt auch für das Elektroauto.

Selbst wenn es einer Reihe von Ländern für gewisse Zeit gelänge, eine absolute Entkopplung von Wirtschaftswachstum und Ressourcenverbrauch mit seinen die Umwelt zerstörenden Folgen zu erreichen, gilt doch der Befund der Forscher des Wuppertal Instituts: »An Begriffen wie qualitatives und nachhaltiges Wachstum zeigt sich das Bemühen, die Quadratur des Kreises zu schaffen, nämlich Wachstum und Zukunftsfähigkeit miteinander zu versöhnen.« (Wuppertal Institut 2008: 92) Aber: »Es wäre tollkühn, nur auf das unbekannte Potenzial von Entkopplung zu vertrauen.« (Ebd.: 109) Gleichwohl ist es eine zentrale Aufgabe sozial-ökologisch orientierter Politik, die Energie- und Ressourceneffizienz um ein Mehrfaches zu steigern und zu erneuerbaren Energien überzugehen. Der begründete Zweifel am

Konzept der absoluten Entkopplung darf auf keinen Fall die Anstrengungen zu größtmöglicher Entkopplung wirtschaftlicher Entwicklung und Belastung der Natur mindern.

5.4 Wachstum der Bedürfnisbefriedigung jenseits stofflicher Güterkonsumtion

Wenn aber eine ökoeffiziente Entwicklung nicht durch Entkopplung allein zu erreichen ist, muss das Wachstum umweltfreundlicher Sektoren vom Rückbau anderer die Umwelt belastender Sektoren begleitet sein.

> Die Agenda lautet: Kein herkömmliches Wachstum auf der ganzen Breite, wo immer es Profit verspricht! Stattdessen Zuwachs solcher Güter und immaterieller Leistungen, die in ökologisch verträglichem Maße genutzt ein gutes Leben ermöglichen, und Schrumpfung von Wirtschaftsbereichen, die den Reichtum trügerisch zulasten der Natur erhöhen!

Selbst Serge Latouche, ein führender Repräsentant der Bewegung für Degrowth oder Décroissance (Rückwachstum) betont, dass Nullwachstum »auf jeden Fall nicht das symmetrische Gegenteil von Wachstum« sei (Latouche 2015: 47). Vielmehr geht es im Maße der Sättigung von sinnvollen materiell- stofflichen Bedürfnissen – die für Milliarden Menschen noch keineswegs befriedigt werden – darum, welche anderen Bedürfnisse ein zunehmendes Gewicht für ein Buen vivir, für ein gutes Leben oder einen naturverträglichen Wohlstand aller gewinnen.

Der amerikanische Psychologe Abraham H. Maslow hat einerseits die Unbegrenztheit der Entwicklung menschlicher Bedürfnisse betont, andererseits jedoch die Tendenz der Verlagerung des Schwerpunkts von physiologischen, stofflich zu befriedigenden Bedürfnissen zu anderen Bedürfnissen nach Bildung, Kultur, Sicherheit, Zugehörigkeit, Achtung, Liebe und Selbstverwirklichung, die nur in geringerem Maße an materielle Voraussetzungen gebunden sind. (Maslow 1943: 370-396).

In wissenschaftlichen Studien wurde seit den Arbeiten des 1970 verstorbenen Abraham Maslow belegt, dass jenseits einer ansehnlichen materiellen Bedürfnisbefriedigung eine größere Befriedigung materieller Bedürfnisse ein besseres Wohlbefinden nur noch für kurze Zeit oder gar nicht zur Folge hat (Layard 2009). Richard Wilkinson und Kate Pickett haben gestützt auf eine Vielzahl von Studien nachgewiesen, dass ein hohes Maß sozialer Gleichheit Wohlbefinden und Glück in der Gesellschaft erhöhen, während

5.5 Langfristige Verlangsamung des Wachstums

Ungerechtigkeit und Ungleichheit selbst in sehr reichen Ländern verbreitet zu psychischen und physischen Krankheiten, Bildungsmangel, Gewalt, Fremdenfeindlichkeit und Entsolidarisierung führen (Wilkinson/Pickett 2010). Forderungen nach Lebensqualitäten jenseits von nachfrage- und profitträchtiger materieller Konsumtion der Bessergestellten kollidieren aber mit der inneren Natur des Kapitals. Soziale Sicherheit ist daher nur im Widerstand gegen die neoliberale Privatisierung, gegen Austeritätspolitik und nur beschränkt erreichbar. Intakte, gar solidarische zwischenmenschliche Beziehungen, Anerkennung charakterlicher Qualitäten und Selbstermächtigung zur Bestimmung über das eigene Leben sind mit der Tendenz des Kapitalismus zur Verwandlung der Menschen in Egomaschinen (siehe Kapitel 3.2) unvereinbar. Die Bereiche der Sorge für Menschen, der Care-Arbeit, sind in der Regel wenig oder gar nicht profitabel, wenn sie allen Menschen und nicht vorwiegend den Zahlungskräftigen dienen sollen. Langfristige Vorsorge gegen die Zerstörung der Natur ist zumindest kurz- und mittelfristig oft nicht rentabel. Der Rückbau umweltbelastender Branchen ist mit der Vernichtung dort investierten Kapitals verbunden.

Wird der Kapitalismus trotz solcher und anderer Tendenzen, die dem verwertungsgesteuerten Wachstum widersprechen, überlebensfähig sein? Oder wird er sie dauerhaft so unterdrücken, dass die Kapitalverwertung über alle Widerstände triumphiert? Ehe wir uns einer Antwort auf diese Frage nähern, also die Frage nach Zukunft oder Ende des Kapitalismus wieder aufnehmen, sind die langfristigen Tendenzen zur Dämpfung des Wachstums zu skizzieren, die unabhängig von Wachstumspolitik oder Widerstand gegen das gewohnte Wachstum wirken.

5.5 Langfristige Verlangsamung des Wachstums

Seit den 1970er Jahren setzt sich unverkennbar eine langfristige Verlangsamung des prozentualen Wirtschaftswachstums durch, während der absolute Zuwachs des Bruttoinlandsprodukts in Deutschland etwa gleich bleibt (siehe Tabelle 1 auf der folgenden Seite). Noch deutlicher zeichnet sich die Wachstumsverlangsamung im Vergleich über eine größere Spanne von Dekaden ab (siehe Tabelle 2). Im Ergebnis sinkender Wachstumsraten erwartet Jorgen Randers, dass das globale Bruttoinlandsprodukt sich nach einer Vervierfachung zwischen 1972 und 2012 in den nächsten 40 Jahren »nur« noch verdoppeln wird (Randers 2012: 44).

Die Ursachen der langfristigen Wachstumsverlangsamung werden unterschiedlich gesehen. Schon die Klassiker der Wirtschaftstheorie – Adam

Tabelle 1: Wachstumsraten des BIP in ausgewählten OECD-Ländern 1991-2010

	Deutschland	Frankreich	Großbritannien	Japan	USA
1991-1995	2,0	1,2	1,7	1,4	2,5
1996-2000	1,9	2,7	3,4	1,0	4,3
2001-2005	0,6	1,6	2,5	1,3	2,4
2006-2010	1,3	0,7	0,4	0,2	0,7

Quelle: Institut der deutschen Wirtschaft, iw-dienst 39/2012

Tabelle 2: Wachstumsraten des BIP in ausgewählten OECD-Ländern 1950-2004 (Periodendurchschnitte in%)

	Deutschland	Frankreich	Großbritannien	Italien	Eurozone	Japan	USA
1950-1969	6,0	4,9	2,8	5,4	5,6	9,0	3,7
1970-1989	2,5	2,6	2,1	2,8	2,8	4,2	3,2
1990-1999	1,9	1,9	2,5	2,1	1,6	1,5	3,1
2000-2004	1,1	2,1	2,6	2,0	1,7	2,4	3,1

Quelle: ifo-Institut

Smith, David Ricardo, John Stewart Mill – erwarteten ein langfristiges Nachlassen des Wachstums und schließlich wirtschaftliche Stagnation. Norbert Reuter hat dies sehr informativ nachgezeichnet (Reuter 2000). Joseph Schumpeter führte das Nachlassen der kapitalistischen Wachstumsdynamik auf eine sich verändernde Stellung des Unternehmers in der Gesellschaft zurück. Die Unternehmerpersönlichkeit galt ihm als treibende Kraft des Wachstums. Aber die fortschreitende Demokratisierung beraube den Unternehmer seiner Autorität, seiner autokratischen Entscheidungsgewalt, seines Sozialprestiges und unterminiere mit diesem Statusverlust seine Innovations- und Durchsetzungskraft. Zudem werde die Unternehmerfunktion samt der Haftung des Unternehmers für seine Entscheidungen durch die zentrale Rolle von Managern zurückgedrängt, deren Eigeninteresse an der langfristigen Unternehmensentwicklung weit schwächer als das des kapitalistischen Eigentümers ist. Die Folge werde Stagnation sein. Auf den Punkt gebracht von Schumpeter: »Kann der Kapitalismus weiterleben? Nein, meines Erachtens nicht.« (Schumpeter 1987: 105)

5.5 Langfristige Verlangsamung des Wachstums

John Maynard Keynes wird in der ökonomischen Mainstream-Literatur in der Regel als Theoretiker antizyklischer Wirtschaftspolitik dargestellt. Vor allem Karl Georg Zinn, aber auch Tim Jackson und Norbert Reuter heben dagegen Keynes' Überlegungen zur langfristigen Entwicklung des Kapitalismus hervor. Keynes erwartete für die Zukunft eine Gesellschaft ohne Wachstum. Als entscheidende Ursache dafür nahm er eine mit dem Anschwellen der Masse von Gütern und Leistungen zunehmende Sättigung der Bedürfnisse der Bevölkerungsmehrheit an. Des erreichten hohen Konsumtionsniveaus wegen werde die Nachfrage an Grenzen stoßen. Die Kapitalrendite, in Marxscher Diktion die Profitrate, werde sinken. Die Investitionsfunktion, nämlich die Abhängigkeit der Investitionsbereitschaft des Kapitals von der zu erwartenden Rentabilität, werde zu sinkenden Investitionen führen. Als Resultat sei eine »endogene Wachstumsabschwächung« zu erwarten.

Eine von der Wachstumspeitsche befreite Gesellschaft könne freier Zeit durch Arbeitszeitverkürzung größere Bedeutung für die Persönlichkeitsentfaltung der Vielen zumessen. Anstelle des Anschubs für mehr private Investitionen müsste der Staat mehr Verantwortung für die »Sozialisierung der Investitionen« übernehmen, für Investitionen in das Gemeinwohl (Keynes 1926: 37). »Allerdings wird man in Zukunft viele große Unternehmungen und andere die viel fixes Kapital gebrauchen, halb sozialisieren müssen.« (Ebd.: 34) Vermutlich würde »halbautonomen Körperschaften« erhebliche Verantwortung für Aufgaben zukommen, die nach dem Maßstab der Kapitalrentabilität nicht oder unzureichend wahrgenommen werden. »Immerhin mag eine Zeit kommen, wo wir uns über die Dinge klarer sein werden als heute, wo wir darüber reden, ob der Kapitalismus eine gute oder eine schlechte Technik, ob er an sich wünschenswert oder abzulehnen ist. Ich für mein Teil bin der Ansicht, dass ein klug geleiteter Kapitalismus die wirtschaftlichen Aufgaben wahrscheinlich besser erfüllen wird als irgendein anderes, vorläufig in Sicht befindliches System, dass man aber gegen den Kapitalismus an sich viele Einwände erheben kann.« (Ebd.: 39f.)

Worauf es hier ankommt, ist, dass Keynes einen Kapitalismus ohne Wachstum erwartete, der nur unter der Voraussetzung starker Einschränkung privatkapitalistischer Regulation lebensfähig sein werde.

Wie verschieden die Gründe für die langfristige Wachstumsabschwächung auch beurteilt werden, diese setzt sich als endogener Prozess trotz intensiver Wachstumspolitik und bisher nicht als Ergebnis von zunehmender Wachstumskritik durch. Als Ursachen der endogenen Wachstumsverlangsamung dürfen im Ergebnis des kritischen Wachstumsdiskurses die folgenden angenommen werden:

Abbildung 4: Bruttoinlandsprodukt pro Kopf (BIP) und der Indikator echten Fortschritts (GPI)

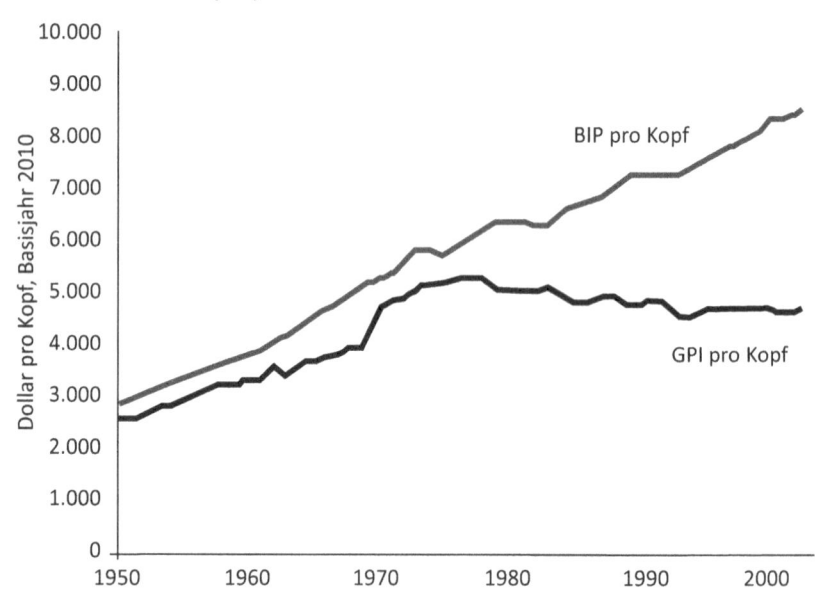

Quelle: Jackson 2017: 101

Erstens: Das Wirtschaftswachstum wird durch eine Sättigung der Bedürfnisse gedämpft. Marx und Engels verstanden diese Sättigung nicht als eine Befriedigung der tatsächlichen Bedürfnisse der Bevölkerungsmehrheit, sondern als Begrenztheit der durch die reale Kaufkraft der Lohnarbeiter gedeckten Bedürfnisse. Die Massenkaufkraft ist aber durch die kapitalistische Ausbeutung (MEW 25: 501) und heute zudem durch die Austeritätspolitik beschränkt. Weltweit leben zwischen 800 Millionen und eine Milliarde Menschen in absoluter Armut. Elementare Lebensbedürfnisse sind für sie nicht einlösbar. In den USA leben nach Angaben des Bureau of Labor Statistics für das Jahr 2016 40,6 Millionen Menschen unterhalb der Armutsgrenze. Nach Eurostat-Mitteilungen für 2017 sind in Europa 111 Millionen Menschen bzw. 22,5% der Bevölkerung von Armut und sozialer Ausgrenzung bedroht. In Deutschland beträgt die Armutsquote nach dem Mikrozensus des Statistischen Bundesamts 15,8%, nach dem Sozio-ökonomischen Panel 16,8% und betrifft mindestens 13,7 Millionen Personen.

Zweitens: Neben dem Andauern einer Wachstumsdämpfung durch mangelnde Kaufkraft vom beachtlichen Teilen der Bevölkerung in prekären La-

5.5 Langfristige Verlangsamung des Wachstums

Abbildung 5: Produktivitätswachstum in fortgeschrittenen Volkswirtschaften 1950-2015

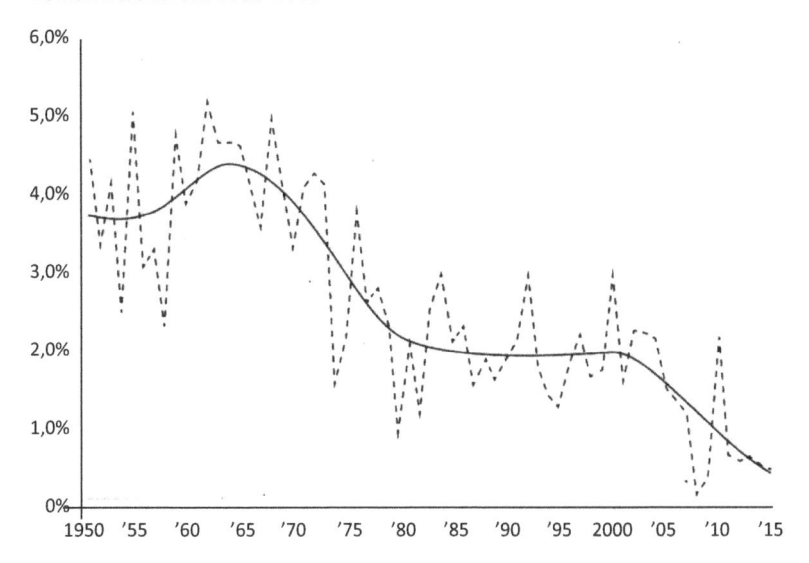

Quelle: Jackson 2017a: 89

gen selbst in reichen Ländern wirkt auch die oben dargestellte Sättigung von Bedürfnissen eines großen anderen Teils der Bevölkerung wachstumsschwächend. Der Vergleich des BIP pro Kopf und eines Indikators für echten Fortschritt über den Zuwachs stofflicher Güter hinaus (Genuine Progress Indicator/GPI) ergibt für 18 industriell entwickelte Länder mit rund 50% der globalen Wirtschaftsleistung, dass nach dem Erreichen eines ansehnlichen materiellen Wohlstands seit Mitte der 1970er Jahre der GIP jährlich im Durchschnitt um 0,3% abnahm, während das BIP pro Kopf durchschnittlich noch weiter um jährlich 2,3% anwuchs (siehe Abb. 4). Aber schon sucht eine wachsende Zahl von Menschen Verbesserungen für ihre Lebenswelt nicht mehr in wachstumstreibender Zunahme des Verbrauchs stofflicher Güter.

Drittens wirkt als Ursache für das Sinken der Wachstumsraten, dass es immer schwieriger wird, durch Innovationen die Arbeitsproduktivität zu steigern, je höher das bereits erreichte wissenschaftlich-technische Niveau und die Arbeitsproduktivität sind. Das spiegelt sich seit Jahrzehnten in abnehmenden Wachstumsraten der Arbeitsproduktivität in den industriell hoch entwickelten Industrieländern wider (siehe Abb. 5).

Außer dem Verweis auf die Schwierigkeit, durch noch modernere Technik und Organisation das Produktivitätsniveau zu steigern, wenn der wissenschaftlich-technische Stand einer Volkswirtschaft bereits hoch entwickelt ist, wird als ein schlüssiger Hauptgrund für die Verlangsamung des Produktivitätswachstums der volkswirtschaftliche Strukturwandel betrachtet. Die produzierenden Sektoren verlieren seit Jahrzehnten an Gewicht zugunsten der Dienstleistungssektoren. Viele Industriedienstleistungen sind keineswegs weniger produktiv als die materielle Produktion selbst. Aber viele humanbezogene Dienstleistungen sind nicht durch technische Innovationen zu verbessern, sondern verlangen mehr Zeit und Zuwendung, also das Gegenteil von Produktivitätssteigerungen. Tim Jackson verweist darauf, dass zwischen 1995 und 2005 die Arbeitsproduktivität im Personal- und die Sozialdienstleistungssektor in den EU 15-Ländern um 3% abnahm. In allen anderen Wirtschaftsbereichen stieg die Arbeitsproduktivität (Jackson 2017a: 244).

Der wachsende Umfang der Care-Arbeit tendiert daher zur Senkung der durchschnittlichen Arbeitsproduktivität in der Gesamtwirtschaft. Aber gleichzeitig gehört die Sorge-Arbeit unter der Voraussetzung erfolgreicher Auseinandersetzungen um den Erhalt und die erhebliche Ausweitung öffentlicher Dienste und Leistungen zu jenen Bereichen in der Gesellschaft, die ein sinnvolles Wachstum noch tragen, während andere Bereiche zurückgebaut werden müssen.

Viertens wird eine Wachstumsdämpfung in Ländern mit rückläufiger Bevölkerungszahl erwartet.

Fünftens: Zur entscheidenden Ursache dafür, dass endloses Wirtschaftswachstum nicht zu erwarten ist und nicht wirtschaftspolitisches Ziel bleiben darf, wird die Überlastung und Zerstörung der Natur. Eine Grenzüberschreitung, die die Naturgleichgewichte zerstört, ist bereits da. Die jährliche Emission von Treibhausgasen ist doppelt so hoch wie die Menge, die von Meeren und Wäldern absorbiert werden kann. Das Stockholm Resilience Centre hat in seinem zweiten Bericht zu »planetarischen Grenzen« kritische biophysikalische Grenzen der Naturbelastung erfasst. Die Überschreitung dieser Grenzen bedeutet nach dem Befund des Physiker-Teams in diesem Institut Veränderungen der Umwelt mit »ernsthaften, potenziell katastrophalen Konsequenzen« für die Gesellschaft. Vier dieser Grenzen sind nach diesem Bericht bereits überschritten. Sie betreffen den Klimawandel, die exzessive Nährstoffbelastung und Versauerung der Ozeane und den Rückgang der Artenvielfalt (Steffen/Richardson/Rockström/Cornell/Fetzer/Bennet 2015 ; Jackson 2017a: 54). Nach dem im Auftrag des UN-Generalsekretärs erarbeiteten »Millennium Ecosystem Assessment« gelten zwei Drittel der von den natürlichen Ökosystemen geleisteten Funktionen als gefähr-

5.6 Konflikt zwischen Wachstumspolitik und -verlangsamung

det. Besonders bedrohlich ist die wahrscheinliche wechselseitige Kumulation eines solchen Systemversagens (Wuppertal Institut 2008: 118; 470).

5.6 Zukunft im Konflikt zwischen anhaltender Wachstumspolitik und endogener Wachstumsverlangsamung

Welche Zukünfte sind möglich, wenn in den aufholenden Schwellenländern und in Entwicklungsländern das Wirtschaftswachstum noch lange Bedingung für die Überwindung der Armut sein wird, wenn in den frühindustrialisierten Ländern eine endogene Tendenz der – am Maßstab prozentualer Zunahme in des BIP gemessenen – Wachstumsverlangsamung wirkt, die herrschende Politik aber auf Wachstum setzt und wichtige umweltorientierte Akteure auf Wachstumsdämpfung und Nullwachstum in den reichen Ländern drängen?

Eine gewichtige Stimme im Diskurs zu dieser Frage ist die von Jorgen Randers. Randers, 1972 Co-Autor von »Die Grenzen des Wachstums« und 20 Jahre später Mitverfasser des Berichts »Die neuen Grenzen des Wachstums«, hat 40 Jahre nach dem Erscheinen des ersten Reports eine Prognose für die Entwicklung in den nächsten 40 Jahren gewagt. Er stützt sich auf eine beeindruckende Datenfülle, auf Computersimulationen und auf 35 in seinem Buch aufgenommene »Ausblicke« von ihm befragter Experten, meist hoch angesehener Wissenschaftler, oft mit wichtigen Positionen in internationalen Gremien (Klein 2015: 235-242). Randers selbst schreibt über seine Einschätzungen: »Grundsätzlich spiegeln sie die Sichtweise wider, die unter fachlich gebildeten und gut informierten ökologischen Ökonomen in der industrialisierten Welt von heute die Mehrheitsmeinung darstellt.« (Randers 2012: 85)

Randers' Quintessenz aus den von ihm ausgewerteten prominenten Studien, aus seinen eigenen Analysen, aus den »Ausblicken« der Experten und seiner daraus resultierenden Prognose ist, dass das Wirtschaftswachstum gezielt verlangsamt und gegen null geführt werden muss, um den Planeten zu retten. Er hofft, dass dies gelingen wird, gibt dieser Hoffnung aber nur eine höchstens 30-prozentige Chance.

Damit bezieht er sich zustimmend auf den ausführlichen Ausblick Herman Dalys, emeritierter Professor der Universität von Maryland und vormaliger Senior Economist in der Umweltabteilung der Weltbank. Dieser schrieb: »Zusammengefasst glaube ich, dass wir die Grenzen des Wachstums in den letzten 40 Jahren erreicht haben. Ich glaube aber auch, dass wir diese Tatsache bewusst nicht wahrhaben wollen, sehr zum Schaden der großen Mehrheit, aber zum Nutzen einer elitären Minderheit, die die Wachstumsideologie weiter anheizt, weil sie Mittel und Wege gefunden hat, den Nutzen des Wachstums zu privatisieren, die erheblich höheren Kosten dagegen zu sozialisieren.« (Zitiert in ebd.: 102f.) Er plädiere für ein Wirtschaftssystem im langfristigen Gleichgewicht (steady state economy), »das in seinem Ausmaß sicherlich kleiner sein wird als heute«. Er arbeite dafür, »dass der Wachstumswahnsinn innerhalb der nächsten 40 Jahre zu einem Ende kommt. Das ist meine persönliche Wette, was die mittelfristige Zukunft betrifft. Wie zuversichtlich bin ich, dass ich die Wette gewinnen werde? Vielleicht 30%.« (Ebd.) Diese Position teilt er mit vielen Experten.

Randers und Daly erwarten eine sehr begrenzte Chance am wenigsten von der Einsicht »der Menschen«, sondern von demografischen und makroökonomischen Veränderungen. Dem entspricht auch die Auffassung Karl Georg Zinns.

Randers geht davon aus, dass die Weltbevölkerung um 2040 mit 8,1 Milliarden Erdbewohnern (nach anderen Berechnungen 9,5 Milliarden) ihr Maximum erreichen und danach zurückgehen wird. Träfe dies ein, sei das der erste wichtige Faktor einer Wachstumsdämpfung in der Mitte des Jahrhunderts. Als zweiten wichtigen Faktor für eine künftige Wachstumsverlangsamung in den reifen Volkswirtschaften betrachtet er eine Schwächung des Produktivitätswachstums. Zudem werde der Aufwand für die Beseitigung von Umweltschäden immer mehr ansteigen und realen Wohlstandszuwachs hemmen. Daly formuliert als Resultat seiner Untersuchungen: »Meiner Meinung nach hat das Wirtschaftswachstum aber bereits in dem Sinn aufgehört, als das Wachstum, das sich fortsetzt, ein *unwirtschaftliches* ist: es kostet mehr, als es an Grenzertrag einbringt, und macht uns ärmer statt reicher.« (Zitiert in ebd.: 100)

Das globale Bruttoinlandsprodukt (Güter und Dienstleistungen in inflationsbereinigten Marktpreisen gerechnet) wird nach Randers' Prognose von 2012 bis 2052 um 120% auf das 2,2-Fache ansteigen, langsamer als seine Vervierfachung in den letzten 40 Jahren. Das durchschnittliche Pro-Kopf-Einkommen weltweit wird um fast 80% wachsen. In den USA wird die Wachstumsrate abnehmen, jahresdurchschnittlich bei 0,6% liegen und zur Jahrhundertmitte gegen null tendieren. China wird weiter hohe Wachstumsraten erleben, sodass sich bei anhaltend hohen und zunehmend grünen Investitionen der Pro-Kopf-Konsum verfünffachen wird. In der OECD-Welt ohne die USA wird das Gesamt-BIP noch langsamer als in den USA wachsen. Eine vierte Ländergruppe, bestehend aus Brasilien, Russland, Indien, Südafrika und weiteren zehn großen bevölkerungsreichen Schwellenländern, wird dagegen ein hohes Wirtschaftswachstum haben und das

5.6 Konflikt zwischen Wachstumspolitik und -verlangsamung 141

durchschnittliche BIP pro Kopf auf das Niveau des Europa der 1970er Jahre – aber bei weit stärkerer sozialer Ungleichheit – erhöhen. Die fünfte »Region«, nämlich die »restliche Welt« von 183 Staaten mit einer Bevölkerung von 2,1 Milliarden Menschen, wird ihr BIP im Durchschnitt ebenfalls verdreifachen, bei anhaltend starker sozialer Ungleichheit aber noch immer signifikant von Armut betroffen sein.

Das voraussehbare Wachstum wird immer noch so hoch sein, dass eine absolute Entkopplung von Wirtschaftswachstum und Energieverbrauch nicht eintreten wird. Nach dem globalen Klima-Simulationsmodell C-ROADS würde die Einhaltung der bis 2012 offiziell bekannten klimapolitischen Ziele von 194 Staaten zu einem Anstieg der mittleren Erdoberflächentemperatur um 2,2°C bis 2050 gegenüber dem vorindustriellen Stand und um 4,1°C bis 2100 führen (ebd.: 69). Das stimmt etwa mit dem negativsten Verlaufsszenario des Weltklimarats IPCC überein. Nach Randers' optimistischerer Prognose werden die CO_2-Emissionen bis 2030 ansteigen und danach wieder auf das auch noch viel zu gefährliche Niveau von 2010 zurückgehen. Der Energieverbrauch wird nach Randers' Berechnungen bis zur Mitte des Jahrhunderts global um 50% ansteigen, während die Internationale Energie Agentur (IEA) ebenso wie der Weltklimarat eine Verdopplung des Energieverbrauchs erwartet (ebd.: 133).

Der Anteil der Investitionen am globalen Bruttoinlandsprodukt werde – so Randers' Prognose – um 50% von 24 auf 36% ansteigen, insbesondere für erneuerbare Energien und andere umweltorientierte Technologien, für Reparaturen von Umweltschäden und für Anpassungen an den Klimawandel und andere Umweltkrisen. Das werde signifikante Bedeutung für die kommenden Dekaden haben. Der Anteil der Konsumtion am weltweiten BIP werde entsprechend sinken. Denn die Kosten einer Wirtschaft jenseits des Fossilismus werden außerordentlich hoch sein. Nach OECD-Schätzungen werden sie für die reichen Länder bei jährlich 4% des Bruttoinlandsprodukts liegen. Bei einer schlecht gehändelten Zukunft könnten die Kosten des Klimawandels jährlich 10% des Welt-BIP erreichen, nach dem Stern-Report sogar bis zu 20%. Die Folge werden zunehmende Verteilungskämpfe sein. Wenn die Ungerechtigkeit zwischen reichen und armen Ländern andauern würde, würden Konflikte bedrohlich zunehmen: »grüne Oasen in einer von Hitzewellen und Fluten bestraften Welt, wie viel zusätzliche Militärausgaben werden erforderlich sein, um die Oasen sicher zu halten?« (Ebd.: 87) Aber das Militär könnte im günstigsten Fall auch in die Lage geraten, bei Naturkatastrophen vor allem als »grüne Truppe« einzugreifen.

Nicht der Marktmechanismus, sondern nur Kraftakte staatlicher Regulierung könnten nach Randers' Auffassung – oder besser Hoffnung – in der Lage sein, die notwendigen weitreichenden Strukturveränderungen in der globalen Wirtschaft durchzusetzen. Ein einschneidender Bruch mit neoliberaler Marktorientierung zugunsten einer anderen Regulationsweise wäre also erforderlich.

Zwar ist es Randers' Auffassung, dass nach der industriellen Revolution eine Nachhaltigkeitsrevolution bereits begonnen habe, dass aber »im Jahr 2052 der Übergang zur Nachhaltigkeit erst zur Hälfte vollendet« sein wird. Das sei jedoch zu langsam. »Das Ausbleiben von engagierten und konsequenten Reaktionen der Menschheit in der ersten Hälfte des 21. Jahrhunderts wird die Welt in der zweiten Hälfte des Jahrhunderts auf einen gefährlichen Pfad der sich selbst verstärkenden globalen Erwärmung bringen.« (Ebd.: 407) »Meine Prognose lässt für mich nur den Schluss zu, dass eine Lösung erst dann kommen wird, wenn wir unseren Kindern und Kindeskindern in der Mitte der zweiten Hälfte des 21. Jahrhunderts eine Welt hinterlassen haben, in der die Temperatur um 2,8°C angestiegen ist. Das wird ironischerweise genau der Zeitpunkt sein, zu dem es völlig offen ist, ob wir einen Klimawandel auslösen, der sich selbst (irreversibel – D.K.) verstärkt, oder ob uns die Umkehr gelingen wird.« (Ebd.: 300) Die Chancen würden dann 50 zu 50 stehen. Für eine positive Wende müsste die Menschheit in der zweiten Jahrhunderthälfte, wie Randers formuliert, ein Wunder vollbringen. Dieses Wunder würde, wenn überhaupt, unter dem Druck »von riesigen regionalen und Klassenunterschieden« (ebd.: 80), von explosionsartigen illegalen Zuwanderungen nach Europa aus Asien und Afrika (ebd.: 235) von »gesellschaftlichen und politischen Unruhen« (ebd.: 236) geschehen. Rettende Entscheidungen seien – wenn überhaupt – »erst zu erwarten, nachdem die globale Gesellschaft eine weitere Dekade von außergewöhnlichen Wetterereignissen und wachsender sozialer Spannungen erfahren hat« (ebd.: 115). Gleichwohl resümiert Randers: »Meine Prognose für die globalen Entwicklungen bis zum Jahr 2052 ist pessimistisch, aber nicht katastrophal.« (Ebd.: 373)

Die skizzierten skeptischen Ausblicke hochgeschätzter Forschungseinrichtungen und die von ihnen immerhin eingeräumten schwachen Chancen zur Abkehr von der Zerstörung der Natur durch eine Begrenzung des bisher anhaltenden Wirtschaftswachstums führen zu der Frage zurück, ob solche Umkehr im Rahmen des Kapitalismus möglich sein wird. Einst war die Erwartung von Marx und Engels, dass die Unfähigkeit des Kapitalismus zur Lösung der sozialen Frage ihm das Genick brechen werde. Das ist bis-

5.7 Sozial-ökologische Transformation und Kapitalismus

her nicht eingetreten, obwohl Milliarden Menschen weiter in Armut leben. Wird der Kapitalismus auch die sozial-ökologische Frage überstehen? Oder ist dort seine Grenze, wo er die Naturgrundlagen des Lebens selbst untergräbt, weil er nicht anders kann, als begleitet von Zerstörungen zu wachsen? Zukunft oder Ende des Kapitalismus?

5.7 Sozial-ökologische Transformation: Möglich im Rahmen des Kapitalismus oder nicht?

Für die Befürworter eines grünen Kapitalismus, für Ralf Fücks zum Beispiel und erst recht für den Machteliten zugehörige ökologisch engagierte Persönlichkeiten wie Al Gore steht außer Zweifel, dass die ökologischen Herausforderungen im Rahmen des Kapitalismus bewältigt werden können. Dieser müsse nur einen ausreichend tiefen Wandel vollziehen. Unter der Voraussetzung, dass die Energie- und Ressourcenintensität der Gesamtwirtschaft schneller sinkt als die Wirtschaft gemessen am Bruttoinlandsprodukt wächst, würden alle Bedenken gegen ein Bekenntnis zur kapitalistischen Marktwirtschaft nichtig, obwohl diese permanent einen Krieg gegen die Natur führt und die Kluft zwischen Arm und Reich vertieft. So erklärte Ralf Fücks denn in einem Interview mit der »Welt« vom 9. April 2013 mit Blick auf die großen Umweltrisiken im 21. Jahrhundert: »Mir geht es um die Botschaft, dass wir sie bewältigen können, ohne aus der modernen Industriegesellschaft aussteigen zu müssen.« Der Kapitalismus soll nach Fücks' Überzeugung nicht angetastet werden: »Ja, ich bin für einen grünen Ordoliberalismus.«

Politiker und Autoren wie Michael Müller, die sich selbst als konsequente Vertreter eines Green New Deal verstehen, beziehen zu dieser Frage einen diffusen Standpunkt. Einerseits stellen Müller und Niebert fest: »Es geht längst nicht mehr um Teilkorrekturen, das bisherige Modell der Entwicklung von Wirtschaft und Gesellschaft steckt in einer tiefen Krise.« (Müller/Niebert 2009: 16) »Das Spiel ist aus. Der globale Kapitalismus stößt an Entwicklungsgrenzen.« (Ebd.: 17) Für alle Momente der Selbstzerstörung in der Gesellschaft gelte: »Sie alle haben ihre entscheidende Ursache in der vorherrschenden Unternehmens- und Wirtschaftsverfassung.« (Ebd.: 43) Fast scheint es, als solle dem Kapitalismus selbst der Garaus gemacht werden, um die Gefahren unserer Zeit abzuwenden. Aber andererseits richten sich Green New Dealer wie der Sozialdemokrat Michael Müller darauf ein, den Kapitalismus zum Einschwenken bringen zu können: »Wir brauchen wirtschaftliche Anreize, damit der Kapitalismus angehalten wird, seinen Teil zur

Lösung beizutragen.« (Ebd.: 9) Es gebe – wie Thomas Meyer herausgearbeitet habe – »nach dem Ende der zweigeteilten Welt eine neue Form der Systemkonkurrenz ..., die zwischen liberaler Demokratie und sozialer Demokratie« (ebd.: 45). In seiner »Theorie der Sozialen Demokratie« hat Thomas Meyer im Gegensatz zum angelsächsischen Kapitalismus »dem rheinischen Modell der sozialgebundenen und politisch regulierten Märkte ... eine empirisch erprobte weite Spanne von Gestaltungsmöglichkeiten für eine politische Ökonomie der Sozialen Demokratie« zugeschrieben (Meyer 2006: 22). Daran knüpfen Müller und Niebert an und werben für die Weiterentwicklung der »Sozialen Demokratie« zu einer »Sozialökologischen Marktwirtschaft«. Der Finanzmarktkapitalismus angloamerikanischen Typs führe einen sozialen und ökologischen Krieg gegen die Zukunft. »Diesen ›Krieg mit der Zukunft‹ zu beenden, erfordert sowohl eine sozialökologische Marktwirtschaft als auch eine europäische Politik, die das Finanzkapital der Sozialbindung unterwerfen.« (Ebd.: 33) »Die Politik muss den Märkten ökologische Zielvorgaben und einen ökologischen Ordnungsrahmen geben.« (Ebd.: 219) »Der Finanzmarkt muss sich umorientieren – weg von der Ausbeutung und Bindungslosigkeit hin zur Nachhaltigkeit.« (Ebd.: 236) Dafür soll ein starker Staat sorgen: »Ein Staat, der über der Wirtschaft steht, wo er hingehört.« (Ebd.: 238) Unter dieser Voraussetzung – die Poulantzas' zutreffende Definition des Staates als materialisiertes Kräfteverhältnis zwischen gegensätzlichen Klassen ignoriert – erwartet Müller wie andere Vertreter eines Green New Deal: »Manager, Vorstände und Aufsichtsräte müssen ihre irrwitzigen Ziele zurückziehen und ihre sozialen und ökologischen Pflichten in der Gesellschaft wahrnehmen.« (Ebd.: 237) Die Quintessenz: Ein starker Staat und die Selbstläuterung des Kapitals würden eine nachhaltige Entwicklung, ein qualitatives Wachstum auch im Rahmen des Kapitalismus ermöglichen.

Kritiker des Green New Deal (GND) setzen dagegen, »dass die verschiedenen Vorschläge für einen GND ein geschöntes Bild eines kommenden grünen Kapitalismus liefern« (Kaufmann/Müller 2009: 164). »Umweltzerstörung liegt gerade nicht nur in der Struktur des Neoliberalismus begründet, über den der GND zugegebenermaßen hinaus will, sondern in der Struktur der kapitalistischen Produktionsweise selbst.« (Ebd.: 165) Wenn das zutrifft, »dann diktiert die Logik des Zeitdrucks eben nicht, ein Projekt zu unterstützen, das verspricht, kapitalistisches Wachstum wieder anzustoßen, wie es (fast) jede Version des GND tut (vgl. Schachtschneider 2009)«. »Für diese Position stellt sich vielmehr die Frage, wie eine Wirtschaft ohne Wirtschaftswachstum aussehen kann und wie sie gerecht und solidarisch gestaltet werden kann. Und da es ohne Wachstum mittelfristig keinen Ka-

5.7 Sozial-ökologische Transformation und Kapitalismus 145

pitalismus geben kann, bedeutet das notwendigerweise, über eine postkapitalistische Wirtschaftsweise nachzudenken.« (Kaufmann/Müller 2009: 187)

> Der Diskurs über Zukunft oder Ende des Kapitalismus bewegt sich im Kontext der ökologischen Krise zwischen zwei Polen. Auf dem einen Pol sind die Vertreter eines grünen Kapitalismus versammelt, die von grünen Technologien eine neue Wachstumswelle und einen ökologisch modernisierten Kapitalismus erwarten. Den anderen Pol bilden jene, die das Wachstum als innere Notwendigkeit des Kapitalismus identifizieren, ein durch Abkopplung naturfreundliches und zudem auch noch sozial gerechtes Wachstum für eine Illusion halten und folglich nur in der Überwindung des Kapitalismus eine Zukunft der Gesellschaft im Einklang mit der Natur sehen.

Zwischen diesen Alternativen driften viele Sympathisanten eines Green New Deal, die irgendwie nach einer Versöhnung zwischen beiden Diskursen suchen. Tim Jackson hat allerdings zu bedenken gegeben: »Sind die Antworten einfach, ist die Logik dahinter zu glatt.« (Jackson 2017a: 139)

Welche Logik ist aber nicht zu glatt? Welche Antwort nicht zu einfach, jedoch zutreffend? Hier wird der Standpunkt geteilt, dass die ökonomische Grundstruktur des Kapitalismus die permanente Tendenz zu Expansion und Wirtschaftswachstum hervorbringt. Wenn diese Grundqualität des Kapitalismus auf Grenzen des Wachstums stößt, die der Natur des Kapitalismus entgegengesetzt zur Minimierung des Wachstums tendieren, wird die Frage akut, ob ein Kapitalismus ohne ein durch Wertzuwachs schlechthin, durch Kapitalverwertung also, bestimmtes Wachstum noch überlebensfähig sein wird.

Kapital ist sich verwertender Wert. Diese Marxsche Grundeinsicht gilt auch heute. Das Grundgesetz des Kapitalismus ist, mit Kapital in Geldform (G) Produktionsmittel und Arbeitskraft (W) zu kaufen, um durch die Produktion von Gütern und Leistungen (P) bei deren Realisierung auf dem Markt mehr Kapital (G´) zu kassieren als vorgeschossen: G – W ... P ... W – G´. Privates Kapitaleigentum führt zwangsläufig zur Konkurrenz der Kapitaleigentümer, die diejenigen Marktakteure am aussichtsreichsten für sich entscheiden, die mit dem Ziel höchstmöglicher Profite akkumulieren, um durch Unternehmensgröße und Innovationen mehr Wachstum zu kreieren. Dieser dem Kapital wesenseigene Mechanismus hat seit Beginn der industriellen Revolution ein in den vorkapitalistischen Gesellschaften unerreichtes Wachstum hervorgebracht. Für einen großen Teil der Bevölkerung hat es in den frühindustrialisierten Ländern trotz aller menschenfeindlichen Charaktere des Kapitalismus zu einem so hohen Wohlstandsniveau geführt, dass ein Abschied vom Wachstum für die Mehrheit der Menschen immer noch undenkbar erscheint.

Jedoch – trotz Wachstumspolitik der Machteliten, kaum bisher wegen der Bestrebungen wachstumskritischer Kräfte, ist ein langfristiger Trend der Wachstumsabschwächung unübersehbar. Der Kapitalismus ist daran bisher nicht zugrunde gegangen. Deutet sich hier an, dass er sich – obwohl gegen seine innere Logik – einer Gegenlogik anpassen könnte? Genauer: Werden in dem Widerspruch zwischen Kapitalakkumulation und Naturbewahrung sozial und ökologisch engagierte Akteure so an Stärke gewinnen können, dass sie im Rahmen des Kapitalismus die destruktiven Wirkungen des Kapitalismus auf die Biosphäre zwar nicht ausschalten werden, wohl aber so weit bändigen, dass das undifferenzierte Wachstum des Bruttoinlandsprodukts in den wohlhabenden Ländern gegen null geführt oder nur noch sehr schwach sein wird?

Könnte eine der Entwicklung der Sozialstandards im Kapitalismus vergleichbare Situation erreicht werden: die Durchsetzung anspruchsvoller Umweltstandards noch im Kapitalismus, ohne allerdings die ökologisch destruktiven Wirkungen des Kapitalismus vollständig zu überwinden und ohne ein Rollback auszuschließen? Unter der Voraussetzung weitreichender Veränderungen der gesellschaftlichen Kräfteverhältnisse zugunsten sozial und ökologisch orientierter Gegenmächte könnte eine progressive innersystemische Transformation des Kapitalismus erzwungen werden.

In deren Verlauf würden, wie von Randers beschrieben, die Investitionen in hohem Maße zugunsten ressourcenschonender, umwelteffizienter Technologien umzuschichten sein. Sie würde eine starke Zuwendung zu erneuerbaren Energien und Fortschritte beim Recycling von Rohstoffen bewirken, mehr Gerechtigkeit in den weltwirtschaftlichen Beziehungen und Fortschritte bei der Abkehr von imperialen Lebensweisen. Ein solcher Green New Deal ließe sich als die eine, die systeminterne Seite einer doppelten Transformation auffassen. Sie würde durchaus Überschneidungen mit einem grünen Kapitalismus à la Fücks aufweisen.

Aber die Vorstellung solcher Möglichkeit ist von dessen Erwartung dennoch grundsätzlich unterschieden. Fücks denkt solche Entwicklung eher technokratisch. Umwelttechnologien würden sie ermöglichen. Staatsapparate würden durch Regelsetzung dafür sorgen. Linke Realpolitiker und realistische Umweltakteure erwarten eine ökologisch und zugleich sozial orientierte innersystemische Transformation des Kapitalismus nur als Resultat langer Kämpfe um die Richtung gesellschaftlicher Entwicklung, nur unter der Voraussetzung gravierend veränderter Kräfteverhältnisse, be-

5.7 Sozial-ökologische Transformation und Kapitalismus

grenzt durch Kapitalzwänge zu profitorientiertem destruktiven Wachstum und deshalb zu begreifen als Teilprozess einer Übergangsgesellschaft. Wiederum in Analogie zum Schicksal des sozialstaatlich regulierten Kapitalismus gilt: Selbst wenn solch enormer Fortschritt eines postneoliberalen grünen Wandels des Kapitalismus vorankäme, würde die Tendenz des Kapitalismus zu einem Wachstum ohne Rücksicht auf soziale Folgen und auf die Naturgrundlagen menschlichen Lebens weiter andauern. Genau aus diesem Grund hat seit den 1970er Jahren der Übergang vom sozialstaatlich regulierten zum neoliberalen Kapitalismus die in der fordistischen Ära erreichten sozialen Fortschritte erneut infrage gestellt und sie zum Teil wieder beseitigt. Das könnte im Widerstreit zwischen einem Green New Deal und den systemischen Eigenschaften des Kapitalismus künftig auch ökologischen Reformen widerfahren.

In dem von Präsident Trump verfügten Rückzug aus dem Klimavertrag von Paris wird diese Möglichkeit Realität. Exemplarisch dafür ist die wechselhafte Geschichte der Keystone XL-Pipeline. Jahrelang hatte eine Koalition von Viehzüchtern und Ureinwohnern unterstützt von Klimaaktivisten der USA und anderer Länder gegen die quer durch ihren Lebensraum geplante Pipeline gekämpft. Sie soll das aus dem Teersand von Alberta gewonnene Öl transportieren. Dieses Projekt droht dazu zu führen, dass eine Fläche von der Größe Großbritanniens in unbewohnbare Ödnis verwandelt wird, um eine Ölsorte zu extrahieren, die drei bis fünf Mal so klimaschädlich ist wie konventionell gefördertes Öl (Naomi Klein 2014: 174ff.). In den internationalen Klimaverhandlungen wurde das Keystone-Projekt zu einer so schweren Belastung für die USA, dass Präsident Obama es am 6. November 2015 im Vorfeld der Pariser Weltklimakonferenz stoppte. Aber Donald Trump hob per Dekret diesen Stopp wieder auf.

> Die Schlussfolgerung aus solchen Erfahrungen führt zu dem entscheidenden Unterschied zwischen dem Projekt eines grünen Kapitalismus und dem Green New Deal einerseits und einem konsequent linken oder sozialistischen Projekt des sozial-ökologischen Umbaus andererseits. Die mehr oder weniger weitreichenden Varianten eines grünen Kapitalismus bleiben nach dem eigenen Selbstverständnis ihrer Protagonisten in letzter Instanz im Rahmen der kapitalistischen Verhältnisse. Damit verharren sie im Widerstreit mit deren sozial und ökologisch destruktiven Tendenzen – auch wenn diese weit zurückgedrängt werden können.
> Ein rotes Projekt für eine grüne Transformation dagegen sollte alle im Rahmen des Kapitalismus möglichen ökologischen Reformen mittragen – im Bündnis mit den Green New Dealern und in Kompromissen auch mit

der Ökofraktion der Machteliten. Aber im Unterschied und Gegensatz zu ihnen und im Bewusstsein der permanenten Gefahr eines Rollback der im Rahmen einer innersystemischen progressiven Transformation möglichen sozial-ökologischen Neulandgewinne würde eine konsequent linke Politik bereits mitten im systeminternen ökologisch orientierten Wandel jeden Ansatz zu Einstiegsprojekten in eine weiterreichende, systemüberschreitende sozial-ökologische Große Transformation ausschöpfen.

So wie Tim Jackson schreibt: »Es ist wohl zu erwarten, dass sie (die künftigen Regelungen – D.K.) keine übermäßige Ähnlichkeit mit dem Kapitalismus in seinen gewohnten und gegenwärtigen Formen aufweisen werden.« (Jackson 2017a: 312) Aber nach seiner Erwartung wäre das nicht gleichbedeutend mit der Abschaffung des Kapitalismus (ebd.).

Ein kategorisches Gebot für linke Politik in einem voraussichtlich langen Übergangsprozess ist, jeden nur möglichen Schritt einer progressiven Transformation des Kapitalismus, zur Ablösung des Fossilismus durch erneuerbare Energien, zum Einsatz ressourceneffizienter Technologien, zu einer ökologischen Kreislaufwirtschaft zu tun. Doch die schier endlose Folge von Weltkonferenzen zur Begrenzung des Klimawandels, zum Schutz der Biodiversität, zur Gesundung der Wälder und der Weltmeere ohne Ergebnisse von überlebensnotwendiger Reichweite verweist auf strukturelle Grenzen des unter kapitalistischen Verhältnissen möglichen Wandels.

Beide Tendenzen befinden sich im Widerstreit: dass der Konkurrenzzwang zu Kapitalakkumulation und ungebändigtem Wachstum treibt und dass die destruktiven Wirkungen eines am BIP gemessenen höchstmöglichen Wachstums auf die Dringlichkeit einer Abkehr von einem solchen Wachstum verweisen. Wird dieser Widerstreit aber zu einem Kapitalismus ohne Wachstum führen?

Nach Auffassung Karl Georg Zinns wirken die Wachstumsgrenzen so stark, »dass ein Kapitalismus ohne Wachstum eine realisierbare Möglichkeit darstellt«. Er dürfte »von allen denkbaren nachindustriellen Systemzuständen die höchste Eintrittswahrscheinlichkeit aufweisen« (Zinn 2015: 86). Viele Wachstumskritiker verbinden jedoch die Tendenz zu geringem Wachstum und die Forderung nach Nullwachstum mit der Annahme, dass ein Zustand der Stagnation identisch mit dem Ende des Kapitalismus sein werde. Zinn dagegen betont die Möglichkeit und sogar Wahrscheinlichkeit eines Kapitalismus ohne Wachstum. In seiner ökonomischen Begründung für diese Erwartung geht er davon aus, dass im Verlauf der Kapitalakkumulation der Kapitalstock, der die stofflichen Elemente der Produktionsgrundlagen umfasst, in den technisch entwickelten Ländern einen enormen Umfang er-

Zwischenfazit

reicht. In Marxchen Kategorien ausgedrückt wächst der Anteil des konstanten Kapitals am Gesamtkapital an, während der Anteil des variablen Kapitals, grob gesagt der Lohnanteil, sinkt. Die organische Zusammensetzung des Kapitals steigt zugunsten des Kapitalstocks. Damit nimmt der Anteil der Ersatzinvestitionen an den Gesamtinvestitionen zu.»Deshalb wird selbst unter Stagnationsbedingungen noch eine relativ hohe Investitionsquote erreicht, aber sie umfasst vorwiegend oder ausschließlich nur Ersatzinvestitionen.« (Ebd.: 36)

Der überwiegende Teil der Innovationen und des wirtschaftlichen Strukturwandels findet beim Ersatz von Kapital durch die Reinvestition von Amortisation statt, d.h. ohne Wachstum des BIP. Die Konkurrenz der Kapitale erlahmt nicht, der Unternehmergeist wird nicht gelähmt, der technische Fortschritt stockt nicht, die Bedürfnisse werden nicht eingefroren, wie Ralf Fücks und andere Wachstumsbefürworter behaupten, sondern die Dynamik des Kapitalismus konzentriert sich, so Zinns Überlegung, weitgehend auf die Neustrukturierung der bereits vorhandenen Kapitalanlagen bei deren Ersatz.

Kann die Linke darauf setzen, dass die von Zinn beschriebene Konstellation während eines längeren Zeitraums einen Kapitalismus ohne Wachstum oder – wahrscheinlicher – zumindest eine Annäherung an solchen Zustand erwarten lässt?

Zwischenfazit

Die Ausgangsfrage in diesem Buch war die nach Zukunft oder Ende des Kapitalismus. Die Beantwortung dieser Frage hängt in hohem Maße von der Perspektive des Wachstums ab. Wenn der Kapitalismus den ihm bisher eigenen Wachstumspfad auch künftig beibehalten könnte, wäre das eine Chance für seine Zukunft. Aber das profitorientierte Wachstum des Bruttoinlandsprodukts zerstört die Naturgrundlagen menschlichen Daseins und im Prozess sozialer Polarisierung den Zusammenhalt der Gesellschaft. Hier wird zur Perspektive in den reichen frühindustrialisierten Ländern angenommen:

Erstens: Es kann gelingen, ein hochgradig markt- und profitbestimmtes, am BIP gemessenes Wachstum zu dämpfen, also eine Tendenz zum Nullwachstum zu stärken. Dafür sprechen der wachsende Druck der ökologischen Krise und der sozialen Polarisierung, die langfristigen endogenen Tendenzen zur Wachstumsverlangsamung und zum Rückgang des Bevölkerungswachstums, die Tendenz zur Sättigung materieller Bedürfnisse, die Durchsetzung ressourceneffizienter und Stoffkreisläufe einschließender

Technologien und die Möglichkeit, umweltkompatible Investitionen weitgehend im Rahmen von Ersatzinvestitionen zu finanzieren.

Unter der immer wieder betonten, bisher aber nicht gegebenen elementaren Voraussetzung entschiedener Stärkung und Vernetzung demokratischer umweltbewusster gesellschaftlicher Akteure sind also wichtige Schritte einer sozial- ökologischen innersystemischen Transformation des Kapitalismus möglich.

Für eine längere Zeit des wirtschaftlichen Strukturwandels in der Richtung von Ressourceneffizienz, Energiewende und Kreislaufwirtschaft führt der ökologische Umbau zu erheblichen Anforderungen an Ersatz- und Erweiterungsinvestitionen. Dadurch kann das Wirtschaftswachstum in dieser Übergangsphase sogar stabilisiert werden, ehe dadurch die Grundlagen für eine nachhaltige Entwicklung bei sehr schwachem oder Nullwachstum geschaffen sind. Aber das wird nur gegen den Widerstand fossilistischer und anderer konservativer Kapitalfraktionen, nur bei starkem zivilgesellschaftlichen Druck und nur bei weitreichenden staatlichen Interventionen stattfinden.

Zweitens: Solange der Profit in der Wirtschaft noch weiter dominiert und in diesem Sinne die Gesellschaft kapitalistisch bleibt, wird die Kapitalakkumulation jedoch permanent unkontrolliertes, auch destruktives Wachstum im herkömmlichen Verständnis hervorbringen. Die Annäherung an einen Kapitalismus mit nachhaltiger Entwicklung wird verlangsamt, begrenzt und immer wieder von Rückfällen bedroht bleiben.

Drittens: Der vollständige Übergang zu nachhaltiger Entwicklung, das heißt zu einem naturverträglichen und wohlstandsmehrenden gemäßigten Wachstum auf der Grundlage regenerierbarer und recycelbarer Ressourcen und zu einem Negativwachstum von umweltzerstörenden Wirtschaftsbereichen wird nur im Überschreiten des Kapitalismus in Richtung einer solidarischen Gesellschaft realisierbar sein.

Viertens: Der mögliche kapitalismusinterne umweltorientierte Strukturwandel wird daher den Charakter einer Übergangskonstellation annehmen. Er muss weiter getrieben werden als unter kapitalistischen Bedingungen möglich. Das grüne Projekt muss rote Grundlagen bekommen (Thie 2013). Jeder bereits im Gegenwärtigen enthaltene »Vor-Schein« (Ernst Bloch) von weiterreichenden potenziell sozialistischen Formen für einen sozial-ökologischen Umbau muss erfasst und voll entfaltet werden. Das betrifft die radikale Nutzung aller schon heute gegebenen Möglichkeiten zur Steigerung von Ressourceneffizienz, für den Übergang zur Kreislaufwirtschaft und zu

Zwischenfazit

Suffizienz. Das betrifft zum Beispiel Elemente eines öffentlichen Sektors, den Non-Profit-Sektor, die öffentliche Daseinsvorsorge und die Ausweitung von Care-Arbeit, Formen der Solidarwirtschaft, Praxen der Energiedemokratie, grüne Finanzfonds, alternative Lebensweisen, öffentliche Transparenz und Kontrolle und die ökologische Landwirtschaft.

In die innersystemische ökologisch orientierte Transformation muss der Einstieg in eine systemüberschreitende Große Transformation hineingeholt werden. Ein solches Konzept der doppelten Transformation, die Verschränkung von systeminterner und systemüberwindender Transformation, bietet den theoretischen Rahmen für den Standort einer radikal-realistischen Linken im Wachstumsdiskurs und für ihre praktische Politik.

Teil 2
Alternative Diskurse

6. Kapitel
Theoretische Grundlagen für linke Gesellschaftsalternativen

Die hier präsentierte kritische Impression von gegenwärtigen Diskursen, fokussiert auf die Frage nach Zukunft oder Ende des Kapitalismus, hat deutlich gemacht: Die neoliberale Theorie hat in der Mehrfachkrise 2008 erheblich an Überzeugungskraft verloren, ist aber immer noch die entscheidende ideologische Stütze der Machteliten. Die Neue Rechte nutzt diese Schwäche, um den neoliberalen Kapitalismus verstärkt in eine autoritäre, antihumane Richtung zu drängen. Aus diesen Erfahrungen resultierende kritische Diskurse zu Niedergang und Ende des Kapitalismus, die jedoch ohne Hoffnung auf Alternativen sind, ohne mobilisierende Impulse für Gegenmachtakteure und ohne Vorstellungen von realisierbaren Gesellschaftsalternativen, lähmen eher, als Lösungen voranzubringen. Die Varianten des grünen Diskurses oszillieren zwischen ökologischer Modernisierung des neoliberalen Kapitalismus und Ansätzen für eine progressive Transformation im Rahmen des Kapitalismus. Diese bleibt aber durch dessen Grundstrukturen begrenzt und fordert zu einer Öffnung über ihn hinaus heraus.

Der gesellschaftlichen Linken fällt es zu, entschieden wirkungsmächtiger als bisher in die öffentlichen Diskurse einzugreifen. Wenn Sie die Machtverhältnisse verändern will, gehört als eine wesentliche Bedingung dazu, dies auch auf der Ebene der Diskurse zu erreichen. Das schließt ein, die theoretisch-konzeptionellen Grundlagen einer solidarischen Gesellschaftsalternative weiterzuentwickeln.

6.1 Transformationstheoretische Grundlagen progressiven Wandels

Die strukturellen Schwächen des Kapitalismus sind so gravierend und treten verstärkt seit der Mehrfachkrise mit dem Höhepunkt im Jahr 2008 derart deutlich hervor, dass »eigentlich« ein großer Aufwind für alternative Gesellschaftsvorstellungen, eine merkliche Stärkung linker und anderer demokratischer Akteure und eine Veränderung der gesellschaftlichen Kräfteverhältnisse nach links zu erwarten wären. Colin Crouch wählte daher als Titel eines seiner Bücher »Das befremdliche Überleben des Neoliberalismus« (Crouch 2011). Aber ein Automatismus zwischen Vertiefung der Widersprüche des

6.1 Transformationstheoretische Grundlagen progressiven Wandels 155

Kapitalismus und Wandel zugunsten emanzipatorischer Bewegungen existiert nicht. In den meisten Ländern und Regionen ist die gesellschaftliche Linke bisher nicht in der Lage, aus der Defensive herauszutreten und in die Offensive zu gehen. Es ist sogar die Neue Rechte, die aus den Defiziten des neoliberalen Kapitalismus trübes Kapital schlägt.

Die Schwächen des Kapitalismus und seiner Machteliten für eine demokratische und solidarische, sozial-ökologische und friedenssichernde Zeitenwende zu nutzen, für die Umwälzung aller Verhältnisse, die solcher neuen Großen Transformation im Wege stehen, setzt enorme Kraftakte voraus: die Überbrückung der Spaltungen in der pluralen Linken, die organisierende und mobilisierende Präsenz ihrer Aktiven in der Fülle konkreter Projekte und Initiativen der Selbstermächtigung von Bürgerinnen und Bürgern zur Verbesserung des eigenen Lebens vor Ort und in der Gesellschaft, die Arbeit an der Vernetzung solcher Aufbrüche zu einem großen gesellschaftlichen Pol der Solidarität, überzeugende Vorstellungen von den Konturen einer künftigen besseren Gesellschaft und von machbaren Wegen dorthin und die Verdichtung der vielen Hoffnungen, Wünsche und Erzählungen zu einer einenden und anziehenden gemeinsamen Erzählung der modernen Linken und ihrer möglichen Bündnispartner.

Der folgende Teil 2 dieses Buches zielt auf einen Beitrag zur Analyse linker Diskurse zu diesen Herausforderungen. Im Teil 1 waren Diskurse Gegenstand kritischer Analyse, die auf eine Zukunft des längst brüchig gewordenen Kapitalismus zielen, im günstigsten Fall (Green New Deal) auf einen anderen besseren Kapitalismus. Im Teil 2 geht es um eine andere Dimension von Diskursen und Praxen, um die Überwindung des neoliberalen Kapitalismus und um den Einstieg in die Überschreitung des Kapitalismus.

»Politik beginnt eigentlich erst mit der Aufkündigung dieses für die ursprüngliche Doxa (das unreflektierte Anerkennen gesellschaftlicher Machtverhältnisse – D.K.) charakteristischen unausgesprochenen Vertrags über die Bejahung der bestehenden Ordnung, mit anderen Worten: Politische Subversion setzt kognitive Subversion voraus, Konversion der Weltsicht.« (Bourdieu 2005: 131) Genau das hat der radikal-kritische Diskurs zu leisten: »Diese Möglichkeit, die soziale Welt zu verändern, indem ein Teil ihrer Realität, nämlich die Vorstellungen von dieser Welt, verändert werden oder, genauer gesagt, indem der üblichen Vorstellung, bei der die soziale Welt als eine natürliche Welt verstanden wird, eine paradoxe Voraus-Schau, eine Utopie, ein Plan, ein Programm entgegengehalten wird, macht sich die häretische (dem Mainstream entgegengesetzte – D.K.) Subversion zunutze: Die politische Voraus-Schau ist als performative Aussage eine Vorher-Sage ihrer selbst, mit der herbeigeführt werden soll, was sie sagt: indem sie Realität verkündet, vorher-sieht und vor-sieht, vorstellbar und vor allem glaubhaft macht und damit den kollektiven Willen und die kollektive Vorstellung erzeugt, die ihrer Verwirklichung förderlich sind, trägt sie selber praktisch zur Realität dessen bei, was sie verkündet. Jede Theorie ist, wie das Wort schon sagt, ein Programm für die Wahrnehmung; ganz besonders aber gilt das für die Theorie von der sozialen Welt.« (Ebd.: 132)

Linke Diskurse zielen auf eine andere als die gegenwärtige soziale Welt, auf ein Ende des Kapitalismus, auf eine solidarische gerechte Gesellschaft. Die Geschichte der radikalen Linken ist der von Bourdieu beschworenen Bedeutung der Gesellschaftstheorie entsprechend stets auch die Geschichte der Arbeit an einer die Welt verändernden Revolutionstheorie gewesen. Die Geschichte der reformistischen Linken war immer auch die Geschichte der Arbeit an theoretischen Grundlagen für Reformen und Reformpolitik.

Revolutionstheorien verweisen auf die Tiefe notwendiger Umwälzungen, die die gesamte kapitalistische Gesellschaft betreffen. Darin besteht ihre Rationalität und Stärke. Aber diese Umbrüche in einem einzigen umfassenden revolutionären Kraftakt erreichen zu wollen, erwies sich als ihre Schwäche und verhängnisvolle Fehlorientierung. Zu komplex sind moderne Gesellschaften, zu groß und kompliziert ihre ungelösten Probleme, als dass sie in einem zeitlich gerafften großen Ansturm gleichzeitig gelöst werden könnten. Destruktiv war zudem, mit dem Kapitalismus auch gleich sämtliche zivilisatorische Qualitäten der Moderne mitbeseitigen zu wollen

Die Stärke von Reformtheorien ist ihre Orientierung auf realisierbare Teillösungen, die zu beträchtlichen Wohlstandsgewinnen in den frühindustrialisierten Ländern geführt haben. Aber ihre Schwäche ist, dass sie die Grundstruktur des Kapitalismus nicht wirklich infrage stellen.

Die Großprobleme der Menschheit im 21. Jahrhundert sind weder allein durch Revolution noch allein durch Reform zu lösen. Notwendig ist, die Schwächen beider Formen des Wandels zu überwinden und zugleich ihre Stärken zu bewahren. Eine neue dritte Weise gesellschaftlichen Wandels, die dies vermag, ist unumgänglich geworden: die Gesellschafts-Transformation als Kern eines neuen Konzepts sozialen Wandels (Reißig 2009: 11). Die Fülle alternativer Überlegungen und Projekte bedarf einer neuen theoretischen Grundlage: einer Theorie der Transformation.

6.2 Erik Olin Wrights sozialistische Transformationstheorie

Die am meisten überzeugende theoretische Grundlage für eine alternative Politik bietet im Unterschied zu einseitigen Orientierungen an *Revolution* oder *Reform* eine Theorie der *Transformation*. Eine solche Theorie ist gegenwärtig keineswegs voll ausgearbeitet. Rolf Reißig bezeichnet Gesellschafts-Transformation als den für das 21. Jahrhundert voraussichtlich entscheidenden eigenen, spezifischen Typ sozialen Wandels« (Reißig 2009: 37)»Transformation ist ein intensionaler, eingreifender, gestaltender und zugleich ein eigendynamischer, organisch-evolutionärer Entwicklungsprozess.« (Ebd.: 34)

Den bisher umfassendsten Entwurf einer Theorie der Transformation hat Erik Olin Wright mit seinem Werk »Reale Utopien. Wege aus dem Kapitalismus« (Wright 2017) vorgelegt. Wright wurde 2010 zum Präsidenten der American Sociological Association gewählt und übte dieses Amt bis 2013 aus. Er war Professor an der University of Wisconsin/Madison. Er darf als Repräsentant einer durchaus nicht unbedeutenden kritischen sozialwissenschaftlichen Strömung im US-Wissenschaftsbetrieb angesehen werden, auch über seinen Tod im Januar 2019 hinaus. Seit über 20 Jahren hatte Wright zusammen mit anderen an seinem Real Utopias Project gearbeitet und in sechs Büchern die Resultate vorgelegt. Im sechsten Band unter dem Titel »Envisioning Real Utopias« veröffentlichte er 2010 eine zusammenfassende Theorie sozialistischer Transformation.

Michael Brie, der sich um die deutsche Ausgabe »Reale Utopien. Wege aus dem Kapitalismus« verdient gemacht hat, schrieb in seinem Nachwort zu dem rund 500 Seiten umfassenden Werk: »Es steht damit bisher alleine da. Zwar gibt es viele Versuche der Neubegründung von Sozialismus in seinen verschiedenen Varianten, aber keinen vergleichbaren systematischen Ansatz, wissenschaftlich konsistente Kapitalismuskritik, Sozialismusbegründung, Formulierung von realen Utopien und Transformationstheorie organisch zu verbinden. Wenn überhaupt, dann werden die einzelnen Elemente getrennt voneinander entwickelt, analytische, normative, prospektive und strategische Ansätze bleiben zumeist völlig unverbunden.« (Brie in Wright 2017: 498f.)

Erik Olin Wright beschränkte seine Transformationstheorie anders als selbst die meisten progressiven Vertreter eines Green New Deal nicht auf weitreichende Veränderungen im Rahmen des Kapitalismus. Er behandelt real stattfindende und künftig erreichbare Umwälzungen im Kapitalismus und deren mögliche Entfaltung zu einer Großen Transformation, die den Kapitalismus überwindet. Ein demokratischer Sozialismus ist das intendierte Ziel seines sozialistischen Transformationskonzepts, ohne den Widerstand der herrschenden Kräfte zu unterschätzen und ohne eine Fülle nichtintendierter Prozesse zu übersehen, deren Auswirkungen nicht überschaubar sind.

»Es ist jedoch von größter, sogar allergrößter Wichtigkeit, von diesem Eingeständnis unvollständigen Wissens über die zukünftigen Grenzen des Möglichen nicht in die Ansicht abzugleiten, der Sozialismus sei unmöglich. Wir wissen schlichtweg nicht, wo die Ausweitung einer demokratisch-egalitären gesellschaftlichen Ermächtigung endgültig an ihre Grenzen stößt. Das Beste, was wir tun können, ist, den Kampf um das Voranschreiten entlang der Pfade gesellschaftlicher Ermächtigung als einen experimentellen Prozess zu behandeln, innerhalb dessen wir die Grenzen des Möglichen fortlaufend ausloten und nochmals ausloten und dabei, so gut wir können, versuchen, neue Initiativen zu schaffen, die die Grenzen ihrerseits erweitern werden. Indem wir das tun, entwerfen wir nicht nur reale Utopien, sondern wir tragen dazu bei, die Utopien real werden zu lassen.« (Ebd.: 496) So fasst Wright am Ende seines Buches dessen Grundtenor zusammen.

Wright ordnet einer Theorie sozialer Transformation vier miteinander verschränkte Komponenten zu: »eine Theorie der *sozialen Reproduktion*; eine Theorie der *Lücken und Widersprüche innerhalb der Reproduktion*; eine Theorie des *Verlaufs unbeabsichtigter gesellschaftlicher Veränderungen* und eine Theorie *transformativer Strategien*« (ebd.: 375). Auf diese Weise strukturiert er seine eigene Transformationstheorie. Als eine weitere Dimension seines Transformationskonzepts könnten seine Vorstellungen von den *Konturen einer künftigen sozialistischen Gesellschaft* verstanden werden.

Theorie der Reproduktion
Unter sozialer Reproduktion versteht Wright Vorgänge, die die einer bestimmten Gesellschaft eigene Grundstruktur gesellschaftlicher Verhältnisse und Institutionen immer wieder herstellen. Die Theorie einer solchen Reproduktion hat deshalb für die Transformationstheorie als Ganzes eine erstrangige Bedeutung, weil sie zu erklären hat, welche Hindernisse denn der Überwindung der kapitalistischen Verhältnisse im Wege stehen, sodass trotz aller Härten, Verluste, Leiden und Sorgen die Mehrheit der subalternen Klassen die gegebenen Verhältnisse bisher ohne umstürzenden Widerstand hinnimmt. Welche Mechanismen hat eine progressive Transformation also zu überwinden, die dem Kapitalismus bisher immer wieder Halt geben?

Wright lenkt die Aufmerksamkeit alternativer Akteure auf zwei Arten der Befestigung kapitalistischer Strukturen. Erstens ist das die *passive Reproduktion*. Sie geschieht durch die Alltagsroutinen und -tätigkeiten der Men-

6.2 Erik Olin Wrights sozialistische Transformationstheorie

schen, durch eingeschliffene Gewohnheiten, durch den gewohnten Ablauf von Arbeit und Leben, der die Verhältnisse ebenso reproduziert, wie sie sind.

Pierre Bourdieu schrieb: »Die Wissenschaft von den sozialen Mechanismen, die der Reproduktion der bestehenden Ordnung dienen – etwa von den Mechanismen der kulturellen Vererbung im Zusammenhang mit den Abläufen der Bildungssysteme oder von der symbolischen Herrschaft, die mit der Vereinheitlichung des Marktes der kulturellen und ökonomischen Güter einhergeht – kann natürlich für das opportunistische *laissez-faire* eingespannt werden, das den Ablauf dieser Mechanismen *rationalisieren* möchte (in doppeltem Sinne). Ebenso gut aber kann sie die Grundlagen einer Politik mit völlig entgegengesetzten Zielen werden, bei der sowohl dem Voluntarismus der Unwissenheit oder Verzweiflung, als auch dem *laissez-faire* ein Ende gesetzt und die Kenntnis dieser Mechanismen als Waffe zu ihrer Neutralisierung genutzt wird; und bei der das Wissen über das wahrscheinlich Eintretende nicht als Aufforderung zu fatalistischer Abdankung oder verantwortungslosem Utopismus verstanden wird, sondern als Grundlage einer Absage an das Wahrscheinliche, die auf der wissenschaftlichen Beherrschung der Gesetze beruht, nach denen die Produktion dieser ungewollten Möglichkeit erfolgt.« (Bourdieu 2005: 139)

Michel Houellebecq hat in seinem Roman »Die Möglichkeit einer Insel« einen vom Standpunkt der Herrschenden idealen Zustand anschaulich beschrieben. Aus der Perspektive der 24. Generation künstlich geklonter und unsterblicher Neo-Menschen geht der Blick zurück auf die Gegenwart: »In Esthers Generation gab es nicht einmal mehr eine Diskussion darüber; der Kapitalismus war für sie ein normales Milieu, in dem sie sich mit jener Gewandtheit bewegte, die sie in allen Situationen auszeichnete; eine Demonstration gegen Massenentlassungen wäre ihr so absurd vorgekommen wie eine Demonstration gegen die Klimaabkühlung oder eine Wanderheuschreckeninvasion in Nordafrika. Die Vorstellung von kollektiven Forderungen ganz allgemein war ihr fremd, sie war schon immer der Ansicht gewesen, jeder müsse für sich selbst sorgen und ohne fremde Hilfe auskommen, sowohl auf finanzieller Ebene wie in allen wichtigen Fragen des Lebens.« (Houellebecq 2016: 171) Die Verinnerlichung der herrschenden Verhältnisse in der Mehrheit der Bevölkerung durch die Alltagspraxis ist eines der am schwersten zu überwindenden Hindernisse für das Wirken von Gegenmachtakteuren. Sie müssen herausfinden, wie infrage gestellt werden kann, was so selbstverständlich erscheint und doch keineswegs ohne Alternative ist.

Die *aktive Reproduktion* als zweiter Mechanismus der Bewahrung der gegebenen Verhältnisse erfolgt anders als die passive Reproduktion durch gezieltes Handeln von herrschaftssichernden Institutionen, von Polizei, Gerichten, staatlichen Verwaltungen, Medien, Bildungseinrichtungen usw., obwohl diese durchaus auch Gemeinwohlinteressen dienen können und das oft auch tun. Herauszufinden sind Schwachstellen und Widersprüche in den Apparaten aktiver Reproduktion, wenn progressive Transformationsprozesse in Bewegung geraten sollen. Dabei, so Wright, stoßen die Träger demokratischer sozialer Transformationskonzepte auf vier Mechanismen, die eine Theorie der sozialen Reproduktion bloßzulegen hat, um sie erfolgreich infrage zu stellen (Wright 2017: 382ff.).

Erstens wirken *Zwänge*, die es demokratischen Kräften schwer machen, an den gegebenen Verhältnissen zu rütteln. Sie reichen von Polizeieinsätzen bis zu weit subtileren Mitteln wie zu Nachteilen für Gewerkschaftsaktivisten oder für den beruflichen Aufstieg kritischer Köpfe. Journalisten werden durch Zeitverträge zur Selbstzensur gedrängt, weil sie andernfalls nicht weiter beschäftigt bleiben. Nicht selten halten sich staatliche Institutionen zurück, wenn Zwang seitens rassistischer und fremdenfeindlicher Kräfte zu unterbinden wäre.

Allerdings kann Zwang auch Wut und Widerstand auslösen und so die herrschenden Verhältnisse eher schwächen.»Ein Schlüsselproblem für jede Theorie der gesellschaftlichen Reproduktion besteht daher darin, die Bedingungen zu verstehen, die die Wirksamkeit des Zwangs als Mittel gesellschaftlicher Reproduktion erhöhen oder verringern.« (Ebd.: 385)

Zweitens tragen *institutionelle Regeln* zur Bewahrung der gegebenen Strukturen des Kapitalismus bei. Zum Beispiel hat sich die repräsentative Demokratie als probater Mechanismus erwiesen, um das Wahlvolk in die bürgerlich-kapitalistische Ordnung einzubinden. Allerdings ist es auch möglich, die etablierten Spielregeln gegen das System zu wenden, etwa wenn Linksregierungen durch Wahlen zustande kommen.

Drittens prägt die *herrschende Ideologie* die bewussten Aspekte der Subjektivität, die Ansichten, Werte, Ideen der Menschen. Die Kultur beeinflusst die nicht-bewussten, eher emotionalen Seiten, die Neigungen, Gefühle, Gewohnheiten und Vorlieben der Menschen im Sinne der Reproduktion des Gegebenen. Besonders die Medien transportieren Ideologie und Kultur in der Regel im herrschenden Interesse. Aber in den gesellschaftlichen Diskursen können unter günstigen Bedingungen auch Gegenpositionen hegemonial werden und die Reproduktion der Gegenwart infrage stellen.

Viertens schließlich wirken *materielle Interessen* herrschaftssichernd, wenn ein erträgliches Funktionieren des Kapitalismus die Mehrheit an den

6.2 Erik Olin Wrights sozialistische Transformationstheorie   161

Resultaten des Wirtschaftswachstums mit integrierender Wirkung beteiligt. Besonders in Krisenzeiten kann sich diese materielle Bindung allerdings lockern und in das widerständige Gegenteil umschlagen.

An dieser Stelle ist die Logik Wrightscher Gedankenführung allerdings zu vertiefen. Die Grundstruktur des Kapitals selbst als Verhältnis der Ausbeutung der Lohnabhängigen durch die Kapitaleigentümer polarisiert die Gesellschaft zwar einerseits. Andererseits jedoch ist es das elementare materielle Interesse der vom Verkauf ihrer Arbeitskraft Abhängigen, das sie an das kapitalistische System bindet. Sie brauchen Arbeit, um zu leben. Aber die Arbeitsplätze befinden sich in den Händen der Kapitaleigentümer. In letzter Instanz geht es bei emanzipatorischen Transformationsprozessen um die Befreiung der Arbeitenden davon, abhängig vom privatkapitalistischen »Arbeitgeber« zu sein.

Transformatorische Politik darf die Bindungs- und Inklusionsmechanismen kapitalistischer Reproduktion nicht unterschätzen, wenn sie nicht an möglichen Bündnispartnern vorbeigehen soll. Diese Mechanismen müssen sorgfältig beachtet werden, um Ansätze für Gesellschaftsalternativen zur Geltung zu bringen.

Theorie der Lücken und Widersprüche innerhalb der Reproduktion
Die Chancen dafür hängen davon ab, wie weit die Linke und andere demokratische Kräfte systemische Defizite, Lücken und Widersprüche im Reproduktionsmechanismus Wrightscher Lesart auszunutzen vermag. Eine sozialistische Transformationstheorie muss die Chancen dafür ausloten. In dem hier vorliegenden Buch wird als die elementarste Schwäche des Kapitalismus angesehen, dass das Kapital ein Ausbeutungsverhältnis der Mehrheit durch die Minderheit der großen Kapitaleigentümer ist und die Mehrheitsinteressen an einem freien und selbstbestimmten Leben jeder und jedes Einzelnen gegen sich hat.

Wright nennt als erste Ursache dafür, dass die Machteliten verwundbare Flanken ihrer Herrschaftssicherung nicht vermeiden können: Die *Bedingungen kapitalistischer Stabilität sind zu hochkomplex*, um voll beherrschbar zu sein. Ständig stößt das Establishment auf Dilemmata und muss Kompromisse eingehen, die auch schwächen können. Die von Wolfgang Streeck nachgezeichnete Suche des herrschenden Blocks nach Auswegen aus der Krise (Kapitel 3.1) – ob durch Inflation, Privatverschuldung, Staatsverschuldung, Austeritätspolitik oder Exportüberschüsse – kann als Beispiel dafür angesehen werden. Jeder scheinbare Ausweg führte in eine neue Sackgasse. Zu komplex ist das System, um vor immer neuen Krisen bewahrt zu werden. Jede Erweiterung der Staatsintervention birgt neue Möglichkeiten nicht vorausgesehener Konflikte,»und das eröffnet den Strategien des gesellschaftlichen Wandels Freiräume« (ebd.: 400).

Als eine zweite Ursache für eine Instabilität des Kapitalismus, die eine sichere Reproduktion seiner Grundstrukturen gefährdet, nennt Wright die *Unsicherheiten strategischer Intentionalität*. Zu jeder Zeit ist die Gestaltung von Institutionen das Ergebnis von Kämpfen, verläuft also nicht nach einem Masterplan der Herrschenden. Zudem führt die Hochkomplexität moderner Gesellschaften dazu, dass dem herrschenden Block das Wissen um die möglichen Folgen seiner Entscheidungen oft fehlen muss, zumal ideologische Scheuklappen richtige Einsichten häufig verhindern. Unvorhersehbare und unbeabsichtigte Folgen mehren sich daher. Gegenmachtakteure haben die Chance, den chaotischen Tendenzen bürgerlich-kapitalistischer Politik klare Alternativen entgegenzusetzen, wenn sie sich ihrerseits mit hoher Beweglichkeit auf unvorhersehbare Entwicklungen einstellen.

Als eine dritte Ursache für die Labilität der Reproduktion kapitalistischer Grundstrukturen sieht Wright die *institutionelle Rigidität* an. Lange etablierte Institutionen verfestigen sich, sind personell eingefahren und zugleich durch innere Machtkämpfe an äußerer Beweglichkeit gehindert. Sie büßen die Fähigkeit zur Anpassung an die sich ständig verändernden Bedingungen ein. Beispielsweise lähmt fixiertes Kapital in alten Industrien und Technologien wie in der fossilen Wirtschaft die Anpassung an existenzielle Umbauerfordernisse, die durch den Klimawandel diktiert sind. Das macht die Machteliten verwundbar durch das Handeln einer modernen Linken auf der Höhe der Herausforderungen – wenn sich denn die Linke auf diese Höhe aufzuschwingen vermag und nicht ihrerseits verkrustet. Bedrohlich für die Machteliten wird ihre strukturelle Unbeweglichkeit besonders dann, wenn unvorhersehbar und unvorhergesehen gravierende Veränderungen in den Handlungsbedingungen und qualitativ neue Herausforderung auftreten, die äußerste Beweglichkeit der politischen Akteure bedingen.

Theorie des Verlaufs unbeabsichtigter Veränderungen
Eine vierte Ursache für Instabilitäten in der Reproduktion der gegebenen Verhältnisse sind denn auch Kontingenz und Unvorhersagbarkeit. Einschneidende gesellschaftliche Veränderungen, so Wright, sind immer »Ergebnis der Interaktion zweier Veränderungen hervorrufender Prozesse: erstens der Anhäufung unbeabsichtigter Nebenergebnisse der Handlungen von Menschen, die unter den gegebenen gesellschaftlichen Verhältnissen wirken; zweitens der Anhäufung beabsichtigter Wirkungen jener bewusst betriebenen Projekte gesellschaftlicher Veränderung, die von Menschen vorangetrieben werden, die strategisch handeln, um die gesellschaftlichen Ver-

6.2 Erik Olin Wrights sozialistische Transformationstheorie 163

hältnisse zu ändern.« (Ebd.: 406) Diese Unsicherheit über den kommenden Verlauf der Dinge birgt Risiken für den Block an der Macht. Plötzlich kann ihm die Beherrschung der gesellschaftlichen Entwicklung entgleiten. Aber auch für alternative Akteure wirft diese Kontingenz große Probleme auf. »Eigentlich benötigen wir, sofern wir über eine kohärente langfristige Strategie verfügen wollen, zumindest ein grobes Verständnis des allgemeinen Verlaufs unbeabsichtigter, ungeplanter gesellschaftlicher Veränderungen in der Zukunft.« (Ebd.: 410) Die Marxsche Theorie von den Entwicklungstendenzen des Kapitalismus war ein großer Versuch, solches Verständnis zu erarbeiten – mit heute noch zutreffenden Voraussagen und mit Fehlerwartungen (ebd.).

Die Dringlichkeit von begründeten Vorstellungen langfristiger Entwicklungen trotz des Dilemmas der Unvorhersehbarkeit bedeutet für die plurale Linke zumindest, dass ihre Führungen und ihre organischen Intellektuellen auf keinen Fall im politischen Alltagsgeschäft ohne ständige strategische Arbeit versinken dürfen. Aber die Neigung dazu ist im parlamentarischen Geschäft, in den von den Parlamentsfraktionen nicht selten dominierten Parteispitzen und in den Alltagsmühen von Linken vor Ort oft groß.

Eine weitere wichtige Schlussfolgerung aus dem Phänomen der Kontingenz gesellschaftlicher Entwicklung formuliert Wright so: »Im Allgemeinen besteht das Schlüsselproblem für kollektive Akteure, die um gesellschaftliche Emanzipation kämpfen, aber darin, ›die Gelegenheit zu ergreifen‹, in der sich Möglichkeiten des Wandels aus Gründen ergeben, für die sie nicht selbst verantwortlich sind« (ebd.: 408), die sich aber plötzlich auftun – etwa in großen Krisen oder durch unvermutet eintretende spektakuläre Einzelereignisse, etwa Korruptionsfälle, die ganze Teile der Machteliten bloßstellen, oder schockierende Umschläge in den Naturgleichgewichten.

> Die Linke braucht eine Doppelstrategie: ein Transformationskonzept für den nach gewohnten Mustern verlaufenden beeinflussbaren Entwicklungsprozess und die Vorbereitung auf außergewöhnliche Gelegenheitsfenster.

Pierre Bourdieu hob für Krisensituationen hervor:

> »Diese *paradoxen, außergewöhnlichen* Situationen erfordern einen außergewöhnlichen Diskurs, der die praktischen Prinzipien des Ethos zu expliziten Prinzipien mit (fast) systematischen Antwortmöglichkeiten erheben und allem Ausdruck verleihen kann, was an der von der Krise geschaffenen Lage unerhört und unsagbar scheint.« (Bourdieu 2005: 132)

In der Großen Krise mit dem Höhepunkt 2008 lagen Chancen für linke Aufbrüche förmlich in der Luft. Aber die Linke war darauf nicht vorbereitet, sie konnte sie nicht nutzen. So stellt Wright fest: »Gegenwärtig fehlt uns jedenfalls, aus welchem Grund auch immer, eine überzeugende Theorie des langfristigen, immanenten Entwicklungsverlaufs unbeabsichtigten gesellschaftlichen Wandels. Das stellt eine zusätzliche Bürde für den vierten Bestandteil einer Theorie der Transformation dar, also für die Theorie transformatorischer Strategien, denn diese muss sich ja mit dem Problem transformativer Kämpfe auseinandersetzen, ohne über ein befriedigendes Verständnis des Entwicklungsverlaufs jener Bedingungen zu verfügen, mit denen diese Kämpfe aller Wahrscheinlichkeit nach konfrontiert sein werden.« (Wright 2017: 412)

Theorie transformatorischer Strategien
Wrights »Theorie transformatorischer Strategien« steht im Mittelpunkt seiner gesamten Transformationstheorie. Sie betrifft die Hauptformen gesellschaftlichen Wandels. Wright geht nicht von der Erwartung eines einmaligen großen Umsturzes aller Verhältnisse moderner bürgerlich-kapitalistischer Gesellschaften aus. Er erwartet eine nachhaltige demokratisch-solidarische Gesellschaft, die er als Sozialismus auf demokratischen Grundlagen bezeichnet, als Resultat eines voraussichtlich langen, mit Kämpfen verbundenen Suchprozesses nach immer neuen Möglichkeiten mehrheitlicher demokratischer Selbstermächtigung und nach Institutionen, die die Persönlichkeitsentfaltung jeder und jedes Einzelnen begünstigen. Wenn aber nicht erst ein großer Umsturz den so verstandenen Sozialismus hervorbringt, müssen potenziell oder real sozialistische Institutionen, Bewegungsformen und Praxen bereits im Rahmen des Kapitalismus wahrgenommen und entfaltet werden.

Diesen Gedanken arbeitet Wright mit einem Verständnis des Kapitalismus als einer Gesellschaft heraus, in der zwar das Kapitaleigentum und der Profit als Prinzip der Regulation dominieren, die aber zugleich *hybriden Charakter* hat, »in der die Wirtschaft in mancher Hinsicht kapitalistisch, etatistisch oder sozialistisch ist« (ebd.: 190). Neben dem vorherrschenden Kapitaleigentum existieren in der Realität entwickelter kapitalistischer Gesellschaften soziales Eigentum (social ownership) in verschiedenen Formen und Staatseigentum. Soziales Eigentum unterliegt mehr oder weniger der sozialen Kontrolle und Entscheidungsmacht von Akteuren der Zivilgesellschaft. Alle drei Eigentumsformen und ihnen entsprechende Institutionen und Verhaltensweisen stehen in Wechselwirkung, widersprechen sich, können sich aber auch annähern und wechselseitig ergänzen. Staatliches Eigentum beispielsweise funktioniert weitgehend den Interessen privater

6.2 Erik Olin Wrights sozialistische Transformationstheorie 165

Kapitaleigentümer – insbesondere transnationaler Unternehmen – gemäß, kann unter anderen Kräfteverhältnissen aber auch günstige Bedingungen für die Akteure sozialen Eigentums bereitstellen.

Wright bricht also ein monolithisches Verständnis des Kapitalismus auf. Ohne die prinzipielle Kritik an der Dominanz der kapitalistischen Eigentums-, Verfügungs- und Machtverhältnisse zurückzustellen, lenkt er zugleich die Aufmerksamkeit auf dem Profitmechanismus entgegengesetzte real oder potenziell sozialistische Elemente in der kapitalistischen Gesellschaft. Wäre der Kapitalismus nur kapitalistisch, gäbe es außer totaler Konfrontation keine Möglichkeiten für antikapitalistische Strategien. Allein der große Bruch mit allen Verhältnissen würde den Weg in eine bessere Gesellschaft öffnen.

Wrights Analyse des Kapitalismus als profitdominierte, jedoch in vieler Hinsicht hybride Gesellschaft bietet dagegen einen logischen Zugang zu einem mehrdimensionalen Verständnis von Transformationsprozessen und sozialistischen Transformationsstrategien auf dem Weg zu einer gerechten, solidarischen Gesellschaft. Er unterscheidet drei Transformationsstrategien: den harten Bruch mit den gegebenen Verhältnissen, die Nutzung von Freiräumen im Kapitalismus für nichtkapitalistische Entwicklungen und symbiotische Veränderungen.

Strategien des Bruchs
Selbst wenn in einem optimistischen Szenario ein großer Bruch mit dem ganzen kapitalistischen System angenommen würde, wenn eine sozialistische Partei in demokratischen Wahlen mit einer beträchtlichen Mehrheit der Stimmen die Kontrolle über den Staat gewinnen und ein großes Programm des sozialistischen Umbaus einleiten würde, selbst wenn dies – höchst unwahrscheinlich – nicht auf den erbitterten Widerstand der bisher Herrschenden stieße, wäre eine ungeheure Fülle von Problemen zu lösen.

Je komplexer eine Gesellschaft verfasst ist, desto schwieriger wäre es, ohne bereits in Gang gesetzte tiefe Veränderungsprozesse, ohne schon vollzogene partielle Brüche und Erfahrungen mit emanzipatorischen Projekten die Gesellschaft in einer relativ kurzen ereignishaften Phase des tiefen umfassenden Bruchs von Grund auf zu verändern. So viele etablierte Institutionen und Mechanismen müssten zerstört werden, dass ein beträchtlicher Produktionsrückgang und eine Absenkung des Lebensstandards kaum vermeidbar wären. Je tiefer der Bruch, desto länger würde er sich mit negativen sozialen Folgen hinziehen und zu Verlusten in der Akzeptanz des Neuen selbst bei überzeugten Unterstützern einer alternativen Entwicklung führen. »Interessen sind immer innerhalb spezifischer Zeithorizonte wirksam, und wenn die Talsohle eine gewisse Länge aufweist, wird es unwahrscheinlich, dass die meisten Menschen den Übergang als in ihrem materiellen Interesse liegend ansehen.« (Ebd.: 428) Wachsende Ungeduld und Abkehr größerer Teile der Bevölkerung wären wahrscheinlich die Folge und würden von reaktionären Kräften gegen sozialistische Veränderungen ausgenutzt werden. Es sei daher, so Wright, »unwahrscheinlich, dass sich ein auf Bruch basierender Übergang zum Sozialismus *unter demokratischen Bedingungen* durchhalten ließe« (ebd.: 430).

Dies schließt ein, dass progressive Reformprozesse und alternative Projekte in den Freiräumen des Kapitalismus immer wieder an herrschaftliche Grenzen stoßen, sodass mehr oder weniger tiefe Brüche als Korrelat zu eher evolutionären Veränderungen unumgehbar werden. Beispielsweise könnten das Brüche in Gestalt der Vergesellschaftung von Großbanken und Energiekonzernen, in der Form radikaler Ausweitung von Commons und öffentlicher Daseinsvorsorge und die Einführung konfiskatorischer Steuern auf Großvermögen sein.

Freiraumstrategien
Die Nutzung von Freiräumen, von Nischen im kapitalistischen System für Veränderungen, betrachtet Wright als eine zweite Transformationsstrategie. Als Beispiele dafür nennt er Arbeiter- und Verbraucherkooperativen, Arbeiterräte in Fabriken, Ökoräte, sozialwirtschaftliche Projekte in Kommunen, lokal kontrollierte Landfonds, Frauenhäuser und Fair-Trade-Organisationen. Für sich genommen rühren solche Non-Profit-Formen nicht an die Substanz des Kapitalismus. Wright hält durchaus für möglich, dass sich Freiraumstrategien als Sackgasse erweisen könnten. Aber Erfolge nichtkapitalistischer Projekte vermitteln die Erfahrung, dass Alternativen möglich sind. Und indem sie die Handlungsbedingungen für progressive Kräfte verändern, könnte ihre Ausweitung und Vernetzung in der Kombination mit deutlichen Brüchen und symbiotischen Transformationsprozessen bei günstigen Bedingungen zur Überwindung des Kapitalismus beitragen. Brüche bleiben nach Wrights Überlegungen gleichwohl unvermeidbar.

Symbiotische Strategien
Die dritte Transformationsstrategie im Verständnis Erik Olin Wrights besteht in der Durchsetzung von Reformen, die im Unterschied zu der weitgehend am Staat vorbei verlaufenden Freiraumstrategie ein starkes Eingreifen des Staates zugunsten systemverändernder Prozesse einschließen. Das setzt dreierlei voraus. Erstens wird der Staat Nicos Poulantzas folgend als Mate-

6.2 Erik Olin Wrights sozialistische Transformationstheorie 167

rialisierung von veränderbaren Kräfteverhältnissen zwischen gegensätzlichen Akteuren verstanden. Zweitens müsste die gegenwärtige Dominanz von Kapitalinteressen im staatlichen Handeln so weit aufgebrochen werden, dass der Staat aktiv zu Reformen beiträgt, die weitgehend den Interessen der subalternen Klassen und Schichten entgegenkommen. Drittens wäre das nur zu erwarten, wenn solche Reformen deren Interessen aufnehmen, aber »auf die eine oder andere Weise auch irgend ein wichtiges Interesse herrschender Gruppen bedienen und reale Probleme lösen, denen das System als Ganzes gegenübersteht« (ebd.: 453).

Es ginge also um »positive Klassenkompromisse«, eben um eine »symbiotische Transformation«. Als Beispiele dafür nennt Wright die korporatistischen Arrangements zwischen Gewerkschaften, zentralen Arbeitgeberorganisationen und Staat zur Entwicklung des Sozialstaats in Schweden, die keynesianische Politik der Nachfragestärkung durch Lohnerhöhungen, hohe Aufwendungen für eine gute Ausbildung der Lohnabhängigen oder eine starke Stellung von Betriebsräten und wirksame Mitbestimmung in deutschen Unternehmen. In allen diesen Fällen sprechen Einzelinteressen von kapitalistischen Unternehmen gegen solche Prozesse, da sie ihre Kosten unmittelbar oder über mehr Steuern erhöhen und ihre Profite schmälern. Aber Reformen dieser Art liegen im Gesamtinteresse des herrschenden Machtblocks. Sie stoßen daher auf die nicht unbegründete Skepsis und Ablehnung radikaler Teile der Linken. Doch unter der Voraussetzung einer Veränderung der Kräfteverhältnisse nach links und in der Kombination mit größeren Brüchen könnten sie zum Instrument der Systemüberschreitung werden. Das war auch der Grund dafür, so Wright, dass die schwedischen Machteliten an einem bestimmten Punkt der Entwicklung des skandinavischen Wohlfahrtstaats die Notbremse zogen und der links-sozialdemokratischen Reformpolitik mit einer konservativen Wende begegneten. Als gemäß dem Meidner-Plan durch die Bildung eines von den Unternehmen mitzufinanzierenden, gewerkschaftlich kontrollierten Fonds eine sukzessive Übernahme der Eigentumsrechte von Unternehmen durch Beteiligung an ihnen drohte, schlugen sie einen harten Gegenkurs ein (Sjöberg 2004). Generell gilt dies für die Aufkündigung des New Deal bzw. des fordistischen Klassenkompromisses der Jahrzehnte nach dem Zweiten Weltkrieg durch die Protagonisten des neoliberalen Kapitalismus. Das konnte geschehen, weil die Linke keine hinreichende Unterstützung für eine Radikalisierung progressiver Transformationsprozesse zu organisieren vermochte und dafür auch keine Strategie besaß.

Gelänge in Zukunft jedoch, eine solche Unterstützung zu mobilisieren, dann hätten »symbiotische Strategien ... das Potenzial, umfassendere

Räume für das Wirken von Freiraumstrategien zu eröffnen; und die kumulative Wirkung eines solchen, an gesellschaftlicher Ermächtigung ausgerichteten Aufbaus von Institutionen könnte darin bestehen, unter unvorhergesehenen Zukunftsbedingungen Transformationen, die auf Brüchen basieren, zu ermöglichen.« (Wright 2017: 485)

> Die meisten linken Zukunftsvorstellungen werden in Gestalt von Beschreibungen wünschenswerter Gesellschaftszustände und von Forderungen für den Weg dahin präsentiert. Aber darüber, auf welche Weise mit welchen Strategien Forderungen und Ziele verwirklicht werden sollen, ist in der Regel wenig zu erfahren. Zur Schließung dieser Lücke hat Wrights Transformationstheorie mit der Unterscheidung von Freiraumstrategien, symbiotischen Transformationsstrategien und Strategien des Bruchs sowie mit der Begründung ihrer notwendigen wechselseitigen Ergänzung erheblich beigetragen.

Er hat praktische Schritte und Erfahrungen in jeder Gestalt von Transformationsprozessen stets als Ergebnisse von Selbstermächtigung der Akteure in ihren permanenten Kämpfen und Suchprozessen analysiert. Der gesellschaftlichen Linken fordert die Widersprüchlichkeit realer Entwicklungsprozesse eine permanente Gratwanderung ab. Zu einseitig auf Transformation durch Bruch zu setzen, droht die notwendige Unterstützung großer Teile der Bevölkerung zu kosten. Zu viel von einer Freiraumstrategie zu erwarten, kann die Linke in ein Sektiererdasein führen. Zu sehr Klassenkompromissen auf dem Weg von symbiotischen Reformen zu vertrauen, mündet längerfristig in Unterordnung unter die herrschenden Kräfte, in den Verlust eines eigenen alternativen Profils und ebenfalls in die Abkehr der Wählerinnen und Wähler von einer sich selbst aufgebenden Linken.

Zur Kunst radikaler Realpolitik einer modernen Linken gehört daher, die Kombination der drei von Wright charakterisierten Transformationsstrategien den sich wandelnden Bedingungen gemäß rechtzeitig immer wieder neu zu bestimmen, um situationsgemäß handeln zu können. Zu dieser Kunst gehört vor allem, die verschiedenen Strategien so zu verbinden, dass sie noch im Rahmen des Kapitalismus die Öffnung von systeminternen Transformationsprozessen zu systemüberschreitenden Transformationsprozessen bewirken und vorantreiben.

6.3 Das Wuppertal-Konzept einer »moralischen Revolution«

Ein anderes Transformationskonzept wird im renommierten Wuppertal Institut für Klima, Umwelt, Energie vertreten. Transformation wird dort ausdrücklich als Evolution und nicht als neue Verbindung evolutionärer Prozesse und revolutionärer Brüche verstanden. Uwe Schneidewind, seit 2010 Präsident des Instituts, Mitglied des Wissenschaftlichen Beirats der Bundesregierung Globale Umweltveränderungen und des Club of Rome, fragt in seinem Buch »Die Große Transformation. Eine Einführung in die Kunst gesellschaftlichen Wandels« ausdrücklich: »Hat angesichts zunehmender ökologischer und sozialer Herausforderungen der Kapitalismus in seiner heutigen Form noch eine Zukunft? Oder wird er gerade zur Lösung der Herausforderungen gebraucht?« (Schneidewind 2018: 9) Seine Antwort ist, dass die heutige neoliberale Gestalt des Kapitalismus nicht nachhaltigkeits- und zukunftstauglich ist. Aber die Zukunft der globalen Wirtschaftsordnung, also des Kapitalismus, könne als deren »Weiterentwicklung«, »als evolutionäres und insbesondere technologieoffenes Projekt gedacht werden« (ebd.: 67f.). »Im Kern geht es ... um Transformationsprozesse, die durch viele kleine Schritte Veränderungen auslösen und die in der Summe moderne Wirtschaftssysteme zukunftsfähig weiterentwickeln.« (Ebd.: 93f.) »Der Weg ist evolutionär und nicht revolutionär.« (Ebd.: 104) Eindrucksvoll und orientierend für das Handeln sozialer und ökologischer Akteure werden mögliche evolutionäre Schritte für sieben »Arenen von Wenden« in den entscheidenden Sektoren der Wirtschaft und Gesellschaft herausgearbeitet.

Aber der Ausgangspunkt der Wuppertaler Konzeption hat eine zweischneidige Wirkung: »... im Kern ist Nachhaltige Entwicklung eine ›moralische Revolution‹ (Appiah 2011), die in neuen Wertvorstellungen (›Mindshifts‹, vgl. Göpel 2016) ihren Ausgangspunkt nimmt und darüber ihre zivilisatorische Kraft gewinnt.« (Ebd.: 478) Diese Konzentration auf ein tiefgreifendes Umdenken der Akteure gesellschaftlichen Wandels, auf eine fundamentale kulturelle Wende ist eine Stärke der Konzeption des Wuppertal Instituts. Aber sie hat eine problematische Kehrseite. Die Überzeugung, dass eine neue sozial-ökologische Vernunft schon dabei sei, das Handeln sämtlicher »Pioniere des Wandels« zu bestimmen, von Unternehmen, zivilgesellschaftlichen Organisationen, wissenschaftlichen Institutionen und politischen Akteuren, führt zu sträflicher Vernachlässigung der durch Kapitaleigentum und Profitdominanz bestimmten kapitalistischen Grundstrukturen in den Wuppertal-Strategien für einen transformatorischen Wandel. Diese Strukturen treten so sehr in den Hintergrund, dass die Analyse der Unternehmen als Akteure der Veränderung überwiegend zum Lob auf deren neue Geschäftsmodelle gerät, auf eine neue verantwortungsvolle Unterordnung der Unternehmenspolitik unter das Primat gesellschaftlicher Ansprüche anstelle des Profits, auf nachhaltiges Unternehmertum, auf »True Business Sustainability«. Ebenso wird »der Politik« eine moralische Kehrtwende unter dem Druck der Zivilgesellschaft zugetraut.

Widerstände, die in der Kapitalverwertung wurzeln, und notwendige sozial-ökologische Kämpfe werden durchaus benannt. Doch der Grundton in der Wuppertal-Erzählung ist die Erwartung eines evolutionär geläuterten nachhaltigen Kapitalismus als Resultat moralisch fundierter Zukunftskunst.

6.4 Das Konzept doppelter Transformation und eine Konsultation Ernst Blochs

Das von einigen Wissenschaftlern und Wissenschaftlerinnen am Institut für Gesellschaftsanalyse der Rosa-Luxemburg-Stiftung vertretene Konzept doppelter Transformation korrespondiert dagegen mit der Transformationstheorie Erik Olin Wrights. Sie unterscheiden zwischen systeminterner progressiver Transformation, von der im günstigen Falle eine längere postneoliberale Entwicklungsphase oder Formation des Kapitalismus zu erwarten ist, und systemüberschreitender Großer Transformation. Das läuft jedoch nicht auf eine Zwei Phasen-Theorie des Übergangs zum Sozialismus hinaus. Der Begriff doppelte Transformation verweist vielmehr auf die Verschränkung beider Transformationstypen. Noch während systeminterne progressive Reformprozesse dominieren, kommt es dem Konzept doppelter Transformation folgend darauf an, bereits im innersystemischen Transformationsverlauf Einstiegsprojekte in die Transformation über den Kapitalismus hinaus zu entwickeln (Brangsch 2014). Ausführlich wurde die Theorie doppelter Transformation entwickelt in Klein »Das Morgen tanzt im Heute. Transformation im Kapitalismus und über ihn hinaus« (Klein 2013) und in dem von Michael Brie 2014 herausgegebenen Band »Futuring. Transformation im Kapitalismus über ihn hinaus«.

Angeregt durch eine Konferenz im Oktober 2017 zum Thema »Der Zukunft auf der Spur. Transformation aus der Perspektive Ernst Blochs« wird das Konzept doppelter Transformation in dem hier vorliegenden Buch im Zusammenhang mit einer Reihe von Kategorien skizziert, die im Theoriegebäude Ernst Blochs zentrale Bedeutung haben und zu größerer Klarheit und Logik einer linken Transformationstheorie beitragen können. Überlegungen des Autors dazu werden hier zum Teil aus seinem Beitrag auf dieser Konferenz übernommen (Klein 2018).

6.4 Das Konzept doppelter Transformation und Ernst Bloch

Wright betont immer wieder, dass Projekte in den Freiräumen des Kapitalismus integriert in das kapitalistische Herrschaftssystem sowohl Anteil an dessen Stabilisierung haben als durch den Aufschein von Alternativen zu seiner Überwindung beitragen können. Symbiotische Strategien können in das Gegenteil ursprünglich sozialer Reformen umschlagen, in Mechanismen neoliberaler Herrschaft; aber sie können gegen diese gerichtet auch zu Schritten in eine gerechtere Gesellschaft werden. Verbunden mit evolutionärem Wandel können Strategien des Bruchs in eine antikapitalistische Entwicklung münden. Versuche des Bruchs zur falschen Zeit und ohne Verankerung in weniger eruptiven Prozessen des Wandels können aber auch zu großen Rückschlägen für die Linke führen. Folglich kommt es darauf an, in den unterschiedlichen Gestalten der Transformation das progressiv Zukunftsträchtige sorgsam von neuer Verkleidung des Alten zu unterscheiden. Es kommt darauf an, die progressiven Tendenzen in den Prozessen zu erfassen und sie zu gestalten, im Konkreten die Utopie zu ahnen und der Utopie die gegenwärtig bereits mögliche Anfangsgestalt zu geben.

Auf die Kunst solcher Unterscheidungen und auf Schritte an vorderer Front des Möglichen orientiert eine Reihe zentraler Begriffe im Theoriegebäude Ernst Blochs. Dazu gehören unter anderem die Begriffe Vor-Schein, Prozess-Wirklichkeit, Front, konkrete Utopie, Novum und Hoffnung als Prinzip.

Bloch betonte die Bedeutung klarer Begriffe für gesellschaftliche Diskurse und zielgerichtetes Handeln: »So hat das genaue kategoriale Denken zwar das erste und auf langhin das zeitgemäße wie allemal räumende Wort, aber auftragsgemäß nicht das letzte, als welches Handeln heißt, Verändern. Kein Verändern aber geschieht ohne Begriff, dieser ist der Generalstab gerade der Umwälzung und also der möglichen Ankunft, damit sie nicht woanders ankomme als in dem Meinen des Rechten gemeint.« (Bloch 2016: 239)

Ähnlich wie Wright hatte Bloch herausgearbeitet, dass weder der große Bruch, die Revolution, noch die Reform allein den Erfordernissen unserer Zeit genügen. Wie Wright hatte er für die Überschreitung der Grenzen beider Entwicklungsweisen plädiert. Der anarchische Putsch, der Revolutionarismus, lasse »die Nahziele aus, überfliegt sie mit dem Dilettantismus der Ungeduld schlechthin, der Reformismus verleugnet, ja verrät mit seinen bewusst kurzsichtigen Zwecken das in allen Nahzielen implizierte Fernziel ... Das heißt, die Horizonte und deren anfeuernder Vorschein müssen in allen Nahzielen sichtbar sein, und das durchziehende, vorleuchtende, anziehende Endziel muss in die Theorie-Praxis sämtlicher Nahziele hineinwirken, als Entelechie aller aussichtsreichen revolutionären Bewegungen. Revolutionäre Theorie ist also nur eine, wenn sie solcher Vermittlung von Nahzielen und Endziel sich widmet.« (Ebd.: 122)

6. Kapitel: Theoretische Grundlagen für linke Alternativen

Das theoretische Konzept, das genau diese Vermittlung leistet, das sowohl auf die Bewahrung der Stärken von Revolution und Reform wie auf die Überwindung der Schwächen und Grenzen beider zielt, heißt Transformation, genauer: doppelte Transformation. Der Begriff doppelte Transformation bezeichnet einen Übergangsprozess, der nicht eine ereignishaft-plötzliche revolutionäre Zeitenwende ist und doch entschieden anderes bedeutet als gemäßigte Reformen innerhalb eines »Weiter so«. Entscheidend für linke Politik in den kommenden Zeiten wird sein, zugleich mit Anstrengungen zur Verbesserung der gegenwärtigen Lage der Menschen Bedingungen für weiter reichende, radikale Veränderungen zu erkämpfen. Die kapitalistische Zivilisation mit ihren Produktions- und Lebensweisen und ihren Geschlechterverhältnissen muss bereits mitten im Übergang zu progressiveren bürgerlich-kapitalistischen Gesellschaften infrage gestellt werden.

Als erste Seite einer doppelten Transformation in Deutschland und in großen Teilen Europas ist für eine lange Zeitspanne auch unter der notwendigen Voraussetzung weitreichender Veränderung der gesellschaftlichen Kräfteverhältnisse nach links im glücklichsten Falle eine progressive demokratische, stärker soziale und umweltorientierte Transformation zu erwarten. Solche Überwindung der neoliberalen Gestalt des Kapitalismus wäre bereits ein enormer Fortschritt. Die Machteliten würden jedoch bestrebt bleiben, ihn zu begrenzen und zurückzurollen. Daher, aber vor allem, um als zentrale Idee alternativer Entwicklung eine freie Persönlichkeitsentwicklung einer und eines jeden anstelle der Profitdominanz zu erreichen, wird eine doppelte Transformation mehr als einen systeminternen Wandel einschließen müssen.

Ihre zweite Seite sollte darin bestehen, dass bereits im Verlauf einer innersystemischen Transformation antikapitalistische und potenziell sozialistische Tendenzen, Elemente, Institutionen und Praxen entwickelt und gestärkt werden. In die mögliche progressive postneoliberale bürgerliche Transformation muss vom Standpunkt linker radikaler Realpolitik bereits der Einstieg in die Überschreitung des Kapitalismus, also der Beginn einer zweiten Großen Transformation, hineingeholt werden. Demokratischer Sozialismus ist nicht unmittelbar als nächste historische Formation nach dem neoliberalen Kapitalismus, aber auch nicht erst nach einem hoffentlich erreichbaren postneoliberalen Kapitalismus und säuberlich getrennt von diesem zu erwarten.

In diesem Sinne hat Erik Olin Wright herausgearbeitet, dass sozialistische Tendenzen bereits in gegenwärtigen Projekten enthalten sind: etwa in ei-

6.4 Das Konzept doppelter Transformation und Ernst Bloch

ner partizipativen Haushaltsplanung nach dem Beispiel Porto Alegres; in einer Weiterentwicklung der partizipativen Demokratie durch egalitäre öffentliche Finanzierung von Wahlkämpfen und in Bürgerversammlungen, die nach dem Zufallsprinzip konstituiert werden; in sozialwirtschaftlichen Projekten wie Wikipedia oder der Kinderbetreuung in Quebec/Kanada; in einem möglichen bedingungslosen Grundeinkommen; in Arbeitnehmerfonds und in selbstverwalteten Kooperationen (Wright 2017: 227-344).

Die Verhältnisse, so schrieb Bloch, haben »gleichsam eine Rückseite, auf welche die Maße des *jeweils* Möglichen geschrieben sind, und eine Vorderseite, worauf das Totum des *zu guter Letzt* Möglichen sich als immer noch offen kenntlich macht. Eben die erste Seite, die der *maßgeblich vorliegenden Bedingungen*, lehrt das Verhalten auf dem Weg zum Ziel, während die zweite Seite, die des *utopischen Totum*, grundsätzlich verhüten lässt, dass Partialerreichungen auf diesem Weg für das ganze Ziel genommen werden und es zudecken.« (Bloch 1985: 237) Diese Aussage weist auf die *Gleichzeitigkeit des im Rahmen innersystemischer Transformation Erreichbaren und des Einstiegs in systemüberschreitende Transformationsprozesse* hin. Diese beiden Entwicklungen verlaufen zu einem erheblichen Teil nacheinander: als zwei Seiten eines Prozesses erfordern sie aber auch Gleichzeitigkeit zunächst begrenzter Teilreformen und systemüberwindender Schritte. Es geht eben um *doppelte* Transformation.

Der Abschied von der Vorstellung, mit einem einzigen großen revolutionären Akt in die neue Gesellschaft eintreten zu können, und die Erwartung längerer postneoliberaler Übergangszeiten bis zu dominant sozialistischen Verhältnissen schließt durchaus die Wahrscheinlichkeit tiefer gesellschaftlicher Brüche ein. Krisen unterschiedlicher Art könnten abermals in einer großen Mehrfachkrise kulminieren und zu einer Verdichtung der angehäuften Konflikte führen. Dann können sich die Ereignisse überstürzen. Schlagartig könnten Veränderungen mit revolutionären Zügen aktuell werden, die für gewöhnlich erst im Verlauf langer Zeiträume vorstellbar sind. Dann könnte, wie Bloch für den Kontext der Renaissance formulierte, eine »Aurora-Qualität der Zeit« eintreten (ebd.: 134). Dann gilt: »Die Luft solcher historischer Frühlinge schwirrt von Planungen, die ihre Ausführung suchen, von Gedanken in der Inkubation. Nie sind die prospektiven Akte häufiger und gemeinsamer als hier, nie das Antizipatorische in ihnen inhaltsvoller, nie die Fühlung mit dem Anrückenden unwiderstehlicher. Alle Wendezeiten sind derart von Noch-Nicht-Bewusstem gefüllt, auch überfüllt.« (Ebd.) Aber ein solches subjektives Aufbruchpotenzial ist gegenwärtig nicht herangereift, es entspringt objektiven Umbruchskonstellationen nicht automatisch. Zudem kann die Offenheit in solcher von Bloch auf ihre optimistische Perspektive hin beleuchteten Zeit der Brüche auch reaktionär gewendet und von rechtsextremen Kräften genutzt werden. Deshalb kommt es darauf an, dass die Linke die Chancen jedes evolutionären Wandels ausschöpft, sich aber nicht in einem gradualistischen Konzept einrichtet, sondern sich zugleich auf die komprimierten Herausforderungen einer künftigen Großen Krise vorbereitet, die plötzlich das ganze System erschüttern kann. In das Konzept doppelter Transformation ist die Dialektik von Kontinuität und Diskontinuität progressiver Veränderungen eingeschrieben. Wright hat das mit der Unterscheidung von Brüchen, Freiraumprojekten und symbiotischen Reformen herausgearbeitet. Die Kategorien des Blochschen Denkgebäudes sind auf andere Weise geeignet, dieses Verständnis einer doppelten Transformation zu schärfen.

Vor-Schein, Prozess-Wirklichkeit und Noch-Nicht – eine Konsultation Ernst Blochs

Aus der Perspektive doppelter Transformation betrachtet, ist in den gegebenen Verhältnissen nach dem sich schon andeutenden Künftigen, nach dem »Vor-Schein« des möglichen Besseren zu suchen. Diese Weise der Analyse mit dem Blick auf das hoffentlich Kommende ist realistisch, weil sie an der objektiv hybriden Struktur der bürgerlichen Gesellschaft anknüpfen kann (Wright 2015: 84). Diese umfasst durchaus unterschiedliche, teils gegensätzliche und teils sich ergänzende Produktionsverhältnisse. Das Eigentum des Kapitals dominiert unter den verschiedenen Eigentumsformen, aber nichtkapitalistische und sozialstaatliche Institutionen dämpfen die Wirkung der Profitdominanz.

Dazu gehören beispielsweise der Non-Profit-Sektor, die öffentliche Daseinsvorsorge, gemeinnützige Banken, Genossenschaften und Unternehmen der Solidargemeinschaft. Statisch betrachtet entlasten diese Formen das private Kapital von nicht oder wenig profitablen Funktionen. Sie sind gegenwärtig mehr oder weniger in das kapitalistische System integriert und tragen zu seiner Stabilisierung bei. Das ist die tatsächliche Lage. Aber Bloch gab zu bedenken: »Kein Ding ließe sich wunschgemäß umarbeiten, wenn die Welt geschlossen, voll fixer, gar vollendeter Tatsachen wäre. Statt ihrer gibt es lediglich Prozesse. Das Wirkliche ist der Prozess; dieser ist die weitverzweigte Vermittlung zwischen Gegenwart, unerledigter Vergangenheit und vor allem: möglicher Zukunft. Ja, alles Wirkliche geht an seiner prozessualen Front über ins Mögliche.« (Bloch 1985: 225)

Der Blick auf die »Prozess-Wirklichkeit« macht den »Vor-Schein« in den Verhältnissen sichtbar. Diese sind nicht allein, wie und was sie gegenwärtig sind, sondern zugleich sind sie Formen des »Noch-Nicht«, das auf das

6.4 Das Konzept doppelter Transformation und Ernst Bloch 175

künftig Mögliche verweist. »Auf diesem Weg wird das Noch-Nicht zum Maßstab für das Handeln«, schreibt Johan Siebers über diese »knappste Formulierung des Hauptgedankens der Philosophie Blochs« (Siebers 2012: 405f.; 403). Entgegen der Neigung mancher Linker, den Kapitalismus in ausschließlich düsterster Verfassung wahrzunehmen, lenkt Blochs Philosophie des Noch-Nicht und des aufzuspürenden Vor-Scheins die Aufmerksamkeit von Gegenmächten auch auf die progressiven und potenziell sozialistischen Elemente in der kapitalistischen Gesellschaft, die Ansatzpunkte für Projekte des Einstiegs in die Überschreitung der Grenzen des Kapitalismus bieten.

Ein durchgesetztes Recht auf einen bezahlbaren oder kostenlosen Kitaplatz für alle Vorschulkinder wäre beispielsweise noch kein antikapitalistischer Schritt. Aber aus der Perspektive des Noch-Nicht, betrachtet als Teil eines Prozesses auf das künftig Mögliche hin, hätte ein solcher Schritt in seiner Verbindung mit anderen Reformen zur Überwindung des Bildungsprivilegs der Machteliten doch antikapitalistische Züge. Es würde sich zeigen, dass er Grundlagen für die Verschiebung des Kräfteverhältnisse nach links birgt, dass in ihm etwas von der Grundidee des Sozialismus, der Persönlichkeitsentfaltung der Individuen, steckt. Aber ist dies vielleicht nur der Wunschtraum von Linken? Führt der Prozess vielleicht nicht weiter als zu qualifizierterer Arbeitskraft für den kapitalistischen Verwertungsprozess? Überall stecken beide Möglichkeiten. Blochs Noch-Nicht erfordert Prüfung der Sachverhalte daraufhin, ob wirklich das Zeug zum »Novum« in ihnen steckt, um es bewusst freizusetzen und zu entfalten.

Kostenlose Betreuung aller Vorschulkinder – das ist tatsächlich dem kapitalistischen Prinzip der Kommodifizierung aller Dinge und Leistungen entgegengesetzt. Das widerspricht der Warenförmigkeit der gesellschaftlichen Beziehungen im Kapitalismus, in denen die Verteilung in Abhängigkeit von der Zahlungsfähigkeit der Nachfragenden erfolgt. Sozial gleiche Teilhabe aller an Bildung entspricht eher dem Zugang der Einzelnen nach ihren Bedürfnissen als der heute noch immer wirkenden Abhängigkeit von sozialer Herkunft in der Klassengesellschaft (Hartmann 2002). Bildung wird in diesem Falle als öffentliches Gut behandelt, während doch ein Grundprinzip des Neoliberalismus ist, das Öffentliche durch Privatisierung zurückzudrängen. Die Durchsetzung des Rechts auf einen kostenlosen Kitaplatz für alle Kinder würde bedeuten, dass eine wesentliche Sphäre gesellschaftlicher Reproduktion nach dem Prinzip der Gleichheit funktioniert – als ein Affront gegen die dem Profit gemäße Ungleichheit.

Wenn statt fortschreitender Privatisierung der Sektor der öffentlichen Güter und der öffentlichen Daseinsvorsorge generell ausgeweitet wird, nicht allein in der Bildung, auch in den Bereichen von Gesundheit, Pflege, Betreuung von Bedürftigen aller Art, Wohnen, Mobilität, Information, Kultur, Versorgung mit Strom, Wärme und Wasser und im öffentlichen Raum, rumort darin das Blochsche Noch-Nicht. Denn entscheidende Felder gesellschaftlicher Reproduktion werden der Regulierung nach dem Maß des Profits entzogen. Dies ist einstweilen noch keine Überwindung des Profitsystems selbst. Aber das relative Gewicht unterschiedlicher Eigentumsformen wird verschoben – zulasten des Privatsektors und zugunsten des Öffentlichen. Das Gesicht der bürgerlich-kapitalistischen Gesellschaft wird noch in deren Rahmen freundlicher – weil die Rolle nichtkapitalistischer Formen bereits zunimmt. Weil sich also jene Doppelstruktur mit progressiven Vorzeichen entfaltet, die den Prozess doppelter Transformation ausmacht.

Wenn beispielsweise die Kommunalisierung von Stadtwerken der Macht der Energiekonzerne in einer wachsenden Zahl von Gemeinden entgegenwirkt, ist dies gewiss kein Sozialismus. Aber ein Stück von Antikapitalismus und ein Hauch von Sozialismus wirken da schon, wenn über Licht und Wärme zunächst partiell das Gemeinwohl anstelle des Profits bestimmt. Nur muss eben dieser Vor-Schein erkannt und durch aktives Handeln entfaltet werden. Bloch schrieb: »Überall ist ein hoher Prozentsatz von dem, was ich ›Noch-nicht-Bewusstes‹ genannt habe, mitsamt seinem objektiv-realen Korrelat, dem Noch-nicht-Gewordenen, Ungewordenen« (Bloch 1977: 72). Wohin die Prozess-Wirklichkeit führen könnte und doch bisher stets daran gehindert wird, wurde in Gestalt der Verstaatlichung von Banken in der letzten großen Finanzkrise schemenhaft erkennbar. Sie diente zweifellos der Rettung des kapitalistischen Finanzsystems. Sie war kein wirkliches Novum.

Aber für diese Verstaatlichungsakte bedurfte es bereits des Gegenteils von neoliberalem Marktradikalismus, der massiven Staatsintervention – allerdings als Schritt der Machteliten zu ihrer Herrschaftssicherung. Wie aber, wenn in künftig zu erwartenden Finanzkrisen die Linke in der Lage wäre, darin das Noch-Nicht samt der latenten Möglichkeit einer Vergesellschaftung des Bankensektors zur Geltung zu bringen? Wie, wenn abermalige Verstaatlichungen nicht wieder aus der Hand gegeben würden, wenn staatliche Aktienpakete nicht als stille Teilhaberschaft, sondern als Entscheidungspotenzial genutzt würden, verknüpft mit gesellschaftlicher Kontrolle der Banken, mit der Finanzierung des sozial-ökologischen Umbaus anstelle spekulativer Finanztransaktionen? Hohe Steuersätze für Superreiche anstelle von Austeritätspolitik und zwingende anspruchsvolle soziale und ökologische Standards würden zumindest über die neoliberale Gestalt des Kapitalismus hinausweisen und weitere Perspektiven eröffnen. Das Noch-nicht-Gewordene, das aber schon das Mögliche, Hervordrängende enthält, verlangt,

6.4 Das Konzept doppelter Transformation und Ernst Bloch 177

um zu werden, so Bloch, nach dem suggestiven Korrelat der Antizipation (Rehmann 2012: 3-13).

Schritte zu geschlechtergerechter Aufwertung der Reproduktions- oder Sorgearbeit, selbstverwaltete Mietersyndikate, Formen demokratischer Staatlichkeit von unten wie in ihrer frühen Phase die Consejos comunales und die Misiones in Venezuela vor ihrem gegenwärtigen tragischen Rollback, partizipative Bürgerhaushalte, Stadtteilversammlungen wie in Madrid – alle diese Momente gegenwärtiger Realität enthalten keimhaft und potenziell das »Novum« solidarischer Verhältnisse. So wie Ernst Bloch schrieb: »Nur die Prozesswirklichkeit und nicht eine aus ihr herausgerissene, verdinglicht-verabsolutierte Tatsachenhaftigkeit kann daher über utopische Träume richten oder sie zu bloßen Illusionen herabsetzen. ... Es wird aber allein schon innerhalb der stark gewandelten Wirklichkeit von heute klar, dass die Begrenzung aufs Faktum eine sehr wenig realistische war, dass die Realität selber unaufgearbeitet ist, dass sie Anrückendes am Rande hat.« (Bloch 1985: 226)

Aber die Dialektik in den Prozessen muss erst einmal zum Tanzen gebracht werden. Antizipation muss vorstellbar machen, dass und wie gerade noch am Rand Befindliches in das Zentrum gerückt und damit bestimmend werden kann. Kommunale Energieversorger beispielsweise, die nicht dem privatwirtschaftlichen Profit verpflichtet sind, eröffnen für örtliche Akteure die Möglichkeit, auf die Einbindung dieser Unternehmen in ökologisch sinnvolle lokale Kreisläufe, auf Querfinanzierung sozialer Projekte in den Gemeinden aus Gewinnen des kommunalen Betriebes, auf funktionierende Mitbestimmung und Geschlechtergerechtigkeit im Unternehmen, kurz, auf Vorformen künftiger sozial-ökologisch orientierter Wirtschaft hinzuwirken. Brisanz kann dieser partielle Fortschritt dann gewinnen, wenn sich kommunale Unternehmen auf erneuerbare Energien umstellen und sich mit anderen Akteuren einer demokratischen Energiewende vernetzen. Aber diese Möglichkeit ist in vielen kommunalen Unternehmen fern von der Wirklichkeit. Nicht wenige von ihnen funktionieren genau wie Privatunternehmen orientiert an höchstmöglichen Gewinnen auf konventioneller Grundlage. Sie treiben die Strompreise, wo möglich, wie diese in die Höhe, das innerbetriebliche Klima unterscheidet sich oft kaum von dem kapitalistischer Unternehmen. Die Potenzen kommunalen Eigentums werden in diesen Fällen verspielt. Der Vor-Schein des künftig Möglichen entfaltet sich nicht im Selbstlauf. Er bedarf heftigster Förderung des, wie Bloch formuliert, Noch-nicht-Gewordenen. Er schrieb: »Denken heißt überschreiten, so jedoch, dass Vorhandenes nicht unterschlagen, nicht überschlagen wird. Weder in seiner Not, noch gar in der Bewegung aus ihr heraus. Weder in den Ursachen der Not noch gar im Ansatz der Wende, die darin heranreift. Deshalb geht wirkliches Überschreiten auch nie ins bloß Luftleere eines Voruns, bloß schwärmend, bloß abstrakt ausmalend. Sondern es begreift das Neue als eines, das im bewegt Vorhandenen vermittelt ist, ob es gleich, um freigelegt zu werden, aufs Äußerste den Willen zu ihm verlangt.« (Ebd.: 2) Das gilt sowohl für das Verhalten progressiver demokratischer Kräfte im Umgang mit einzelnen Möglichkeiten des Einstiegs in systemüberschreitende Entwicklungen, etwa für das Ausschöpfen von Zukunftspotenzialen kommunaler Energieversorger, wie für die Gleichzeitigkeit innersystemischer Transformation und des Einstiegs in eine systemüberschreitende Große Transformation insgesamt. Immer bedarf es »aufs Äußerste des Willens« zu solcher Überschreitung, orientiert an dem wirklich Neuen. Das unterscheidet ein sozialistisches Transformationskonzept prinzipiell von der Fülle beliebiger Deutungen im gegenwärtigen Transformationsdiskurs.

Orientierung am Novum statt Transformation als Allerweltsbegriff
In den Jahren nach 1989/91 bezeichnete der Begriff Transformation im herrschenden Diskurs nur eine einzige Richtung der Entwicklung: die Transformation vom Staatssozialismus zum Kapitalismus, von Wolfgang Merkel bezeichnet als »Übergang von Diktaturen zu Demokratie, der Plan- und Kommandowirtschaft zur Marktwirtschaft« (Merkel 1999: 15). Ulrich Beck brachte den Kern des herrschenden Transformationskonzepts auf den Punkt: »Marktwirtschaft und keine Widerrede!« Transformation zielte auf das, was Brecht das »neue Alte« genannt hatte. Der herrschaftliche Transformationsdiskurs war »aufs Äußerste« von dem Willen beherrscht, nichts Neues aus der Implosion des Staatssozialismus entstehen zu lassen.

Inzwischen ist in tiefen Krisen, in den globalen Gefahren und in der Unfähigkeit des neoliberalen Kapitalismus, nachhaltige Lösungen für die globalen Probleme des 21. Jahrhunderts zu finden, deutlich geworden: Die Transformation des Kapitalismus selbst ist auf die Agenda geraten. In der Erklärung der zweiten Potsdamer Konferenz von Nobelpreisträgern heißt es: »Wir stehen an einem geschichtlichen Wendepunkt, wo der Bedrohung unseres Planeten nur mit einer großen Transformation beggenet werden kann. Diese Transformation muss jetzt beginnen.« (Nobelpreisträger 2007) Selbst das 42. Weltwirtschaftsforum in Davos 2012 hatte das Thema »The Great Transformation. Shaping New Models«. Aber wiederum sollen die neuen Modelle die alte neoliberale Gestalt des Kapitalismus retten, wenn auch in modifizierter, häufig staatsinterventionistischer Weise. Die EU-Kommission versteht Transformation als Modernisierung der Lissabon-Strategie, nämlich als Wachstumspolitik, die der Europäischen Union Spitzenpo-

6.4 Das Konzept doppelter Transformation und Ernst Bloch

sitionen im internationalen Wettbewerb sichern soll, nicht zuletzt auf dem Feld der Umwelttechnologien und der Märkte dafür. Der Wissenschaftliche Beirat der Bundesregierung Globale Umweltveränderungen hat seinem Bericht von 2011 den Titel gegeben: »Welt im Wandel. Gesellschaftsvertrag für eine Große Transformation«.

Ein Teil der Beiratsmitglieder versteht diesen Bericht durchaus als Aufruf zu einem progressiven, womöglich postneoliberalen Wandel der Wirtschaft und Gesellschaft. Aber die Wahrscheinlichkeit ist gering, dass die deutschen Machteliten dieses Anliegen in naher Zukunft teilen werden. Vorsichtshalber werden in dem Bericht Machtfragen auch nur in wenigen kurzen Passagen und nur in sehr allgemeiner Weise berührt. Den Willen zur Überwindung der gegenwärtigen Machtverhältnisse werden die Leserinnen und Leser auch in diesem Bericht vermissen.

Der öffentliche Transformationsdiskurs ist teils Ausdruck der Besorgnis und Alarmierung der Eliten und ihrer Suche nach veränderten Wegen der Bewahrung des Kapitalismus, teils umfasst *er* Vorstöße zur Dekarbonisierung der Wirtschaft, die aber bisher an den starken fossilen Interessen in den Machteliten scheitern oder viel zu langsam vorankommen. Überwiegend geht es in diesem Diskurs um eine ökologische Modernisierung des Kapitalismus.

Das Establishment kann transformatorischen Prozessen nicht mehr ausweichen. Aber ihr Diskurs soll diese in systemverträglichen Einhegungen halten. Der herrschaftliche Diskurs soll den Eindruck erwecken, dass herangereifter Wandel längst im Gange ist und keiner Radikalisierung bedarf.

> Die Herrschenden bemühen sich, »mit einem rein reaktiven Diskurs Ersatz für all das zu schaffen, was durch die bloße Existenz des häretischen (das heißt mit dem Etablierten brechenden – D.K.) Diskurses bedroht ist ... da das laissez-faire ganz in ihrem Interesse liegt, sind sie bemüht, die Politik mit einem entpolitisierenden Diskurs aus der Welt zu schaffen, der – Produkt von Neutralisierungs- oder vielmehr Verneinungsarbeit – den Zustand der Ur-Unschuld der Doxa wiederherstellen soll ... Typisch für diese nicht als solche ausgewiesene politische Sprache ist die Unparteilichkeitsrhetorik, stilistisch geprägt von Symmetrie, Ausgewogenheit, *juste milieu,* getragen vom Ethos des Anstands und der guten Sitten, beglaubigt durch die Vermeidung der gröberen Form der Polemik, durch Diskretion und ostentative Respektierung des Gegners, kurz, durch alles, womit sich die Verneinung des politischen Kampfes als Kampf demonstrieren lässt. Diese Strategie der (ethischen) Neutralität findet ihre natürliche Vollendung in der Wissenschaftsrhetorik.« (Bourdieu 2005: 135)

Die Träger systemkritischer Diskurse sind gehalten, sich durch solche Diskursstrategie nicht zur Entschärfung der eigenen Meinung, zur Selbstzensur im Namen der Fairness und des Vermeidens eigener Exklusion aus den öffentlichen Diskursen drängen zu lassen.

Der Aufstieg des Begriffs Transformation ist zum Symbol eines Zeitgeistes geworden, in dem das Gefühl unumkehrbaren Übergangs wabert. Aber er ist im öffentlichen Meinungsgewirr zum diffus-unverbindlichen Allerweltsbegriff gemacht worden. Manche Linke folgern daraus, dass auch linke Transformationsforschung nur in einem diffusen Brei landen kann. Der von Bloch entwickelte Kategorienzusammenhang und seine politische Umsetzung bieten dagegen sicheren Schutz – ob implizit ihm folgend oder in bewusster Berufung auf ihn.

> Ein Hauptkriterium für ein linkes Transformationskonzept und ihm folgende Politik besteht darin, in den realen Prozessen die Keimformen für wirklich Neues aufzudecken. Linke Politik verfolgt Reformen in den zunächst gegebenen Verhältnissen stets mit der gleichzeitigen Orientierung auf das sie überschreitende wirklich Neue, auf das »Novum«.

Sie unterstützt, wo nicht mehr zu erreichen ist, die Verbesserung im schlechten Alten, begnügt sich damit jedoch in keinem Moment, sondern sucht in den nächsten Schritten schon das Neue. Das Novum ist für Bloch der »Horizont der Utopie« (Bloch 1985: 232). Es enthält immer Fortschritte in Richtung »des noch ungewordenen totalen Zielinhalts selber, der in den progressiven Neuheiten der Geschichte gemeint und tendiert, versucht und herausproduziert wird« (ebd.: 233). Das heißt, die Linke hat in den machbaren Teilreformen immer diejenigen Momente zu stärken, in denen das Novum steckt, das, woraus eine solidarische Gesellschaft einmal werden könnte, dass, worin sie sich schon gegenwärtig ankündigt.

Als der Diesel-Skandal im Sommer 2017 die Öffentlichkeit bewegte, war dies »an sich« ein handfester Anlass, endlich eine ökologische Verkehrswende als Teil des sozial-ökologischen Umbaus der Gesellschaft einzuleiten. Diese ist das zeitgemäße Novum angesichts der heraufziehenden Drohung einer Klimakatastrophe. Ein bloßes Software-Update hatte nicht die Spur des wirklich Neuen in sich. Selbst das E-Mobil steht nur für ein sehr zwielichtiges Novum. Vorläufig wird es in hohem Maße mit Strom aus fossilen Quellen betrieben. In seinen Batterien und in der gesamten Elektronik steckt die Verwandlung ganzer Landstriche in Mondlandschaften durch die Extraktion von seltenen Materialien aus der Erde. Das Elektroauto ist kein Beitrag zur Verlegung des Verkehrs von der Straße auf die Schiene. Es be-

6.4 Was macht den demokratischen Sozialismus im Innersten aus? 181

freit die Städte nicht von der Verstopfung des öffentlichen Raums. Es trägt kaum zu nachhaltig veränderten Lebensweisen bei.

Der Maßstab des Novum gebietet eine weit komplexere Verkehrspolitik, die auf Reduzierung des notwendigen Verkehrs, auf neue Raum- und Stadtstrukturen mit veränderten Lebens- und Konsumweisen, auf eine umweltfreundliche neue Kombination der Verkehrsträger und auf ökoeffiziente Technologien zielt. Die einzelnen, zu einem gegebenen Zeitpunkt möglichen Veränderungen des Verkehrs müssen auf eine bestmögliche Annäherung an ein solches Novum angelegt werden. Das Novum erscheint als eine abstrakte Kategorie, ist aber zugleich eine Kategorie des Maßstabs für praktisches progressives Handeln. Es wird bestimmt durch den Horizont, dessen Qualität sich in ihm schon abzeichnet, noch ehe er erreicht ist.

Aber auf welchen Horizont sollte das Handeln der Linken zielen, auf welche Konturen einer möglichen solidarischen Gesellschaft, auf welche Maßstäbe für Transformationsprozesse bereits unterwegs zu ihr?

6.5 Was macht den demokratischen Sozialismus im Innersten aus?
Der archimedische Punkt einer sozialistischen Transformationstheorie

Fünf Fragen und Dimensionen einer sozialistischen Transformationstheorie wurden hier – mit Wright gedacht und ihn ergänzend – vorgestellt:
Erstens: Was macht den Kapitalismus so schwer überwindbar? Eine Theorie seiner Reproduktion.
Zweitens: Was macht den Kapitalismus angreifbar und endlich? Eine Theorie seiner Widersprüche.
Drittens: Mit welchen Unwägbarkeiten müssen alternative Kräfte umgehen? Eine Theorie des Verlaufs nichtintendierter Veränderungen.
Viertens: Welche Wege könnten zu progressiver Veränderung und Überwindung des Kapitalismus führen? Eine Theorie transformativer Strategien.
Fünftens: Wie wird sich das Verhältnis von innersystemischer progressiver Transformation des Kapitalismus und systemüberschreitender Großer Transformation entwickeln? Eine Theorie der doppelten Transformation.
Eine sechste, entscheidende Dimension ist im Folgenden zu behandeln. Sie klang in Antworten auf diese fünf Fragen schon immer wieder an, war in der Geschichte linker Diskurse und realer Politik stets heftig umstritten und muss identitätsstiftend für eine moderne Linke eindeutig beantwortet werden:
Sechstens: Was macht den demokratischen Sozialismus im Innersten aus und steht orientierend im Zentrum einer sozialistischen Transformations-

theorie? Eine Theorie des demokratischen grünen Sozialismus – hier im folgenden Abschnitt und im letzten Kapitel anzudeuten.

Freie Persönlichkeitsentfaltung und reales individuelles Eigentum auf kollektiven Grundlagen
In der marxistisch-leninistischen Theorie galt als das Wesen des Sozialismus gesellschaftliches Eigentum an den Produktionsmitteln und darauf beruhende zentrale Planung der Wirtschaft und Gesellschaft. Ihre Exponenten beriefen sich dabei auf Aussagen von Marx und Engels. Aber deren Verständnis von Vergesellschaftung wurde verfälscht. In der Praxis des Staatssozialismus vollzog sich eine Verstaatlichung fast aller Wirtschaftsressourcen in der Verfügung der Führungen kommunistischer Staatsparteien. Die zentralistische Planung wurde auf die Sicherung der Macht dieser Parteien konzentriert. Die Bürgerinnen und Bürger wurden politisch weitgehend entmündigt. Ihre Kreativität war mit der Beschränkung individueller Freiheiten stark gemindert.

> Der Sinn des demokratischen Sozialismus ist in Abkehr von dieser folgenschweren Sackgasse die Persönlichkeitsentfaltung einer und eines jeden als das Wesentliche einer nachhaltigen solidarischen Gesellschaft – jedoch nicht in der Herabwertung einer großen Bedeutung des Eigentums für die gesellschaftlichen Machtverhältnisse. Sondern die Ausgestaltung der Eigentumsverhältnisse in einer sozialistischen Gesellschaft muss auf solche Weise erfolgen, dass die Menschen in dieser Gesellschaft wirksam an Entscheidungen über den Umgang mit dem Eigentum an Wirtschaftsressourcen in Produktion, Verteilung und Lebenswelt teilhaben können.

Ihre Persönlichkeitsentfaltung macht den innersten Gehalt des Sozialismus aus (siehe Abb. 6). Sie wird dadurch möglich, dass weder kapitalistische Eigentümer noch Staatsparteien über die Nutzung des Eigentums entscheiden, sondern die Bürgerinnen und Bürger selbst nach ihren eigenen Interessen, in Solidarität mit den anderen Gesellschaftsmitgliedern und in Abwägung persönlicher Interessen und der Interessen des Gemeinwesens – *was allerdings einer bisher nicht existierenden Regulationsweise bedarf.*
Das bedeutet, das Eigentum in einer demokratisch-sozialistischen Gesellschaft – vorrangig das gesellschaftliche Eigentum, aber auch das genossenschaftliche und das Belegschaftseigentum, das kommunale, privatkapitalistische und private Eigentum an Wirtschaftsressourcen – so zu institutionalisieren und zu nutzen, dass es der sozial gleichen Teilhabe aller Mitglieder der Gesellschaft an den Grundbedingungen eines selbstbe-

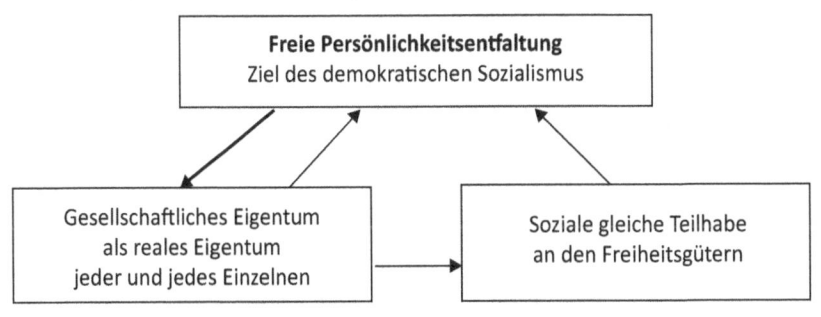

6.5 Was macht den demokratischen Sozialismus im Innersten aus?

Abbildung 6: Persönlichkeitsentfaltung als Ziel einer solidarischen Gesellschaft/des demokratischen grünen Sozialismus

```
            Freie Persönlichkeitsentfaltung
            Ziel des demokratischen Sozialismus


  Gesellschaftliches Eigentum              Soziale gleiche Teilhabe
      als reales Eigentum          →        an den Freiheitsgütern
     jeder und jedes Einzelnen
```

stimmten Lebens dient. Das betrifft gesunde Ernährung, Wohnen, Bildung, Gesundheit, Pflege, Mobilität, Kommunikation, Rechtssicherheit und soziale Sicherheit in allen Lebenslagen. Michael Brie hat diese Voraussetzungen individueller Freiheit im Zukunftsbericht der Rosa-Luxemburg-Stiftung von 2003 als »Freiheitsgüter« bezeichnet (Klein 2003: 120ff.).

Zentralität freier Persönlichkeitsentfaltung aller Gesellschaftsmitglieder, Gestaltung der Eigentumsverhältnisse diesem Ziel sozialistischer Entwicklung gemäß und sozial gleiche Teilhabe an den Freiheitsgütern als Bedingung individueller Freiheit und selbstbestimmten Lebens setzen sich nicht selbstläufig gegen die Zentralität des Profits in kapitalistischen Gesellschaften, gegen das Kapitaleigentum, gegen die soziale Polarisierung im Kapitalismus durch. Das zu erreichen, hängt von den Kämpfen der Arbeiterbewegung und anderer sozialer Bewegungen ab.

Wright behandelt aus diesem Grund in seiner Transformationstheorie die »gesellschaftliche Ermächtigung« als *Ausgangspunkt* des Fortschreitens zu Gerechtigkeit und Solidarität.

Ermächtigung als Ausgangskategorie einer sozialistischen Transformationstheorie

»Wir können eine Gesellschaft umso eher als sozialistisch bezeichnen, je höher der Grad gesellschaftlicher Ermächtigung mit Bezug auf das Eigentum an wirtschaftlichen Ressourcen und Fähigkeiten sowie deren Gebrauch und Kontrolle ist.« (Wright 2017: 195)

Gesellschaftliche Ermächtigung (Abb. 7) bedeutet in Wrights Theorie, dass aus der Zivilgesellschaft heraus Menschen sich »gesellschaftliche Macht« über die Entwicklung der Gesellschaft nehmen. Sie überlassen diese Macht nicht der kapitalistischen Wirtschaft, nicht dem bisher über-

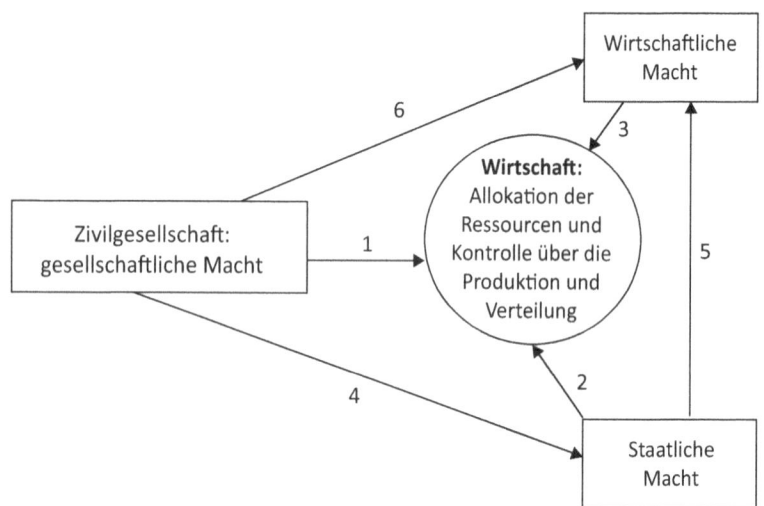

6. Kapitel: Theoretische Grundlagen für linke Alternativen

Abbildung 7: Pfade zur gesellschaftlichen Ermächtigung

Bedeutung der einzelnen Verknüpfungen:
1. Sozialwirtschaft: gesellschaftliche Bedürfnisbefriedigung
2. Staatswirtschaft: staatlich produzierte Güter und Dienstleistungen
3. Kapitalistische Marktwirtschaft
4. Demokratische Kontrolle über die Staatsmacht
5. Staatliche Regulierung von Konzernen
6. Gesellschaftliche Beteiligung an der Konzernleitung

Quelle: Wright 2017: 197

wiegend von Kapitalinteressen beeinflussten Staat und auch nicht staatsparteilicher Macht, sondern Ermächtigung bedeutet, dass Bürgerinnen und Bürger auf dreifache Weise zum Souverän der Entwicklung werden: indem sie 1. selbst unmittelbar als Akteure in der Wirtschaft wirken (z.B. in der Solidarwirtschaft oder über Arbeitnehmerfonds), indem sie 2. Einfluss auf die Wirtschaftsakteure und damit mittelbar auf Produktion und Verteilung ausüben (z.B. über reale Mitbestimmung, Verbraucherorganisationen) und indem sie 3. über eigene Macht im Staat auf die ökonomischen Grundlagen der Gesellschaft Einfluss nehmen (z.B. mittels Finanz-, Wirtschafts- und Strukturpolitik).

Gesellschaftliche Ermächtigung gilt Wright als wesentliche Bestimmung eines demokratischen Sozialismus. Sie steht am Beginn aller Transformation. Nichts bewegt sich ohne die Entscheidung von Millionen Individuen und kollektiven Akteuren, die gesellschaftliche Entwicklung in die

6.5 Was macht den demokratischen Sozialismus im Innersten aus?

> eigenen Hände zu nehmen. Selbstermächtigung ist die Ausgangskategorie transformationstheoretischer Überlegungen.

Aber gesellschaftliche Ermächtigung an sich ist noch keine eindeutige Antwort auf das Wozu gesellschaftlicher Macht. Sie setzt in Theorie und Praxis eine zentrale Zielsetzung, einen bestimmenden Maßstab gesellschaftlicher Machtausübung voraus.

Freie Individualität im Zentrum sozialistischer Transformationstheorie
Wie oben bereits beschrieben: »Freie Individualität, gegründet auf die universelle Entwicklung der Individuen« (MEW 42: 91), auf das absolute Herausarbeiten der schöpferischen Anlagen jedes Einzelnen (ebd.: 396) – das galt Marx als das Bestimmende für ein alternatives Gesellschaftsprojekt. Die »originelle und freie Entfaltung der Individuen« (MEW 3: 424) betrachtete er als Sinn der künftigen Gesellschaft nach dem Kapitalismus. »In fact aber, wenn die bornierte bürgerliche Form abgestreift wird, was ist der Reichtum anders, als die im universellen Austausch erzeugte Universalität der Bedürfnisse, Fähigkeiten, Genüsse, Produktivkräfte etc. der Individuen?« (MEW 42: 395f.)« – in einem Wort die Entwicklung des gesellschaftlichen Individuums, die als der große Grundpfeiler der Produktion und des Reichtums erscheint« (ebd.: 601).

> Freie Persönlichkeitsentfaltung einer und eines jeden in Einklang mit der universellen Erhaltung der Natur anstelle höchstmöglichen Profits, das kann als der archimedische Punkt einer solidarischen friedlichen Gesellschaft, eines demokratischen grünen Sozialismus, und der Transformation dorthin betrachtet werden. Das darf als der Nukleus einer sozialistischen Theorie der Transformation und transformatorischer Politik der Linken gelten.

Das ist nicht als inhaltsleere Deklaration zu verstehen, die den Exponenten fast aller politischen Richtungen geläufig in ihre Reden und in die Medien gerät. Wer nimmt schon nicht in Anspruch, dass der »Mensch im Mittelpunkt« seines politischen Denkens stehe! Hier geht es dagegen um das wirkliche Maß linker Politik und um eine logisch schlüssige Transformationstheorie, die ein zwingendes Abbild von der inneren Struktur einer solidarischen oder demokratisch-sozialistischen Gesellschaft einschließt.
Die bisher entwickelte Charakterisierung einer nachhaltigen solidarischen Gesellschaft lässt sich in der Abbildung 8 festhalten. In ihr wird anschaulich, dass die Persönlichkeitsentfaltung von Millionen Individuen als

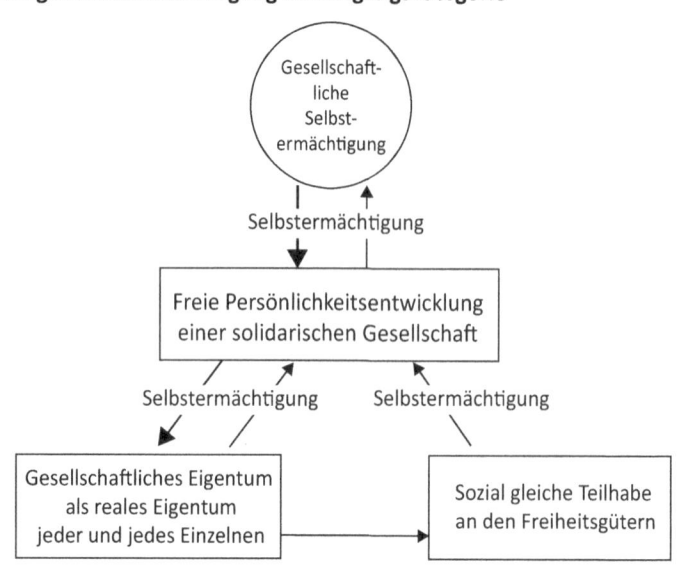

6. Kapitel: Theoretische Grundlagen für linke Alternativen

Abbildung 8: Selbstermächtigung als Ausgangskategorie

```
                    ┌─────────────────┐
                    │ Gesellschaft-   │
                    │ liche           │
                    │ Selbst-         │
                    │ ermächtigung    │
                    └─────────────────┘
                        │       ▲
                    Selbstermächtigung
                        ▼       │
            ┌───────────────────────────────┐
            │ Freie Persönlichkeitsentwicklung │
            │ einer solidarischen Gesellschaft │
            └───────────────────────────────┘
          Selbstermächtigung   Selbstermächtigung
                ▼                       ▼
    ┌──────────────────────┐   ┌──────────────────────┐
    │ Gesellschaftliches   │   │ Sozial gleiche Teilhabe │
    │ Eigentum als reales  │──▶│ an den Freiheitsgütern  │
    │ Eigentum jeder und   │   │                         │
    │ jedes Einzelnen      │   │                         │
    └──────────────────────┘   └──────────────────────┘
```

Ziel und Sinn einer gerechten Gesellschaft nur durch die gesellschaftliche Selbstermächtigung der Vielen zur Ausübung gesellschaftlicher Macht zustande kommt. Dies ist aller sozialistischen Entwicklung Anfang.

Gesellschaftliche Ermächtigung ist die Ausgangskategorie der Transformationstheorie. Sie vermittelt alle wichtigen sozialen Zusammenhänge in der weiteren Gestaltung der Gesellschaft, die von der zentralen Kategorie freier Persönlichkeitsentfaltung dominiert wird – nicht vom Profit wie im Kapitalismus und nicht von politikbürokratischer Macht wie im Staatssozialismus.

Karl Marx hat im »Kapital« herausgearbeitet, dass der Mehrwert bzw. seine verwandelte Forum, der Profit, als Bewegungsgesetz des Kapitalismus die *zentrale Kategorie* in der Gesamtheit kapitalistischer Strukturen ist. Exekutiert durch die Konkurrenz ist der Mehrwert bzw. Profit das *bestimmende Ziel* für Wirtschaft und Gesellschaft. Eine seelenlose ökonomische Kategorie sozialer Kälte und ökologischer Blindheit dominiert die gesellschaftliche Entwicklung. Trotz aller politischer Regulierung, trotz aller dem Kapital abgetrotzten sozialen und demokratischen Reformen gilt dies bis heute. George Soros, langjähriger Vorstand des Investmentfonds Quantum Group, der

6.5 Was macht den demokratischen Sozialismus im Innersten aus?

1992 mit einem einzigen Spekulationscoup gegen das britische Pfund rund 1 Milliarde Dollar verdiente, schrieb, »dass es hinter dem kapitalistischen Weltsystem doch ein Prinzip gibt, das man wohl tatsächlich als *das* Grundprinzip bezeichnen kann: Geld. Am Ende, darüber sollten wir uns keine Illusionen machen, dreht sich alles um Profit und Reichtum.« (Soros 1998: 151) Marx führte Mehrwert und Profit im »Kapital« auf die Ware als *Ausgangskategorie* zurück. Der erste Satz in seinem Hauptwerk lautet: »Der Reichtum der Gesellschaften, in welchen kapitalistische Produktionsweise herrscht, erscheint als eine ›ungeheure Warensammlung‹, die einzelne Ware als seine Elementarform. Unsere Untersuchung beginnt daher mit der Analyse der Ware.« (MEW 23: 49) In der Ware steckt der Widerspruch zwischen Gebrauchswert und Wert. Die Entfaltung der Warenproduktion als Produktion einer unübersehbaren Fülle von Gebrauchswerten macht den Kapitalismus bis heute attraktiv. Die Entfaltung des Warenwerts bis zum Geld, die Verwandlung des Geldes in Kapital und die Verwandlung der Arbeitskraft, des Geldes, der Natur und tendenziell aller zwischenmenschlichen Beziehungen in Warenwerte, deren Bestimmung es ist, noch mehr Wert, also den Mehrwert, hervorzubringen, macht den Kapitalismus destruktiv. Der Profit dominiert alle Seiten der kapitalistischen Gesellschaft mit der Tendenz, dass Menschliche im Menschen und die Natur als seine Existenzbedingung zu zerstören – im Widerspruch zu dem Reichtum an Gebrauchswerten, der längst ein gutes Leben für alle auf Erden ermöglichen könnte.

Die freie Entfaltung der Individualität einer und eines jeden in einer sozialistischen Gesellschaft, die Orientierung daran bereits im Transformationsprozess zu einer solidarischen Gesellschaft hin und die Transformationstheorie, deren Gegenstand dieser Prozess ist, haben einen anderen Ausgangspunkt, eine andere Ausgangskategorie. Das ist – so darf Wrights Logik verstanden werden – die Selbstermächtigung der Subalternen zu einer gesellschaftlichen Macht. Gesellschaftliche Ermächtigung als Ausgangskategorie entfaltet sich – wie die Ware als Ausgangskategorie – in Widersprüchen. Sie verläuft im Widerspruch zwischen Selbstbestimmung progressiver Akteure und der Fremdbestimmung durch die Protagonisten des Kapitals. Dieser Widerspruch fand eine erste Lösung, als die Vereinigungen der Arbeiterklasse eine Verkürzung der ruinösen Arbeitszeiten, eine allmähliche Erhöhung der Löhne und Arbeiterrechte erkämpften. Aber der Widerspruch wurde neu gesetzt, indem sich die Unternehmer gezwungen sahen, die Ausbeutung der Arbeiter anders als durch die Verlängerung des Arbeitstages und durch Hungerlöhne zu steigern. Sie erhöhten durch die Steigerung der Arbeitsproduktivität die Relation ihres Anteils am Neuwert zum Lohn, den relativen Mehrwert, während die Menge der Gebrauchswerte, die die Arbeiter für ihren Lohn kaufen konnten, bei verkürzter Arbeitszeit zugleich anstieg. Doch in zyklischen und anderen Krisen trat mit dem Anschwellen der Arbeitslosigkeit und manifester sozialer Unsicherheit der Widerspruch zwischen Selbstbestimmung und Fremdbestimmung immer wieder zutage. Der Sozialstaat war eine weitere relative Lösung dieses Widerspruchs. Aber in Tendenzen zu seiner Erosion, in Gestalt der Austeritätspolitik, in Kriegen und mit der profitgetriebenen Zerstörung der natürlichen Lebensgrundlagen der Menschheit gewinnt der Widerspruch zwischen Selbstbestimmung und Fremdbestimmung eine gesteigerte Sprengkraft. Der Druck auf die Subalternen durch immer wieder neue Wellen des Entzugs elementarer Freiheitsgüter wächst derart an, dass relative Lösungen an ihre Grenzen stoßen. Die Überwindung dieses Widerspruchs selbst durch eine Gesellschaftsalternative, deren Grundgesetz die Persönlichkeitsentfaltung der Individuen ist, gerät mit neuer Dringlichkeit auf die historische Agenda. Die Entfaltung gesellschaftlicher Ermächtigung als Ausgangskategorie progressiver gesellschaftlicher Transformation führt an ihre Aufhebung in der zentralen Kategorie freier Individualität aller Mitglieder der Gesellschaft heran.

Der Gegensatz zwischen der Dominanz des Profits und der Dominanz der Persönlichkeitsentfaltung für die Bestimmung gesellschaftlicher Entwicklung ist elementar für die Unterscheidung von Kapitalismus und Sozialismus. Aber in der Entfaltung der Ausgangskategorien beider Gesellschaften steckt ein weiterer Unterschied von größter Bedeutung. Die Bewegung des Widerspruchs zwischen Gebrauchswert und Wert mündet in die Herausbildung des Geldes. Dessen Verwandlung in produktives Kapital durch den Kauf von Arbeitskraft und Produktionsmitteln bringt als Resultat der kapitalistischen Produktion Mehrwert und Profit hervor. Der Markt wird zum kapitalistischen Markt und reguliert die Wirtschaft durch die Konkurrenz um höchstmöglichen Profit: Der Profit als zentrale Kategorie des Kapitalismus bestimmt nicht allein sein soziales Gesicht. Er steht zugleich im Mittelpunkt der kapitalistischen Regulationsweise. Diese bildet sich in einem nichtintendierten historischen Prozess heraus. Ganz anders verhält es sich mit der Persönlichkeitsentfaltung als »Mitte« des demokratischen Sozialismus. Wenn sie von den Akteuren sozialistischer Entwicklung als ihr Ziel und Handlungsmaßstab anerkannt wird, ist damit noch lange nicht eine neue Regulationsweise gedanklich antizipiert oder gar real konstituiert.

Als Marx sich die künftige Gesellschaft als einen »Verein freier Menschen« vorstellte, »die mit gemeinschaftlichen Produktionsmitteln arbeiten und ihre vielen individuellen Arbeitskräfte selbstbewusst als eine gesellschaftliche Arbeitskraft verausgaben« (MEW 23: 92), schob er dieses ungelöste gravierende Problem beiseite. Der Produktionsprozess würde

6.5 Was macht den demokratischen Sozialismus im Innersten aus?

eben »als Produkt frei vergesellschafteter Menschen unter deren bewusster planmäßiger Kontrolle« (ebd.: 94) stehen. »Die gesellschaftlichen Beziehungen der Menschen zu ihren Arbeiten und ihren Arbeitsprodukten bleiben hier durchsichtig einfach in der Produktion wie in der Distribution.« (Ebd.: 93)
Das erwies sich als schwerwiegender Irrtum und als eines der größten Defizite linker Diskurse zu einer künftigen sozialistischen Gesellschaft. Im Kapitalismus wird durch die Konkurrenz erzwungen das Kapital dort investiert, wo es den höchsten Profit abwirft. In erster Linie in Abhängigkeit davon entwickeln sich die volkswirtschaftlichen Proportionen – wenn auch widersprüchlich und mit großen Verlusten.

> Mit der Herausbildung der kapitalistischen Eigentums- und Machtverhältnisse ist dem Kapitalismus auch seine Regulationsweise zugewachsen. Universelle Individualität als Ziel und Hauptinhalt einer demokratisch-sozialistischen Gesellschaft ist dagegen keineswegs unmittelbar mit einer funktionierenden ökonomischen Regulationsweise verbunden.

Wie die Interessen der Belegschaften einzelner Unternehmen im Sozialismus in Einklang mit gesamtgesellschaftlichen Interessen gebracht werden, was denn überhaupt diese gesellschaftlichen Interessen in hochdifferenzierten Gesellschaften sind, welche Anteile vom betrieblichen Gewinn zu welchen Zwecken an regionale, nationale und internationale Institutionen abgeführt werden – das alles ist keinesfalls eine durchsichtige Angelegenheit.
Wie könnte der Regulierungsmechanismus beschaffen sein, der jenseits der Dominanz des Marktes, aber nicht ohne den Markt das gesellschaftliche Arbeitspotenzial dem neuen menschlichen Maßstab gemäß bei millionenfach unterschiedlichen Bedürfnissen und Interessen Effizienz verteilen könnte? Darauf wird zurückzukommen sein – siehe Kapitel 7.1.3. Vorerst ist festzuhalten, dass die Entfaltung der Ausgangskategorie sozialistischer Verhältnisse in den gesellschaftlichen Kämpfen und partiellen Reformerfolgen alternativer Akteure ihre Orientierung an der freien Entfaltung einer und eines jeden in Solidarität mit anderen findet. Darin besteht die *Mitte einer linken Transformations- und Sozialismustheorie.*
»In einer Erzählung, in einer großen und bewegenden zumal, wird in der Regel eine zentrale Idee entfaltet, die ihr Faszination und hegemoniale Kraft verleihen kann. So schreibt Ton Veerkamp über die Struktur des Alten Testaments: ›Diese Struktur hat eine wirkliche und wirksame Mitte. ›Mitte‹ ruft die Metapher eines Planetensystems auf: ein schweres Gravitationszentrum, das alle Elemente in feste Bahnen zwingt. Die ›Mitte‹

der Großen Erzählung zwingt alle Einzelerzählungen, sich ihr zu fügen, sich von ihr aus verständlich machen zu lassen und so zu einer einheitlichen – noch einmal: nicht homogenen, nicht orthodoxen – Erzählung zu werden. Die Mitte ist der NAME!‹ (Veerkamp 2012: 50) Name meint hier Gott, dessen Name (Jahwe) nach jüdischer Praxis aber nicht ausgesprochen werden darf, um nicht eine bildliche Vorstellung zu erwecken, die seiner nicht vorstellbaren Allmacht und Allpräsenz nicht gemäß wäre.« (Klein 2013: 64f.) Die Mitte einer künftigen solidarischen Gesellschaft und der Wege dorthin ist die Persönlichkeitsentfaltung aller.

Was werden auf diesen Wegen die Knotenpunkte von Um- und Aufbrüchen sein? Welche Knotenpunkte emanzipatorischer Kämpfe werden besonderes Gewicht für künftige Transformationsprozesse gewinnen? Die verschiedenen Gegenmachtakteure halten unterschiedliche Kampffelder für zukunftsentscheidend.

7. Kapitel
Knotenpunkte der Verdichtung kapitalistischer Widersprüche – Knotenpunkte gesellschaftlicher Kämpfe

Im Verlauf alternativer Diskurse treten manche Texte für kurze Zeit spektakulär hervor, verlieren aber nach ihrem Hype trotz ihrer anhaltenden Bedeutung für künftige Wege wieder die öffentliche Aufmerksamkeit. Einzelne Themen geraten zeitweilig in den Vordergrund, treten dann aber wieder zurück, behalten jedoch ebenfalls ihre Bedeutung für Alternativen von links. Hier werden sie wieder in den Diskurs zurückgeholt.

Welchem Knotenpunkt der Verdichtung kapitalistischer Widersprüche, linker Kapitalismuskritik und linker Überlegungen zu Zukunft oder Ende des Kapitalismus kommt besondere Bedeutung zu, wenn es um Alternativen geht? Der Friedens- und Sicherheitspolitik, weil ohne Frieden die Zukunft in Katastrophen mündet? Der Klima- und Umweltpolitik, weil es dabei um die zentrale Überlebensfrage der Menschheit im 21. Jahrhundert geht? Alternativer Wirtschaftspolitik, weil ohne tiefe Brüche in der Wirtschaftsordnung Gesellschaftsalternativen keine Chancen haben? Demokratische Erneuerung, weil ohne sie überhaupt kein Problem auf gerechte Weise lösbar sein wird? Dem langen Weg zur Geschlechtergerechtigkeit, weil ohne sie die weibliche Hälfte der Menschheit in Ungleichheit verharren und die männliche Hälfte in Unterdrückerposition verbleiben würde? Fragen nach einer gerechten Welt- und Weltwirtschaftsordnung, weil ein gutes Leben in den reichen Ländern nicht dauerhaft auf der Armut und dem Elend großer Teile der Menschheit beruhen kann und weil Menschenrechte nicht auf Dauer für die einen auf Kosten der anderen behauptet werden können?

Es gibt wohl nicht die *eine* große Frage, von der alles andere abhängt und die daher an den Anfang eines neuen Aufbruchs gehört. Menschenrechte werden in den Hungerregionen Afrikas anders buchstabiert als in Berlin-Dahlem. Der indische Ökonom Amartya Sen etwa sieht zunächst »eine sehr elementare Freiheit im Mittelpunkt. Die Fähigkeit zu überleben und nicht vorzeitig zu sterben.« (Sen 1999: 36) Das »Wichtigste« ist stets abhängig von der Lage derer, die für sich entscheiden, was für sie Vorrang hat. In der alternativen Diskurswelt werden daher ganz unterschiedliche Problemfelder als zentral für die künftige Entwicklung angesehen.

Im Folgenden werden einige ausgewählte Diskursbeiträge dargestellt, die verschiedene Knotenpunkte der Verdichtung kapitalistischer Widersprüche hervorheben und damit wichtige Schwerpunkte alternativer Strategien und Politik markieren.

7.1 Eine neue Wirtschaftsordnung nach sozial-ökologischem Maß

Es sind die ökonomischen Verhältnisse, die unter kapitalistischen Bedingungen die Richtung der gesellschaftlichen Entwicklung bestimmen. Es ist die Wirtschaft, von der gegenwärtig, aber auch in Zukunft die Spielräume für das Handeln in allen anderen Politikfeldern abhängen. Es ist das wirtschaftliche Teilsystem der Gesellschaft, das im Kapitalismus alle anderen Teilsysteme dominiert und dessen eigenes Maß, der Profit, in alle anderen Subsysteme hineinwirkt. Deshalb muss das Nachdenken über eine künftige alternative Wirtschaftsordnung zu einem Knotenpunkt linker Zukunftsvorstellungen werden. Im Widerspruch dazu gilt das Ökonomische aber nicht als Stärke der gesellschaftlichen Linken. Eher diskutiert sie einzelne Seiten einer künftigen Wirtschaftsverfassung, etwa gute Arbeit, öffentliche Investitionsprogramme oder die digitale Revolution getrennt voneinander ohne ein ökonomisches Gesamtkonzept.

Der Profit im Zentrum wirtschaftlicher Entscheidungen bewirkt unter kapitalistischen Verhältnissen, dass die soziale Sphäre als Belastung der Kapitalrentabilität betrachtet wird, auf die mit der Senkung der Kosten für soziale Aufgaben zu antworten ist. Der Sozialstaat wurde durch die Arbeiterbewegung und andere soziale Bewegungen gegen die innere Natur des Kapitals durchgesetzt, aber er ist ebenso wie die Löhne stets bedroht vom Rückbau. Die Natur gilt dem Kapital wie der Mensch als Objekt der Ausbeutung. Die Ressourcen werden übernutzt, als seien sie unerschöpflich. Die Senken der Natur werden durch Emissionen und Abprodukte belastet, als hätten sie keine Grenzen. Die Natur und das humanum im Menschen über sein Dasein als Arbeitskraft hinaus sind für die kapitalistische Wirtschaft das »Außen.«

In einer künftigen solidarischen Gesellschaft und als Orientierung auf den Wegen dahin rücken die sozial gleiche Teilhabe jeder und jedes Einzelnen als Bedingung selbstbestimmter Persönlichkeitsentfaltung aller und mit diesem Maßstab die Gestaltung des ökologischen Umbaus von Wirtschaft und Gesellschaft in das Zentrum gesellschaftlicher Entwicklung. Die Wirtschaft kann nicht das alles überlagernde, alle anderen Teilsphären dem Profit unterwerfende System bleiben. In einer solidarischen Gesellschaft wird der Profit nicht mehr das Zentrum von Wirtschaft und Gesellschaft sein (Abbildung 9), sondern an seine Stelle rücken zwei miteinander eng verbundene

7.1 Eine neue Wirtschaftsordnung nach sozial-ökologischem Maß

Abbildung 9: Profit im Zentrum der Gesellschaft, Gesellschaft als »Außen« der Wirtschaft, Natur als »Außen« von Wirtschaft und Gesellschaft

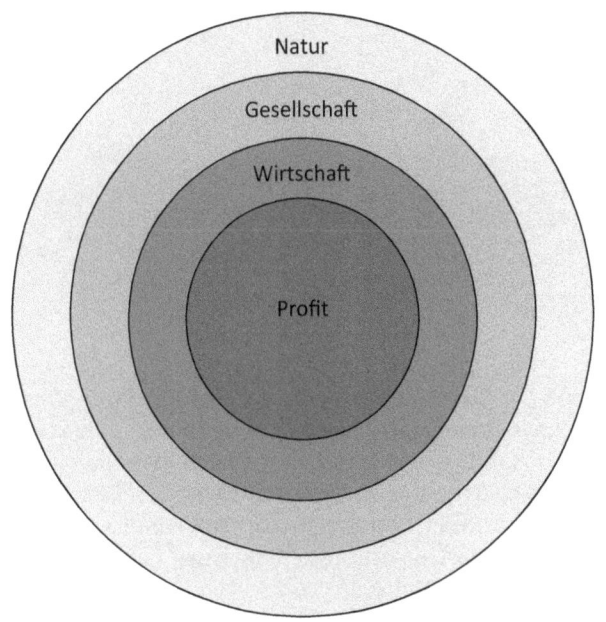

Zentren, um die – der Bahn einer Parabel ähnlich – alle volkswirtschaftliche und gesellschaftliche Entwicklung kreisen muss (Abbildung 10).

Soziale Bedingungen reicher Persönlichkeitsentfaltung und nachhaltige Reproduktion der Natur gelten dann der Wirtschaft nicht mehr als externe Sphären. Sie werden zu den Zentren der Wirtschaftsordnung selbst. Beide Pole sind es, die der Wirtschaft ihren Sinn zuweisen und die Gesellschaft bestimmen. Die Maßstäbe für Effizienz verändern sich. Zwar bleibt unternehmerisches Effizienzdenken orientiert darauf, den Aufwand an Arbeit und Ressourcen für Güter und Leistungen zu senken. Aber welche Güter und Leistungen bereitzustellen sind, wird nicht mehr an der Maximierung des Profits gemessen, sondern an sozialer Wohlfahrt und Bewahrung der Naturgrundlagen menschlichen Lebens. Unter welchen Arbeitsbedingungen Produktion und Dienstleistungen erfolgen, bleibt ebenfalls nicht vorwiegend vom Profit diktiert, sondern bestimmt von menschenwürdiger sozialer Gestaltung der Produktionsverhältnisse. Der Sinn einer solidarischen Gesellschaft, »Freie Individualität, gegründet auf die universelle Entwicklung der Individuen« (MEW 42: 91), wird in dem Maße Realität, in dem die sozialen Bedingungen dafür und gesunde Naturverhältnisse dies ermöglichen.

Abbildung 10: Persönlichkeitsentfaltung und Naturerhalt im Zentrum von Wirtschaft und Gesellschaft

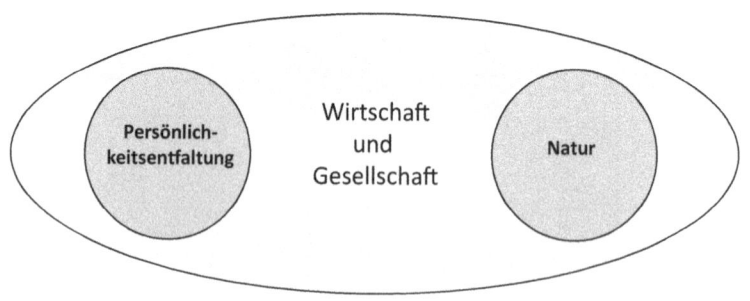

Rainer Land hat diesen fundamentalen Wandel, der in Wirtschaft und Gesellschaft zu vollziehen ist, treffend auf den Punkt gebracht: »Die soziale Frage im 21. Jahrhundert ist die Frage nach einer sozial progressiven Gestaltung des ökologischen Umbaus moderner Gesellschaften.« »Ein sozial progressiv gestalteter ökologischer Umbau könnte das Paradigma eines neuen Regimes wirtschaftlicher Entwicklung nach dem Finanzmarktkapitalismus werden.« (Land 2018: 1)

7.1.1 Ein neues Akkumulationsregime

Die Wirtschaftsordnung einer solidarischen Gesellschaft wird durch ein neues Akkumulationsregime, eine neue Eigentumsordnung und eine neue Regulationsweise bestimmt sein.

- Ein Akkumulationsregime ist in erster Linie durch eine spezifische Volkswirtschaftsstruktur bzw. durch bestimmte Grundproportionen der Volkswirtschaft gekennzeichnet. Ein Akkumulationsregime, so Alain Lipietz, einer der führenden französischen Regulationstheoretiker, »ist ein Modus systematischer Verteilung und Reallokation des gesellschaftlichen Produktes, der über eine längere Periode hinweg ein bestimmtes Entsprechungsverhältnis zwischen Veränderungen der Produktionsbedingungen (dem Volumen des eingesetzten Kapitals, der Distribution zwischen den Branchen und den Produktionsnormen) und den Veränderungen in den Bedingungen des Endverbrauchs (Konsumnormen der Lohnabhängigen und anderer sozialer Klassen, Kollektivausgaben usw. ...) herstellt« (Lipietz 1985: 120). Die Veränderungen in den Proportionen der Volkswirtschaft auf dem Weg zu einer solidarischen Gesellschaft werden in folgenden Richtungen verlaufen:

7.1 Eine neue Wirtschaftsordnung nach sozial-ökologischem Maß 195

■ Konzentration der Investitionen auf den ökologischen Umbau. Das bedeutet *erstens* vorrangige Investitionen in Technologien, die die *Ressourceneffizienz* steigern, also zur Produktion von Gütern und Leistungen mit geringem Aufwand von Energie und anderen Ressourcen führen. Das Ziel ist eine zumindest relative Entkopplung von Wachstum und Ressourcenaufwand. Da eine absolute Entkopplung kaum erreichbar sein wird, orientiert das Wuppertal Institut auf eine doppelte Entkopplung als Schlüsselkonzept: zum einen auf eine höchstmögliche Entkopplung von Wirtschaftswachstum und Umweltverbrauch, zum anderen auf eine erweiterte Entkopplung, nämlich von herkömmlichem Wirtschaftswachstum und gutem Leben oder Lebensqualität (Schneidewind 2018: 55ff.).
Das heißt, die Senkung des Ressourcenverbrauchs durch gesteigerte Ressourceneffizienz soll *zweitens durch den Übergang zu einer anderen, weniger stoffintensiven Lebensweise* begleitet werden. Ressourcen sollen nicht allein effizienter genutzt werden, von vornherein sollen überhaupt weniger Ressourcen benötigt werden. Das erfordert, wie Ulrich Brand und Markus Wissen dargestellt haben, den Abschied der wohlhabenden Länder von einer »imperialen Lebensweise« (Brand/Wissen 2017). Suffizienz ist dafür ein Leitgedanke. Sufficient bedeutet im Englischen genügend oder ausreichend. Geboten ist ein stofflicher Verbrauch, soweit der für ein gutes Leben genügt, aber nicht mehr, nicht zum Zwecke der Statusdemonstration und des Prestigekonsums, nicht als Kompensation für Stress, Abhängigkeit und Unterordnung, nicht als Verbrauch, der die Lebenszufriedenheit in Wirklichkeit schon längst nicht mehr erhöht – wie das der von Diefenbacher und Zieschank ermittelte Wohlfahrtsindex für Deutschland seit Langem anzeigt.
Drittens erfordert eine nachhaltige Ressourcenbewirtschaftung den Übergang von Stoffströmen, in denen Naturressourcen nach ihrer Nutzung in Gestalt von Emissionen und Deponien verloren gehen und die Natursenken überlasten, zu *Stoffkreisläufen*, die ihre weitgehende Wiederverwendung ermöglichen. Das schließt über die Gestaltung der Produktionsabläufe bis zur Wiederverwendung der eingesetzten Ressourcen hinaus die Herstellung langlebiger, reparaturfreundlicher und recycelbarer Konsumgüter ein.
Zu den wichtigsten volkswirtschaftlichen Strukturveränderungen gehört der Übergang zu einer neuen Mobilität. Sie umfasst eine veränderte systemische Integration der verschiedenen Verkehrsträger, ein größeres Gewicht des öffentlichen Verkehrs im Verhältnis zum privaten Personenverkehr, der Schiene im Verhältnis zur Straße, neue emissionsarme Antriebstechnologien, Investitionen in eine Stadtstruktur und

Raumordnung der kurzen Wege und eine Transportminderung durch Regionalisierung. Die Ökologisierung der Verkehrssysteme wird mit merklicher Verbesserung der Lebensqualität zu verbinden sein. Künftige Stadtstrukturen, die eine gesunde nachhaltige Lebensweise ermöglichen, werden mit der energiesparenden Sanierung der Wohnsubstanz und dem Neubau von Nullenergie-Häusern den Zusammenhang zwischen der Lösung sozialer Probleme – der Wohnungsnot – und ökologischer Probleme zur Geltung bringen.

- Der ökologische Umbau ist eine globale Herausforderung. Die Bundesrepublik wird einen größeren Teil ihres Bruttoinlandsprodukts für eine sozial-ökologisch wirksame Entwicklungspolitik, für die Unterstützung der Klimapolitik von Entwicklungs- und Schwellenländern, für den globalen Erhalt der Artenvielfalt, für die Gesundung der globalen Trinkwasserreserven und für den Schutz der Böden und Wälder aufwenden müssen.
- Ein sozial progressiv gestalteter ökologischer Umbau setzt einen enormen wissenschaftlich-technischen und sozialen Innovationsschub voraus. Dieser ist nur unter der Bedingung einer weiteren wichtigen Strukturveränderung im Einsatz gesellschaftlicher Ressourcen möglich. Der Forschung und Entwicklung wird künftig noch größeres Gewicht zukommen. Da ein erfolgreicher sozial-ökologischer Umbau nur getragen von Einsichten und Engagement großer Teile der Bevölkerung vorstellbar ist, werden Bildung und Kultur weit größere Zuwendung als gegenwärtig erfordern – ohnehin durch das Ziel größtmöglicher Persönlichkeitsentfaltung aller in einer solidarischen Gesellschaft geboten.
- Auf dem Weg zu einer solidarischen Gesellschaft wird das volkswirtschaftliche Gewicht aller Bereiche der Care-Arbeit – des Sozialsektors oder der humanorientierten Dienstleistungen also – im Verhältnis zur Sphäre der Produktion und der produktionsnahen Dienstleistungen erheblich wachsen. Die Aufwendungen für Gesundheit, Pflege, Betreuung, Bildung, Kultur und Breitensport werden zunehmen. Auch auf diesem Feld wird der soziale Gewinn einhergehen mit dem ökologischen Vorteil, dass trotz der rasanten Entwicklung der Medizintechnologie und anderer notwendiger Investitionen in die materielle Infrastruktur für die Sorge-Arbeit der Ressourcenaufwand in dieser Sphäre insgesamt beachtlich unter dem in der Produktion liegt.
- Parallel zum Ausbau ökologisch nachhaltig wirkender Bereiche von Wirtschaft und Gesellschaft muss der Rückbau umweltbelastender und für die Lebenszufriedenheit überflüssiger Sektoren erfolgen. Der überdimensionierte Anteil des Finanzsektors an der Volkswirtschaft muss reduziert werden, indem die Funktion der Finanzinstitutionen auf ihre ursprüng-

7.1 Eine neue Wirtschaftsordnung nach sozial-ökologischem Maß 197

liche Rolle für Zahlungsverkehr, Einlagengeschäft und Kreditvergabe zurückgeführt wird.

Riesige Ressourcen für den ökologischen Umbau können durch die Konversion der Rüstungsproduktion in nachhaltige Produktion und generell durch die Reduzierung des Verteidigungshaushalts mobilisiert werden. Enorme Reserven für den sozial-ökologischen Umbau birgt die Abkehr von unterschiedlichsten Formen der Verschwendung: von Scheininnovationen, die zum Zwecke der Umsatzsteigerung nur das Äußere von Produkten – etwa das Design von Autos oder »neue« Medikamente ohne zusätzliche Heilwirkung – betreffen; von konkurrenzbedingter Parallelforschung und -entwicklung, gefördert durch Verhinderungspatente; von Ressourcenaufwand für Güter des bloßen Prestigekonsums und für die Werbung; von der Herstellung und dem Verkauf ungesunder Nahrungs- und anderer Gebrauchsgüter; von Verschwendung durch permanenten Modewechsel und andere Wirkungen der Wegwerfgesellschaft (siehe Creydt 2016: 33-43).

- Ein sehr wichtiger Wandel in den volkswirtschaftlichen Proportionen ist der wachsende Anteil von Ersatzinvestitionen am gesamten Volumen von Investitionen. Der Kapitalstock der deutschen Wirtschaft hat einen Wert von rund sieben Billionen Euro. Die Verwendung der Abschreibungen darauf eröffnet einen weiten Handlungsspielraum für den sozial-ökologischen Strukturwandel. Da ein erheblicher Teil des in Maschinen und Anlagen fixierten Kapitals in den nächsten 10 bis 15 Jahren ersetzt werden muss, ist die bewusste Nutzung dieses Veränderungsfensters für den schnellen Übergang zu einem neuen ökologischen Akkumulationsregime geboten.
- Eine Grundproportion im Akkumulationsregime ist das Verhältnis zwischen Masseneinkommen (Lohneinkommen und Transfereinkommen) auf der einen Seite und Kapitaleinkommen auf der anderen Seite. Marcel Fratzscher, Präsident des Deutschen Instituts für Wirtschaftsforschung, stellt fest: »Im Durchschnitt sind die deutschen Reallöhne heute kleiner als 1990« (Fratzscher 2016: 53) – auch wenn sie seit 2010 gestiegen sind. Für 40% der Beschäftigten sind sie zwischen 1995 und 2015 um 7% gesunken, für weitere 10% stagnierten sie.

Im Vergleich zu 1992 haben die Reallöhne das damalige Niveau im Jahre 2014 gerade einmal wieder erreicht (Forum Gewerkschaften 2017: 9). Gerechte Umverteilung der Einkommen gehört zu den Grunderfordernissen auf dem Weg zum Akkumulationsregime einer solidarischen Gesellschaft

Der Übergang zu einer solidarischen Gesellschaft muss eine Einkommenswende in der Verteilung des gesellschaftlichen Neuwerts einschließen. Seit Jahren steigen die Löhne und Gehälter langsamer als die Produktivität.

Abbildung 11: Arbeitnehmerentgelte, Gewinne der Kapitalgesellschaften und Vermögenseinkommen in der Gesamtwirtschaft (Veränderung in %, 1991=100)

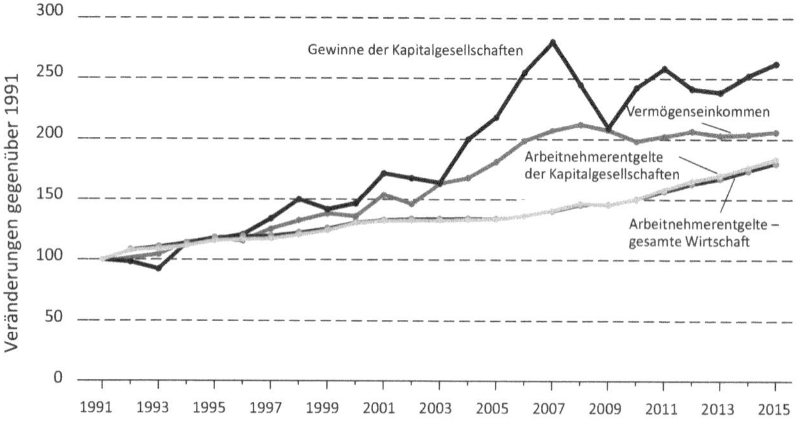

Quellen: Statistisches Bundesamt; Berechnungen des DIW Berlin/ DIW-Wochenbericht 4/2017: 74

Die Lohnstückkosten in der Bundesrepublik wuchsen bis 2009 am wenigsten im Vergleich zu denen anderer Länder der Eurozone. Seit 2010 hat sich diese Differenz trotz steigender Reallöhne nicht merklich verringert. Das Resultat sind eine Einschränkung der Binnenkaufkraft in Deutschland und eine Steigerung der Exporte bis zu einem weltweit höchsten Leistungsbilanzüberschuss im Jahr 2018 von 299 Milliarden US-Dollar zulasten anderer Länder, nicht zuletzt in Südeuropa. Deren Schulden haben sich spiegelbildlich zu den deutschen Leistungsbilanzüberschüssen erhöht – eine weitere Disproportion im gegenwärtigen Akkumulationsregime, die zu gefährlichen Spannungen in der Eurozone und in der EU geführt hat. »Löhne und Gehälter müssten für mehrere Jahre schneller steigen als Produktivität plus Zielinflationsrate, aber mindestens 4 bis 6% pro Jahr, bis der Lohnkostenrückstand gegenüber den anderen Euroländern aufgeholt ist.« (Land 2018: 1)

7.1.2 Eine neue Eigentumsordnung

Die Wirtschaftsordnung einer künftigen solidarischen Gesellschaft, ein neues Akkumulationsregime und eine neue Regulationsweise sind nicht ohne neue Eigentumsverhältnisse vorstellbar. Eine Erfolg verheißende Transformationsstrategie der Linken schließt den Diskurs über die Transformation des Eigentums ein. Die Negativerfahrungen mit dem pseudogesellschaftlichen Eigentum im Staatssozialismus, der Abschied der Sozialdemo-

7.1 Eine neue Wirtschaftsordnung nach sozial-ökologischem Maß

kratie von wesentlichen Veränderungen der kapitalistischen Eigentums- und Machtverhältnisse und die zunehmende Akkumulation durch Enteignung (Zeller 2004) deuten auf die Dringlichkeit einer zeitgemäßen Eigentumsstrategie der pluralen gesellschaftlichen Linken mit folgenden Eckpunkten hin: Ausgangspunkt für die Gestaltung der Eigentumsverhältnisse in einer demokratisch-sozialistischen Gesellschaft muss werden, was das Ziel und den Sinn dieser Gesellschaft ausmacht: dass »der Mensch das höchste Wesen für den Menschen sei« (MEW 1: 385) und dass er die Erde künftigen Generationen in guter Verfassung übergibt.

Eine Gesellschaft mit solchem Ziel ist jedoch nur möglich, wenn die Eigentumsverhältnisse, statt die Mehrheit der Menschen von der vollen Entfaltung der eigenen Individualität auszuschließen, für alle eine sozial gleiche Teilhabe an den Bedingungen selbstbestimmter Persönlichkeitsentfaltung ermöglichen, Inklusion statt Exklusion also. Für jede und jeden müssen in einer künftigen demokratisch-sozialistischen Gesellschaft die persönlichen, politischen, sozialen und ökologischen Menschenrechte verwirklicht werden. Sozialismus kann deshalb auch als verwirklichte Menschenrechtsordnung bezeichnet werden. »Menschenrechte bedürfen einer realen Grundlage, sollen sie nicht bloße Deklaration bleiben, ihre Realisierungsbedingungen müssen in sozialen Systemen ständig neu erzeugt werden. Sie sind an die Bereitstellung von und dem universellen Zugang zu Gütern gebunden.« (Brie 2008: 28) »In einer Gesellschaft wirken dann sozialistische Tendenzen, wenn die Produktion der Freiheitsgüter zunimmt und sich der Zugang für die schwierigsten Gruppen der Gesellschaft erhöht. ... Wenn man die These von der Menschenrechtspflichtigkeit des Eigentums durch die Frage nach der Produktion und Verteilung von Freiheitsgütern konkretisiert, ist zugleich ein Maßstab an die Umgestaltung der Eigentumsverhältnisse einer Gesellschaft formuliert.« (Ebd.)

Marx betrachtete als den Inhalt solcher Umgestaltung die Überführung der Produktionsmittel in gesellschaftliches Eigentum durch Enteignung der Kapitalisten. Aber er meinte damit nicht eine Eigentumsform, die im Namen der Vergesellschaftung die Einzelnen von Entscheidungen über dieses System ausschließt. Zwar erwartete Marx, dass gesellschaftliches Eigentum zentralisierte Verfügung über die Wirtschaftsressourcen »nach einem gemeinsamen Plan« (MEW 17: 342f.) bedeuten würde. Daran knüpften die marxistisch-leninistische Interpretation von Marx und die zentralistische Planwirtschaftspraxis der Staatssozialismus an. Aber Marx hatte zugleich betont, was im marxistisch-leninistischen Eigentumskonzept ignoriert und in der Praxis entsorgt wurde. Er schrieb über die sozialistische Negation der kapitalistischen Produktion: »Diese stellt nicht das Privateigentum wieder her, wohl aber das individuelle Eigentum auf der Grundlage der Errungenschaft der kapitalistischen Ära: der Kooperation und des Gemeinbesitzes der Erde und der durch die Arbeit selbst produzierten Arbeitsmittel.« (MEW 23: 791) In der sozialistisch- kommunistischen Gesellschaft werde die gemeinschaftliche Produktivität der freien Individualität der Einzelnen untergeordnet sein: »Freie Individualität, gegründet auf die universelle Entwicklung der Individuen und die Unterordnung ihrer gemeinschaftlichen Produktivität als ihres gesellschaftlichen Vermögens« (MEW 42: 91). In der künftigen Gesellschaft würden freie Menschen »mit gesellschaftlichen Produktionsmitteln arbeiten und ihre vielen individuellen Arbeitskräfte selbstbewusst als eine gesellschaftliche Arbeitskraft verausgaben« (MEW 23: 92). Marx erwartete also, dass über das künftige gesellschaftliche Eigentum zentralistisch im gesamtgesellschaftlichen Interesse verfügt werden würde, jedoch so, dass die Freiheit aller Individuen das Übergeordnete sein werde. Michael Brie hat den ungelösten Widerspruch in diesem Marxschen Verständnis des sozialistischen Eigentums als Problem herausgearbeitet und kritisch konstatiert: »Was aber dieses individuelle Eigentum auf der Grundlage des Gemeinbesitzes sein sollte, blieb offen.« (Brie 2008: 4)

Damit hinterließen Marx und Engels eine fundamentale theoretische Leerstelle. Im Kapitalismus vermittelt die Marktkonkurrenz zwischen den individuellen Interessen der Wirtschaftsakteure und dem – vom Profit dominierten und verzerrten – gesellschaftlichen Gesamtinteresse, mehr oder weniger staatsinterventionistisch ergänzt oder korrigiert. Aber dieser Mechanismus funktioniert nur um den Preis zunehmender sozialer Ungerechtigkeit, nur zulasten künftiger Generationen und der Natur, nur in einer ständigen Folge verlustreicher Krisen.

Was aber kann der Mechanismus der Vermittlung zwischen den Interessen freier Individuen und kollektiver Wirtschaftsakteure einerseits und den gesamtgesellschaftlichen Interessen andererseits im Sozialismus sein? Diese Frage haben die plurale Linke und ihrer organischen Intellektuellen nicht wirklich beantwortet. Zwar gibt es eine Fülle einzelner Vorschläge zur Transformation der gegenwärtigen Eigentumsverhältnisse. Aber eine gemeinsame überzeugende Konzeption für eine solidarische Bewegungsform der nicht zu beseitigenden Widersprüche zwischen individuellen und gesellschaftlichen Interessen, zwischen Interessen auf dezentraler und Interessen auf nationalstaatlicher, gar transnationaler Ebene, zwischen kurz- und langfristigen Interessen ist nirgends in Sicht.

Für Brie ergibt sich aus der Problematisierung des Widerspruchs zwischen einzelnen Interessen (ob von individuellen oder kollektiven Wirtschaftsakteuren) und Gemeininteressen (ob von Kommunen, Regionen oder der

7.1 Eine neue Wirtschaftsordnung nach sozial-ökologischem Maß

Gesamtgesellschaft) die Unterscheidung verschiedener Typen von Gütern, denen unterschiedliche Eigentums- und Besitzformen entsprechen. Diese sind für die Regulierung unterschiedlicher Sphären der Wirtschaft unterschiedlich geeignet.

Sozialistische Transformationsstrategien sollten deshalb auf die Kombination unterschiedlicher Eigentumsformen zielen. Brie stellt die unterschiedliche Eignung von öffentlichen Gütern (public goods), gemeinschaftlichen Gütern (common goods), individuellen Gütern (individual goods) und assoziierten Gütern (associated goods) für die Regulierung unterschiedlicher Bereiche der Wirtschaft zur Diskussion. Sie unterscheiden sich nach seiner Darstellung durch eine unterschiedliche Wirkung auf die Kombination von hohen oder niedrigen Inklusionsgewinnen, von hohen oder niedrigen Exklusionskosten in Abhängigkeit von der Unterschiedlichkeit offenen oder begrenzten Zugangs zu ihnen (Brie 2008: 32-34).

Jürgen Leibiger und ich haben mit ähnlichem Hintergrund Kriterien vorgeschlagen, nach denen künftig darüber entschieden werden könnte, welche Eigentumsformen für welche Sphären von Wirtschaft und Gesellschaft als Grundlagen der Regulationsweise vorzuziehen sind (Leibiger 2014: 7-31; Leibiger 2004; Klein 2003: 113-142; Klein 2007).

- Wo für jede Bürgerin und jeden Bürger sozial gleiche Teilhabe an Gütern (Dingen oder Leistungen) aus Gerechtigkeitsgründen unabhängig von individueller Zahlungsfähigkeit verwirklicht werden soll, versagt privates Kapitaleigentum. In solchen Feldern ist gesellschaftliches Eigentum – das heißt öffentliches Eigentum unter bestimmender Kontrolle von Akteuren, die gesellschaftliche Interessen vertreten – vorzuziehen. Das gilt für Naturressourcen wie Wald, Wasser und Genreichtum, für Bildung, Gesundheit, Pflege und Betreuung.

Je höher der Grad der Konzentration von Wirtschaftsressourcen verbunden mit Entscheidungsmacht über Grundrichtungen gesellschaftlicher Entwicklung ist, desto näher liegt mit dem Anspruch der Demokratisierung der Demokratie, anstelle von privatem Kapitaleigentum ebenfalls gesellschaftlichem Eigentum den Vorzug zu geben. Das betrifft beispielsweise netzgebundene Bereiche wie den Energiesektor, Information und Kommunikation, Machtzentren des Finanzsystems und große Rüstungsunternehmen. Wo strategische Entscheidungen über langfristige Entwicklungen und volkswirtschaftliche Grundproportionen über kurzfristige Maßstäbe dominieren sollen, werden private Eigentumsformen oft zum Hemmnis und ist gesellschaftliches Eigentum vorzuziehen. Weitsichtige Klimapolitik, Schutz der Böden, der Wasservorräte und der Regenwälder sind in Händen der Gesellschaft unter der Voraussetzung ihrer demokratischen Erneuerung besser aufgehoben, als wenn sie kurzfristigen Profitinteressen privater Kapitaleigentümer unterworfen bleiben. Kurzfristige spekulative Finanztransaktionen fordern als Gegenreaktion gesellschaftliches Eigentum im Bereich großer Finanzakteure heraus, um eher langfristige und ökologisch orientierte Projekte zu finanzieren.

- Privates Eigentum kapitalistischer Unternehmer und kleiner Warenproduzenten hat sich als überlegen für die Regulierung von Feinproportionen in der gesamten Wirtschaft, besonders für die flexible Reaktion auf wechselnde Konsumbedürfnisse und auf kundenspezifische Nachfrage auch nach Produktionsmitteln erwiesen.
- Genossenschaftliches Eigentum kann die individuellen Interessen der Genossenschaftsmitglieder besonders auf lokaler Ebene, aber auch darüber hinaus (wie Eric Olin Wright und Michael Albert am Beispiel von Mondragon zeigen) erfolgreich mit Interessen der Gesellschaft verbinden, stimmt aber nicht selbstläufig mit ihnen überein.
- Von Formen des Belegschaftseigentums erwarten viele Linke eine sozialere Orientierung der Unternehmenspolitik als bei kapitalistischem Eigentum. Sahra Wagenknecht beispielsweise plädiert für »Mitarbeitergesellschaften« und »Öffentliche Gesellschaften«, die »sich selbst gehören«, aber nicht als individuelles Eigentum der einzelnen, das verkäuflich und erwerbbar wäre (Wagenknecht 2016: 264ff.). Ihre Geschäftsführung soll Kontrollgremien unterstellt sein, die von den Mitarbeiter*innen gewählt werden, im Fall der Öffentlichen Gesellschaften von Gremien, die zur Hälfte aus Vertretern der Öffentlichkeit bestehen, um überbetriebliche Interessen berücksichtigen zu können. Das könnte zu sozialeren Ergebnissen als Kapitaleigentum führen. Da kein Beschäftigter einer Mitarbeitergesellschaft individuellen Anspruch auf Unternehmenserträge erheben könne, so schreibt Wagenknecht, gebe es auch keinen Druck zur Ausschüttung von Gewinnen. Das Unternehmen könne befreit von kurzfristiger Renditejagd eine langfristige Entwicklung verfolgen. Allerdings – wieso sollte die Geschäftsführung sich selbst gehörender Unternehmen auf schnelle Gewinnsteigerung im Interesse höherer Einkommen der Belegschaft samt eigener Bezüge verzichten?

Eine dauerhaft progressive Entwicklung der Eigentumsverhältnisse durchzusetzen, erfordert offensichtlich mehr als Entscheidungen über die Präferenzen für unterschiedliche Eigentumsformen. Zur Antwort alternativer Akteure auf die Eigentumsfrage gehört unter den gegenwärtigen Bedingungen, dass eine radikale Erneuerung der Demokratie in Wirtschaft und Gesellschaft *sämtliche* Formen des Eigentums sozialen und ökologischen Maßstäben unterwerfen muss.

7.1 Eine neue Wirtschaftsordnung nach sozial-ökologischem Maß

Zu unterscheiden ist zwischen Eigentum an Wirtschaftsressourcen und Verfügung über dieses Eigentum. Weitreichende Demokratisierung vermag die Verfügung über alle Eigentumsformen einschließlich des privatkapitalistischen Eigentums nach gesetzlich geregelten sozialen und ökologischen Standards zu verändern – allerdings leichter und weiter gehend bei real gesellschaftlichem Eigentum als bei Kapitaleigentum. Die Geschichte der Sozialgesetzgebung belegt diese Möglichkeit. Sie verweist allerdings zugleich auf die absolute Voraussetzung solcher Wirkung, auf die deutliche und dauerhafte Verschiebung der gesellschaftlichen Kräfteverhältnisse nach links.

Solche Veränderung in der Verfügung geschieht unter anderem durch erweiterte Mitbestimmung in Unternehmen und gestärkte Gewerkschaftsmacht. Dies kann Produktionszwecke, Arbeitsbedingungen und Verhaltensweisen auch in privaten Unternehmen verändern. Sozial- und Umweltpolitik, Steuer- und Strukturpolitik, Politik für Geschlechtergerechtigkeit und Antidiskriminierungsgesetze sind in der Lage, in gewissem Maße auch die Verfügung über privates Kapitaleigentum gewandelten Kriterien zu unterwerfen. Wenn dies geschieht, werden auch bei formal gleichbleibenden Eigentumstiteln die Eigentumsverhältnisse tendenziell verändert, wenn zugleich das gesellschaftliche Eigentum wesentlich gestärkt wird.

Die Eigentümerfunktion muss mittels demokratischer Entscheidungen über sozial-ökologische Rahmenbedingungen des Wirtschaftens, über die langfristigen Grundrichtungen gesellschaftlicher Entwicklung und die Menschenrechtsbindung des Eigentums auf soziale Gruppen ausgeweitet werden, die bisher stets nur Betroffene sind, aber nichts zu entscheiden haben. Die ökonomische Herrschaft Weniger über die Mehrheit dagegen soll zurückgedrängt und perspektivisch überwunden werden.

Mit den hier dargestellten Überlegungen zur Gestaltung des Eigentums auf dem Weg in eine solidarische, nachhaltig orientierte Friedensgesellschaft ist eine erste Annäherung an die Bearbeitung der Widersprüche zwischen individuellen, betrieblichen, volkswirtschaftlichen und gesellschaftlichen Interessen gegeben. Aber sie bedarf der Erweiterung durch Vorstellungen über eine neue Regulationsweise, die auf der Grundlage ausdifferenzierter Eigentumsverhältnisse möglichst verlustarm Vermittlungen zwischen den wiederholt genannten Widersprüchen herzustellen vermag: zwischen individuellen Präferenzen, den Interessen kollektiver Akteure und gesamtgesellschaftlichen Interessen. Es geht um eine neue Regulationsweise, die »individuelles Eigentum auf der Grundlage des Gemeinbesitzes« und anderer Eigentumsformen herzustellen vermag.

7.1.3 Eine neue Regulationsweise

Derart fundamentale Veränderungen der Volkswirtschaftsstruktur wie die hier skizzierten sind nicht vom Fortdauern der Marktregulation und neoliberaler Politik zu erwarten. Ein neues Akkumulationsregime ist nur mit einer neuen Regulationsweise durchzusetzen. Diese wird sich auf dem Weg in eine solidarische Gesellschaft in der Wechselwirkung von praktischen Erfahrungen und konzeptioneller Arbeit herausbilden. Sie müsste einer Reihe von Anforderungen annähernd genügen:

Sie muss, um bei den gegebenen hyperkomplexen Zusammenhängen in Wirtschaft und Gesellschaft Entscheidungen über die *wichtigsten* Prozesse in demokratischen Verfahren bei möglichst umfangreicher Beteiligung von Betroffenen und Experten zu ermöglichen, die Planungs- und Leitungsgremien von Millionen Einzelentscheidungen über *weniger wichtige* Allokationsprozesse entlasten. Sie muss eine Komplexitätsreduktion für die jeweils politisch Handelnden ermöglichen. Das heißt, dass dem – einer neuen Rahmengebung zu unterwerfenden – selbstregulierenden Markt-Preis-Mechanismus ein erhebliches Gewicht in einer künftigen Regulationsweise zukommen wird. Notwendig ist, ein optimales Verhältnis von politischer Regulierung einschließlich Planung und marktwirtschaftlicher Selbstregulierung herauszufinden. Aber das wird nicht ausreichen.

Die künftige Regulationsweise wird nicht allein auf einer nur zweidimensionalen Kombination von Regulierungsweisen, von zentraler Planung und dezentralem Marktmechanismus, beruhen. Zu verbinden sind drei ihrer Natur nach besondere und widersprüchliche Regulierungsmechanismen. Erstens zentrale politische Entscheidungen über Grundrichtungen gesellschaftlicher und wirtschaftlicher Entwicklung und Innovation, die keineswegs selbstläufig und nicht ohne institutionelle Sicherungen demokratischen Charakter haben. Zweitens der Marktmechanismus, der im Wettbewerb Innovationen und betriebswirtschaftliche Effizienz bewirkt, aber sozial, ökologisch und oft genug auch strategisch blind ist und daher durch sozial-ökologische Rahmen- und Regelfestlegungen neu konditioniert werden muss. Drittens das Handeln zivilgesellschaftlicher Akteure, die die Bedürfnisse, Wünsche und Hoffnungen der Bürgerinnen und Bürger zur Sprache bringen, sie zu Forderungen an die Verantwortlichen in Legislative, Exekutive und Judikative verdichten und wirksame Kontrolle von unten verwirklichen. Sie bringen häufig schon gegenwärtig innovative Projekte in eigener Regie voran und können negative Wirkungen des Marktgeschehens sowie Fehlplanungen – beispielsweise durch die Arbeit von Verbraucherorganisationen – begrenzen. Ein wichtiger Teil des Wandels der Regulationsweise von unten ist zudem der Übergang wachsender Teile der Bevölkerung von der bisher vor-

7.1 Eine neue Wirtschaftsordnung nach sozial-ökologischem Maß

herrschenden imperialen Lebensweise zu einer neuen umweltschonenden und kulturvollen Lebensweise.

Eine neue Regulationsweise muss also das Kunststück ermöglichen, staatliche strategische Verantwortung, die Mitbestimmung und Aktivität vieler zivilgesellschaftlicher Kräfte und größtmögliche Freiheiten für ein modernes Unternehmertum in ein produktives Verhältnis zu bringen. Der staatssozialistische Zentralismus und die neoliberale Marktverfassung der Gesellschaft müssen vor solcher Aufgabe versagen. Aber auch die Ersetzung von beidem durch die Idealkonstruktion einer fast widerspruchsfreien Gesellschaft, in der die Einzelnen einsichtsvoll die Bedürfnisse aller anderen in ihrem eigenen Handeln von vornherein berücksichtigen, ist keine realistische Option.

Die allgemeine und grundlegende Voraussetzung für eine künftige funktionsfähige Regulationsweise ist eine radikale Erneuerung der Demokratie. Das betrifft die Funktionsweise der repräsentativen Demokratie und besonders die Entfaltung der partizipativen Demokratie. Nur im Maße der Durchsetzung von Transparenz der Verhältnisse, von gesicherter Information der Öffentlichkeit, von Problembewusstsein in der Öffentlichkeit, von institutioneller Sicherung bürgerschaftlicher Mitentscheidung weit über Wahlen hinaus ist eine fortwährende produktive Bearbeitung der Widersprüche in Wirtschaft und Gesellschaft und der inneren Widersprüche der künftigen Regulationsweise selbst denkbar. Zu solcher Erneuerung der Demokratie gehören wirtschaftsdemokratische Veränderungen in den Unternehmen und Behörden selbst, die Befreiung der Parlamente vom massiven Einfluss der ökonomisch Mächtigen und die Ergänzung der Parlamente auf allen Ebenen durch Wirtschafts-, Umwelt- und Sozialräte, die zivilgesellschaftlichen Akteuren Einfluss auf parlamentarische Entscheidungen, Unternehmen und staatliche Apparate ermöglichen. Öffentliche Ratingagenturen werden an die Stelle privater Ratingagenturen treten, die gegenwärtig oft von jenen Institutionen bezahlt werden, die sie zu bewerten haben. Ansätze demokratischer Kontrolle sind schon heute Organisationen wie die Coordination gegen Bayer-Gefahren, Food-Watch, der Dachverband kritischer Aktionäre und Lobby Control. Partizipative Bürgerhaushalte bieten Bürgerinnen und Bürgern Einfluss auf die Verwendung von Finanzmitteln. Ganz sicher werden viele andere institutionelle Innovationen aus praktischen Erfahrungen hervorgehen. Wahrscheinlich wird eine veränderte Verfasstheit von Parteien und sozialen Bewegungen zu einer wechselseitigen Öffnung und zu ihrem stärkeren Zusammenwirken führen.

Eine neue Regulationsweise muss einer epochalen globalen Veränderung entsprechen. Seit der Herausbildung des Kapitalismus und der industriellen Revolution werden als Resultat der Marktregulation der Erde Energieträger und Stoffe aller Art entnommen und dem kapitalistischen Verwertungsprozess einverleibt, als seien sie grenzenlos vorhanden. Das gilt bis heute trotz der Tendenzen zu ökologischer Umkehr. Aber die linearen Stoffströme – nämlich schrankenlose Entnahme aus der Natur, Verbrauch in der Produktion und schließlich Belastung der Natur mit Produktionsabfällen und Emissionen ohne Rücksicht auf die Begrenztheit der Senken – tendieren akut zu Umweltkatastrophen größten Ausmaßes. *Eine neue Regulationsweise muss die gesellschaftliche Reproduktion der Produktivkräfte und der Produktionsverhältnisse in bisher unbekanntem Umfang in die Reproduktion der Naturkreisläufe einfügen* – durch offene und geschlossene Stoffkreisläufe für alle wichtigen Naturressourcen und auf dem Weg der Ersetzung nicht regenerierbarer Energien und Rohstoffe durch erneuerbare Ressourcen.

Das erfordert eine *Bewirtschaftung der Naturressourcen nach dem Maßstab ihrer Erhaltung*, die es bisher in dem notwendigen umfassenden systemischen Maße nicht gibt. Umstritten ist – auch in der Linken – welchen Anteil verbindliche quantitative Festlegungen zur Entnahme von Ressourcen aus ihren Naturzusammenhängen, zur Reduzierung dieser Entnahme und zur Stoffrückführung in Naturkreisläufe mittels eines umfassenden Stoffkreislauf-Regimes künftig haben sollen, welche Rolle Ge- und Verboten zukommen soll. Umstritten ist, wie groß das Gewicht von Umweltsteuern sein sollte, ob und in welchem Maße die Emission von Zertifikaten für die Nutzung von Ressourcen, die Festlegung von Mindestpreisen für solche Zertifikate und der Handel mit ihnen trotz des Versagens des bisher praktizierten Zertifikatehandels erfolgen sollen, ob also ein staatlich und gesellschaftlich regulierter Zertifikatemarkt eine zentrale Komponente einer neuen Regulationsweise werden soll oder nicht.

Ein wichtiges Instrument für die Regulierung einer sozial-ökologischen Transformation könnte die *Kreditlenkung* werden, wenn Kredite in erheblichen Größenordnungen nicht nur zur Finanzierung von Investitionsprogrammen, sondern auch für die Richtungsbestimmung solcher Programme eingesetzt werden. Dabei ginge es weniger um eine geplante Kreditierung ganz konkreter Projekte als um die Vergabe von Krediten nach Kriterien der Steigerung der Ressourceneffizienz, der Förderung von Stoffkreisläufen und des Einsatzes erneuerbarer Ressourcen sowie für umweltorientierte Forschungslinien. Das könnte bedeuten, weniger auf Ökosteuern als Regulierungsinstrument zu setzen, die einerseits den Verbrauch von Ressourcen verteuern und dadurch begrenzen und andererseits Mittel für die Finanzierung des sozial-ökologischen Umbaus mobilisieren können. Vielmehr soll Kreditschöpfung in großem Maße umweltorientierte Innovationen hervorbringen und einen selbsttragenden innovationsbasierten Über-

7.1 Eine neue Wirtschaftsordnung nach sozial-ökologischem Maß

gang zu einer sozial-ökologischen Gesellschaftsalternative ermöglichen, der auch die Rückzahlung der aufgenommenen Kredite aus umweltkompatibler Entwicklung tragen wird. Wahrscheinlich wird der sozial-ökologische Umbau sowohl durch Ökosteuern wie auch durch Kredite zu finanzieren sein.

Eine systemtheoretische, relativ stark ausgearbeitete Konzeption für die Bewirtschaftung von Naturressourcen nach dem Maßstab ihrer Erhaltung auf dem Weg permanenter umweltorientierter Selektion von Innovationen, für die Kreditlenkung und für eine entsprechende institutionalisierte Regulationsweise hat Rainer Land in den Diskurs eingebracht (Land 2019). Er schlägt vor, die Bewirtschaftung der einzelnen Naturressourcen öffentlich-rechtlichen Organisationen zu übertragen, die er Ökokapitalgesellschaften nennt. Dabei kann irritieren, dass er die Regulierung der Ressourcenkreisläufe als Regulierung ihrer Verwertung bezeichnet. Mit dem Begriff Verwertung ist in diesem Fall aber nicht der profitorientierte Einsatz von privatem Kapital und die Ausbeutung von Lohnarbeit gemeint, sondern die Regulierung der Ressourcenkreisläufe mit dem Ziel der Erhaltung der Ressourcen. Land unterscheidet also Kapitalverwertung im Sinne von Marx als spezifisch kapitalistische Form des Umgangs mit der Natur und »Verwertung« von Ökokapital in dem allgemeinen Sinn der Reproduktion einer Ressource in der Verantwortung von Ökokapitalgesellschaften ohne Profit als Ziel. Diese Gesellschaften sollen den Erhalt der Ressourcen unter Einsatz der Zertifikation für Umweltnutzung, mit der Festlegung von Nutzungs- und Reduktionszielen, mittels Kontrollen des Umweltstatus, Forschungsförderung und Mobilisierung von Finanzmitteln – vorwiegend von Krediten – sichern. Diesem Konzept sollte sachlich-kritische Aufmerksamkeit in linken Diskursen gebühren.

Franz Groll hatte bereits 2009 einen Vorschlag für eine ökologische Regulierungsweise unterbreitet. Ihr Kern soll darin bestehen, dass neben dem Geld als Zirkulationsmittel der Umlauf von jährlich zu verknappenden Umweltzertifikaten (UZ) für unterschiedlichste Ressourcen auf die Reduzierung von deren Verbrauch wirkt. Sie sollen nicht an die Produzenten verkauft werden und dadurch deren Angebot dämpfen, sondern kostenlos und limitiert zu gleichen Mengen pro Kopf an die Verbraucher vergeben werden und deren Nachfrage begrenzen. Diese könnten nur so viel verbrauchen, wie ihnen durch diese »Bezugscheine« zugestanden wird – also nicht allein durch ihren Geldbeutel bestimmt (Groll 2009: 49-60).

Die Herausbildung einer neuen Regulationsweise wird voraussichtlich zunächst vorwiegend auf nationalstaatlicher Ebene erfolgen, da demokratische Verfahren in diesem Rahmen am stärksten institutionell verankert sind. Sicher werden ökologisch destruktive globale Verkehrs- und Handelsströme und spekulative Auswüchse der Globalisierung zugunsten lokaler, regionaler und nationaler Kooperationen reduziert werden. Internationale Regelmechanismen wie der als Reaktion auf die Mehrfachkrise 2008 entstandene Komplex von austeritätspolitischen Verträgen in der Eurozone werden abzubauen seien. Aber eine neue Regulationsweise allein auf nationalstaatlicher Ebene etablieren zu wollen, würde viele Vorteile der Internationalisierung negieren. Der Demokratisierungsprozess muss viel stärker die Vernetzung alternativer Kräfte im internationalen Maßstab einschließen, insbesondere im Rahmen der Europäischen Union, weil wesentliche Entscheidungen, zum Beispiel in der Umwelt- und in der Sozialpolitik, internationale Wirkungen haben und daher internationaler Abstimmung bedürfen. Die europäische Linke braucht eine Verständigung über internationale Elemente einer neuen Regulationsweise. Ausgehend von Regelwerken wie dem der ILO können Schritte in diese Richtung demokratiepolitische, soziale und ökologische Standards sein, deren Verletzung Sanktionen nach sich zieht.

Selbst bei weiterer Demokratisierung auch der Justiz werden Verwaltungs-, Sozial-, Verfassungs- und Strafgerichte nicht ausreichen, um zwischen den unterschiedlichen Auffassungen von Millionen Individuen und kollektiven Wirtschaftsakteuren über die Fülle der Facetten dessen, was als Gemeinwohl gelten darf, Kompromisse zu finden – und dies noch ohne zu großen Zeitverlust. Wahrscheinlich werden ausgehend von Erfahrungen in Schlichtungsverfahren, Schiedskommissionen und der Praxis von Mediatoren neue institutionelle Formen permanenter Kompromissfindung gefunden werden. Dies sowohl zwischen wirtschaftlichen Einzelinteressen und lokalen, kommunalen, regionalen und nationalstaatlichen gesellschaftlichen Interessen als auch auf internationaler Ebene. Für Widersprüche zwischen wirtschaftlicher, sozialer und ökologischer Effizienz müssen Bewegungsformen gefunden werden, ebenso für Widersprüche zwischen den Generationen, zwischen kurzfristiger und langfristiger Rationalität. Die Möglichkeiten des Marktmechanismus dafür sind begrenzt. Die Zivilgesellschaft bedarf einer neuen Kultur der Wahrnehmung unterschiedlicher Interessen, der sachlichen Abwägung, der Toleranz, der Solidarität und der Kompromissfähigkeit. Die Organe gesellschaftlicher Planung und Leitung, die gegenwärtig hochgradig im Interesse des herrschenden Machtblocks fungieren, werden neu zu konstituieren sein. Dafür werden auch negative und positive Erfahrungen staatssozialistischer Praxis auszuwerten sein (Steinitz/Walter 2014).

Die Größe und Fülle der Anforderungen, denen eine künftige Regulationsweise zu genügen hat, schließen aus, diese Regulationsweise vorausschauend in wissenschaftlichen Einrichtungen erfinden zu wollen. Gewiss wird die Regulationsweise einer nachhaltigen solidarischen Gesellschaft oder des

7.1 Eine neue Wirtschaftsordnung nach sozial-ökologischem Maß

demokratischen grünen Sozialismus intensiver Forschungsarbeit bedürfen. Aber diese wird aus den praktischen Such- und Lernprozessen wie auch aus gescheiterten Versuchen zu lernen und sie zu verarbeiten haben. Und vor allem: sie wird nicht anders als in harten Kämpfen zwischen den etablierten Machteliten und alternativen Akteuren entstehen.

In dem hier umrissenen Rahmen eines neuen Akkumulationsregimes, einer neuen Eigentumsordnung und einer neuen Regulationsweise halten nun die unterschiedlichen Akteure jeweils verschiedene Knotenpunkte gegenwärtiger und künftiger Kämpfe um eine neue Wirtschaftsordnung nach sozial-ökologischem Maß für besonders wichtig und zukunftsentscheidend. Als ausgewählte ökonomische und soziale Aspekte werden im Folgenden zunächst Diskurse über gute Arbeit, ein neues erstrangiges Gewicht der Sorge-Arbeit, Geschlechtergerechtigkeit und die Finanzierung des Ganzen beleuchtet.

7.1.4 Gute Arbeit für alle und Vier-in-einem-Perspektive

Die dringliche Umverteilung von Lebenschancen wird in den gewerkschaftlichen Kämpfen oft auf Lohnforderungen und bessere Arbeitsbedingungen reduziert. Aber auch in den Gewerkschaften gibt es weiter reichende Konzepte. Als »Gute Arbeit für alle« gilt meist zwar zunächst gut bezahlte Arbeit, erfordert also Umverteilung zwischen Löhnen und dem Unternehmeranteil am Neuwert. Aber diese Formel meint mehr (Riexinger/Becker 2017). Sie ist eine Forderung, die gleichermaßen für die Kernbelegschaften in der Industrie, für Beschäftigte in der Dienstleistungssphäre und für Menschen in prekären Verhältnissen, auch für Soloselbständige und für Arbeitssuchende gelten soll. Den Gewerkschaften fordert dies eine neue Klassenpolitik ab, nicht allein Interessenvertretung der in Arbeit Stehenden, nicht allein Vertretung der Stammbelegschaften, sondern eben aller, die auf ihrer Hände und Köpfe Arbeit angewiesen sind. Wenn es gelänge, bei Beachtung aller Verschiedenheit in der Lage der ganz unterschiedlichen Gruppen von Lohnabhängigen, Arbeitslosen und Scheinselbständigen gleiche Prinzipien der Arbeitsgestaltung für alle durchzusetzen – Löhne, die ein gutes Leben einschließlich der Altersvorsorge sichern; tarifliche Bezahlung; in der Regel unbefristete Arbeitsverhältnisse, die eine Lebensplanung erleichtern; soziale Absicherung; Selbstbestimmung und erweiterte Mitbestimmung nicht zuletzt darüber, was überhaupt produziert wird; Abbau von Dauerstress; Geschlechtergerechtigkeit – so wäre dies folgenreich.

Gute Arbeit für alle bedeutet, dass in der Arbeitswelt bei Anerkennung großer Differenziertheit der Interessen das Gemeinsame der Lohnabhängigen weit mehr Gewicht gewinnen und damit zu ihren Gunsten das Kräfteverhältnis zwischen ihnen und den Machteliten verändern würde. Gute Arbeit für alle zu erreichen, erfordert eine ganze Kette von dafür notwendigen Schritten, die zusammen zumindest die neoliberale Form des Kapitalismus erheblich schwächen. Kämpfe um »Gute Arbeit für alle« sind vor allem aus gewerkschaftlicher Perspektive ein wichtiger (Teil-) Knotenpunkt des Bemühens um eine solidarische Alternative.

> Zukunft oder Ende des Kapitalismus? Die Arbeit wird in den kommenden Jahrzehnten ein wichtiger Teil des Lebens bleiben – geschüttelt von den Turbulenzen der digitalen Revolution. »Gute Arbeit für alle« könnte ein Trumpf-Konzept für die gesellschaftliche Linke in der Auseinandersetzung mit einem Kapitalismus sein, dem systembedingt die Arbeit vor allem als eines gilt: als Quelle von Profit – vielfach zulasten von sozialer Sicherheit, Gesundheit und Zufriedenheit der arbeitenden Menschen.

Dieser Ansatz wird ergänzt durch einen starken Anstoß von feministischer Seite. Frigga Haug sieht einen »strategischen Herrschaftsknoten« darin, dass die gesellschaftlich anerkannte profitträchtige Erwerbsarbeit sich ständig auf die unsichtbare, in der häuslichen Sphäre unbezahlte und kaum anerkannte Sorge-Arbeit von der Geburt der Kinder bis zur Fürsorge für die Alten stützen kann.

Um diese Verflechtung von Ausbeutungsverhältnissen in der Produktion und patriarchaler Herrschaft aufzusprengen, hat sie eine von ihr so bezeichnete »Vier-in-einem-Perspektive« in den alternativen Diskurs eingebracht und sieht die Kämpfe um die Durchsetzung solcher Perspektive als einen Knotenpunkt auf dem Weg in eine solidarische Gesellschaft an. »Es ist der Vorschlag, das Leben so zu fassen, dass die vier Hauptdimensionen des Menschseins: gesellschaftliche Arbeit – heute in der Form der Erwerbsarbeit –, die Arbeit in der Reproduktion des Menschen, die Tätigkeit an eigner Kultur und Entwicklung und schließlich die Politik in etwa zu gleichen Teilen das individuelle Leben bestimmen.« (Haug 2009: 22)

Würde die verfügbare Zeit so auf die Hauptsphären menschlichen Tuns aufgeteilt werden, gleichermaßen auf Männer und Frauen, so würden der absolute Vorrang der Produktion gegenüber der Reproduktion nichtstofflicher Bedingungen für ein menschenwürdiges Leben, die Priorität der Sphäre privater Kapitalverwertung gegenüber der öffentlichen Daseinsvorsorge, die Doppelbelastung vor allem von Frauen durch Erwerbs- und Sorgearbeit und die Diskriminierung der Care-Arbeit schwinden. Die Arbeitszeit würde in das Leben eingeordnet werden, nicht das Leben der Erwerbsarbeit unterworfen.

7.1 Eine neue Wirtschaftsordnung nach sozial-ökologischem Maß

Eine dafür notwendige öffentliche Auseinandersetzung um Werte und Handlungsorientierungen wird dazu beitragen, die tief verinnerlichte Unterordnung von Mehrheiten unter Kapitalverwertung und Wachstumsdenken allmählich aufzulösen. Liebe, verwandtschaftliche, freundschaftliche und gute nachbarliche Beziehungen und mehr Zeit für solche Seiten des Lebens würden erheblich größere Bedeutung gewinnen. Mehr Zeit für die eigene kulturelle Entwicklung der Einzelnen setzt den Ausbau der öffentlich-kulturellen Infrastruktur voraus. Die stark auf den Konsum der Dinge konzentrierte Lebensweise der einkommensstarken Bevölkerungsschichten, zu deren Kehrseite vielfältige wohlfeile Aneignung von Ressourcen der ärmeren Länder gehört, die imperiale Lebensweise, wird zugunsten einer Lebensweise zurückgedrängt, in der nichtmateriellen Bedürfnissen ein stärkeres Gewicht zukommt. Eine solche Lebensweise wird umweltverträglicher als die gegenwärtige sein (Brand/Wissen 2017).

> Zukunft oder Ende des Kapitalismus? Für die Entscheidung dieser Frage wird erhebliche Bedeutung haben, wofür die Gesellschaft ihr Arbeitskraftpotenzial einsetzt. Die Vier-in-einem-Perspektive gibt der Linken eine Orientierung, die der neoliberalen Konzentration auf alles, was Profit bringt, zugunsten sozialer Wohlfahrt der Vielen langfristig überlegen sein wird.

Die Vier-in-einem-Perspektive mit ihren weitreichenden Implikationen korrespondiert mit einem weiteren Zugang zur Neuverteilung von Macht und Lebenschancen. Dieser Zugang wird mit dem Begriff Intersektionalität erfasst.

7.1.5 Der Intersektionalitätsansatz

In Deutschland hat vor allem Gabriele Winker großen Anteil an der Verbreitung des Konzepts der Intersektionalität. Sie folgt damit Kimberlé Crenshaws Konzept der intersectionality (Winker/Degele 2009). Auch Intersektionalität zielt auf eine neue Klassenpolitik, die alte Engführungen überwindet. Sie richtet sich gegen die Gesamtheit ungerechtfertigter Ungleichheiten, ob bedingt durch die Klassenverhältnisse zwischen Kapital und Arbeit, ob durch patriarchale Herrschaft von Männern über Frauen, ob bedingt durch Heteronormativismus, also durch Ausgrenzungen von Lesben, Schwulen, Transsexuellen, Bisexuellen und anderen, ob durch Rassismen, die Hierarchien entlang von ethnischen Unterschieden umfassen, oder ob durch Ausgrenzungsverhältnisse, die an Körperlichkeiten (Bodyismen) anschließen, also an Verschiedenheiten in Aussehen, Alter, Gesundheitszustand,

Behinderungen und Leistungsfähigkeit. Diese unterschiedlichen Unterdrückungs- und Ungleichheitsverhältnisse sprengen einseitige Klassenvorstellungen. Sie existieren nicht nebeneinander, sondern eng verflochten miteinander. Für die Gewerkschaften verweist der Intersektionalitätsansatz darauf, sich mit feministischen Bewegungen, antirassistischen Kämpfen, Initiativen gegen Fremdenfeindlichkeit und mit Behindertenverbänden zu verbünden. Die mehrdimensionalen Herrschaftsverhältnisse in der Welt der Arbeit überwinden zu wollen, ist nur möglich als Teil eines Wandels, der die ganze Gesellschaft betrifft.

Denn in der Arbeitswelt ist das Herrschaftsverhältnis zwischen Kapital und Arbeit eng mit der Diskriminierung von Frauen, zum Beispiel in der Personalpolitik bei Einstellungen mit der Benachteiligung von Müttern mit Kindern, von Bewerber*innen ausländischer Herkunft, mit körperlichen oder psychischen Einschränkungen verbunden. Nicht selten scheitern Bewerberinnen beispielsweise an ihrem Übergewicht im Verhältnis zu verbreiteten Normvorstellungen.

> Zukunft oder Ende des Kapitalismus? Der Intersektionalitätsansatz macht die Dringlichkeit einer Solidarität deutlich, die über Teilinteressen hinausreicht. Dieser Ansatz fordere den Akteuren die politische Kunst ab, so Wolfgang Fritz Haug, die Vielstimmigkeit in eine gemeinsame Sprache zu übersetzen – mit dem Ziel, auch gemeinsam zu handeln. In der Auseinandersetzung mit dem kapitalistischen System, in dem die Konkurrenz dazu tendiert, die Menschen zu Ego-Maschinen zu degradieren, wird eine solche Einheit zu einer entscheidenden Bedingung für eine menschenwürdige Zukunft.

Gabriele Winker verbindet den Intersektionalitätsansatz mit der besonderen Hervorhebung einer im öffentlichen Diskurs lange Zeit unterbewerteten Gesellschaftssphäre als Ort sich verschärfender kapitalistischer Widersprüche und notwendiger Kämpfe: des vielschichtigen Bereichs der Care- oder Sorgearbeit, von anderen als Reproduktionsarbeit bezeichnet (Winker 2015; Fried/Schurian 2015; Biesecker/Hofmeister 2006).

7.1.6 Care-Revolution

Die Konzeption der Care-Revolution rückt die Bereiche der Sorgearbeit für Menschen in die Mitte einer progressiven Transformationsstrategie. Gabriele Winker plädiert für eine Transformationsstrategie,»die konsequent von menschlichen Bedürfnissen ausgeht und insbesondere die gegenwärtig meist unsichtbare Sorgearbeit ins Zentrum einer gesellschaftlichen Alterna-

7.1 Eine neue Wirtschaftsordnung nach sozial-ökologischem Maß 213

tive stellt. Diesen Prozess einer an der Sorgearbeit ausgerichteten Transformation nenne ich Care-Revolution. Ziel dieser Care-Revolution ist der Aufbau einer solidarischen Gesellschaft.« (Winker 2015: 139)
Für eine Fokussierung transformatorischer Anstrengungen auf die Sphäre der Sorge- oder Care-Arbeit spricht vieles. Nach Angaben des Bundesministeriums für Familie, Senioren, Frauen und Jugend (BMFSFJ) und des Statistischen Bundesamtes wurden im Jahr 2001 96 Milliarden Stunden Sorgearbeit unbezahlt in den Familien und 9 Milliarden Stunden Care-Arbeit als bezahlte Erwerbsarbeit geleistet, zusammen also 105 Milliarden Arbeitsstunden im Verhältnis zu 47 Milliarden Stunden Erwerbsarbeit in der Produktion und in nicht personenbezogenen Dienstleistungen (BMFSFJ/Statistisches Bundesamt 2003: 11; Winker 2015: 24). Der Sektor der Care-Arbeit hat also ein außerordentliches volkswirtschaftliches und gesellschaftliches Gewicht.

Aber im krassen Gegensatz zu der lebenswichtigen Bedeutung der Sorgearbeit für die einzelnen werden häuslicher Fürsorge für Kinder, Ältere und andere Hilfsbedürftige, der mitmenschlichen Zuwendung überhaupt und der Arbeit im Gesundheits- und Bildungswesen, in Pflege, Erziehung, Betreuung, sozialen Diensten und Kultur nur geringe gesellschaftliche Anerkennung und Wertschätzung zuteil. Sie erfahren eine »strategische Entthematisierung« (Winker) – in eigenartigem Widerspruch dazu, dass das gesundheitliche Befinden, die Bildung für die Kinder und die Fürsorge im Alter die Menschen sehr bewegen. Dieser Geringschätzung entsprechen die schlechte Bezahlung der Care-Arbeit und die in der Regel schlechten Arbeitsbedingungen in diesem Sektor. Die Erklärung dafür liegt, wie Gabriele Winker feststellt, auf der Hand: In der Produktion findet die Verwertung des Kapitals statt. Sie ist die wahre Welt des Kapitals, des Profitmachens. Zwar unterwirft die neoliberale Privatisierung von Krankenhäusern, Pflegediensten und Bildungseinrichtungen auch Teile der Reproduktionssphäre außerhalb der Produktion dem Profitprinzip. Aber das funktioniert nur, soweit dort humanorientierte Leistungen zahlungsfähige Kunden finden. Sowie Sorgearbeit für alle unabhängig von ihrem Einkommen geleistet werden soll, ist sie in aller Regel nicht rentabel genug für das Kapital. Per Saldo gilt die Care-Arbeit dem Kapital als ein Sektor, in dem Kosten statt Gewinne entstehen und der daher ein bevorzugtes Objekt der Sparpolitik ist. Unterentwicklung der Care-Bereiche im Verhältnis zu den Bedürfnissen der Menschen, im Verhältnis auch zu dem Kapitalinteresse an leistungsfähigen, qualifizierten und gesunden Arbeitskräften und im Verhältnis zum gesellschaftlichen Reichtum in den wohlhabenden Ländern ist die Folge.

Die Wirkung ist eine doppelte. Diejenigen, die Sorgearbeit leisten, ob privat und unbezahlt oder in bezahlten Beschäftigungsverhältnissen, sehen sich in besonders prekären Umständen. Häusliche Care-Arbeit bedeutet stets entweder Doppelbelastung durch Berufstätigkeit und Fürsorge für andere oder in großem Umfang unfreiwillige Teilzeitarbeit mit Einkommensverlusten und der Perspektive von Altersarmut oder Verzicht auf Berufstätigkeit und auf viele Seiten der Teilhabe am gesellschaftlichen Leben – ganz zu schweigen von fehlender oder geringer gesellschaftlicher Anerkennung. Die bezahlte Sorgearbeit steht unter permanentem Einsparungsdruck. Austeritätspolitik und Schuldenbremse münden in Personalmangel in Kitas, Krankenhäusern und Pflegeeinrichtungen. Überlastung der Beschäftigten, Stress, physische Schäden und psychische Überforderung sind das Resultat – noch dazu bei niedrigen Einkommen im Verhältnis zu Löhnen und Gehältern in der Produktion. Die Daten des Fehlzeiten-Reports zeigen, dass in den Care-Berufen psychische Erkrankungen prozentual eine größere Bedeutung haben als in anderen Berufen (ebd.: 87). »Während der Anteil psychischer Erkrankungen an den Arbeitsunfähigkeitstagen im Durchschnitt aller Branchen 2012 bei 10,1% lag, waren die Ausfallquoten wegen psychischer Erkrankungen bei Berufen in der Sozialarbeit und -pädagogik mit 16,9%, in der Kinderbetreuung und -erziehung mit 16%, in der Altenpflege mit 15,7% sowie in der Gesundheits- und Krankenpflege mit 14,7% deutlich höher.« (Meyer/Mpairaktari/Glushanok 2013: 345)

Die Kehrseite betrifft diejenigen, denen die Sorgearbeit gilt: zu wenig Kitaplätze, zu große Schulklassen, zu wenig Förderung der durch ihre soziale Herkunft oder durch Migrantionshintergrund besonders förderungsbedürftigen Kinder, zu wenig Sozialpädagogen und psychosoziale Betreuung, fatale Defizite im Gesundheitswesen und unwürdige Zustände in Pflege- und Seniorenheimen. Trotz hohen Verantwortungsbewusstseins bei den meisten Pflegekräften geht unter permanentem Zeit- und Leistungsdruck »das zentrale Element von guter Pflegearbeit verloren, nämlich präsent und empathisch gegenüber den Care-EmpfängerInnen zu sein (Winker 2015: 77).

Für eine Transformationsstrategie, die der Care-Revolution eine treibende Bedeutung beimisst, spricht ein weiterer schwerwiegender Grund. In der Sphäre der Care-Arbeit sind überwiegend Frauen beschäftigt. Die bisher geringe Anerkennung der Sorgearbeit, die mit der häuslichen Reproduktionsarbeit verbundene Doppelbelastung und die unzureichenden Arbeitsbedingungen in den Bereichen der bezahlten Care-Arbeit betreffen daher vor allem Frauen. Die Prägung der Care-Bereiche durch die Kapitalverhältnisse und patriarchale Verhältnisse sind hier besonders eng verflochten. Und wo als Ausweg die Entlastung berufstätiger Frauen durch migrantische weibliche Hausarbeitskräfte gesucht wird, kommt in deren Lage noch eine weitere hierarchische Dimension dazu. Gabriele Winker gilt daher der In-

7.1 Eine neue Wirtschaftsordnung nach sozial-ökologischem Maß

tersektionalitätsansatz als theoretischer Rahmen ihrer kritischen Analyse der Care-Arbeit und der Krise sozialer Reproduktion.

In die Konstatierung einer *Krise der sozialen Reproduktion* mündet nämlich ihre Untersuchung der Care-Arbeitssphäre. Unter sozialer Reproduktion versteht sie »alle sozialen Praxen, die erforderlich sind, um menschliche Arbeitskraft (wieder) herzustellen. ... Eine Krise sozialer Reproduktion entsteht dann, wenn die Zuspitzung des Widerspruchs zwischen Profitmaximierung und Reproduktion der Arbeitskraft die quantitative und qualitative Verfügbarkeit der Arbeitskräfte so beeinträchtigt, dass dies perspektivisch eine deutliche Verschlechterung der Bedingungen der Kapitalverwertung nach sich zieht.« (Ebd.: 92)

Die Defizite in der frühkindlichen Betreuung, die hohe Quote von Schulabgängern ohne Abschluss, die Verluste an Bildungspotenzial durch die Reproduktion bildungsferner Milieus über mehrere Generationen hinweg und insgesamt die Ungleichheit der Bildungschancen in Abhängigkeit von der sozialen Herkunft bis zum Hochschulstudium führen schon längst zu Klagen aus der Wirtschaft über Mangel an Fachkräften.

Der zunehmende Leistungsdruck von den ersten Schuljahren an in der profitgetriebenen Gesellschaft, der drohende schnelle Absturz bei Arbeitslosigkeit in die als Hartz IV konstruierte Sozialhilfe, der Stress durch die Auflösung der Grenzen zwischen Arbeit und Freizeit, die Verunsicherung durch drohende Altersarmut und die Vergiftung der Gesellschaft durch eine zunehmend gewaltbereite Rechte bei tendenziellem Kontrollverlust des Rechtsstaats untergraben die physische und psychische Gesundheit vieler Menschen. Sie sind die Hauptbetroffenen. Aber auch die Kapitalverwertung wird in erheblichem Maße beeinträchtigt. Die Bundesanstalt für Arbeitsschutz und Arbeitsmedizin zählte für 2016 674,5 Millionen Arbeitsunfähigkeitstage, die zu einem Ausfall an Bruttowertschöpfung in Höhe von 133 Milliarden Euro führten. In einer Studie des Beratungsunternehmens Booz & Company wird darauf verwiesen, dass viele Arbeitnehmer aus Angst vor Jobverlust oder aus falsch verstandener Loyalität auch krank zur Arbeit gehen – übrigens Frauen um 12% häufiger als Männer. Das führt zu noch höheren wirtschaftlichen Schäden durch geminderte Leistungsfähigkeit und häufigere Fehler. Außerdem steigt die Unfallhäufigkeit am Arbeitsplatz. Auf 225 Milliarden Euro schätzt das Unternehmen den so jährlich entstehenden volkswirtschaftlichen Schaden insgesamt.

Die Fehlzeiten durch psychische Erkrankungen sind nach einer Studie der Bundespsychotherapeutenkammer von 2005 bis 2012 um 97% angestiegen und sind damit erstmals die zweithäufigste Ursache für Arbeitsunfähigkeit (Winker 2015: 87). Das Kapital untergräbt nicht nur mit der Zerstörung unserer natürlichen Lebensgrundlagen seine eigenen Reproduktionsbedingungen, sondern auch durch die ernste Schädigung des gesellschaftlichen Arbeitskraftpotenzials – von Hunger, Krankheiten und vorzeitigem Tod in den ärmeren Ländern ganz zu schweigen. Umso dringlicher, so argumentiert Gabriele Winker, setzt die Krise der sozialen Reproduktion eine Care-Revolution als Kern einer linken Transformationsstrategie für eine solidarische Gesellschaft auf die Tagesordnung.

Zukunft oder Ende des Kapitalismus? Im größten Bereich der Verausgabung gesellschaftlicher Arbeit, in dem die individuellen Bedürfnisse der Menschen am meisten im Vordergrund der dort geleisteten Tätigkeiten stehen sollten, wird zugleich der Widerspruch zwischen den Wirkungen des Profitmechanismus und dem Wohl der einzelnen am deutlichsten sichtbar. Umso dringlicher wird, der gesamten bisher vielfach herabgesetzten Sphäre der Care-Arbeit ein so erstrangiges Gewicht in Wirtschaft und Gesellschaft zu verleihen, dass solcher Wandel die Bezeichnung Care-Revolution verdient. Die Sorge des Kapitals ist seine Verwertung. Die Sorge um Menschen ist die Natur eines Sozialismus mit menschlichem Gesicht. Wenn diese Einsicht handlungswirksam und dominierend wird, ist es um die Zukunft des Kapitalismus schlecht und um die einer solidarischen Gesellschaft gut bestellt.

Zwischenfazit
»Gute Arbeit für alle«, »kurze Vollzeit«, »Vier-in-einem-Perspektive«, »Überwindung jeglicher intersektioneller Hierarchien«, »Care-Revolution« – das alles sprengt nicht den Kapitalismus. Aber das sind mögliche Knotenpunkte der Mobilisierung für eine doppelte progressive Transformation, für die Zukunft einer solidarischen Gesellschaft. Frauen sind in allen diesen Feldern entscheidende Akteurinnen.

Zunächst bieten solche symbiotischen Reformschritte den Machteliten sogar den Vorteil reibungsloserer Inklusion der Lohnabhängigen in die kapitalistischen Verhältnisse und haben auch deshalb Realisierungschancen. Aber zugleich wären solche Schritte nur auf der Grundlage wirksamer Mitbestimmung der Belegschaften und der Einzelnen in der Arbeitssphäre, nur mit starken Gewerkschaften und deren gesellschaftspolitischem Engagement in Allianzen mit anderen sozialen Bewegungen durchsetzbar. Dies gegeben würden diese Schritte die Verfügungsmacht der Kapitaleigentümer in wichtigen Fragen bereits einschränken. Ein Blochscher »Vor-Schein« von Arbeitermacht leuchtet bereits auf, der in der »Prozess-Wirklichkeit« künftiger Arbeitskämpfe zur Mitentscheidung der Lohnabhängigen und anderer

7.1 Eine neue Wirtschaftsordnung nach sozial-ökologischem Maß 217

zivilgesellschaftlicher Akteure über Grundrichtungen von Investitionen, über Standortpolitik und Strukturwandel von Unternehmen führen könnte. Eine Perspektive der Wirtschaftsdemokratie öffnet sich. Wirtschaftsdemokratie nimmt erste konkrete Formen an, streift die Zuschreibung ab, Illusion zu sein, erscheint als das nur »Noch-nicht-Gewordene«, aber real Mögliche und als »konkrete Utopie«, wird zum »Anrückenden«, das nun umso mehr radikalerer Kämpfe bedarf, um Element progressiver Transformation zu werden.

7.1.7 Finanzierung der sozial-ökologischen Transformation

Eine sozial gerechte Gestaltung des sozial-ökologischen Umbaus wird die Gesellschaft von enormen Kosten entlasten. Von Kosten, die aus der Zerstörung der Umwelt folgen, die durch Rüstung bedingt sind, die mit der Wegwerfgesellschaft einhergehen, die mit dem Ausufern spekulativer Finanzgeschäfte verbunden sind, die aus stressbedingten Gesundheitsschäden resultieren. Gleichwohl erfordern die sozial-ökologische Transformation und eine entschieden zu stärkende Solidarität der reichen Länder mit den Armen im globalen Süden einen hohen Finanzierungsaufwand.

Umkämpfte Staatsfinanzen
Soweit dieser Aufwand staatlich getragen wird, sind Steuern und Abgaben entscheidend für den Handlungsraum des Staates. Zu einer erstrangigen Aufgabe für alternative Akteure wird, Steuergerechtigkeit durch eine höhere Belastung von Kapitaleinkommen und großen Vermögen durchzusetzen, Steuervermeidung und Steuerflucht radikal zurückzudrängen und die Haushaltsmittel auf den ökologischen Umbau und seine soziale Gestaltung zu konzentrieren. Für einen längeren Zeitraum bis zum Erreichen einer neuen nachhaltigen Volkswirtschaftsstruktur wird eine deutliche Erhöhung der Investitionen erforderlich sein. Die Perspektive eines – gemessen am Bruttoinlandsprodukt – stark gedämpften oder Nullwachstums wird nur über eine Zwischenphase verstärkter Wirtschaftsdynamik durch ressourcenschonende und soziale Investitionen erreichbar sein.

Zum Gegenstand des hier vorliegenden Buches gehört nicht die Darstellung alternativer Steuerkonzepte. Hier geht es nur um die Richtung der Steuerpolitik, die sich in linken Konzepten abzeichnet. Ein Blick auf die Struktur der Belastung mit Steuern und Sozialabgaben in Deutschland macht die Ungerechtigkeiten im Steuersystem sichtbar (siehe Abbildung 12).

Das Steuersystem muss so umgestaltet werden, dass Unternehmensgewinne und Vermögen weit stärker für sozial-ökologisch orientierte Investitionen mobilisiert und untere und mittlere Einkommen entlastet werden. Entlastung unten – Belastung oben, dazu gehören unter anderem:

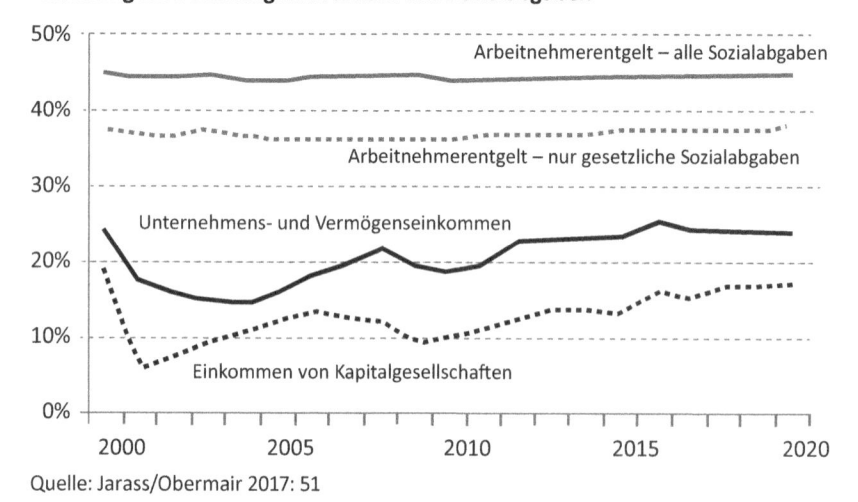

Abbildung 12: Belastung mit Steuern und Sozialabgaben

Quelle: Jarass/Obermair 2017: 51

- eine gerechte Einkommenssteuer durch Erhöhung des Spitzensteuersatzes (auf etwa 53%) bei gleichzeitiger Anhebung des Grundfreibetrages,
- die Wiedereinführung der Vermögenssteuer auf Privatvermögen ab 1 Million Euro, eine Millionärssteuer also,
- die Einführung einer Finanztransaktionssteuer auf alle börslichen und außerbörslichen Wertpapier-, Derivate- und Devisenumsätze auf EU-Ebene, um Finanzspekulationen zurückzudrängen,
- verbesserter Steuervollzug: realistische Ermittlung von Gewinnen aus Unternehmen und Vermögen, Verringerung von Steuervermeidung und Steuerflucht (nach Schätzungen von Tax Research CCP gehen der EU jährlich rund 1 Billion Euro durch Steuervermeidung und Steuerbetrug verloren),
- Anhebung von Erbschaftssteuern auf große Erbschaften,
- Erhöhung des Anteils der Kommunen am Steueraufkommen im Interesse dezentraler Aufgaben des sozial-ökologischen Umbaus.

Zudem wird eine Verlagerung zu Ökosteuern notwendig sein. Gegenwärtig widerspricht das relative Gewicht der Steuerquellen sowohl ökologischen Maßstäben als auch sozialer Gerechtigkeit (siehe Tabelle 3). Für 2018 beziffert das Umweltbundesamt den Anteil der umweltbezogenen Steuern auf nur noch 7,7%. Die Daten zeigen: Umverteilung der Steueraufkommen zulasten des Kapitals und durch Sanktionierung von Umweltbelastungen wird zu einer wichtigen Dimension künftiger Regulierung.

7.1 Eine neue Wirtschaftsordnung nach sozial-ökologischem Maß

Tabelle 3: Struktur der Steuereinnahmen 2012 in Deutschland (in v. H.)

Insgesamt	100,0
Lohnsteuer	24,8
veranl. Einkommenssteuer	6,2
nicht veranl. Steuern vom Ertrag	3,3
Abgeltungssteuer	1,4
Körperschaftssteuer	2,8
Vermögenssteuer	0,0
Erbschaftssteuer	0,7
Solidaritätszuschlag	2,3
Grunderwerbssteuer	1,2
Grundsteuer A	0,1
Grundsteuer B	1,9
Umsatzsteuer	23,7
Einfuhrumsatzsteuer	8,7
Versicherungssteuer	1,9
Tabaksteuer	2,4
Kraftfahrzeugsteuer	1,4
Energiesteuer	6,6
Stromsteuer	1,2
Luftverkehrssteuer	0,2
Kernbrennstoffsteuer	0,3
Sonstige Steuern	11,2

Quelle: Statistisches Bundesamt: Finanzen und Steuern.
Siehe: www.bpb.de/wissen/TQ0PLW,0,0,Steuereinnahmen_nach_Steuerarten.html

Eine steuerlich stärkere Belastung von Gütern und Leistungen des Luxuskonsums und eine Umsatzsteuerentlastung bei Kulturangeboten, Produkten und Dienstleistungen für Kinder, apothekenpflichtigen Arzneimitteln und Handwerkserzeugnissen kann den Übergang zu einer weniger ressourcenintensiven, nichtimperialen Lebensweise fördern.

Auf EU-Ebene werden Vereinbarungen zur Überwindung des Steuersenkungswettbewerbs wichtig.

Umkämpft ist also, welche Klassen und Schichten welchen Anteil an den Steueraufkommen zu schultern haben. Und ebenso ist Gegenstand heftiger Auseinandersetzungen, wofür die Staatseinnahmen auszugeben sind. Die Skala ist groß. Sie reicht von Militärausgaben und der Ausstattung autoritärer Herrschaftsapparate bis zur Finanzierung des Sozialstaats und des ökologischen Umbaus.

Piketty: r > g
Weltweite Aufmerksamkeit hat in diesem Zusammenhang Thomas Pikettys Werk »Das Kapital im 21. Jahrhundert« auf sich gezogen. Der französische Ökonom, Professor an der Ecole des Hautes Etudes en Sciences Sociales und an der Paris School of Economics, wurde nach der Übersetzung seines Buches ins Englische in den USA von den Nobelpreisträgern Paul Krugman und Joseph Stieglitz hochgelobt und in das Weiße Haus zur Diskussion mit Barack Obamas Wirtschaftsberater-Team geladen. Das New York Magazin erklärte ihn zum »Rockstar-Economist«. In Deutschland hat ihn die Frankfurter Allgemeine Zeitung als den »neuen Star der Intellektuellenszene« vorgestellt und sein Buch wohlwollend rezensiert: »so wenig antagonisierend, ganz und gar auf den kommunikativ erarbeiteten Konsens hin geschrieben. »Er bemühe sich »geradezu obsessiv, pragmatisch und im Sinne des Common Sense zu formulieren. Am Ende des Buches aber gestattet er sich eine Utopie, eine progressive Steuer auf das Kapital, weltweit harmonisiert erhoben. Technisch und juristisch wäre das problemlos zu machen, politisch natürlich nicht.« (FAZ vom 7.5.2014) Das »natürlich nicht« soll die Sprengkraft aus seinen Forschungsergebnissen nehmen. Allenfalls könnten sie Anlass zu nützlichen kosmetischen Korrekturen am hässlichen neoliberalen Antlitz sein. In Frankreich der sozialdemokratischen Politik der Sozialisten nahestehend erscheint Piketty den problemsensiblen Teilen der Machteliten als gemäßigter Warner vor den auch ihnen bewussten Gefahren extremer sozialer Polarisierung, der das kapitalistische System aber nicht infrage stellt.

Im linken Spektrum der Bundesrepublik wurde Pikettys Werk überwiegend positiv aufgenommen, ohne Kritik an der theoretischen Substanz seiner Kapitalismuskritik auszuschließen. Diese Zustimmung ist vor allem einer herausragenden Forschungsleistung geschuldet, die die Achillesferse des neoliberalen Kapitalismus betrifft: die skandalöse Ungerechtigkeit der Reichtumsverteilung und ihrer Entwicklung. Piketty und ein um ihn gruppiertes internationales Forscherteam haben gestützt auf Steuerdaten und eine Fülle anderer Quellen die Entwicklung der Ungleichheit in der Einkommens- und vor allem in der Vermögensverteilung in den westlichen Industrieländern, in den BRICS-Staaten und insgesamt in knapp 30 Ländern vom 19. und teilweise vom 18. Jahrhundert bis in die Gegenwart erfasst. Niemals zuvor wurde so umfassend für einen so langen Zeitraum eine Grund-

7.1 Eine neue Wirtschaftsordnung nach sozial-ökologischem Maß 221

tatsache empirisch belegt, die Piketty in der Formel $r > g$ zusammenfasst. Sie drückt aus, dass die Wachstumsrate der Rendite auf Privatvermögen (r) langfristig höher ist als die Wachstumsrate der Wirtschaft (g = growth), als die Zunahme des Bruttoinlandsprodukts. Nach Pikettys Berechnungen beträgt die langfristige Wachstumsrate entwickelter kapitalistischer Volkswirtschaften durchschnittlich 1-2%. Der durchschnittliche Zuwachs der Rendite auf Vermögen dagegen liegt bei 4-5% vor Steuern. Wenn aber die Erträge auf Vermögen im Durchschnitt schneller als die Wirtschaft wachsen, setzt dies eine permanente Umverteilung zugunsten der Vermögenden und zulasten derer ohne oder mit nur geringem Vermögen voraus. Die Formel $r > g$, die Piketty als Grundgesetz des Kapitalismus bezeichnet, bringt also zum Ausdruck, dass die Vertiefung der Kluft zwischen Reichtum und Armut eine dem Kapitalismus immanente historische Grundtendenz ist.

Vom 18. Jahrhundert bis etwa 1870 übertraf der privatkapitalistische Vermögensbestand in Europa das jährliche Nationaleinkommen um 600-700%. In den USA, wo die kapitalistische Entwicklung anders als in den europäischen Hauptmächten ohne die Ausbeutung von Kolonien verlief, übertraf das bei den Reichen konzentrierte Vermögen das jährliche Nationaleinkommen trotzdem noch um rund 400% mit steigender Tendenz zwischen 1870 und 1930. Anders als in den USA erfuhren in Europa die privatkapitalistischen Vermögen im Ersten Weltkrieg, durch die Nachkriegsinflation, Revolutionen und Enteignungen und noch stärker im Zweiten Weltkrieg enorme Entwertungsschübe. 1950 übertraf das kapitalistische Privatvermögen das europäische Nationaleinkommen »nur« noch um rund 240%. Sowohl in den USA seit den 1930er Jahren als nach dem Zweiten Weltkrieg auch in Europa führten die Entwicklung neuer Industrien mit hohen Erweiterungsinvestitionen und der New Deal bzw. die sozialstaatliche Entwicklung mit produktivitätsorientierten Lohnsteigerungen zu der Ausnahmesituation besonders hohen Wirtschaftswachstums. Aber selbst in dieser Zeit blieb es hinter dem noch höheren Tempo des Vermögenszuwachses zurück. Seit den 1970er Jahren vergrößert sich diese Kluft wieder in beschleunigtem Tempo. Das ist das Resultat des Übergangs zum neoliberalen Kapitalismus, zu verstärktem Druck auf die Löhne, zur Erosion des Sozialstaats, zur Privatisierung öffentlichen Eigentums und zunehmender Finanzialisierung der Gesellschaft.

In acht der wichtigsten Volkswirtschaften (USA, Deutschland, Großbritannien, Kanada, Japan, Frankreich, Italien, Australien) hat der akkumulierte Reichtum mit dieser neoliberalen Transformation von 200-300% des Nationaleinkommens im Jahr 1970 auf 400 bis 600% heute zugenommen. »In der Tat nähern sich die heutigen Vermögens-Einkommens-Relationen wieder den hohen Werten, die im 18. und 19. Jahrhundert in Europa zu beobachten waren (nämlich 600-700%). Die niedrigeren Relationen im Europa der Nachkriegsjahrzehnte erscheinen aus diesem Blickwinkel als historische Anomalie« (Piketty/Zucman 2014: 34; zit. n. Bischoff/Müller 2014: 30f.). Die Annahme Pikettys, dass das Wirtschaftswachstum dem Trend der letzten Jahrzehnte entsprechend im 21. Jahrhundert gedämpft sein wird, stärkt die Erwartung zusätzlich, dass der Vermögenszuwachs schneller als das Wirtschaftswachstum sein wird. In die gleiche Richtung wirken Stagnation oder Rückgang der Bevölkerungszahl, weil sie wiederum das Wirtschaftswachstum dämpfen.

Die Schlussfolgerung Pikettys aus diesem Trend seit den 1970er Jahren nach zeitweiliger starker Wirkung einer Gegentendenz ist, dass die soziale Ungleichheit auch im weiteren Verlauf des 21. Jahrhunderts wahrscheinlich weiter zunehmen und sich auf den extremen Grad sozialer Spaltung der Gesellschaft gegen Ende des 19. Jahrhunderts zubewegen wird. Er prognostiziert daher die – tatsächlich bereits fortgeschrittene – Rückkehr zu oligarchischen und patrimonialen Strukturen des Kapitalismus.

Piketty stellt die Frage:»Welche Zauberkräfte bewirken, dass der Wert des Kapitals in einer bestimmten Gesellschaft sechs bis sieben Mal so hoch ist wie das jährliche Nationaleinkommen und nicht drei oder vier Mal?« (Piketty 2014: 219) Mit dieser relationalen Fragestellung – sechs bis sieben Mal oder drei bis vier Mal – schwächt er die Frage danach ab, warum denn das Kapital der Reichen und Superreichen überhaupt schneller wächst als das Nationaleinkommen und vor allem schneller als das Einkommen der Lohnabhängigen. Diese Abschwächung resultiert aus Pikettys Verständnis von Kapital. David Harvey, Rainer Rilling und andere haben zu Recht kritisiert, dass Piketty das Kapital eines Eigentümers mit der Gesamtheit seiner Vermögensbestände abzüglich der Schulden gleichsetzt – Kapital also gleich Vermögen. In solchem Kapitalbegriff verschwindet das, was Marx als das Wesentliche des Kapitals ansah: Kapital als ein gesellschaftliches Verhältnis der Ausbeutung, die zur Verwertung, also Vermehrung des vorgeschossenen Wertes führt. Warum die Kapitalrendite oder Profitrate zu einem schnelleren Wachstum des als Kapital einsetzbaren Vermögens in Händen der Unternehmer führt, ist nach dem Marxschen Kapitalverständnis in dem Ausmaß der Macht zur Ausbeutung der Lohnabhängigen und zur Umverteilung von Wert zugunsten vor allem der größten Kapitaleigentümer begründet.

Piketty beantwortet die von ihm nicht ganz eindeutig gestellte Frage danach, warum der Wert des Kapitals (von ihm mit Vermögen gleichgesetzt) schneller als das jährliche Nationaleinkommen wächst, auf andere Weise, eher im Rahmen neoklassischer Theorie. Wenn in einem Land ein großer Teil des Nationaleinkommens nicht konsumiert, sondern gespart

7.1 Eine neue Wirtschaftsordnung nach sozial-ökologischem Maß

wird und nach neoklassischer Annahme Ersparnis in Investitionen umgesetzt wird, wächst der Kapitalstock (gleich Vermögen) sehr stark. Wenn das Wirtschaftswachstum zugleich gering ist, das Nationaleinkommen also langsam wächst, klaffen das Vermögenswachstum und das Wirtschaftswachstum verstärkt auseinander.

Piketty macht also zwei Tendenzen aus: erstens hohe Ersparnis, gleichgesetzt mit starkem Wachstum des Kapitalstocks oder Vermögens, und zweitens Verlangsamung des Wirtschaftswachstums, vor allem wenn die Bevölkerungszahl stagniert oder sinkt und wenn die Arbeitsproduktivität nur langsam steigt. Diese Konstellation beschreibt er mit der Formel ß = S/g. ß ist das Verhältnis zwischen Kapital (bzw. Vermögen) und Einkommen, S die Sparquote und g die Wachstumsrate (ebd.: 219ff.). Je höher die Sparquote und je geringer das Wirtschaftswachstum, desto divergenter das Verhältnis von Kapitalvermögen und Nationaleinkommen. Da Piketty für die kommenden Zeiten ein gedämpftes Wachstum erwartet, würden die Folgen gravierend sein. Die Vermögen würden derart anschwellen, dass ihr Verhältnis zum jährlichen Nationaleinkommen der patrimonialen Relation am Ende des 19. Jahrhunderts gleichkommen werde.

Weil Piketty nicht die tieferen Ursachen für diese wachsende soziale Ungleichheit analysiert, die auf die Dringlichkeit verweisen, die kapitalistischen *Eigentums- und Ausbeutungsverhältnisse selbst* zurückzudrängen und in der Perspektive zu überwinden, setzt er mit seiner Alternative bei dem von ihm ermittelten *Resultat* dieser Verhältnisse an: Die Vermögen der Reichen und vor allem der Superreichen sollen durch eine progressive Vermögenssteuer gekappt werden.»Es ist höchste Zeit, die Frage der Ungleichheit wieder in den Fokus der Wirtschaftsanalyse zu rücken und die im 19. Jahrhundert offen gebliebenen Fragen neu zu stellen.« (Ebd.: 32) Damit trifft Piketty ein Grundgefühl vieler Menschen in unserer Zeit.

Piketty und seine Kollegen liefern das unwiderlegbare Beweismaterial für die Überfälligkeit einer einschneidenden Umverteilung von Vermögen, Macht und Lebenschancen. Saez und Zucman haben für die USA nachgewiesen, dass die größten Vermögen ebenso wie in anderen Ländern am schnellsten wachsen. Innerhalb des reichsten 1% der Bevölkerung ist der Vermögens- und Machtzuwachs der 0,01% Superreichen (ca. 16.000 Haushalte mit je über 100 Millionen Dollar) am meisten explodiert. Ihr Anteil am Gesamtvermögen der USA stieg von 3,1% 1960 auf 11,2% 2012 (Saez/Zucman 2014). Die Top 400 in der »rich list« der Zeitschrift Forbes – 0,00025% der Bevölkerung – verdreifachten zwischen 1983 und 2013 ihren Anteil am US-Vermögen von gut 1% auf über 3%. Nach Angaben von Capgemini und RBC Wealth Management 2014 ist das Vermögen der drei reichsten Menschen auf Erden größer als das Bruttosozialprodukt von mehr als 40 der ärmsten Länder zusammengenommen. Der Wealth Report 2013 von Night Frank zählte weltweit rund 23.000 Superreiche mit einem durchschnittlichen Vermögen von 68 Millionen Dollar, die zusammen über einen Reichtum von 15 Billionen Dollar verfügen. Die reichsten 10% der Deutschen besitzen rund zwei Drittel des deutschen Gesamtvermögens. Das Vermögen der zehn reichsten Deutschen stieg nach Angaben von Forbes von 65,8 Milliarden Euro im Jahre 2005 auf 127,3 Milliarden 2014. Etwa ein Fünftel der Erwachsenen in Deutschland hat nach Berechnungen des Deutschen Instituts für Wirtschaftsforschung vom Juni 2014 ein Nettovermögen von Null; weitere 7% haben mehr Schulden als Vermögen.

Diese Spaltung zwischen den Superreichen und der Bevölkerungsmehrheit hat Piketty als Resultat eines Jahrhundertprozesses dargestellt und die wahrscheinliche Vertiefung dieser Kluft für das 21. Jahrhundert prognostiziert. »Der Kapitalismus ist eine expandierende Ungleichheitsmaschine, die gezähmt und letztlich gestoppt werden müsse. Eine radikale Revision des einst so fest verankerten optimistischen Gleichheits- und Aufstiegsversprechens des Kapitalismus also.« (Rilling 2014: 83) Diesen Bruch der von Piketty praktizierten »öffentlichen Wissenschaft« mit dem großen Heilsversprechen des Kapitalismus hält Rainer Rilling für die bedeutendste Wirkung Pikettys.

Seine Alternativvorstellung konzentriert Piketty auf einen ihm als entscheidend geltenden Schritt: »Das ideale Werkzeug wäre eine globale progressive Vermögenssteuer (auf finanzielle und nicht finanzielle Vermögenswerte – D.K.), in eins mit der Herstellung größtmöglicher finanzieller Transparenz auf internationaler Ebene.« (Piketty 2014: 697) »Nicht Finanzierung des Sozialstaats, sondern Regulierung des Kapitalismus ist die Hauptrolle der Kapitalsteuer. Es geht einerseits darum, eine endlose Ungleichheitsspirale und unbegrenzte Divergenz der Vermögensungleichheit zu vermeiden, andererseits um wirksame Regulierung von Finanz- und Bankenkrisen.« (Ebd.: 701)

Global durchgesetzte Transparenz der Vermögensverhältnisse sieht Piketty als unabdingbare Voraussetzung für eine wirksame progressive globale Kapitalsteuer an und betrachtet solche Transparenz zugleich als Grundbedingung für eine Demokratie, die den Kapitalismus unter Kontrolle bekommt. Marx habe die grenzenlose Selbstverwertung des Kapitals durch dessen Abschaffung beggenen wollen. »Die Kapitalsteuer ist eine weniger gewaltsame und zugleich wirkungsvollere Antwort auf das uralte Problem, das vom Privatkapital und seiner Rendite aufgeworfen wird. Eine progressive Steuer auf individuelle Vermögen ist eine Einrichtung, die es

7.1 Eine neue Wirtschaftsordnung nach sozial-ökologischem Maß

dem allgemeinen Interesse erlaubt, Kontrolle über den Kapitalismus zurückzugewinnen, ohne die Kräfte des Privateigentums und des Wettbewerbs preiszugeben.« (Ebd.: 723f.) Zugleich sei die progressive Kapitalsteuer die gerechteste und wirksamste Lösung für zu hohe Staatsverschuldung. Damit markiert Piketty einen wesentlichen Eckpunkt für eine gerechte Steuerpolitik.

Die Realisierungschancen für eine globale progressive Vermögenssteuer beurteilt er selbst durchaus nüchtern: »Die globale Kapitalsteuer ist eine Utopie. Man wird sich in nächster Zukunft kaum vorstellen können, dass alle Nationen dieser Welt sich über ihre Einführung einigen, einen gemeinsamen Steuersatz für alle Vermögen der Erde vereinbaren und das Aufkommen brüderlich unter sich aufteilen. Aber sie scheint mir eine nützliche Utopie.« (Ebd.: 698) Sie orientiert auf die Begrenzung der Kapitalvermögen und der auf ihnen beruhenden Macht. Sie anzustreben, impliziert Kämpfe um Transparenz von Eigentums- und Machtverhältnissen und um demokratische Kontrolle. Sie ließe sich nach Pikettys Überzeugung »in Ländern, die dazu bereit sind (immer vorausgesetzt, sie sind zahlreich genug, etwa auf europäischer Ebene) durchaus allmählich umsetzen« (ebd.).

Piketty gründet diese Hoffnung auf reale Seiten der »Prozess-Wirklichkeit« (Bloch), die bei genügend entfalteter Gegenmacht zumindest in begrenzten internationalen Allianzen einer progressiven Vermögenssteuer näher rücken. Er spürt Elemente des »Vor-Scheins« von künftig Möglichem auf. Dazu gehören die internationale Diskussion und Verhandlungen zur Einführung von Systemen des automatischen Austauschs von Daten über Bankkonten, namentlich zwischen den USA und europäischen Staaten. Die Vereinigten Staaten haben 2010 den Foreign Account Tax Compliance Act (Fatca) beschlossen, der von sämtlichen Banken im Ausland fordert, alle Daten über Vermögen amerikanischer Steuerzahler in ihren Bilanzen amerikanischen Institutionen zu übermitteln. Vor allem Luxemburg und die Schweiz verweigern sich diesem Ansinnen allerdings. Piketty verweist ferner darauf, dass in den meisten Ländern partielle Vermögenssteuern, beispielsweise auf Immobilien, bereits erhoben werden. In einigen Ländern, zum Beispiel in Frankreich, Spanien und Österreich – bis vor Kurzem auch in Schweden und Deutschland – existieren sogar Steuern auf das Gesamtvermögen, allerdings in der Realität durch eine Vielzahl von Ausnahmen und Ausweichmöglichkeiten nur sehr begrenzt wirksam. Aber an solchem »Vor-Schein« des »Noch-nicht-Gewordenen« ist nach Pikettys Vorstellung anzuknüpfen. Zusammenfassend heißt es bei ihm, »mir scheint, es gibt keine andere Möglichkeit, den Kapitalismus wieder unter Kontrolle zu bringen als die, alles auf die Demokratie zu setzen – und das kann in Europa nur heißen: auf eine Demokratie im europäischen Maßstab« (ebd.: 788). Er hat die wachsende Kluft zwischen Kapitalismus und Demokratie in einer Zeit des Antifaktischen mit empirischen Befunden skandalisiert und einen großen Aufschlag im internationalen Diskurs für eine Einschränkung der Macht des Kapitals geliefert.

> Zukunft oder Ende des Kapitalismus? Pikettys Analyse ist trotz ihrer Defizite geeignet, den Diskurs über Zukunft oder Endlichkeit des Kapitalismus zuzuspitzen. Entweder wird der Kapitalismus mit großer Wahrscheinlichkeit von oligarchischer Kapitalmacht, von weiterer Suspendierung selbst bürgerlicher Demokratie und Korruption bestimmt sein – ohne progressive Lösungen für die sich verschärfenden Probleme der Menschheit. Oder die ökonomische Macht des globalisierten Kapitals wird radikal zurückgedrängt und schließlich durch eine doppelte Transformation überwunden. Dann kann die Zukunft einer solidarischen Gesellschaft gehören, einem demokratischen grünen Sozialismus.

7.2 Sozial-ökologischer Umbau von Wirtschaft und Gesellschaft

Im Kapitel 7.1 wurde bereits deutlich, dass die sozial-ökologische Transformation nicht als gesonderte Teilaufgabe neben anderen zu verstehen ist. Wirtschaft und Gesellschaft sozial und zugleich ökologisch so zu gestalten, dass das Gemeinwesen lebenswert und voller Entwicklungschancen für alle wird – darin besteht die große Doppelaufgabe des 21. Jahrhunderts. Hier können die Überlegungen dazu knapp gefasst werden, weil auch im Kapitel 5 vieles vorweggenommen wurde.

7.2.1 Naomi Klein: »This Changes Everything«
Am prägnantesten unter den vielen Plädoyers für eine umweltpolitische Wende hat Naomi Klein, kanadische Journalistin, Bestsellerautorin, eine der prominentesten Kritikerinnen der kapitalistischen Globalisierung und politische Aktivistin in ihrem Buch »Die Entscheidung. Kapitalismus vs. Klima« den Klimawandel als die zentrale Bedrohung und Herausforderung der Menschheit im 21. Jahrhundert dargestellt (Naomi Klein 2014).

Wie sehr Naomi Klein das Gefühl von Millionen Menschen für die Bedrohung durch die von ihr skandalierten Gefahren und bloßgestellten Verursacher trifft, wird in der Übersetzung ihrer Bücher in mehr als 20 Sprachen und in zahlreichen angesehenen Auszeichnungen ihrer Publikationen und Filme sichtbar. In mehreren Jahren wurde sie auf vordere Plätze in dem von den Magazinen »Prospect« (Großbritannien) und »Foreign Policy« (USA) er-

7.2 Sozial-ökologischer Umbau von Wirtschaft und Gesellschaft

mittelten World Thinkers-Ranking der wichtigsten lebenden, in der Öffentlichkeit stehenden Intellektuellen gewählt. Das ist umso bemerkenswerter, als ihre Bücher, Kolumnen und Artikel von einer gnadenlosen Kritik der neoliberalen Machtstrukturen getragen sind.

Naomi Klein vertritt vehement die Auffassung, »dass der Klimawandel auf vielerlei Arten ein Katalysator für positiven Wandel werden könnte« (ebd.: 16), der »Auslöser für eine politische Wende«, die »einigende Kraft für all die unterschiedlichen Probleme und Bewegungen« (ebd.: 192). Programmatisch lautet der englische Originaltitel ihres Klima-Buches daher: »This Changes Everything«. Das ist so überzeugend, dass selbst ein Befürworter eines grünen Wachstumskapitalismus wie Ralf Fücks einräumt, »der Klimawandel hat das Zeug zur Mutter aller Krisen« (Fücks 2013: 35).

Der Klimawandel als gefährlichstes Phänomen der globalen Umweltkrise führt schon gegenwärtig zu Hungerkatastrophen und droht sie in den kommenden Jahrzehnten noch auszuweiten. Er vertieft die soziale Polarisierung. Er führt zu Wassernotstand, zu beschleunigten Bodenverlusten und extremen Wetterereignissen. Er trägt erheblich zum Rückgang der Artenvielfalt bei. Er hat wachsenden Anteil an den Ursachen der global anschwellenden Migrantenströme und am Zerfall von Staaten. Der Klimawandel ist mit explosiven sozialen Konflikten verbunden und zunehmend Teil der Ursachen von militärischen Zusammenstößen und Kriegen. Kurz gesagt, er untergräbt die Existenzgrundlagen großer Teile der Menschheit. Von allen miteinander verwobenen Malaisen des Kapitalismus bedroht er die menschliche Zivilisation am stärksten.

> Strategien, die den Klimawandel stoppen, gelten Naomi Klein daher als der Katalysator möglicher Zusammenführung verschiedenster demokratischer und antikapitalistischer Kräfte und ihrer Bewegungen. Die Umweltkrise und vor allem der Klimawandel sind ohne Zweifel einer der entscheidenden Knotenpunkte kapitalistischer Widersprüche und der Kämpfe um ihre Lösung.

Aber vielfach erörterte schwerwiegende Umstände sprechen gleichwohl gegen übersteigerte Erwartungen in eine alles mobilisierende Katalysatorfunktion des Klimawandels und des Engagements von Klimaaktivisten. Der Klimawandel vollzieht sich schleichend. Teils treten die Folgen klimaschädlichen Handelns erst mit großer zeitlicher Verzögerung und in anderen Regionen der Erde als dort auf, wo sie verursacht werden. Auch alternatives Handeln führt meist erst in Zukunft zu spürbaren Verbesserungen. Viele negative Wirkungen des Klimawandels, umweltbedingte Erkrankungen beispielsweise, bedürfen erst wissenschaftlicher, oft schwieriger Nachweise ihrer Ursachen.

Die in den ärmeren Ländern am meisten von den Folgen des Klimawandels Betroffenen haben die geringsten Möglichkeiten, ihn abzuwehren. Die Verursacher in den reichen Ländern haben die größten Möglichkeiten, sich seinen Wirkungen in gewissem Maße zu entziehen. Proteste und Widerstand gegen den neoliberalen Kapitalismus werden eher durch unmittelbare Betroffenheit als durch die vielfach vermittelten Wirkungen des Klimawandels ausgelöst, etwa durch Massenentlassungen, Diskriminierung von Frauen, Pflegenotstand, Mangel an bezahlbaren Wohnungen und Kitaplätzen oder Aufmärsche von Rechtsextremen und Neonazis.

Deshalb ist die These von der Zentralität des Klimawandels als Katalysator einer sozial-ökologischen postneoliberalen Transformation zu relativieren. Sie ist im Kern und langfristig richtig; der Klimawandel könnte in Zukunft durch plötzliche große Umweltkatastrophen tatsächlich in das Zentrum von Kämpfen rücken und fordert die plurale Linke und andere demokratische Kräfte allemal dazu heraus, dem sozial-ökologischen Umbau von Wirtschaft und Gesellschaft in ihren alternativen Strategien bereits gegenwärtig erstrangige Bedeutung zuzumessen – weit über sein heutiges Gewicht in linker Politik hinaus.

Die von Naomi Klein vermittelte Wahrheit ist, »dass der Klimawandel kein ›Problem‹ ist, das wir der Liste der Dinge, um die wir uns kümmern müssen, hinzufügen können, gleich hinter Gesundheitspflege und Steuern. Er ist ein Weckruf für die Zivilisation. Eine machtvolle Botschaft – überbracht in der Sprache von Feuern, Überschwemmungen, Dürren und Artensterben – die uns sagt, dass wir ein von Grund auf neues Wirtschaftsmodell brauchen, und eine neue Art, die Erde miteinander zu teilen.« (Naomi Klein 2014: 38) In Deutschland hat der Wissenschaftliche Beirat der Bundesregierung Globale Umweltwirkungen betont, dass es nicht mehr um Graduelles geht, sondern um einen »zivilisatorischen Quantensprung« (WBGU 2011: 21).

Dies mit aller Eindringlichkeit herausgearbeitet zu haben, ist ein erstes Verdienst Naomi Kleins im globalen Umweltdiskurs. Ein zweites Verdienst ist die Radikalität ihrer Analyse und ihrer Schlussfolgerungen im Vergleich selbst zu vielen kritischen Vertretern eines Green New Deal: »Behutsame Korrekturen des Status quo sind keine Option mehr«. »Das können viele Menschen in wichtigen Positionen nur schwer akzeptieren, weil es etwas in Frage stellt, was unter Umständen noch mächtiger ist als der Kapitalismus, nämlich den Fetisch der Konsenspolitik – vernünftig und nüchtern zu sein, sich in der Mitte zu treffen und sich über nichts übermäßig aufzuregen. Das ist das beherrschende Denken unserer Zeit.« (Naomi Klein 2014: 34)

7.2 Sozial-ökologischer Umbau von Wirtschaft und Gesellschaft

»Die Herausforderung besteht also nicht nur darin, eine Menge Geld in die Hand zu nehmen und politische Weichen neu zu stellen, sondern anders zu denken, radikal anders, damit ein Wandel auch nur entfernt möglich ist.« (Ebd.: 35) Während für Befürworter eines grünen Kapitalismus die gewiss wichtigen technischen Möglichkeiten einer ökologischen Modernisierung des Kapitalismus entscheidend sind, betont Naomi Klein: »Mich interessieren weniger die technischen Aspekte des Umbaus – der Wandel von fossiler zu erneuerbarer Energie, vom Individualverkehr zu Massentransport, von wuchernden Vorstädten zu dicht bebauten, fußgängerfreundlichen Innenstadtbereichen, sondern mehr die machtpolitischen und ideologischen Barrieren, die bisher verhindert haben, dass irgend eine der längst anerkannten Lösungen in erforderlichen Umfang realisiert wurde.« (Ebd.: 37) Hans Thie hat diese Radikalität auf den Punkt gebracht: »Die ökologische Wahrheit ist ins Systemische gerutscht.« (Thie 2013: 30)

Drittens prangert Naomi Klein daher den Marktfundamentalismus an, der im Namen der Segnungen, die der Markt bringe, ein die Natur zerstörendes rücksichtsloses Wirtschaftswachstum legitimiert. »Wir müssen uns klarmachen, wie gefährlich eine solche Gesinnung ist, die jede Empathie zerstört – von Kulturtheoretikern als ›hierarchisch‹ und ›individualistisch‹ bezeichnet –, denn der Klimawandel wird unseren sittlichen Charakter auf die Probe stellen wie kaum ein Ereignis zuvor.« (Naomi Klein 2014: 66) Das hier vorliegende Buch wurde wohl begründet als kritische Auseinandersetzung mit dem neoliberalen Diskurs begonnen. Naomi Klein hat das in glänzender Weise schon in ihrem Bestseller »Die Schock-Strategie« getan (Naomi Klein 2007), der vor ihrem Klimabuch erschien. Dort hat sie nachgewiesen, wie die Theorie und Ideologie Hayeks und Friedmans zur Blaupause für das erste marktradikale Großexperiment in Chile wurde – ermöglicht durch den von der CIA gestützten Militärputsch General Pinochets gegen die demokratische Regierung Allende. Sie hat belegt, dass die neoliberale Eroberung weiterer lateinamerikanischer Staaten den angeblichen Liberalismus der Marktradikalen auf blutigste Weise Lügen gestraft hat. Es waren Militärdiktaturen, die in Brasilien, Uruguay und Argentinien den neoliberalen Formwandel des Kapitalismus schockartig mit Mord und Folter durchsetzten. Die Reagan-Administration in den USA und Margaret Thatcher in Großbritannien haben schockähnliche Wirkungen auf andere Weise erreicht. In Russland zog der marktradikale Kapitalismus nach 1990 mit einer Schocktherapie ein, die viele Phänomene eines Manchester-Kapitalismus zur Folge hatte.

7.2.2 Die Kämpfe entscheiden

Viertens werden in Naomi Kleins Buch – anders als bei den Wortführern eines grünen Kapitalismus – die Kämpfe lebendig, deren es zur Abwendung einer Klimakatastrophe und anderer Krisen des Kapitalismus bedarf. Viele Proteste und Aktionen hat sie vor Ort miterlebt. Ein gutes Drittel ihres etwa 700 Seiten starken Klima-Buches ist dem »Aufbruch in die neue Zeit« gewidmet, eingeleitet mit einem Satz Arundhati Roys: »Die Hoffnung lebt an der Basis und umschlingt die Menschen, die jeden Tag in den Kampf ziehen, um ihre Wälder, Berge und Flüsse zu schützen, weil sie wissen, dass ihre Wälder, Berge und Flüsse sie schützen.« (Roy 2010)

Die Bewohner der Dörfer im abgelegenen griechischen Skouries-Wald bei Ierissos leben von Landwirtschaft, Fischfang und Tourismus. Ihr Trinkwasser kommt aus dem Berg, aber Wald und Berg und Wasser sind bedroht von dem Vorhaben der kanadischen Bergbaugesellschaft Eldorado Gold, dem größten ausländischen Investor in Griechenland. Sie sollen einem riesigen Gold- und Kupfertagebau und Bergbau weichen. Die Dorfbewohner haben den Wald in eine Kampfzone gegen dieses Projekt verwandelt (Naomi Klein 2014: 359f.).

Bis zu Parlamentsdebatten und Fernsehshows hat ihr Widerstand das Land bewegt. In Thessaloniki und Athen wurden solidarische Massendemonstrationen organisiert. Städter nahmen an Aktionen teil und gaben im Wald Benefizkonzerte. Der Widerstand gegen die Minenerschließung im Skouries-Wald verzögerte das Eldorado-Vorhaben um Jahre. Syriza hatte vor ihrem ersten Wahlsieg als eine der ersten Maßnahmen bei Übernahme der Regierung versprochen, die Genehmigung der Eldorado-Pläne zurückzunehmen. Tatsächlich wurden die notwendigen Genehmigungen seit 2003 immer wieder verschoben. Der Konzern erlitt erhebliche Kurseinbrüche am Aktienmarkt. Aber unter dem Druck des internationalen Kapitals, jedoch auch der Bergarbeiter, die auf gesicherte Arbeitsplätze durch die Erschließung der Mine hoffen, sagte die Regierung Tzipras schließlich die Konzession für das Bergbauprojekt doch zu, allerdings unter Auflagen und nachdem Eldorado Gold einem Schiedsverfahren zur Festlegung von Bedingungen für den Betrieb einschließlich von Umweltvorschriften zugestimmt hatte (The Guardian vom 21.9.2017).

In Richmond, Kalifornien, ist der Chevron-Konzern der größte Arbeitgeber und hat das Sagen in der Stadt. Aber die riesige Chevron-Raffinerie ist eine Gefahr für die Bewohner Richmonds. Sie richtet schwere Umwelt- und Gesundheitsschäden an. Ein Bündnis von Umweltgruppen widersetzte sich auf der Straße und vor Gericht dem Ausbau der Raffineriekapazität, der der Verarbeitung des aus Teersand gewonnenen und besonders umwelt-

7.2 Sozial-ökologischer Umbau von Wirtschaft und Gesellschaft 231

belastenden Schweröls dienen sollte. Chevron verlor den Kampf (Naomi Klein 2014: 388).

In British Columbia ist der 1.400 km lange Fraser der größte Fluss des Territoriums und die Hauptader eines einzigartigen Gewässersystems von Seen, Flüssen, Bächen und Mündungen in die Meere. Der Fraser und seine Zuflüsse sind der Lebensraum der Lachse, die zwischen Süß- und Salzwasser wechseln und von denen ein Großteil der indigenen Bevölkerung lebt. Der Enbridge-Konzern plant die Nothern-Gateway-Pipeline durch die Wanderroute der Fraser- Fluss-Lachse und durch einen der ursprünglichsten gemäßigten Regenwälder der Welt zu führen, um Teersand-Öl aus den Fördergebieten von Alberta zu dem Exportterminal Kitimat zu schaffen. Im Dezember 2011 gelobten die Ureinwohner dieser Region bei einem Treffen in Vancouver in ihrer »Save-the-Fraser-Declaration«, dieses und alle ähnlichen Teersandprojekte gemeinsam zu verhindern. Über 130 First Nations und viele nichtindigene Unterstützer schlossen sich diesem Manifest an (ebd.: 416f.).

Naomi Klein verweist immer wieder auf die Chancen der Vernetzung des Widerstandes unterschiedlicher Interessengruppen gegen die Zerstörung der Natur, gegen die Bedrohung durch eine Klimakatastrophe, auf »das Gewebe gegenseitiger Inspiration« (ebd.: 389ff.). »Fünf Bildhauer der Lummi-Nation in Washington State – jenes an der Küste lebenden Stammes, der den Kampf gegen das größte geplante Kohleexportterminal an einer umstrittenen Stelle der Westküste anführt – tauchten in Otta Creek in Montana auf.« (Ebd.: 390f.) Dort ist eine große Kohle-Mine geplant, die samt der mit ihr verbundenen Transporttrassen Wasser und Weiden der Viehzüchter, dem Lebensraum und den Begräbnisstätten der Northern Cheyenne und den Fischgründen der Lummi schweren Schaden zufügen würde. Die Bildhauer hatten einen von ihnen geschaffenen 6,5 Meter hohen Totempfahl auf einem Tieflader über eine 1300 km lange Strecke nach Otta Creek transportiert, um dort mit einer örtlichen Totem-Zeremonie den gemeinsamen Widerstand der Betroffenen zu symbolisieren, damit die Kohle im Boden bliebe. An acht Orten entlang der geplanten Pipelinetrasse und der Route der Kohlezüge wurde der Totempfahl immer wieder aufgestellt, um den indianischen und nichtindianischen Protestierenden ihr gemeinsames Interesse gegen die Förderindustrie bewusst zu machen. So stärkten sie ihre Solidarität über die unmittelbare Betroffenheit hinaus

In Nigeria erzwang die Bewegung für das Überleben des Volkes der Ogoni den Rückzug des Shell-Konzerns von der Ölförderung auf dem Territorium der Ogoni, unter anderem im Ergebnis eines gewaltlosen Protestmarsches von 300.000 Ogoni gegen die »ökologischen Kriege von Shell« (ebd.: 420; 370f.). Etwa 20 Ölanlagen wurden geschlossen. Aber als die Ogoni sich anschickten, ihr Land von Shell zurückzuerobern, wurden Tausende durch das herrschende Militärregime gefoltert und getötet (ebd.: 420; 370ff.). Fracking-Moratorien oder Fracking-Verbote wurden in Frankreich, in den Niederlanden, in Bulgarien und der Tschechischen Republik, Südafrika, in den kanadischen Bundestaaten und Provinzen Vermont, Quebec, Neufundland und Labrador durchgesetzt. In Costa Rica gelang es im Jahr 2010, ein landesweites Verbot neuer Tagebaue zu erreichen. In Kolumbien sind Regierungspläne für Offshore-Ölbohrungen im Bereich eines der größten Korallenriffe der westlichen Hemisphäre verhindert worden. In Deutschland war die Anti-Atombewegung ein wichtiger Faktor für den Einstieg in eine – allerdings schleppend verlaufende – Energiewende.

Siege und Niederlagen markieren den Widerstand gegen Kohle- und Ölkonzerne. Naomi Klein macht beides sichtbar und setzt der Geringschätzung alternativer Akteure durch manche prominente Intellektuelle ein blutvolles Bild ihrer Kämpfe entgegen. Immer wird dabei sichtbar, wie eng soziale und Umweltinteressen miteinander verflochten sind.

> Zukunft oder Ende des Kapitalismus? Naomi Klein begründet die Überzeugung, dass über diese Frage in den Kämpfen um den Erhalt der natürlichen Lebensgrundlagen der Menschheit entschieden wird – gegen den Kapitalismus.

Ihr Klimabuch ist ein starkes, empirisch und emotional begründetes Plädoyer für eine Politik, die die soziale und die ökologische Frage zu einer ökonomischen Theorie der sozial-ökologischen Transformation zusammenzuführen hat. Hans Thie hat in seinem Buch »Rotes Grün« herausgearbeitet, dass solche Politik einer neuen politischen Ökonomie als wirtschaftswissenschaftliche Grundlage bedarf. Dieser Gedanke wurde hier im Kapitel 7.1 aufgenommen. Unter dem Eindruck von Naomi Kleins Engagement gegen die Verursacher des Klimawandels ist ein weiterer Zusammenhang hervorzuheben, den Hans Thie als wesentlich für eine neue sozial-ökologische politische Ökonomie betont hat: dass eine konsequente Politik sozial-ökologischer Transformation systemisch mit Grundstrukturen des Kapitalismus kollidiert, dass dieser insbesondere die für eine nachhaltige Entwicklung wesentliche *Einheit von Planung, Kooperation und Gleichheit* und als wichtige Bedingung dafür ein starkes Gewicht der Gemeingüter, der Commons, nicht herzustellen vermag.

Strategische Entscheidungen und langfristige Planung gewinnen in einer sozial-ökologischen Regulationsweise – wie oben bereits ausgeführt – starkes Gewicht. Umweltgerechter volkswirtschaftlicher Strukturwandel, der

7.2 Sozial-ökologischer Umbau von Wirtschaft und Gesellschaft 233

sozial verträglich Sicherheit für die Betroffenen einschließen soll, ist nicht ohne Planung möglich. Ein wesentliches Element langfristiger Planung sind strategische Zielvorgaben, internationale Zielvereinbarungen eingeschlossen. Die Entscheidung des Pariser Weltklimagipfels vom Dezember 2015, die Erderwärmung auf erheblich unter 2°C im Vergleich zum vorindustriellen Niveau zu begrenzen, markiert den Fluchtpunkt aller Klima- und Energiepolitik. Anknüpfend an die Forderung des »Faktor-Zehn-Clubs« von 16 international anerkannten Wissenschaftlern hatte das Wuppertal Institut für Klima, Umwelt, Energie bereits 1996 Umweltziele für Deutschland formuliert und 2008 bekräftigt, die heute noch immer unumkehrbare Aufgaben markieren. Der Primärenergieverbrauch soll bis 2050 um mindestens 50% gesenkt werden, der Einsatz fossiler Brennstoffe um 80-90%, der Verbrauch wichtiger nicht erneuerbarer Rohstoffe und die CO_2-Emissionen ebenfalls um 80-90% (Wuppertal Institut 2008: 130f.). Der Marktmechanismus wird diesen notwendigen Strukturwandel nicht herbeiführen.

Kooperation wird eine wesentliche Bedingung für die Durchsetzung langfristiger Planungsziele sein. Wettbewerb als dynamisierendes Prinzip bleibt auch in einer sozial-ökologischen Regulationsweise ein wichtiges Element, ist aber der Kooperation unterzuordnen. Gegenwärtig ist die Kooperation eher der Konkurrenz unterworfen – mit den bekannten negativen sozialen und ökologischen Folgen. Die Wasserversorgung der Bevölkerung in den Anden vor dem Abschmelzen der Hochgebirgsgletscher zu retten, die wirtschaftliche Entwicklung nicht mit dem Auftauen der Permafrostböden in Sibirien und Alaska und nicht mit dem Versinken ganzer Länder unter dem ansteigenden Meeresspiegel zu bezahlen, den Konsum in den reichen Ländern nicht durch die Vertreibung der Kleinbauern im globalen Süden zugunsten exportorientierter Plantagenwirtschaft und nicht durch die Überfischung der Meere fortzusetzen – das alles verlangt Kooperation und Solidarität.

Gleichheit ist eine entscheidende Bedingung für Kooperation auf gleicher Augenhöhe. Bezogen auf die Umwelt bedeutet das ein Recht jeder Erdbewohnerin und jedes Erdbewohners auf ein gleiches Quantum Umweltraum, das mit der Reproduktion der Natur vereinbar ist. Zur Gerechtigkeit gehören nicht nur soziale Gleichheit, sondern auch gleiche Rechte der Naturnutzung. Als Maß für den Verbrauch von Natur gilt der ökologische Fußabdruck. Die tatsächlich verbrauchte Biomasse für den Konsum und die theoretisch benötigte Biomasse für die Bindung von Kohlendioxid werden in sogenannte globale Hektar umgerechnet. Weltweit steht jedem und jeder auf Erden eine Biokapazität von 1,8 ha zu, wenn die Erde nicht zum Schaden künftiger Generationen überlastet werden soll. In Deutschland beträgt der ökologische Fußabdruck pro Kopf gegenwärtig jedoch 4,57 globale Hektar. Würden alle Menschen auf der Erde solchen Naturverbrauch haben, bräuchte die Menschheit 2,6 Erden. Dass die Bewohner der reichen Länder auf Dauer die Natur zulasten der Bevölkerung armer Länder ausbeuten können, ist kaum zu erwarten. Thie misst daher in seinem Buch »Rotes Grün. Pioniere und Prinzipien einer ökologischen Gesellschaft« dem notwendigen Dreiklang von Planung, Kooperation und Gleichheit und den Commons im Rahmen erneuerter Demokratie zentrale Bedeutung zu (Thie 2013: 64ff.).

Die gesellschaftliche Linke bedarf einer Reformulierung der politikökonomischen Theorie als einer wesentlichen wissenschaftlichen Grundlage transformatorischer Politik. Marx hatte konstatiert: »Die kapitalistische Produktion entwickelt daher nur die Technik und Kombination des gesellschaftlichen Produktionsprozesses, indem sie zugleich die Springquellen allen Reichtums untergräbt: die Erde und den Arbeiter.« (MEW 23: 529f.) Diesen elementaren Doppelbefund produktiv zu verarbeiten erfordert, die politische Ökonomie so zu entwickeln, dass ihrem gesamten Theoriegebäude die positive Auflösung der Marxschen Zweifachkritik zugrunde gelegt wird.

> Eine zeitgemäße politische Ökonomie könnte, so wurde oben bereits dargestellt, dem Bild einer Parabel entsprechen, also um zwei Zentren alternativer Theorie und Politik kreisen: Bereitstellung der ökonomischen Voraussetzungen für die volle Persönlichkeitsentfaltung der Einzelnen in Solidarität mit anderen und langfristige Bewahrung der Natur als Grundlage allen menschlichen Lebens.
>
> Werden diese beiden Ziele die Richtung künftiger Transformation bestimmen? Oder wird der Profit das letzte Maß aller Entwicklung bleiben? Die Frage nach Zukunft oder Ende des Kapitalismus wird mit der Antwort auf diese Frage entschieden.

7.3 Soziale Gestaltung der digitalen Revolution

Ob es um die Bedingungen freier Persönlichkeitsentfaltung oder um die soziale Gestaltung des ökologischen Umbaus geht – immer stehen die Veränderungen der gesellschaftlichen Verhältnisse in enger Wechselbeziehung mit der Entwicklung der Produktivkräfte. In einer breiten Strömung des gesellschaftlichen Diskurses wird den Richtungen und Folgen gegenwärtiger Umbrüche im System der Produktivkräfte eine eigenständige und zentrale Bedeutung für Zukunft oder Endlichkeit des Kapitalismus zugemessen. In diesem Diskurs gilt die Digitalisierung von Wirtschaft und Gesellschaft als ein entscheidender Knotenpunkt gesellschaftlicher Veränderungen.

7.3 Soziale Gestaltung der digitalen Revolution

Joachim Bischoff, Stephan Krüger und Christoph Lieber schreiben: »Auf diesen ›Knotenpunkt‹ in der kapitalistischen Betriebsweise muss sich auch eine Transformationskonzeption einer alternativen Wirtschaftspolitik beziehen.« (Bischoff/Krüger/Lieber 2018: 178f.) Die »Entgrenzung der Arbeit« in der Netzwerkökonomie und die »Internalisierung des Marktes« in den Unternehmen durch eine Betriebsorganisation, in der per Information die Konkurrenzsituation eines Unternehmens unmittelbar in Anforderungen an die Einzelnen übersetzt und durchgereicht wird, verschärft einerseits die Ausbeutung der Lohnabhängigen und den Druck auf sie. Andererseits macht die Allpräsenz von Informationen die gesellschaftlichen Verhältnisse zumindest potenziell »für kompetente Akteure transparent und sozialer Kritik sowie alternativen Unternehmensstrategien zugänglich ... Das birgt sprengendes Potenzial.« (Ebd.) »So erweisen sich die Ambivalenzen und Paradoxien innerhalb der Charaktere der Lohnarbeit als die eigentlichen zukunftsweisenden Vergesellschaftungspotenzen im Produktionsprozess des Kapitals, die ja gerade auch eine Entwicklung von Individualität mit einschließen« (ebd.: 179f.) und damit Chancen und die Grundrichtung alternativer Bewegungen markieren. Die neue Qualität des Produktivkraftsystems gerät in vielfachen Widerspruch zu den neoliberalen, finanzmarktkapitalistischen Produktionsverhältnissen und fordert mit zunehmender Dringlichkeit einen neuen Aufbruch alternativer Akteure für eine postneoliberale progressive Transformation heraus. Dieser transformativen Deutung der digitalen Revolution wird hier ausdrücklich zugestimmt.

Eine andere, hier kritisch behandelte Deutung des transformatorischen Potenzials der digitalen Revolution wird von dem britischen Journalisten, Hochschullehrer und Fernsehkommentator Paul Mason vertreten. Zunächst ist der Diskurszusammenhang, in dem Bischoffs, Krügers, Liebers und Masons Überlegungen stehen, kurz zu umreißen.

7.3.1 Die digitale Revolution – Herausforderung für die gesellschaftliche Linke

Das Spektrum von Deutungen der jüngeren Umwälzungen im System der Produktivkräfte umfasst gegensätzliche Interpretationen und Erwartungen. Der Kampf um die Deutungshoheit kreist um die Signalworte Gesellschaft 4.0, Industrie 4.0 und Arbeit 4.0. Die Kennzeichnung 4.0 stellt eine Assoziation zu der Auffassung her, dass die Gesellschaft am Beginn einer vierten industriellen Revolution stehe – nach der ersten industriellen Revolution, dem Übergang zur maschinellen Produktion und zur Großen Industrie, nach der zweiten industriellen, vor allem elektrotechnischen Revolution, gekennzeichnet durch Massenproduktion am Fließband, und nach der dritten mikroelektronischen Revolution seit den 1970 Jahren (Bischoff/ Radke/Troost 2015: 18f.). Die »vierte industrielle Revolution« sei eine digitale Revolution, in deren Zentrum die grenzenlose Produktion von Information, ihre vernetzte Verbreitung und Nutzung stehe (Mason 2016a; Rifkin 2016).

Im Mainstream-Diskurs wird die digitale Revolution zur Verheißung einer Verjüngung des Kapitalismus auf vorwiegend technologischer Grundlage. Information wird zum Synonym für eine helle Zukunft des Kapitalismus. Sie verspreche einen neuen Produktivitätsschub, enormen Reichtumszuwachs, Arbeitserleichterungen, Alltagskomfort durch intelligente Güter vom Kühlschrank bis zum autonomen E-Mobil, Freiräume für die Einzelnen durch fließende Grenzen zwischen Arbeit und Freizeit und mehr Eigenständigkeit einer wachsenden Zahl von Crowdworkern. Die Informationsintensität vieler Produkte führe zu geringerer Stoffintensität der Produktion und begünstige eine ökologische Wende. Die Informationsgesellschaft ermögliche mehr Transparenz als Chance für eine Beteiligungsdemokratie. Ausgehend von einer Bitkom-Studie von 2014 wird für Deutschland bis 2025 eine zusätzliche Wertschöpfung von 78 Milliarden Euro in Gestalt neuer Produkte, innovativer Dienstleistungen und Geschäftsmodelle in der Industrie 4.0 erwartet (Hirsch-Kreinsen/Ittermann/Niehaus 2015). Kurzum, der Kapitalismus stehe vor einer neuen digitalen Blütezeit.

Die neue Welt schier unbegrenzter Möglichkeiten wird von folgenden Umbrüchen in der Produktion erwartet.

- Ganzheitliche Produktionssysteme (GPS) werden bestimmend für die computergesteuerte Fabrik. Informations- und Kommunikationstechnologien führen alle Produktionskomponenten zusammen und steuern sie. Das Resultat ist die durch Computer integrierte Produktion (computerintegrated manufactory – CIM), gekennzeichnet durch ein neues Ausmaß der Automatisierung und des Einsatzes von Robotern.
- Ganze Unternehmen oder Teile von ihnen nehmen die Gestalt von »Plattformunternehmen« an. Sie sind nicht mehr vorwiegend in Gebäuden an einem Standort konzentriert, sondern existieren als »virtuelle Unternehmen«, deren Produkte durch computergestütztes Zusammenführen von Hardware- und Softwarekomponenten aus aller Welt entstehen. Die Wirtschaft nimmt verstärkt den Charakter einer »Netzwerkökonomie« an.
- Digitalisierung und Globalisierung führen vielfach zu neuen Wertschöpfungsketten, die alte Standorte entwerten.
- Wachsendes Gewicht gewinnt in diesem Umbauprozess die künstliche Intelligenz als neue Stufe der Übertragung von Kopfarbeit auf Maschinen.

7.3 Soziale Gestaltung der digitalen Revolution

Diese und andere gravierende Veränderungen eröffnen in der Tat weite Möglichkeiten für die Befreiung der Arbeit von körperlich schweren und monotonen Tätigkeiten, für mehr Freizeit und individuelle Lebensstile, für Dezentralisierung, Transparenz, Mitbestimmung und vernetztes Handeln von Bürgerinnen und Bürgern bei der Durchsetzung ihrer Interessen. Aber diese Möglichkeiten werden als Folge der herrschenden kapitalistischen Verhältnisse häufig von anderen höchst bedrohlichen Folgen der Digitalisierung unterlaufen und überlagert.

Stephan Kaufmann hat diese Widersprüchlichkeit der Informationsrevolution in seiner Publikation »Digitalisierung, Klassenkampf, Revolution« anschaulich dargestellt. Diese Schrift hebt sich wohltuend von der großen Zahl technologiereduzierter, oft diffuser Darstellung der Prozesse ab, die unter dem Label Industrie 4.0 kursieren (Kaufmann 2016). Kaufmann schildert, dass die digitalen Zukunftsversprechen durchaus als Drohung daherkommen: »Industrie 4.0 ist Realität, Versprechen und Drohung zugleich, eine Ankündigung, von der niemand weiß, ob sie eintritt, und wenn ja, in welcher Form. Sie wirkt massiv und diffus zugleich.« (Ebd.: 2) Sie wirkt als Drohung, indem Unternehmen, Unternehmerverbände, Regierungen und Medien die digitale Revolution als unausweichlichen Sachzwang darstellen, der sich in der Konkurrenz der Unternehmen und der Standorte durchsetzt und dem sich die Arbeitnehmer zu unterwerfen hätten. Wer überleben will, müsse schon vor der Konkurrenz einführen, was diese Revolution ausmacht. Kaufmann zitiert Minister Dobrindts Klage, dass Europa einschließlich der Bundesrepublik zu wenig digitale Souveränität habe: »Die zu gewinnen, muss ein Ehrgeiz Europas sein, ansonsten sind wir eher in Lebensgefahr, als dass das Ganze eine Chance ist.« Unter dem Vorzeichen dieser Drohung, dass es in jedem Unternehmen und für den Standort Deutschland um Leben oder Tod gehe, werden die Chancen der Digitalisierung nach der Logik des Kapitals buchstabiert: Sie muss die Arbeit flexibilisieren, die Kosten, vor allem die Lohnkosten, senken, die Gewinne erhöhen und die wachsende Selbstverantwortung der Beschäftigten am Arbeitsplatz in zunehmende Selbstunterwerfung und Selbstanpassung an die Verwertungsbedürfnisse des Kapitals verwandeln.

Dies sind die Folgen der digitalen oder Informationsrevolution, wenn es den Lohnabhängigen und scheinselbständigen Solounternehmern nicht gelingt, sich erfolgreich zu wehren:

- Die Digitalisierung der Wirtschaft droht trotz neu entstehender Arbeitsaufgaben per Saldo zu millionenfachen Verlusten an Arbeitsplätzen und Arbeitseinkommen zu führen und auf diese Weise den Druck auf die Lage der abhängig Beschäftigten extrem zu verstärken. In einer Studie der Oxford Martin School wird für die USA angenommen, dass 47% aller Beschäftigten in Berufen arbeiten, die mit einer Wahrscheinlichkeit von mehr als 70% in den nächsten beiden Dekaden automatisiert werden (Frey/Osborne 2013, zitiert nach: Matuschek 2016: 23).

Randall Collins nimmt an: »Heute dezimieren Computerisierung, das Internet und die Flut neuer mikroelektronischer Geräte die Mittelschicht.« (Collins 2014: 51) Dies geschehe in einem langfristigen Strukturwandel, »der mit großer Wahrscheinlichkeit dem Kapitalismus in den nächsten dreißig bis fünfzig Jahren ein Ende macht.« (Ebd.: 49) Im globalen Maßstab nehmen jedoch die Zahl der Lohnabhängigen und die Größe der Mittelschichten vor allem in den Schwellenländern und als Trend auch in vielen heutigen Entwicklungsländern zu. Vor allem in China sind die Mittelschichten um Hunderte Millionen gewachsen.

Für Deutschland sieht Oliver Nachtwey (2016) in seinem Buch »Die Abstiegsgesellschaft« nicht den Abstieg der gesamten Mitte, die seit 1997 bis 2010 nur mäßig, um 6,5%, kleiner geworden ist. Wohl aber diagnostiziert er eine Polarisierung innerhalb der gesellschaftlichen Mitte: eine steigende Zahl von Hochqualifizierten mit mehr Freiheitsgraden, die einander aber härtere Konkurrenz machen, einen Abstieg der unteren Mitte und wachsende Abstiegsängste in den Schichten zwischen diesen beiden Polen. Die Ängste sind begründet. Mehr als ein Drittel der in Deutschland Beschäftigten arbeitet bereits gegenwärtig in atypischen und häufig prekären Verhältnissen, befristet, in Leiharbeit, in Minijobs, scheinselbständig und in mehr als zwei Dritteln der Betriebe nicht tarifgebunden.

Im Diskurs über die Folgen der Digitalisierung für die Beschäftigung wird überwiegend angenommen, dass die Zahl der Hochqualifizierten wachsen und ein großer Teil der Beschäftigten mit geringer und mittlerer Qualifikation die Arbeit verlieren wird. Als weniger gefährdet gelten Berufe, die auf sozialer Kompetenz beruhen. Ob die Arbeitslosigkeit insgesamt erheblich steigen, durch das Entstehen neuer Arbeitsplätze auf gleicher Höhe verharren oder vielleicht sogar sinken wird, ist derzeit umstritten. In jedem Fall wird dieser Prozess, wenn er unter Bedingungen der Austerität und der Beschränkung sozialstaatlicher Leistungen verläuft, mit einer Entsicherung der Lohnabhängigen, mit Existenzängsten, Stress und entsprechenden gesundheitlichen Belastungen verbunden sein. Unter dem Druck der Digitalisierung sind die Industrie 4.0 und die Arbeit 4.0 mit noch stärkerer Prekarisierung der Arbeitsverhältnisse als schon bisher verbunden.

- Die Arbeit wird räumlich entgrenzt. Von den Beschäftigten wird ohne Rücksicht auf familiäre Bindungen und Verpflichtungen immer öfter räumliche Mobilität verlangt. Unternehmen greifen nicht allein auf Be-

7.3 Soziale Gestaltung der digitalen Revolution

legschaften herkömmlicher Zusammensetzung zurück, sondern projektbezogen und für einen Teil der Arbeit holen sie im Netz aus beliebigen Gegenden des Landes und grenzüberschreitend Bewerbungen von Solo-, Schein- oder Semiselbständigen für die Übernahme von Arbeiten ein, die per Computer erledigt werden können. Diese Freischaffenden konkurrieren untereinander und mit den noch fest Beschäftigten. Für die freien Dienst- oder Werkverträge mit solchen Klick- oder Crowdworkern gelten keine Tarifverträge, keine Mindestlöhne, keine Sozialversicherung und kein Gesundheitsschutz. Ein Teil der auf diese Weise Beschäftigten empfindet dies subjektiv durchaus als Nutzung von Freiräumen. Die Gesamtwirkung dieser Entwicklung ist eine soziale Abwärtsentwicklung für die meisten. 70% der Crowdworker verdienen nach den Untersuchungen der Hans-Böckler-Stiftung monatlich weniger als 500 Euro. Die Hauptberuflichen unter ihnen – ein Fünftel der Befragten – haben ein durchschnittliches Monatseinkommen von 1500 Euro, die nebenberuflichen Klickworker verdienen im Monat durchschnittlich 326 Euro (Leimeister/Durward/Zogaj 2016; Kaufmann 2016: 22).

- Eine Entgrenzung der Arbeit findet auch zeitlich statt. Von einem wachsenden Teil der Beschäftigten wird bereits gegenwärtig erwartet, dass sie auch nach der ohnehin in Auflösung befindlichen »regulären« Arbeitszeit per Heimcomputer, Smartphone und Tablet für die Unternehmen verfügbar sind. Mittels Informations- und Kommunikationstechnologie verschwimmen die Grenzen zwischen Arbeit und Freizeit. Projektarbeit ist termingemäß zu leisten, ob in der geregelten Arbeitszeit oder danach. Leistungsdruck und Stress greifen auf die Freizeit über. Die Festlegung von Arbeitszeiten wird unterlaufen. Teils wird solche Flexibilisierung einschließlich der Möglichkeit von Heimarbeit von den einzelnen durchaus als Ausweitung ihrer Selbstbestimmung empfunden, schwächt aber insgesamt den Zusammenhalt der Lohnabhängigen und ihre Organisiertheit.
- In der »entgrenzten flexibilisierten Arbeitswelt« wird der Umgang mit »Big Data« zu einer Kernkompetenz, d.h. die Fähigkeit, aus der Fülle der Datenströme das für das Selbstmanagement des Arbeitsprozesses Entscheidende herauszufiltern. Aber das Selbstmanagement wird verstärkt zur Selbstanpassung an die Erfordernisse der Kapitalverwertung.
- Diese Verkehrung von neuen Räumen der Selbstbestimmung in neue Grade der Selbstunterwerfung wird durch eine weitere Wirkung der Informationsrevolution auf die Arbeits- und Lebenswelt vorangetrieben. Die Allpräsenz der Information bedeutet umfassende Kontrolle des Arbeits- und Freizeitverhaltens jedes und jeder Einzelnen. Die Leistung in

der Arbeit wird ebenso durchschaubar wie die Konsumneigungen der Menschen. Die erhobenen Datenmassen werden für Google, Facebook, Amazon und andere Informationsmonopole zur Basis gezielter Werbestrategien und Freizeitmanipulation entsprechend ihrer Profitinteressen. Herrschaft bekommt eine neue informationelle Dimension. Die vielfältigen nützlichen Dienste der Information, die Arbeit und Leben erleichtern können, sind gekoppelt mit ebenso vielfältigen Formen unsichtbarer Kontrolle und Herrschaft.

Die digitale Revolution verleiht einem Phänomen eine neue Dimension, dass den Kapitalismus von jeher kennzeichnet: Er treibt in zuvor nie gekannter oder vorgestellter Weise materielle Bedingungen fortschreitender Zivilisation und eines guten Lebens hervor – und er verwandelt diese Bedingungen zugleich in Nöte, in Instrumente der Ausbeutung und Unterdrückung und in perfektionierte Mittel der Kapitalherrschaft. Hier schließt sich der Bogen zu Frank Schirrmacher Beschreibung der Informationsrevolution als Mechanismus der Verwandlung des Menschen in eine Ego-Maschine als neue Stufe des homo oeconomicus.

7.3.2 Paul Mason: »Die Informationsgüter ändern alles«

In Paul Masons Buch mit dem Titel »Postkapitalismus« wird dieses Janusgesicht der Informationsrevolution eindringlich dargestellt. Aber Mason bleibt nicht bei einem »einerseits und andererseits« stehen. Seine Grundthese ist, dass die Informationsrevolution das innerste Wesen des Kapitalismus, die Kapitalverwertung, auszehrt. Die Information entziehe dem Kapitalismus sein Lebenselixier, indem sie die Wertgröße der Dinge und Leistungen und damit den Mehrwert und Profit gegen Null hin bewege. Es vollziehe sich, so meint Mason, »eine Aushöhlung des Werts durch die Information« (Mason 2016a: 195). Während Schirrmacher eine Okkupation der menschlichen Seele durch das Kapital sich vollziehen sieht, schwindet für Mason die Seele des Kapitalismus.

Für Linke ist das eine verlockende Botschaft: der Fortschritt des Kapitalismus setze ihm auf neue Weise ein ziemlich nahes Ende. Im Grunde werde, was Marx bereits erwartete, nun in greifbare Nähe gerückt – jedoch nicht als Effekt der Revolution, sondern der Information. Aber ist Masons darauf beruhende Theorie des Postkapitalismus tatsächlich haltbar? Oder ist sie eher ein logisches Konstrukt, dem allzu viele Realprozesse entgegenstehen? Kann die Informationsrevolution zu einem oder sogar zu *dem* Katalysator revolutionärer gesellschaftlicher Umwälzungen werden?

Stephan Kaufmann hat für absehbare Zeiten herausgearbeitet, dass die digitale Revolution für die abhängig Beschäftigten vor allem bedeutet, dass

7.3 Soziale Gestaltung der digitalen Revolution 241

sie deren negative Folgen durch eigene Organisiertheit beschränken und ihr durch eine Mobilisierung begegnen müssen, die das sozial, ökologisch und politisch positive Potenzial der Informationsrevolution für die Mehrheit der Gesellschaft ausschöpft und die Dominanz des Kapitals auf dem Feld der Informationsrevolution zurückdrängt.

Paul Mason misst der Informationsrevolution allerdings eine entschieden weiter reichende Wirkung zu. Sie gilt ihm als der Schlüssel zur Überwindung des Kapitalismus, als Zugang zum Postkapitalismus. Er beruft sich dabei auf Marx und gewinnt damit das Herz vieler Linker, die sich Marx nahe sehen.

Erstens verstand Marx die durch den Kapitalismus hervorgebrachte mächtige Entwicklung der Produktivkräfte und die Herstellung des Weltmarktes als die materielle Grundlage einer neuen höheren Produktionsweise (MEW 25: 457). Mason betrachtet die digitale Revolution als einen derartigen Schub in der Entwicklung der Produktivkräfte, dass daraus unmittelbar die Nähe eines Postkapitalismus folge.

Zweitens erkannte Marx in verschiedenen Formen kapitalistischer Entwicklung bereits die Konturen einer Gesellschaftsalternative. Er höhnte, »dass sich der Vulgus die im Schoß der kapitalistischen Produktionsweise entwickelten Formen nicht vorstellen kann, getrennt und befreit von ihrem gegensätzlichen kapitalistischen Charakter« (ebd.). »Die Kooperativfabriken der Arbeiter selbst sind, innerhalb der alten Form, das erste Durchbrechen der alten Form ...«»Sie zeigen, wie auf einer gewissen Entwicklungsstufe der materiellen Produktivkräfte und der ihr entsprechenden Formen, naturgemäß aus einer Produktionsweise sich eine neue Produktionsweise entwickelt und herausbildet.« Und: »Die kapitalistischen Aktienunternehmungen sind ebenso sehr wie die Kooperativfabriken als Übergangsformen aus der kapitalistischen Produktionsweise in die assoziierte zu betrachten, nur dass in den einen der Gegensatz negativ und in den andren positiv aufgehoben ist.« (Ebd.: 456)

Solche potenziell sozialistischen Formen, Institutionen und Praxen blieben jedoch in Marx' Theorie unterbelichtet, wohl, weil er eine sozialistische Revolution schnell heranreifen glaubte, die in einem großen Aufwasch solche Keimformen des Sozialismus im Rahmen des Kapitalismus schnell überholen würde. Aber Marx' Methode war eine historisch-logische. Hätte er den Geschichtsverlauf bis in die Gegenwart ohne eine in absehbarer Zeit bevorstehende große Revolution erlebt und verarbeiten können, so hätte er wahrscheinlich evolutionären Formen gesellschaftlichen Wandels eine prinzipiell höhere Bedeutung beigemessen, ohne die durch seine Kapitalismusanalyse begründete Notwendigkeit tiefer Brüche zur Überwindung des Kapitalismus als Fluchtpunkt gesellschaftlicher Entwicklung aufzugeben (Balibar 2017). Doch Marx erlebte diese Entwicklung nicht und blieb daher bei seiner Skepsis in der Einstellung zu evolutionären Entwicklungen des Kapitalismus.

Mason begegnet dieser Skepsis von Marx mit dem genauen Gegenteil. Er erwartet von der Information – jedenfalls in den meisten Passagen seines Buches – dass sie dem Kapitalismus auch ohne revolutionäre Umwälzungen die Grundlagen entzieht.

Wenn Naomi Klein mit Blick auf den Klimawandel postulierte, »This changes everything«, lautet Masons Grundthese: »Die Informationsgüter verändern alles« (Mason 2016a: 164).

Erstens würde das ungeheure Anschwellen der Informationsmenge den gesellschaftlichen Reichtum enorm vermehren und damit die reale Möglichkeit erweitern, in einer künftigen solidarischen Gesellschaft und auf dem Weg zu ihr die Lebenssituation der Bevölkerung entschieden zu verbessern. Zutreffend ist: Der allgegenwärtige Einzug der Information in die Steuerung der Produktionsprozesse, in die Maschinen, Anlagen und gesellschaftlichen Infrastrukturen führt im Verlauf der Automatisierung und Roboterisierung dazu, dass in einer Zeiteinheit mehr Gebrauchswerte produziert werden. Oder die eingesparte Arbeit kann in anderen Sphären der Gesellschaft, nicht zuletzt im Care-Sektor, eingesetzt werden und auf diese Weise die Wohlfahrt der Gesellschaft erhöhen.

Zweitens und vor allem greift Mason Marx' Konzept vom tendenziellen Fall der Profitrate auf. Im Verlauf der Kapitalakkumulation wächst der Anteil von Produktionsmitteln (Maschinen, Anlagen und Material) im Verhältnis zum Anteil der lebendigen Arbeit an. Die organische Zusammensetzung des Kapitals ändert sich. Die Profitrate (d.h. der Mehrwert im Verhältnis zum gesamten vorgeschossen Kapital) sinkt, weil derjenige Teil des Kapitalvorschusses sinkt, der als Lohn für die den Neuwert schaffende lebendige Arbeit ausgegeben wird. Der Fall der Profit*rate* wird durch entgegenwirkende Faktoren aufgehalten, er wirkt nur als Tendenz mit Gegentendenzen. Aber die Profit*masse* wird, um dem tendenziellen Fall der Profitrate zu begegnen, vergrößert – unter anderem durch eine größere Zahl der Arbeitskräfte, wenn möglich durch die Verlängerung ihrer Arbeitszeit, durch die Intensivierung der Ausbeutung, durch die Verbilligung der Elemente des konstanten Kapitals und für die mächtigsten Unternehmen durch Monopolpreise und Monopolprofite. Doch die Tendenz zum Sinken der Profitrate kollidiert mit der inneren Natur des Kapitals, mit seiner Verwertung. Gerade dadurch, dass die Produktivkräfte entwickelt werden und sich die organische Zusammensetzung des Kapitals verändert, gerät die Produktivkraftentwicklung in Konflikt mit ihrem kapitalistischen Sinn, dem Profit. Marx schrieb daher

7.3 Soziale Gestaltung der digitalen Revolution 243

über den tendenziellen Fall: »Es ist dies in jeder Beziehung das wichtigste Gesetz der modernen politischen Ökonomie und das wesentlichste, um die schwierigsten Verhältnisse zu verstehn. Es ist vom historischen Standpunkt aus das wichtigste Gesetz.« (MEW 42: 641)

Im »Maschinenfragment«, enthalten in »Grundrisse der Kritik der politischen Ökonomie«, verfolgte Marx die Frage danach weiter, was es für den Kapitalismus heißen könnte, wenn die relative Bedeutung der lebendigen, den Wert produzierenden Arbeit immer mehr abnimmt. Er erwägt, dass der Bedeutungsverlust der *unmittelbar* lebendigen Arbeit im Produktionsprozess dann voll zur Geltung kommt, wenn »der ganze Produktionsprozess ... als technologische Anwendung der Wissenschaft« funktioniert (ebd.: 595). Dann werde »die unmittelbare Arbeit herabgesetzt zu einem bloßen Moment dieses Prozesses« (ebd.). Dann »verschwindet die unmittelbare Arbeit und ihre Quantität als das bestimmende Prinzip der Produktion ... und wird sowohl quantitativ zu einer geringern Proportion herabgesetzt wie qualitativ als ein zwar unentbehrliches, aber subalternes Moment gegen die allgemeine wissenschaftliche Arbeit ... Das Kapital arbeitet so an seiner eignen Auflösung als die Produktion beherrschende Form.« (Ebd.: 596) Denn es ist ja die lebendige Arbeit, die über den Wert der eingesetzten Arbeitskraft hinaus jenen Mehrwert schafft, den sich die Unternehmer aneignen. Und wenn die Bedeutung der lebendigen Arbeit schwindet, trifft das den Nerv des Kapitals. In Marx' Denkgebäude hat das Zuendedenken dieser Wirkung der Produktivkraftentwicklung – Mittel der Kapitalverwertung zu sein und zugleich mit dem relativen Bedeutungsverlust der lebendigen Arbeit die Quelle des Profits zu untergraben – den Charakter einer *logischen Extrapolation*. Diese untermauert die Überzeugung, dass das Ziel der Arbeiterklasse und ihre historische Aufgabe die Überwindung eines Kapitalismus sein muss, der an einer unüberwindbaren Fortschrittsblockade leidet.

Masons Grundthese ist nun, dass mit der sprunghaft wachsenden Bedeutung der Information diese Selbstuntergrabung des Kapitals bereits weit fortgeschritten und zu einer akuten Gefahr für den Kapitalismus geworden sei. Der Informationskapitalismus sei bereits dabei, sich selbst um seine Zukunft zu bringen. Dies ist Masons Gedankengang:

- Einmal hervorgebracht, kann die Information fast ohne Kosten immer wieder verwendet werden, soweit dies nicht durch Monopolschranken (zum Beispiel durch Verhinderungspatente) verwehrt wird. Sie ist ein »nichttrivialisierendes Gut«. Ihr Gebrauch schließt den Gebrauch durch andere nicht wie bei den meisten dinglichen Gütern aus.
- Je mehr die Information verbreitet und genutzt wird, bewegt sich nach der Grenznutzentheorie der durch das »letzte« zusätzlich produzierte

Produkt bestimmte Nutzen der Information tendenziell gegen null. Was fast nichts mehr kostet, hat auch fast keinen Wert.
- Damit wäre aber der Preismechanismus, also die kapitalistische Marktregulation, untergraben: Ohne Wert kein Preis, ohne Knappheit kein Spiel von Angebot und Nachfrage. »Die Informationstechnologie untergräbt das normale Funktionieren des Preismechanismus.« (Mason 2016a: 168) Das gelte zunächst für Informationsprodukte selbst: fast kostenloser Zugriff für jede und jeden im Internet auf Big Data.
- Aber damit nicht genug – Mason nimmt an, dass mit der zunehmenden Informationsintensität der dinglichen Güter der Null-Grenzkosten-Trend auch diese ergreifen wird: Die Netzwerkökonomie »stattet physische Güter mit einem hohen Informationsgehalt aus, saugt sie in denselben Nullpreis-Strudel wie reine Informationsgüter« (ebd.: 194) und führt damit zum »Aufstieg der Nicht- Marktproduktion« (ebd.: 195). Denn wo mit Null-Preisen der Wert verschwindet, verflüchtigt sich auch die Produktion für den Markt.

Doch die gedankliche Übertragung der Null-Kostentendenz von der Information auf die physischen Dinge ist eine realitätsferne Konstruktion. Zwar hat Marx vorausgesehen, dass mit der Herausbildung der großen Industrie »die Schöpfung des wirklichen Reichtums weniger abhängig (wird) von der Arbeitszeit und dem Quantum angewandter Arbeit, als von der Macht der Agentien, die während der Arbeitszeit in Bewegung gesetzt werden und die selbst wieder ... in keinem Verhältnis steht zur unmittelbaren Arbeitszeit, die ihre Produktion kostet, sondern vielmehr abhängt vom allgemeinen Stand der Wissenschaft und dem Fortschritt der Technologie, oder der Anwendung dieser Wissenschaft auf die Produktion« (MEW 42: 600).

Mit dem wirklichen Reichtum ist hier die Fülle der Gebrauchswerte und Dienstleistungen gemeint, von denen deren Wert zu unterscheiden ist. Masons Diktum »Der Wert verschwindet.« (Mason 2016a: 228) ist nicht nachzuvollziehen. Automatisierte Systeme und Roboter, Autos und Städte und die gesamte Infrastruktur bestehen eben nicht allein aus tendenziell kostenloser Information, sondern haben gegenwärtig und auch in Zukunft handfeste physische Gestalt. Sie sind vergegenständlichte Arbeit, ob körperlich oder geistig geleistet.

Stephan Krüger stellt in seiner kritischen Rezension zu Masons »Postkapitalismus« zu Recht fest: »Um als Mittel zur Steigerung der Produktivkraft der Arbeit im Produktionsprozess zu wirken, muss das gesellschaftliche Wissen jedoch in das Arbeitsmittel inkorporiert worden sein und seine spezifisch gegenständliche Gestalt (inkl. Steuerungssoftware) prägen.« (Krüger 2017: 60) Die Grundannahme Masons, dass wir mitten in der Metamor-

7.3 Soziale Gestaltung der digitalen Revolution 245

phose des neoliberalen Kapitalismus in eine »Null-Grenzkosten-Gesellschaft seien, trifft also nicht zu.

- Zutreffend ist jedoch, dass Mason mit der Betonung der enormen Bedeutung der Information im digitalen Kapitalismus, ihrer tendenziellen Eigenschaft als öffentliches Gut und ihrer teilweisen Produktion in freiwilliger nicht-marktlicher Kooperation dem Vor-Schein einer künftigen Gesellschaft auf der Spur ist, in der der Profit nicht mehr dominieren wird. Die digitale Enzyklopädie Wikipedia ist das Produkt freiwilliger Kooperation von Millionen. Das quelloffene Betriebssystem Linux läuft auf einem Zehntel aller Unternehmenscomputer weltweit. Firefox, ein Open-Source-Browser, hat einen globalen Marktanteil von 30%. Android ist ein Open-Source-Produkt, mit dem rund 70% aller Smartphones betrieben werden.»Der Erfolg der Open-Source-Software ist verblüffend. Er zeigt, dass in einer Wirtschaft voller Informationen neue Formen des Besitzes und Umgangs mit Eigentum nicht nur möglich, sondern nötig sind.« (Mason 2016a: 171)

Es gehört zu den Stärken Paul Masons, dass er bereits in den gegenwärtigen Verhältnissen kooperative Formen freiwilliger Arbeit jenseits des Profitmechanismus ausmacht und in ihnen ein Grundelement eines künftigen humanistischen Postkapitalismus heranreifen sieht. Doch eine andere Stärke seiner Arbeit, sein Zukunftsoptimismus, der für Linke als Gegengewicht zu einer als alternativlos dargestellten Gesellschaft so anziehend ist, hat zugleich eine Schwäche zur Kehrseite. Viel zu wenig beachtet Mason, wie sehr gegenwärtig die kollaborative Arbeit vom herrschenden Profitsystem okkupiert ist und darin festgebannt wird.

Frank Rieger – Hacker, Internetaktivist, Autor, Sprecher des Chaos Computer Clubs und Kenner des Innenlebens der digitalen Welt – gab in einer Diskussion mit Mason zu Protokoll:»Paul Mason irrt, wenn er die Open-Source-Bewegung als ein Beispiel dafür (für den Übergang zu einer postkapitalistischen Gesellschaft – D.K.) ansieht. Viele der Programmierer, die daran teilnehmen und einen Großteil der Inhalte für den Open Source schreiben, machen das nicht in ihrer Freizeit, sondern sie werden von großen Unternehmen dafür entlohnt. Dafür muss man sich nur zum Beispiel den Linux-Kernel angucken oder alle möglichen anderen großen Open-Source-Projekte wie Fire fox: Die allergrößten Teile der produzierten Codebase werden von großen Unternehmen bezahlt, die Open-Source – und die Möglichkeit, dass jeder damit machen kann, was er will – als ein Mittel des Kulturkampfes betrachten, um Microsoft, das das gegenteilige Modell verfolgt, die Luft abzudrehen. Wir dürfen also nicht blauäugig hingehen und sagen: Okay, da gibt es offensichtlich eine Welt, in die die Leute freiwillig gewisse Dinge tun, und das funktioniert ja auch ökonomisch. Dem ist in der Regel nicht so, im Gegenteil.« (Rieger 2016: 64) Rieger schließt daraus, dass es weit größerer Anstrengungen und Kämpfe als von Mason angenommen bedürfen wird, um Ansätze kooperativer Arbeit zu tatsächlichen gemeinschaftlichen Bausteinen einer künftigen solidarischen Gesellschaft zu entwickeln.

- Mason ist also auf falscher Spur, wenn er suggeriert, diese gegenwärtig per Saldo dem kapitalistischen System einverleibten Formen einer neuen Gesellschaft seien bereits dabei, in naher Zukunft den Kapitalismus von innen zu untergraben. Mason hebt in seiner Interpretation des »Maschinenfragments« zwar Marx zitierend die Potenz des Kapitalismus hervor, »alle Mächte der Wissenschaft und der Natur wie der gesellschaftlichen Kombination und des gesellschaftlichen Verkehrs... unabhängig (relativ) zu machen von der auf sie angewandten Arbeitszeit« (MEW 42 : 602). Marx verweist aber darauf, dass dadurch der Widerspruch zwischen der modernen Produktivkraftentwicklung und den kapitalistischen Produktionsverhältnissen eine enorme Verschärfung erfährt. Und er schließt aus dem neuen Gewicht der Wissenschaft und der Kooperation im System der Produktivkräfte: »In fact aber sind sie die materiellen Bedingungen, um sie (die kapitalistischen Produktionsverhältnisse – D.K.) in die Luft zu sprengen.« (Ebd.) Sie galten Marx also als materielle Bedingungen einer besseren Gesellschaft, nicht als Wirkstoff informationeller Selbstverwandlung des Kapitalismus in einem Postkapitalismus, wie Masons Gesamtkonzept nahelegt! Als materielle Bedingungen für den Klassenkampf des Proletariats, das diese Bedingungen zu nutzen hat. Mason deutet Marx´ Überlegungen anders: Es »bricht der Kapitalismus zusammen, weil seine Existenz nicht mit dem gesellschaftlichen Wissen vereinbar ist. Aus dem Klassenkampf wird ein Kampf um Menschlichkeit und Bildung in der Freizeit.« (Mason 2016a: 188) Denn: »Die Kraft, die den Kapitalismus ersetzt, ohne dass die Mainstream-Ökonomie es bemerken würde, ist die Information.« (Ebd.: 312)
- Allerdings hält Mason zwei gegensätzliche Entwicklungen für möglich: »Entweder entsteht tatsächlich eine neue Form von kognitivem Kapitalismus und stabilisiert sich, gestützt auf eine neue Mischung von Firmen, Märkten und vernetzter Kooperation, und die Überreste des industriellen Systems finden einen Platz in diesem ›dritten Kapitalismus‹. Oder das Netzwerk zerstört sowohl die Funktionsfähigkeit als auch die Legitimität des Marktsystems. Wenn das geschieht, wird ein Konflikt ausbrechen, der das Marktsystem kollabieren lassen und durch den Postkapitalismus ersetzen wird.« (Ebd.: 196)

7.3 Soziale Gestaltung der digitalen Revolution

- Um die zweite Entwicklung durchzusetzen, ruft Mason in der Logik seines Gesamtkonzepts, »die Wirkung der Information maximieren zu müssen«, das »Projekt Null« aus. (Ebd.: 337ff.) »Seine Ziele sind eine Energieversorgung mit Null-Emission, die Erzeugung von Maschinen, Produkten und Dienstleistungen mit Null-Grenzkosten und die weitgehende Beseitigung der Arbeit.« (Ebd.: 340) Es ist zu bezweifeln, dass mit diesen Zielen die Konturen eines demokratischen grünen Sozialismus und die Wege zu ihm handlungsorientierend beschrieben werden. Das »Projekt Null« wird nicht funktionieren.
- Das Subjekt der Durchsetzung dieser Utopie soll das global »vernetzte Individuum« oder auch die »vielgestaltige globale Bevölkerung« (ebd.: 240) in Anlehnung an Michael Hardts und Antonio Negris »Multitude« sein. Das ist jedoch eine höchst problematische Bestimmung der Akteure postneoliberaler und antikapitalistischer Entwicklung. Denn nach der dominanten Logik in Masons Theorie wirken die »vernetzten Individuen« als Subjekte des Wandels, indem sie die den Kapitalismus aushöhlende Informatisierung vorantreiben. Das wird jedoch mitnichten ausreichen, um dem Kapitalismus den Garaus zu machen.
- Allerdings nennt Mason auch konkrete Transformationsprojekte wie die Ausweitung des öffentlichen Sektors, die Abschaffung der blockierenden Wirkung von Patenten, die Abfederung von Preiserhöhungen für fossile Energien durch ein bedingungsloses Grundeinkommen, die Aufwertung von Genossenschaftsbanken und anderes mehr. Doch dafür bedarf es der Stärkung konkreter, nicht zuletzt kollektiver Akteure, etwa der Gewerkschaften und ihrer Öffnung zu ökologischen, feministischen und anderen sozialen Bewegungen, und breiter Bündnispolitik bei der Herausbildung eines starken gesellschaftlichen Pols der Gerechtigkeit und Solidarität.

Was macht trotz erheblicher Defizite in Paul Masons Postkapitalismus-Theorie seine Anziehungskraft für viele Linke vor allem in intellektuellen Milieus aus? Mason arbeitet als ein wesentliches Politikfeld die Informationsrevolution heraus, deren Erscheinungsformen den Einzelnen überall in der Arbeits- und Lebenswelt beggenen und die für die Linke weit dringlichere Herausforderungen enthält als in der Regel wahrgenommen. Mason prangert an, dass auf dem Feld der digitalen Revolution Monopole wie Apple und Samsung, Google und Amazon bestrebt sind, die Verbreitung und Nutzung von Informationen im eigenen Profitinteresse zu beschränken und kooperative Non-Profit-Formen des Wirtschaftens zu unterdrücken. Umfassender verstanden, Masons Konzeption enthält für die Linke die Aufforderung, weit intensiver als bisher und mit Kompetenz Wissenschaft, Forschung und Technologie als Kampffelder für eine künftige solidarische Gesellschaft anzunehmen. Mason macht ein verführerisches Angebot, indem er die Hoffnung nährt, dass der Kapitalismus mit dem Anschwellen von Information seine eigenen Grundfesten untergräbt und der Linken gewissermaßen immanent zuarbeitet. Der rationelle Kern dieser Hoffnung ist, dass in der digitalen Revolution tatsächlich Formen des Vor-Scheins einer postkapitalistischen Gesellschaft enthalten sind, die der Anerkennung und bewussten Entfaltung durch die Linke bedürfen – jedoch ohne die Illusion eines progressiven Selbstlaufs der Dinge.

Und nicht zuletzt: wenn auch oft ohne unmittelbaren Bezug auf sein theoretisches Konzept, vertritt Mason eine Reihe wichtiger Forderungen im Kampf um eine progressive Transformation im Kapitalismus und über ihn hinaus. Dazu gehören die dringliche Ausweitung des Öffentlichen, vor allem der öffentlichen Daseinsvorsorge, die Vergesellschaftung des Finanzsystems, Übernahme des Stromnetzes und fossilistischer Stromproduzenten in die Hände des Staates, Verpflichtung der Zentralbanken auf eine nachhaltige Wirtschaftspolitik, kontrollierte Schuldenerlasse für die öffentlichen Haushalte, Einführung von Kapitalverkehrskontrollen, Planungsfunktionen für den Staat, reale Verminderung der CO_2-Emissionen, Erschwerung von Niedrigentlohnung, Begünstigung von Unternehmen, die menschenwürdige Löhne zahlen, und viele andere Ansätze. Paul Masons Beitrag zum Diskurs der Linken über Zukunft oder Ende des Kapitalismus ist also doch mehr als ein »Potpourri aus Marx, Cyber-Voodoo und Antikapitalismus«, wie Stephan Krüger meint. Aber sein Beitrag hat solche Züge und löst sich damit vielfach von linker Realpolitik.

Stephan Kaufmann hat dagegen in seiner knappen Schrift »Digitalisierung, Klassenkampf, Revolution« klarer als in vielen dicken Büchern zur Informationsrevolution deren praktische Herausforderungen für alternative Akteure in absehbarer Zeit auf den Punkt gebracht (Kaufmann 2016: 23ff.). Unter anderem macht er deutlich:

- Arbeitslosigkeit ist keine Zwangsfolge der Digitalisierung. Die Verringerung des notwendigen Umfangs lebendiger Arbeit für die Bereitstellung von Gütern und Leistungen bietet vielmehr die Chance zur Sicherung der Beschäftigung durch Verkürzung der Arbeitszeit. Allerdings, so Heiner Flassbeck und Paul Steinhardt, funktioniert das nur, wenn die steigende Menge von Produktion auch Absatz findet. Das wiederum erfordert, dass die Nominallöhne jährlich mindestens so steigen wie die Produktivität plus Inflationsrate (Flassbeck/Steinhardt 2018: 51). Für Soloselbständige muss analog zum Mindestlohn ein Mindestentgelt eingeführt werden, um dem Unterbietungswettbewerb zwischen Kernbelegschaften und externen Beschäftigten entgegenzuwirken.

7.3 Soziale Gestaltung der digitalen Revolution

- Wenn vorwiegend die Arbeitsplätze der minder Qualifizierten bedroht sind, muss mit Aus- und Weiterbildung für ein Gegengewicht gesorgt werden. Das Unternehmerinteresse ist die Verlegung der Weiterbildung in die Freizeit der Lohnabhängigen, möglichst noch von diesen selbst finanziert. Recht auf Weiterbildung, Bildungsteilzeit und angemessene Beteiligung der Unternehmen an den Fortbildungskosten sind dagegenzusetzen.
- Um der verschärften Konkurrenz zwischen innerbetrieblich und extern Beschäftigten entgegenzuwirken, sollten alle Soloselbständigen in den Schutz durch Tarifverträge und Regelungen in der Betriebsverfassung einbezogen werden. Kaufmann befürwortet zudem ein Recht auf Nichterreichbarkeit und Nichtreaktion nach Dienstschluss oder vor Dienstbeginn als Teil eines umfassenden Programms zur Stressprävention.
- Generell ist als Antwort auf Individualisierung und Differenzierung der Lohnabhängigen, auf Intensivierung der Arbeit und neuartige Formen des Drucks auf die betriebsintern und extern Beschäftigten in der digitalisierten Arbeitswelt die Stärkung und Erweiterung der Mitbestimmung erforderlich. Neue Formen der Kapitalherrschaft fordern vielgestaltige Wirtschaftsdemokratie heraus – in Unternehmen und auf gesamtwirtschaftlicher Ebene (Demirović 2010).
- Darüber hinaus gilt: Je stärker die Informationsrevolution herkömmliche Betriebsweisen, Arbeitsbedingungen und die Arbeitsplätze selbst infrage stellt, desto wichtiger werden die Verteidigung des Sozialstaats und die Anpassung der sozialen Sicherungssysteme an die Fülle der Brüche und Unsicherheiten, mit denen die Menschen zurechtkommen müssen (siehe Kapitel 2.3.1).

Joachim Bischoff, Stephan Krüger und Christoph Lieber (2018) ordnen in ihrem Buch »Die Anatomie und Zukunft der bürgerlichen Gesellschaft« die Analyse des digitalen Kapitalismus stärker in die kritische Periodisierung der kapitalistischen Entwicklung ein und berühren damit die in dem hier vorliegenden Buch gestellte Frage nach Zukunft oder Ende des Kapitalismus. Ihr Befund hat unter anderem folgende Eckpunkte:

Es ist falsch, aus der zunehmenden Bedeutung der Information und aus ihrer im Prinzip unbegrenzten Nutzbarkeit für den Zuwachs von Gebrauchswerten auf die tendenzielle Bedeutungslosigkeit der lebendigen Arbeit für die Wertschöpfung und auf die Überlebtheit der Marxschen Werttheorie zu schließen. Der wachsende Anteil der Wissenschaft im Wertschöpfungsprozess sei vielmehr als Zunahme von qualifizierter Arbeit zu interpretieren, die im Vergleich zu einfacher Durchschnittsarbeit höheren Wert produziert. Bekräftigt wird im ganzen ersten Kapitel die »Wertbestimmung als Grundlage für Kapitalismuskritik« (Bischoff/Krüger/Lieber 2018: 56). Das

Kapital als prozessierender, sich verwertender Wert, als gesellschaftliches Verhältnis der Ausbeutung, ist nur auf der Grundlage des Wertes als gesellschaftliches Verhältnis zu verstehen. Die Digitalisierung der Arbeit ändere an diesen Grundfesten Marxscher Theorie nichts.

Die Herausbildung von Meta-Plattformen der amerikanischen und chinesischen Internetunternehmen Google, Microsoft, Alibaba und Baidu und von Anwendungs-Plattformen wie Amazon, Tencent, Paypal und Zalando haben zu einer globalen Netzwerk-Ökonomie geführt. Sie vernetzen Produktionspotenziale rund um die Erde, ermöglichen ein neues Gewicht der Sharing-Ökonomie und des Internethandels und haben soziale Netzwerke wie Facebook, Twitter und WhatsApp mit neuen Kommunikationsmöglichkeiten hervorgebracht, die zu ernsthaften Konkurrenten herkömmlicher Medien geworden sind. In ihren Geschäftsfeldern konzentrieren sie Datenmassen, die selbst zur hochprofitablen Ware geworden sind, nutzbar für Big Brother-Überwachungssysteme, für die Fundierung politischer Strategien, für gezielte Werbung und Manipulation. Nach ihrer produktiven Seite hin konstituieren die digital gestützten Netzwerke eine neue Stufe der gesellschaftlichen Arbeitsteilung und bilden »den Nukleus eines neuen (postfordistischen) Rationalisierungsparadigmas der gesellschaftlichen Produktionsprozesse« (ebd.: 137). Die Plattform-Ökonomie sei damit eine Annäherung an gemeinschaftliche Produktionsbedingungen (ebd.: 139).

Der Kapitalismus brachte in der Deutung der drei Autoren bisher zwei industrielle Betriebsweisen hervor: die große Industrie im 19. Jahrhundert bis zur Weltwirtschaftskrise 1929-1932/33 und den Fordismus seit dem New Deal der 1930er Jahre in den USA und in Gestalt des sozialstaatlich regulierten Kapitalismus der OECD-Welt bis in die 1970er Jahre. Danach habe die Krise des Fordismus mit der neoliberalen, zunehmend finanzkapitalistischen Entwicklung zwar »immer wieder Anläufe zu einer ›postfordistischen‹ Betriebsweise‹ hervorgebracht, jüngst um den Hype Industrie 4.0, Internet der Dinge oder Digitalisierung« (ebd.: 160). »Aber zu einer langfristig reproduktions- und zukunftsfähigen Betriebsweise mit gesellschaftlicher Strahlkraft vergleichbar dem Fordismus der Nachkriegsjahrzehnte konnten sich diese Ansätze bislang nicht zusammenfügen.« (Ebd.)

Diese Einschätzung mündet in die Frage, was die digitale Revolution für die Zukunft des Kapitalismus bedeutet. Eigentlich bedeute der Einzug der Digitalisierung sowohl in die Arbeitswelt als auch in alle anderen gesellschaftlichen Sphären wie Wohnen, Mobilität, Gesundheit, Pflege und Bildung, dass überall miteinander verbundene Herausforderungen und damit eine »historisch entscheidende Erweiterung sozialer Emanzipationsperspektiven« entstehen (ebd.: 163).

7.3 Soziale Gestaltung der digitalen Revolution

Jedoch, wenn es den »populistischen bis reaktionären Bewegungen gelingt, die anstehenden sozialen Fragen von rechts zu besetzen – vergleichbar den krisenhaften Konstellationen der Zwischenkriegszeit –, dann sind die modernen kapitalistischen Gesellschaften weit davon entfernt, ihr System gesellschaftlicher Arbeit entwicklungsfähig transformieren zu können und auf diesem Wege ein neues dynamisches und sozial zukunftsfähiges Gleichgewicht zu finden. Und die europäische Linke im weitesten Sinne wird über Jahre hinaus marginalisiert bleiben. Das zu verhindern, ist die politische Herausforderung zu Beginn des 21. Jahrhunderts für die gesellschaftliche Linke insgesamt.« (Ebd.: 185)

Hier wird die Zukunft eines digitalen Kapitalismus im günstigsten Fall vorsichtig als Zukunft eines postneoliberalen Kapitalismus gedeutet. Von der Perspektive einer Verschränkung solcher in der Tat noch weit entfernten, erst zu erkämpfenden innersystemischen progressiven Transformation mit dem Einstieg in eine systemüberschreitende Große Transformation ist bei Bischoff, Krüger und Lieber in ihrem zusammenfassenden Ausblick erst gar nicht die Rede. Das mag angesichts der gegenwärtigen Schwäche der Linken naheliegen. Aber prozesshaft gedacht sollte die angemessene Perspektive einer modernen Linken weiterreichen und – wie im Kapitel 6.2 entwickelt – auf eine doppelte Transformation zielen.

Zusammenfassend ist festzustellen: Die digitale Revolution birgt neue Dimensionen sozialer Unsicherheit für die Lohnabhängigen und für Selbständige in prekären Lagen. Durch neue Spaltungen innerhalb der subalternen Klassen und neue Kontroll- und Herrschaftspotenziale für die Machteliten erhöht sich der Druck auf große Teile der Bevölkerung. Aber damit setzt sie auch Gegenmobilisierungen auf deren Agenda. Sie weitet die materiellen Bedingungen für eine solidarische Gesellschaft aus. Sie bringt Formen der Kooperation jenseits des Kapitaleigentums hervor. Sie ist verbunden mit mehr Bildung und Wissen von vielen. Das kann dem Kapitalismus gefährlich werden. Sie gibt der Vielzahl alternativer Akteure mit dem Internet ein unschätzbares Mittel der Vernetzung ihrer Kämpfe in die Hand.

Die digitale Revolution ist in der Tat zu einem Knotenpunkt der Entscheidung über Zukunft des Kapitalismus oder progressive Transformation in seinem Rahmen und über ihn hinaus geworden. Gelingt es dem Kapitalismus, die neuen Qualitäten der Produktivkraftentwicklung seiner Kapitalverwertung und Herrschaftssicherung zu unterwerfen oder gelingt es den subalternen Klassen und Schichten, die negativen sozialen und politischen Folgen der Informationsrevolution abzuwenden und sie als neue materielle Bedingung progressiver Transformation zu nutzen? Die plurale gesellschaftliche Linke kann diese Wegscheidesituation zugunsten einer sozialen Demokratie mit sozialistischer Perspektive entscheiden, wenn es ihr gelingt, aus der Defensive herauszutreten und mit breiter Bündnispolitik in die Offensive zu gehen.

7.4 Friedenspolitik und internationale Solidarität

Ein unbedingter Leitgedanke für die Gestaltung einer künftigen nachhaltigen solidarischen Gesellschaft – eines demokratischen grünen Sozialismus – und der Wege dahin ist eine Politik des Friedens und der internationalen Solidarität. Das umspannt zumindest eine friedensorientierte Sicherheits-, Rüstungskontroll- und Abrüstungspolitik, die Annäherung an eine gerechte Weltwirtschaftsordnung, in diesem Rahmen eine von Grund auf erneuerte Zusammenarbeit zwischen den reichen Ländern und den armen Ländern anstelle der bisherigen defizitären Entwicklungspolitik, eine postneoliberale sozial-ökologische und demokratische Neugestaltung der Europäischen Union und eine an humanistischen Werten orientierte Migrationspolitik. Im Rahmen der hier vorliegenden kritischen Textanalyse zu ausgewählten Problemfeldern kann nur ein Ausschnitt aus diesem globalen Komplex von Menschheitsproblemen behandelt werden.

Das bedeutet eine Beschränkung auf einige Fragen der Friedenspolitik, auf Umrisse einer linken Europapolitik und auf Probleme der Migration. Ein so zentrales, für Hunderte Millionen Menschen absolut vorrangiges globales Problem wie die Überwindung von Armut, Hunger, Epidemien und Kindersterblichkeit im Rahmen einer gerechten Weltwirtschaftsordnung wird hier nicht behandelt.

7.4.1 Krieg löst keine Probleme

Ein gefährlicher Widerspruch hat sich aufgetan: Der Frieden ist gegenwärtig bedroht wie noch nie seit dem Ende der Blockkonfrontation 1989/90. Vielerorts ist er von Kriegen und Gewaltkonflikten verdrängt. »Was 1990 für unmöglich gehalten wurde, steht 2018 offen im Raum: ein neuerlicher möglicherweise noch gefährlicherer Kalter Krieg.« (Willy-Brandt-Kreis, 15.5.2018) Schlimmer noch, wie Wolfgang Ischinger, Chef der Münchner Sicherheitskonferenz, in einem Interview mit der Zeitung »Die Welt« anlässlich der Sicherheitskonferenz 2016 einschätzte, ist die Atomkriegsgefahr wieder gestiegen. Mit Verweis auf den ehemaligen US-Verteidigungsminister William Perry, der die Gefahr eines nuklearen Krieges als so hoch wie noch nie seit dem Ende der Sowjetunion einschätzte, erklärte Ischinger: »Ich teile diese

7.4 Friedenspolitik und internationale Solidarität 253

Einschätzung und muss leider sagen: Wir haben zu Beginn des Jahres 2016 die gefährlichste Weltlage seit dem Ende des Kalten Krieges.« Aber im Widerspruch dazu sind im öffentlichen Diskurs Fragen der Friedenssicherung in den Hintergrund getreten. Etwa seit 2015 hat eine Diskursverschiebung nicht nur zu einer Überlagerung elementarer sozialer Probleme durch Debatten über Flüchtlinge geführt. In der Rangordnung der Diskurse ist der Friedensdiskurs nach unten gerückt – als gehörten Kriege in vielen Erdregionen und noch größere Bedrohungen des Friedens nicht zu den größten Menschheitsproblemen des 21. Jahrhunderts.

Friedensfragen in den gegenwärtigen Diskursen wieder ein größeres Gewicht zu geben, bedeutet nicht Abwertung anderer Problemkreise. Im Gegenteil, die Erneuerung des Sozialstaats in Deutschland ist unverträglich mit einer Verdopplung der militärischen Ausgaben, die aus der von Präsident Trump geforderten Erhöhung ihres Anteils am Bruttoinlandsprodukt auf 2% folgen würde. Sozial- und Friedenspolitik gehören zusammen wie Friedens- und Klimapolitik. Denn wenn Klimakatastrophen den Menschen ihre Existenzgrundlage nehmen, wird dies zu einer der schwerwiegenden Ursachen militärischer Konflikte. Friedens- und feministische Politik sind nicht zu trennen – Frauen stehen in vorderer Reihe in Friedensbewegungen; sie und Kinder sind von Kriegen am schlimmsten betroffen. Humanitäre Migrationspolitik schließt notwendig das Ende von Kriegen als Fluchtursache ein. Nur friedliche Konfliktlösungen ermöglichen erfolgreiche Entwicklungspolitik.

> Kurz, Frieden ist die Grundlage für progressive Lösungen aller anderen großen gesellschaftlichen Probleme. Die Linke darf ihre ureigene Identität als Friedenskraft nicht schwächen. Die Gefahren in der Welt fordern der gesellschaftlichen Linken ab, dem Friedensdiskurs ein weit stärkeres Gewicht als in der gegenwärtigen Diskurslandschaft zu geben. Die Gründe dafür liegen auf der Hand.

Krieg löst kein Problem. Im zweiten Jahrzehnt unseres Jahrhunderts hat die Anzahl bewaffneter Konflikte im Vergleich zur Dekade davor zugenommen, auch wenn diese Zahl vor allem bedingt durch Schwächung des Islamischen Staates/IS von 125 im Jahre 2015 auf 112 im Jahr 2016 zurückgegangen ist. 2014 wurden 131.000 durch Kampfhandlungen Getötete, 2015 119.000 Opfer und 2016 102.000 Tote gezählt – nicht erfasst die durch indirekte Folgen der Gewaltkonflikte ums Leben Gekommenen, etwa durch Hungersnöte und Krankheiten (BICC/HSFK/IFSH/INEF 2018: 46) Das New England Journal of Medicine vom 31. Januar 2008 zählte 654.965 »zusätzliche Todesfälle« im Irak durch Kriegsumstände.

Mit 10,3 Millionen Flüchtlingen allein im Jahr 2016 wuchs deren Zahl weltweit auf 65,6 Millionen an. Über die Hälfte aller global gezählten Flüchtlinge stammen aus den Kriegsregionen Afghanistan, Südsudan und Syrien (BICC u. a.: 48).

Besonders gefährlich für den Frieden in der Welt ist die zunehmende Internationalisierung von Gewaltkonflikten durch Interventionen dritter Staaten als Konfliktparteien oder durch andere Formen der Unterstützung von Kombattanten. Das gilt besonders für die USA, Russland und Saudi-Arabien. Solche Internationalisierung betrifft mehr als ein Drittel der innerstaatlichen Konflikte. Beispiele dafür sind Afghanistan, Irak, Syrien, der Jemen und Libyen (ebd.: 25-29; 58).

Nirgendwo im Nahen und Mittleren Osten, exemplarisch für Konflikte rund um die Erde, wurden Probleme militärisch gelöst. Eine entscheidende Schlussfolgerung daraus ist die Ablehnung jeglicher Kampfeinsätze der Bundeswehr und das Verbot aller Waffenexporte in Kriegsgebiete. Die PDS bzw. DIE LINKE hat als einzige Partei im Bundestag bei jeder Entscheidung über deutsche Kampfeinsätze ihre Zustimmung verweigert und fordert seit Langem die sofortige Einstellung von Waffenlieferungen in Kriegsgebiete und an dort involvierte Mächte wie beispielsweise Saudi-Arabien. Das sollte auch künftig ihre sicherheitspolitische Haltung ebenso wie die von Friedenskräften in anderen Parteien und Bewegungen bestimmen. Das muss Einzelfallprüfungen von friedensfördernden Blauhelmeinsätzen auf der Grundlage von UNO-Mandaten nicht ausschließen.

Die gesellschaftliche Linke sollte für Konfliktprävention, für das Offenhalten von Gesprächskanälen zwischen den Kombattanten, für die Mediation von Gesprächen zwischen verfeindeten Konfliktparteien und für befriedungsorientierte diplomatische Einflussnahme auf beteiligte Drittstaaten wirken. Sie sollte sich stark machen für die Zusage großzügiger ökonomisch-sozialer Unterstützung des Wiederaufbaus von Kriegsregionen an Kräfte, die für die Einstellung von Kampfhandlungen gewonnen werden können. Das schließt nachdrückliche Forderungen an die Bundesregierung ein, sich bereits gegenwärtig weit wirksamer und mit mehr Mitteln für die Verhinderung und Minderung humanitärer Katastrophen zu engagieren. Die vier zitierten deutschen Friedensforschungsinstitute haben in ihrem Friedensgutachten 2018 formuliert: »Wir fordern daher die Bundesregierung auf, sich für die Entwicklung alternativer Mechanismen (u.a. Uniting for Peace) für multilaterale Friedenseinsätze unter UN-Dach einzusetzen.« (Ebd.: 59) Der Umbau der Bundeswehr oder großer Teile von ihr zu einem materiell starken Friedens- und Wiederaufbau-Korps könnte dafür eine Grundlage bieten.

7.4 Friedenspolitik und internationale Solidarität

Der Frieden wird nicht nur durch zahlreiche regionale Gewaltkonflikte und Kriege gebrochen. Er ist darüber hinaus erstens bedroht durch eine in vollem Gang befindliche neue globale Rüstungsdynamik, zweitens durch die Erosion oder direkte Aufkündigung zentraler Rüstungskontrollverträge wie des INF-Vertrages über die Vernichtung aller Mittelstreckenraketen und das Verbot der Entwicklung und Produktion neuer Nuklearwaffen dieser Klasse und des Vertrages über konventionelle Streitkräfte in Europa (VKSE), drittens durch das Ausbleiben von Rüstungskontrollvereinbarungen über neue gefährliche Waffensysteme, deren Entwicklung und Stationierung überhaupt nicht durch internationale Regime begrenzt sind. Die folgende Skizze dieser Gefahren folgt weitgehend den Analysen Götz Neunecks (Neuneck 2014a; 2014b; 2018a; 2018b). Der Physiker Neuneck ist stellvertretender wissenschaftlicher Direktor des Hamburger Instituts für Friedensforschung und Sicherheitspolitik und leitet dort die interdisziplinäre Arbeitsgruppe Abrüstung, Rüstungskontrolle und Risikotechnologien. Er ist Mitglied des Vorstandsrates der Deutschen Physikalischen Gesellschaft, Pugwash-Beauftragter der Vereinigung Deutscher Wissenschaftler (VDW) und Mitglied des Council der Pugwash Conferences on Science and World Affairs.

7.4.2 Neue Rüstungsdynamik

Neuneck konstatiert – ähnlich der oben getroffenen Einschätzung, dass der Friedensdiskurs im Gegensatz zur Dringlichkeit entschieden verstärkter öffentlicher Aufmerksamkeit für Fragen von Krieg und Frieden an öffentlichem Gewicht verloren hat –: »Nukleare Rüstungskontrolle ist, fast 30 Jahre nach dem Ende des Ost-West-Konflikts, aus dem Blickfeld der Öffentlichkeit geraten.« (Neuneck 2018a: 1) Dabei wäre doch ein öffentlicher Diskurs zur wachsenden Gefahr durch neue nukleare Rüstungsrunden aufs Äußerste dringlich, um Widerstand gegen diese Gefahr zu mobilisieren.

Zu den langfristigen nuklearen Modernisierungsprogrammen der USA gehören (Neuneck 2018a: 6ff.):
- die Vorausschätzung des Congressional Budget Office von 2017, in den nächsten zehn Jahren etwa 400 Milliarden US-Dollar für neue modernisierte nukleare Streitkräfte auszugeben
- die Planung eines neuen Long Range Stand-Off (LRSO), eines Marschflugkörpers als Nachfolgemodell für den jetzigen strategischen Marschflugkörper ALCM. 550 dieser Trägerwaffen sollen mit Kernsprengköpfen bestückt werden
- die Planungen für einen neuen strategischen Bomber (B 21), für eine neue Interkontinentalrakete (ICBM), für einen Abstandsmarschflugkörper (LRSO) und ein neues Atom-U-Boot

- die Entwicklung von Überschallflugkörpern (hypersonic gliding vehicles) für das Global Strike Program
- die Entwicklung von neuen »maßgeschneiderten« Nuklearsystemen, d.h. von modifizierten Sprengköpfen geringerer Sprengkraft, und eine neue Version der frei fallenden Bombe B61-12 mit einstellbarer Ladung und höherer Treffgenauigkeit von 30 m für unterschiedliche Bombertypen. Diese Systeme könnten in den frühen 2020er Jahren in Europa stationiert werden.

Russland befindet sich seit etwa fünf Jahren mitten in einer intensiven Modernisierung seiner nuklearen und nicht nuklearen Streitkräfte (Neuneck 2018a: 7):
- neue see- und landgestützte Trägersysteme (Yars, Rubezh, Bulava, Sarmat) wurden eingeführt. Die Interkontinentalrakete Sarmat soll auch den Südpol überfliegen können
- neue U-Boote der Boreis-Klasse und neue Bomber (Tu-160, Tu-Pak-DA) sollen alte Systeme ersetzen
- die Modernisierung von Trägersystemen taktischer Nuklearwaffen, so der Vorwurf der USA und der NATO, soll die Schwelle zum Nukleareinsatz verringern
- Putin kündigte in seiner Rede vom 1. März 2018 außer der »Sarmat« einen autonomen Torpedo mit Nuklearsprengkopf (Status-6) und einen nuklearangetriebenen Überschallflugkörper mit großer Reichweite (Avantgarde) an. »Zentrale Botschaft dieser Ankündigung ist, dass Russland genügend High-Tech-Möglichkeiten hat, um die heute begrenzte US-Raketenabwehr zu ›überwinden‹ und somit über ein umfassendes Zweitschlagspotenzial verfügt.« (Ebd.: 8)

Eine neue Runde des Wettrüstens hat begonnen, besonders gefährlich im nuklearen Bereich. Eine neue Dimension dieser Gefahr ergibt sich zudem aus der Entwicklung ganz neuer Waffensysteme, für die es überhaupt keine Rüstungskontrolle und damit auch keine Schranken weiterer Entwicklung gibt.

Insbesondere die Digitalisierung moderner Hightech-Armeen hat ein breites Spektrum von Militärtechnologien hervorgebracht, die außerhalb international vereinbarter Kontrollmechanismen entwickelt und eingesetzt werden. Das betrifft beispielsweise unbemannte Roboter und Flugsysteme. Götz Neuneck hebt fünf Richtungen der Entwicklung neuer Kriegstechnologien hervor (Neuneck 2014a: 35-45).

Erstens sind die Produktion und der Kriegseinsatz von unbemannten ferngesteuerten und wieder einsetzbaren Flugsystemen, von Drohnen, bereits weit fortgeschritten. Schon mehr als 40 Staaten besitzen Aufklärungsdroh-

7.4 Friedenspolitik und internationale Solidarität

nen. Über die weitaus meisten Marschflugkörper verfügen jedoch die USA – unter anderem von der CIA eingesetzt, um ohne Rücksicht auf zivile Opfer ferngesteuert Gegner aus der Luft zu »eliminieren«. In der Entwicklung befinden sich Kleinstflugkörper (Micro-Air-Vehicles/MAV), die nicht größer als 10 cm sind. Große Flugsysteme können mit Massenvernichtungswaffen bestückt werden. Neue Forschungen konzentrieren sich beispielsweise auf die Ausstattung mit künstlicher Intelligenz und Mustererkennung. Neue Designs mit Tarnkappentechnologie, Schwarmverhalten und neuer Sensorik befinden sich bereits in der Planung.« (Ebd.: 39)

Zweitens wird eine gefährliche Variante des ferngesteuerten Krieges aus der Luft im Rahmen des US-Hightech-Programms »Prompt Global Strike« entwickelt. Das Besondere dieses Projekts ist, dass unterschiedliche konventionell bestückte Trägersysteme – bis zu solchen, die aus dem Weltraum agieren – ohne lange Vorbereitungszeit des Waffeneinsatzes innerhalb von Minuten oder nur wenigen Stunden jeden Ort der Welt mit hoher Präzision und Zerstörungskraft überraschend aus jeder Richtung angreifen können. Die Verfügbarkeit dieses Waffensystems wird die internationale Sicherheitslage erheblich verschlechtern.

Drittens gehören zum Arsenal digitalisierter Kriegsführung unbemannte Systeme (UMS), also Roboter, deren Zahl extrem schnell zunimmt – einsetzbar zu Land oder in Gestalt unbemannter Boote und U-Boote.

Viertens gehört die Nutzung des Weltraums zur modernen Land-, Luftund Seekriegsführung. Alle global agierenden Streitkräfte sind auf weltraumgestützte Kommunikation, Aufklärung und zum Teil Steuerung (GPS-Navigation) angewiesen. Noch sind die Satelliten selbst nicht mit Angriffswaffen bestückt. Aber vor allem in den USA wird die Forderung danach immer nachdrücklicher erhoben. Auf die USA entfallen zur Zeit 95% der internationalen Weltraum-Militärausgaben.

Fünftens könnte der Cyberspace, also das Internet, die globalen Kommunikationsnetze und digitalen Dienste, zum Schlachtfeld der Zukunft werden. Neuneck verweist als Vorzeichen dieser Möglichkeit auf die Cyberangriffe, die 2007 gegen Estland und 2008 gegen Georgien geführt wurden, und auf die Entdeckung des Stuxnet-Wurms, der Industriesteuerungen stören kann. Cyberangriffe auf Kommunikations- und Stromnetze eines Landes, auf Verkehrsnetze oder Krankenhäuser könnten zu größerem Chaos führen als frühere Bombenangriffe.

Ein Zwischenfazit aller waffentechnischen Entwicklungen sowie der geostrategischen, machtpolitischen und ökonomischen Interessen, die sie vorantreiben, ergibt ein Bild wachsender Unsicherheit und Gefahr. Nicht allein die Zerstörungskraft der Waffensysteme nimmt zu. Sie entwickeln sich zunehmend jenseits etablierter Rüstungskontrollsysteme. Ihr breites Spektrum macht künftig denkbare Kontrollmöglichkeiten schwieriger. Programmfehler in der digitalisierten Militärtechnik sind mit hohen Risiken automatischer Gegenreaktionen und ungeplanter Eskalation von Konflikten verbunden.

Die Automatisierung von militärischen Handlungen und die Tendenz zum Einsatz künstlicher Intelligenz bergen die Gefahr, dass militärische Prozesse der menschlichen Entscheidung entgleiten. Ferngesteuerte Kriegsführung am Bildschirm über tausende Kilometer Entfernung birgt die Versuchung, die Verantwortung für Millionen Menschenleben und das Gefühl für das Leid von Betroffenen aus den Kommandozentralen der Militärstrategen zu verbannen. Staaten, die im digitalen Rüstungswettlauf nicht mithalten können, sind leicht versucht, sich zum Ausgleich den Zugang zu Massenvernichtungswaffen, auch zu Nuklearwaffen, zu verschaffen.

Ohnehin wachsen die militärischen Bedrohungen für den Frieden auf dem Hintergrund globaler Gefahren durch den Klimawandel und andere Umweltkrisen, durch Armut und Pandemien, durch Verschiebungen im weltwirtschaftlichen Machtgefüge, durch internationalen Terrorismus und autoritäre Herrschaftsformen.

Dringlich wie nie seit dem Ende der Blockkonfrontation gerät das Gebot gemeinsamer und komplexer Sicherheit auf die Tagesordnung jeglicher Verantwortungspolitik, wenn die Zukunft ein menschliches Antlitz haben soll.

7.4.3 Konfrontative Machtpolitik

Diese Dringlichkeit wird durch das konfrontative Verhalten der USA und der NATO auf der einen Seite und Russlands auf der anderen Seite noch erhöht. Entgegen den Zusagen des Westens an Moskau im Bedingungsumfeld für die Herstellung der Einheit Deutschlands hat die NATO sich bis an die Grenzen Russlands ausgeweitet. Auf russischer Seite wird dies als Bruch von Vereinbarungen und als Bedrohung wahrgenommen – auch angesichts der militärischen Überlegenheit der USA und der NATO. Nach dieser Erfahrung wurde auch das EU-Assoziierungsabkommen mit der Ukraine als Öffnung für eine mögliche NATO-Mitgliedschaft der Ukraine gewertet. Die Beteiligung russischer privater Kriegsunternehmen an Kampfhandlungen in der Ostukraine und die völkerrechtswidrige Annexion der Krim durch Russland betrachten Polen und die baltischen Staaten als Bestätigung ihrer Politik, durch größeren Rückhalt bei der NATO die eigene Position gegen Russland zu stärken. Unangekündigte Alarmübungen russischer Streitkräfte und Militärübungen unter Einbeziehung nuklearer Potenziale verstärken die Spannungen.

7.4 Friedenspolitik und internationale Solidarität 259

Die NATO wiederum nutzte die Spannungen als Begründung für die Stationierung zusätzlicher Truppen in den baltischen und mitteleuropäischen Ländern. Die NATO-Response Force wurde auf rund 40.000 Soldaten verdreifacht, eingeschlossen eine sogenannte NATO-Speerspitze von 5.000 Soldaten. Diese Very High Readiness Joint Task Force soll im Krisenfall innerhalb weniger Tage eingriffsfähig sein. Die beiden in Europa stationierten US-Kampfbrigaden wurden Anfang 2017 durch eine dritte Kampfbrigade und durch die Verlegung zusätzlicher Kampfflugzeuge und Hubschrauber ergänzt. Das war die größte Aufstockung der NATO-Truppen in Europa seit 30 Jahren. Im polnischen Redzikovo werden 24 hochmoderne Abfangraketen (SM3-IIA) stationiert. Die russische Seite befürchtet, dass davon ausgehend künftige weiterentwickelte US-Abfangraketen die nukleare Zweitschlagsfähigkeit Russlands schwächen könnten. Sie wiesen überdies ähnliche Eigenschaften auf wie die verbotenen ballistischen Kurz- und Mittelstreckenraketen. Die Stationierung einer modernisierten Version von Iskander-Raketen, des Flugkörpers vom Typ 9M729, in der Region Kaliningrad war von Russland als eine Antwort auf die vorgesehene Etablierung von NATO-Abfangraketen in Polen angekündigt worden (ebd.: 85).

Der Ausschluss Russlands von den Tagungen der großen Industriestaaten (G 8), die fortlaufende Erweiterung der Sanktionslisten gegen Russland vonseiten der USA und der EU und der Rückfall auf beiden Seiten in Sprachstereotype des Kalten Krieges sind das Gegenteil einer Politik, die die neue Hochrüstungswelle unter Kontrolle bringen oder gar stoppen könnte.

7.4.4 Krise der Rüstungskontrolle

Inzwischen mündet das neue Wettrüsten in eine Krise der Rüstungskontrolle ein. In der zweiten Hälfte der 1980er und in der ersten Hälfte der 1990er Jahre hatten eine Reihe von Rüstungskontroll- und Abrüstungsverträgen die damalige Hochrüstungsspirale gestoppt, durch Verifikationsregime und andere Vereinbarungen Grundlagen wechselseitigen Vertrauens geschaffen und sogar zu weitreichenden Abrüstungsschritten geführt.

Der INF-Vertrag (The Treaty Between the United States and the Union of Socialist Republics on the Elimination of the Intermediate-Range and Shorter-Range Missiles), am 8. Dezember 1987 von Ronald Reagan und Michael Gorbatschow unterzeichnet, führte zur Zerstörung sämtlicher landgestützter Mittelstreckenraketensysteme der Reichweite von 500 bis 5.500 km. 2.692 ballistische Raketen und Marschflugkörper wurden vernichtet. Entwicklung, Tests, Produktion und Besitz von INF-Systemen wurden für die Zukunft ausgeschlossen. Erstmalig wurde eine wichtige Klasse von Nuklearwaffen vollständig aus den Militärarsenalen entfernt. Das war der Beginn einer neuen Entspannungsphase, ein unschätzbarer Sicherheitsgewinn insbesondere für Europa, wo SS 20 und Pershing II gegeneinander stationiert waren.

Im Oktober 2018 erklärte Präsident Trump die Kündigung des INF-Vertrags zum August 2019 – trotz des Angebots Präsident Putins an Trumps Sicherheitsberater John Bolton, über einen erweiterten INF-Nachfolgevertrag verhandeln zu wollen. Der Bruch des INF-Vertrages kommt dem offiziellen Startschuss für ein neues nukleares Wettrüsten gleich, das Ende des letzten Jahrhunderts so mühsam gestoppt worden war. Erneut droht in Europa die Stationierung weiterentwickelter nuklearfähiger Mittelstreckensysteme gegeneinander. Die wechselseitigen Vorwürfe, der INF-Vertrag würde längst durch die Entwicklung und den Test neuer, durch den INF-Vertrag verbotener Systeme unterlaufen, könnten durch Open-Skys-Überflüge und Inspektionen überprüft werden, um neue Verhandlungen auf sachliche Grundlagen zu stellen. Außenminister Lawrow hat den USA eine Inspektion der Iskander-Raketen in der Region Kaliningrad angeboten, um zu überprüfen, dass ihre Reichweite unterhalb der im INF-Vertrag festgelegten Reichweite liegt.

Die Kündigung des Nuklearabkommens mit dem Iran aus dem Jahre 2015 durch die USA war bereits ein folgenschwerer Vorbote von Trumps Strategie der Abkehr von vertraglich gesicherter nuklearer Rüstungskontrolle. Und schon im Juni 2002 waren die USA aus dem ABM-Vertrag mit der UdSSR zur Begrenzung von Raketenabwehrsystemen ausgetreten.

Ein anderer, für die europäische Sicherheitsarchitektur erstrangiger Rüstungskontroll- und Abrüstungsvertrag ist der KSE-Vertrag (Vertrag über konventionelle Streitkräfte in Europa) von 1990. Er regelte die Begrenzung der Zahl von Kampfpanzern, gepanzerten Kampffahrzeugen, schwerer Artillerie, Kampfflugzeugen und Kampfhubschraubern. Das Resultat dieser Festlegungen war der größte konventionelle Abrüstungsvorgang seit dem Zweiten Weltkrieg, die verifizierte Zerstörung von 51.000 Waffensystemen. 1999 wurde von 30 Staats- und Regierungschefs ein neuer KSE-Vertrag unterzeichnet, der anstelle der Parität zwischen den beiden Staatengruppen der NATO und des Warschauer Paktes nationale und territoriale Obergrenzen für Waffensysteme festlegte. Russland hat diesen neuen Vertrag ratifiziert, die NATO mit Verweis auf die andauernde Stationierung russischer Truppen in Georgien und Moldova jedoch nicht. Das ist für die baltischen Staaten wiederum die Gelegenheit zu argumentieren, dass sie einem nicht ratifizierten Vertrag nicht beitreten könnten. Der NATO bietet das eine Begründung für Truppenstationierungen im Baltikum ohne Begrenzung durch den KSE-Vertrag. Daraufhin hat Russland die Implementierung des neuen

7.4 Friedenspolitik und internationale Solidarität

KSE-Vertrags suspendiert und nimmt, ohne aus dem Vertrag auszutreten, seit 2015 nicht mehr an der Arbeit der »Gemeinsamen Arbeitsgruppe« des KSE-Vertrags teil. Das Resultat: »Der VKSE liefert im Augenblick keinen signifikanten Beitrag mehr zu einer militärischen Zurückhaltung und Berechenbarkeit in Europa, wenngleich viele Informations- und Verifikationsregelungen eine gute Grundlage für neue Stabilität bieten.« (Neuneck 2018b: 87) Das bedeutet, dass sowohl auf nuklearem wie auf konventionellem Gebiet entscheidende Verträge über Rüstungskontrolle und Abrüstung de facto außer Kraft geraten. Damit ist die akute Gefahr weiterer Entfesselung der Rüstung und entsprechender Verschärfung politischer Spannungen entstanden. Stephen Hawkins hat in seinem letzten, posthum erschienenen Buch diese Gefahr auf einem spezifischen Teilgebiet, das sich längst im Zugriff der politisch-militärischen Machteliten befindet, mit äußerster Dringlichkeit herausgearbeitet. Er schrieb: »Die Hervorbringung künstlicher Intelligenz wäre das größte Ereignis in der Geschichte der Menschheit. Fatalerweise könnte es auch das letzte Ereignis der Menschheit werden, außer wir lernen, Risiken zu vermeiden.« (Hawkins 2018)

Eric Hobsbawm hatte bereits in seinem großen Werk »Das Zeitalter der Extreme« über den Charakter der Kriegführung im Ersten und Zweiten Weltkrieg geschrieben: »Ein weiterer Grund für diese Brutalisierung war jedoch die neue Unpersönlichkeit der Kriegführung, die das Töten oder Verstümmeln auf einen Akt reduzierte, der sich auf das Drücken einer Taste oder Bewegung eines Hebels beschränkte. Technologie macht ihre Opfer unsichtbar. ... Sensiblen jungen Männern, die sich ganz gewiss nicht hatten vorstellen können, ein Bajonett in den Bauch einer schwangeren jungen Frau zu stoßen, fiel es sehr viel leichter, Bomben auf London oder Berlin abzuwerfen oder Atombomben auf Nagasaki.« (Hobsbawm 1994: 73) Wie viel brutalisierter aber der Einsatz künftiger Waffensysteme, die kraft künstlicher Intelligenz den Menschen die Entscheidung über Ziele und Vernichtungskraft von Angriffen ganz abnehmen könnten! Genau diese Gefahr sah Hawkins heraufziehen. Genau diese Gefahr zeichnet sich, wie Neuneck nachweist, in der Entwicklung neuester Waffensysteme bereits real ab.

Dass der Klimawandel die natürlichen Existenzgrundlagen großer Teile der Menschheit bedroht und in Tragödien größten Ausmaßes münden könnte, ist in einem seit Jahrzehnten andauernden Diskurs in das öffentliche Bewusstsein getreten – allerdings bis heute nicht mit den notwendigen Konsequenzen. Aber das Bewusstsein, dass der Krieg zu vergleichbaren Menschheitskatastrophen führen kann und bereits gegenwärtig für Millionen Menschen unendliches Leid bedeutet, tritt dahinter eher zurück. Deshalb gehört es zu den großen Aufgaben der gesellschaftlichen Linken, der

Friedensgefährdung und Aufgaben der Friedenssicherung wieder ein erstrangiges Gewicht im öffentlichen Diskurs zu geben.

7.4.5 Was ist zu tun?

1917 hatte die Friedenssehnsucht der durch den Weltkrieg gequälten und erschöpften Völker wesentliches Gewicht in der Stimmungs- und Interessenlage, die schließlich in die Russische Revolution mündete. Die Kriegsmüdigkeit in Deutschland gehörte zum Hintergrund der Novemberrevolution und anderer Revolutionen in Europa zu Beginn des 20. Jahrhunderts.

Die Friedensbewegung – in Verbindung mit dem Civil Rights Movement und der Studentenbewegung – trug 1973 erheblich zum Rückzug der USA aus Vietnam bei.

Als am 12. Dezember 1979 die NATO den Beschluss fasste, erstmalig Mittelstreckenraketen, die Pershing II und Cruise Missiles, in Westeuropa zu stationieren, löste die damit wachsende Gefahr eines nuklearen Krieges abermals einen großen Aufschwung der Friedensbewegung aus. Am 12. Juni 1982 brachte die Nuclear Weapons Freeze Campaign in den USA unter der Losung »No Nukes Rally« rund eine Million Menschen zu einer Großdemonstration auf die Straße. Als Präsident Ronald Reagan der Bundesrepublik zur gleichen Zeit einen Staatsbesuch abstattete, traf er auf eine heftige Ablehnung seiner nuklearen Aufrüstung. Am 10. und 11. Juni beteiligten sich im Bonner Hofgarten rund 400.000 und in Berlin 50.000 Menschen an Friedensdemonstrationen gegen seine Politik. Die Friedensbewegung hatte Anteil daran, dass schließlich der INF-Vertrag zustande kam. Als Teil einer weltweiten Protestwelle unter der Losung »Kein Krieg im Irak – Kein Blut für Öl« demonstrierten am 15. Februar 2003 in Berlin mehr als eine halbe Million Menschen gegen den drohenden Irakkrieg und gegen deutsche Beteiligung daran. Die neu heraufziehenden Gefahren für den Frieden sollten Anlass sein, an solchen Mobilisierungen der Friedensbewegung anknüpfend dem gegenwärtigen Friedensdiskurs größte Aufmerksamkeit zuzuwenden. Auf die Agenda der Friedens- und Sicherheitspolitik gerät die Rückkehr zu einer erneuerten Politik Gemeinsamer Sicherheit.

Erstens: Der Widerstand gegen neue nukleare Rüstungsrunden kann über den Fortbestand der europäischen Zivilisation entscheiden. Mit der Ankündigung Präsident Trumps, den INF-Vertrag aufzukündigen, kehrte die in den 1980er Jahren überwundene direkte nukleare Konfrontation zwischen dem Westen und Russland in Mitteleuropa wieder zurück. Der Widerstand gegen die Stationierung nuklearfähiger Mittelstreckenraketen für eine atomwaffenfreie Zone wird abermals zur erstrangigen Herausforderung der Friedensbewegung im Zusammenwirken mit anderen sozialen Bewegungen. Es

7.4 Friedenspolitik und internationale Solidarität 263

ist das Überlebensinteresse der Europäer, dass die Bundesrepublik zusammen mit anderen europäischen NATO-Mitgliedstaaten die USA und Russland zu deeskalierenden Gesprächen über die gegenseitigen Anschuldigungen, zur Aufklärung der realen Bedrohungslage mithilfe von Inspektionen der verdächtigten Systeme und zur Erneuerung des INF-Vertrags drängt.

Götz Neuneck hat eine Reihe konkreter Schritte für einen solchen Entspannungsprozess vorgeschlagen, unter anderem, dass die Bundesrepublik zusammen mit anderen NATO-Verbündeten einen Expertenrat bildet, der Lösungsmöglichkeiten für das INF-Problem ausarbeitet (Neuneck 2018b: 93).

Wenn außer dem Ende des INF-Vertrages der Neue START-Vertrag von 2010 im Jahr 2021 ohne eine Verlängerung oder Weiterentwicklung ausliefe, gäbe es erstmals seit 1972 keine vertragsrechtlich gesicherte Begrenzung des Kernwaffenpotenzials der strategischen Nuklearmächte mehr. Der START II-Vertrag, unterzeichnet von Barack Obama und dem damaligen russischen Präsidenten Dimitri Medwejew, hatte die Reduzierung der Anzahl atomarer Sprengköpfe beider Seiten von 2.200 auf je 1.550 und der Zahl der Trägersysteme von 1.600 auf 800 innerhalb von sieben Jahren vorgesehen.

Ohne beide Verträge wäre der Weg für eine unbegrenzte Nuklearrüstung frei. Eine gegenseitige Verifikation des Standes und der Entwicklung nuklearer Potenziale hätte keine Rechtsgrundlage mehr und wäre unmöglich. Zudem würde das weltweite Nichtverbreitungsregime mit kaum unübersehbaren Konsequenzen aufgeweicht werden. Also erfordert der Erhalt oder die Neuverhandlung des Neuen START-Vertrages äußerste Aufmerksamkeit im Diskurs der Friedensbewegung und entsprechende praktische Initiativen.

Zum Widerstand gegen nukleare Rüstung gehört, Druck auf die Bundesregierung auszuüben, damit sie den von 122 UN-Mitgliedstaaten ausgehandelten und 2017 von den Vereinten Nationen beschlossenen Vertrag zum vollständigen Verbot von Atomwaffen (Nuclear Prohibition Treaty) unterzeichnet. Aktualität behält die Forderung, alle US-Atomwaffen von deutschem Boden abzuziehen.

Alles Mögliche muss getan werden, um das Nuklearabkommen mit dem Iran trotz seiner Kündigung durch die US-Regierung zu erhalten. Dann würde auch die ohnehin höchst zweifelhafte Begründung für die Stationierung eines amerikanischen Raketenabwehr-Systems in Polen entfallen, sich gegen einen möglichen Nuklearangriff des Iran wappnen zu müssen. Im Gegenzug könnte die Stationierung nuklearer Iskander-Raketen in der Region Kaliningrad entfallen.

Zweitens: Da der KSE-Vertrag gegenwärtig de facto außer Kraft gesetzt ist, geraten auch Vereinbarungen über die Begrenzung der konventionellen Rüstung erneut dringlich auf die Tagesordnung. Neue Anläufe für die Festlegung regionaler Obergrenzen für Waffensysteme und Truppen sowie für Mindestabstände der Stationierung von Truppen in Grenznähe sind vonnöten. Sie werden komplexer sein müssen als der bisherige KSE-Vertrag, weil auch neue Waffensysteme wie unbemannte Flugkörper, Raketenabwehr, zielgenaue Präzisionswaffen und Cyberfähigkeiten einzubeziehen sind.

Drittens: Die Wiederbelebung von Rüstungskontrolle und Abrüstungsgesprächen betrifft nicht allein die militärtechnische Dimension. Es geht insgesamt um die Rückkehr zu einer Politik der Gemeinsamen Sicherheit, um die Erneuerung einer Politik der Entspannung und in Europa noch immer um ein System der Kollektiven Sicherheit unter Einbeziehung Russlands. Dialog, vertrauensbildende Maßnahmen jeder Art, wirtschaftliche Kooperation und andere konstruktive Zusammenarbeit mit Russland sind das Gebot für friedensorientierte Realpolitik, nicht Demütigung Russlands und die Verlängerung von Sanktionslisten.

Viertens: Eine friedens- und sicherheitspolitische Richtungsänderung, die zu Rüstungskontrolle und Abrüstung auf dem Weg zu einer friedlichen Weltordnung führt, ist nur als ein langer und schwieriger Prozess vorstellbar. So wie oben zitiert wurde: »Das Wirkliche ist der Prozess; dieser ist die weitverzweigte Vermittlung zwischen Gegenwart, unerledigter Vergangenheit und vor allem: möglicher Zukunft. Ja, alles Wirkliche geht an seiner prozessualen Front über ins Mögliche.« (Bloch 1985 : 225) Das Gelingen dieses Prozesses erfordert risikoreduzierende, vertrauensbildende Maßnahmen, Wiederaufnahme der ständigen militärischen Kommunikation zwischen NATO und Russland, strukturierte Gespräche über strategische Stabilität zwischen allen Nuklearwaffenstaaten, Überwachung ihres Kernwaffenmaterials, Datenaustausch, Transparenz mithilfe von mehr und schnelleren Inspektionen, Verzicht auf Manöver an den Grenzen Russlands, freiwillige wechselseitige Beobachtungsflüge und ein Ende der Sanktionspolitik.

Die Rückkehr zu einer den veränderten Verhältnissen angepassten Politik Gemeinsamer Sicherheit setzt voraus, dass trotz der dem Kapitalismus systemimmanenten Tendenz zu Expansion und Gewalt ein friedensfähiger Kapitalismus ebenso wie ein zu Sozialreformen fähiger Kapitalismus möglich ist. Wenn realitätsoffenen und flexiblen Teilen der Machteliten der Schaden durch Krieg größer als der Nutzen für ihren Profit und für ihre Herrschaft erscheint, wenn sie einen möglichen Nuklearkrieg als systembedrohend wahrnehmen und der Druck der Friedenskräfte auf sie weit stärker als gegenwärtig wird, kann sich das Establishment zu überwiegend friedlichen Formen seiner Herrschaft genötigt sehen. Auch dann werden die aggressivsten und imperialen Fraktionen des Kapitals und die ihnen verbundenen politischen Machteliten immer wieder zu militärischen Herrschaftsformen

7.5 Solidarisches Europa

neigen. Aber die Fortschritte der Rüstungskontrolle und die Abrüstungsschritte in den letzten beiden Dekaden des 20. Jahrhunderts deuten auf reale Chancen für eine friedlichere Zukunft hin. Doch seit der Jahrhundertwende werden sie auf gefährliche Weise verspielt, nicht zuletzt im Gefolge des Untergangs der Sowjetunion.

> Die Chancen für einen friedensfähigen Kapitalismus durch einen neuen Anlauf für Rüstungskontrolle und Abrüstung zu nutzen, ohne die Gefahr neuer militärischer Rückfälle aus dem Auge zu verlieren, legt nahe, Friedens- und Sicherheitspolitik im Rahmen des Konzepts doppelter Transformation zu verfolgen. Das bedeutet, eine sicherheitspolitische Wende als Teil einer postneoliberalen progressiven Transformation des Kapitalismus durchzusetzen, aber noch im Rahmen eines solchen Kapitalismus Einstiege über den Kapitalismus hinaus zu suchen, die der Rückkehr zu aggressiven imperialen Herrschaftsformen die Eigentums- und Machtgrundlagen entziehen (Klein 2016: 92-133; Klein 1988).

Eric Hobsbawm schrieb: »Revolution war das Kriegskind des 20. Jahrhunderts.« (Hobsbawm 1994: 78) Progressive Transformation sollte das Friedenskind des 21. Jahrhunderts werden. Und Frieden ein Teil doppelter Transformation. In einen solchen Prozess sollte auch die Politik für ein solidarisches Europa eingefügt werden.

7.5 Solidarisches Europa

Die europäische Integration war nach den zwei Weltkriegen in der ersten Hälfte des 20. Jahrhunderts eine große Hoffnung. Ein Zivilisationssprung in Europa schien greifbar: kein Krieg mehr zwischen einst verfeindeten Staaten, Wohlstand durch Kooperation im Gemeinsamen Markt und offene Grenzen zwischen den Mitgliedstaaten der Europäischen Union. Aber als hätte mitten in diesem Sprung noch vor der endgültigen Ankunft in dauerhaftem inneren und äußeren Frieden ein Sturm den von Paul Klee gezeichneten und von Walter Benjamin beschriebenen Engel der Geschichte aus einer verheißungsvollen Reise gerissen, geriet die Europäische Union auf eine schiefe Bahn. Krieg zwischen ihren Mitgliedstaaten scheint weiter verbannt. Ein mächtiger Wirtschaftsraum ist entstanden, der erheblichen ökonomischen Spielraum für sozialen und ökologischen Progress bietet. Aber die Bezeichnung Gemeinsamer Markt deutet auf das hin, was die Europäische Union in erster Linie ist: ein Markt ohne Grenzen für das freie Schalten und Walten des Kapitals; ein großer Warenmarkt, der die größten Vorteile für die größten Unternehmen bietet; und ein Markt, auf dem sie auf die Ware Arbeitskraft in allen Mitgliedstaaten zugreifen können – die ideale Grundlage für einen neoliberalen Kapitalismus der Deregulierung, Privatisierung, Liberalisierung und Austeritätspolitik.

Gemeinsame Entwicklung von Waffensystemen und Bestrebungen, eine gemeinsame europäische Eingreiftruppe zu bilden, verstärken Ambitionen in der EU, Konflikte in der Welt mit militärischen Mitteln zu bearbeiten. Die Idee eines Gemeinsamen Hauses Europa, die von Gorbatschow nach dem Ende der Blockkonfrontation in die europäische Politik eingebracht wurde, ist einem Heranrücken der NATO an die Grenzen Russlands gewichen. Statt Gemeinsamer Sicherheit wird ein Konfrontationsverhältnis zu Russland genährt. Waffen werden aus EU-Ländern in Kriegsgebiete und an dort intervenierende Drittstaaten geliefert. Anstelle von Schritten zu einer Sozialunion vertieft die Austeritätspolitik soziale Spaltungen in der Europäischen Union. In Südeuropa herrscht Massenarbeitslosigkeit. Die Flüchtlingskrise reißt tiefe Gräben zwischen den Mitgliedstaaten auf. Renationalisierungsprozesse werden stärker. Überall in Europa erstarken rechtsextreme, rechtspopulistische, autoritäre, rassistische und nationalistische Kräfte. Der Brexit verweist auf die Brüchigkeit des europäischen Projekts. Der Anspruch der EU, Vorreiter in der Klima- und Umweltpolitik zu sein, ist uneingelöst. Ungebändigt durch die Politik praktizieren die europäischen Autokonzerne das Gegenteil. Die europäische Integration ist zu einem – weiteren – wichtigen Knotenpunkt kapitalistischer Widersprüche geworden. Die Europapolitik gerät für die plurale gesellschaftliche Linke zu einem entscheidenden Feld des Kampfes um Alternativen. Aber die europäische Linke ist vielfach segmentiert und für diese Arena der Auseinandersetzungen mit dem internationalisierten Kapital nicht ausreichend aufgestellt.

> Zur dringlichsten europapolitischen Aufgabe für die Linke wird, sich selbst als in entscheidenden Zukunftsfragen geeinte und durchsetzungsfähige europäische Linke zu finden, um wirksam in Europadiskurse und praktische politische Gestaltung Europas eingreifen zu können. Dafür müssen tiefe Divergenzen innerhalb der Linken in Europa überbrückt werden.

7.5.1 Für eine radikale Reform der Europäischen Union

Zwei Hauptrichtungen zeichnen sich im europapolitischen Diskurs der Linken und in ihrer realen Europapolitik ab. Die eine Strömung schließt aus der dominant neoliberal geprägten gegenwärtigen Gestalt der EU und der Eurozone, dass der Austritt aus dem Euro-Regime, der »Eurexit«, ein Aus-

7.5 Solidarisches Europa 267

scheiden der Staaten aus der EU und deren Ende insgesamt das Credo linker Politik sein sollte. Die finanzkapitalistischen Herrschaftsverhältnisse in der Europäischen Union würden einen sozial-ökologischen Wandel in ihrem Rahmen unmöglich machen.

Eine andere Strömung der Linken tritt für eine radikale Reformierung der Europäischen Union und der Eurozone ein. Ihre Repräsentanten halten unter der Voraussetzung einer gegenwärtig allerdings kaum absehbaren gravierenden Verschiebung der Kräfteverhältnisse nach links für möglich, Teile der in Jahrzehnten herausgebildeten europäischen Institutionen für eine Erneuerung der Demokratie in der EU und für deren sozial-ökologischen Umbau zu nutzen. Eine solche Strategie entspricht den oben umrissenen transformationstheoretischen Überlegungen: Nicht von einem einzigen großen Schnitt ist eine solidarische Gesellschaft in Europa zu erwarten, sondern von einer Kombination 1. symbiotischer Reformen, 2. kleiner und großer Brüche und 3. der Nutzung von Freiräumen im Kapitalismus für alternative Entwicklungen. Nicht der festgefügt scheinende gegenwärtige Status der Verhältnisse bestimmt die Erwartungen für die Zukunft, sondern, so wurde oben Ernst Bloch zitiert: »Das Wirkliche ist der Prozess, dieser ist die weitverzweigte Vermittlung zwischen Gegenwart, unerledigter Vergangenheit und vor allem: möglicher Zukunft. Ja, alles Wirkliche geht an seiner prozessualen Front über ins Mögliche.« (Bloch 1985: 225) Die Gestaltung dieses Prozesses vermag an dem Vor-Schein einer möglichen besseren Zukunft in den gegenwärtigen Verhältnissen, an ihren potenziell alternativen Institutionen und Praxen anzuknüpfen und diese der Einverleibung in die neoliberale Politik zu entwinden.

Das trifft beispielsweise auf die Proklamation von zwanzig sozialen Rechten in der »Europäischen Säule Sozialer Rechte/ESSR« vom November 2017 zu. Diese Rechte werden dort nur sehr allgemein formuliert und unscharf in »angemessenem« Maße eingefordert, ohne dass für die einzelnen Rechte nationale bzw. europäische Standards oder Schwellenwerte definiert werden. Klaus Busch, Joachim Bischoff und Axel Troost haben für die drei Bereiche Europäische Arbeitsmarkt- und Beschäftigungspolitik, Europäische Lohn- und Einkommenspolitik und Europäische Koordinierung der sozialen Sicherungssysteme vorgeschlagen, welcher Satz von Indikatoren über Defizite und Ungleichgewichte in diesen Feldern Auskunft geben könnte und welche Instrumente geeignet wären, die deklarierten sozialen Rechte tatsächlich durchzusetzen (Busch/Bischoff/Troost 2018: 14ff.).

Zu den etablierten, gegenwärtig im Rahmen der neoliberalen Verfasstheit der EU funktionierenden Institutionen der Union, die »an sich« für ein sozial-ökologisches Umsteuern nutzbar gemacht werden können, gehört beispielsweise der Europäische Sozialfonds, aus dessen Mitteln in der angesichts der Großen Krise wichtigen Fördererperiode 2007 bis 2013 nach EU-Angaben fast 10 Millionen Europäer und Europäerinnen einen Arbeitsplatz gefunden haben sollen. Ferner gehören der Europäische Fonds für regionale Entwicklung, der Kohäsionsfonds, der Europäische Landwirtschaftsfonds für die Entwicklung des ländlichen Raumes und der Europäische Meeres- und Fischereifonds zu solchen potenziellen Instrumentarien sozial-ökologischer Entwicklung.

Eine der neoliberalen Politik entrissene Europäische Investitionsbank könnte wichtige Finanzierungsaufgaben für ein sozial-ökologisches Europäisches Investitionsprogramm übernehmen. Das Europäische Parlament hat trotz einiger Erweiterungen seiner Zuständigkeiten nicht einmal das Recht zu Gesetzesinitiativen und kann in seiner gegenwärtigen Verfasstheit keinen wirksamen Beitrag zu einer Gewaltenteilung zwischen Exekutive, Legislative und Judikative leisten. Aber bei genügendem Druck der Elektorate in den Mitgliedstaaten könnte es zu einem Forum demokratischer Neugestaltung der Europäischen Union werden. Experten sehen bei entsprechend politischem Druck auf die EU-Kommission und den Europäischen Rat durchaus Möglichkeiten, die Regeln des gegenwärtig der Austeritätspolitik untergeordneten Stabilitäts- und Wachstumspaktes so zu interpretieren, dass immerhin ein fiskalischer Gestaltungsspielraum für Mitgliedstaaten in schwieriger Wirtschaftslage eröffnet wird. Das europäische Vertragssystem schließt zum Beispiel eine Ausnahmeregel von austeritätspolitischen Auflagen für den Fall einer Krisenlage in der Union ein. Viele gegenwärtige Krisenerscheinungen würden selbst im Rahmen des geltenden restriktiven Regulierungsmechanismus der EU ein sozial-ökologisch orientiertes europäisches Antikrisenprogramm legitimieren (ebd.: 11).

Aber die Nutzung solcher Ambivalenzen im Gesamtmechanismus der EU und der Eurozone kann zwar die neoliberalen Zwänge lockern. Ihre Überwindung erfordert jedoch, dass solche Reformschritte wie die in der »Europäischen Säule Sozialer Rechte« halbherzig erstrebten tatsächlich realisiert und mit bruchartigen Veränderungen verbunden werden.

Rückabwicklung des neuen EU-Interventionsmechanismus
Als am 7. November 1992 die Europäischen Gemeinschaften mit dem Vertrag von Maastricht zur Europäischen Union entwickelt wurden, machten Kritiker das Grunddefizit der neu gegründeten Union von vornherein deutlich. Länder mit sehr unterschiedlichem ökonomischem Entwicklungsstand wurden zu einer Wirtschafts- und Währungsunion zusammengeführt. Im Vordergrund standen die Währungsunion mit dem Euro und eine gemein-

7.5 Solidarisches Europa

same Geldpolitik in der Regie der Europäischen Zentralbank (EZB). Zwangsläufig entstehende Leistungsbilanzunterschiede konnten nun nicht mehr wie zuvor durch Wechselkursveränderungen, nicht durch Abwertung der Währung von Defizitländern, gemindert werden. Eine gemeinsame Wirtschaftspolitik, gerichtet auf einen Ausgleich der nationalen Entwicklungsniveaus, wurde zwar deklariert, ist aber nicht institutionell gesichert. Der Maastrichter Vertrag ist hochgradig auf die Schuldenbegrenzung angelegt. Als dauerhaftes Kriterium der Haushaltsstabilität wurde den Mitgliedstaaten auferlegt, eine Defizitquote von 3% und eine Schuldenstandsquote von 60% des Bruttoinlandsprodukts nicht zu überschreiten. Damit wurde eine expansive Fiskalpolitik für die aufholbedürftigen Länder weitgehend blockiert, ohne durch eine ausreichend differenzierte Wirtschaftspolitik, durch Regional- und Strukturpolitik auf der Ebene der EU eine Kompensation für diese Beschränkung nationaler Wirtschaftspolitik zu schaffen.

Im Gefolge der Mehrfachkrise von 2008 und danach wurde der Maastricht-Mechanismus zu einem neuen supranationalen System der Economic Governance, zu einem neuen EU-Regelmechanismus, weiterentwickelt. Der Fiskalpakt legt für alle EU-Staaten mit Ausnahme des Vereinigten Königreichs und der Tschechischen Republik fest, dass bei Strafe von Sanktionen das jährliche strukturelle Defizit 0,5% des Bruttoinlandsprodukts nicht überschreiten darf, sofern die Staatsverschuldung nicht deutlich unter 60% des BIP liegt. Im Jahr 2010 wurde das »Europäische Semester« eingeführt, ein jährlicher Zyklus der Analyse der Wirtschaftslage in jedem EU-Mitgliedstaat mit dem Resultat von Empfehlungen an die einzelnen Länder, die von diesen in »Nationale Reformprogramme« umzusetzen sind.

Diese Art wirtschaftspolitischer Koordinierung wurde 2011 durch die Verabschiedung von fünf Verordnungen und einer Richtlinie in Gestalt des Six-Pack weiter ausgebaut. Er soll makroökonomische Ungleichgewichte frühzeitig signalisieren und sieht automatische Verfahren für finanzielle Sanktionen gegen Länder vor, die sich nicht an die Empfehlungen der EU-Kommission halten. Der Pferdefuß dieses neuen Mechanismus für die Lohnabhängigen ergibt sich aus der Konzentration des »Stabilitäts- und Wachstumspakts« auf die Begrenzung der Staatsschulden. Nachdem die Verbesserung nationaler Wettbewerbsfähigkeit auf dem Weg der Währungsabwertung mit Bildung der Währungsunion ausgeschlossen war, blieb aus neoliberaler Sicht nun vor allem die »innere Abwertung« durch die Senkung von Sozialausgaben der Staatshaushalte, durch Entlassungen aus dem öffentlichen Dienst und vor allem durch die Begrenzung der Löhne übrig. Im »Euro-Plus-Pakt 2011« wurde die Lohnbewegung explizit als zentraler Anpassungsmechanismus bei makroökonomischen Ungleichgewichten definiert und auf europäischer Ebene eine strenge Überwachung der Lohnentwicklung einschließlich der Lohnstückkosten etabliert – bis zu finanziellen Sanktionen bei Nichteinhaltung der Empfehlungen der EU-Kommission. In den »Memorandums of Understanding« zwischen der Troika von EU-Kommission, EZB und IWF und in den »Stand-by Arrangements« zwischen IWF/EU und einzelnen EU-Ländern als Bedingung für Kredite müssen sich die Schuldnerländer ebenfalls zu lohnbegrenzenden Maßnahmen verpflichten (Schulten/Müller 2014).

Das Ergebnis ist eine wachsende soziale Polarisierung in der Europäischen Union, die Beschneidung nationalstaatlicher Wirtschaftspolitik, eine rücksichtslose Austeritätspolitik vor allem gegenüber den südeuropäischen Schuldnerländern, aber auch in der Gesamtunion, und die weitgehende Blockierung eines denkbaren sozial-ökologischen Umbaus der Europäischen Union.

Die Schlussfolgerung für eine linke Europapolitik liegt nahe:
- Rückabwicklung des neuen, seit der jüngsten Mehrfachkrise etablierten supranationalen Regulationsmechanismus, ohne den die Europäische Union zuvor auch existierte;
- Überwindung des ökonomischen Grunddefizits der Europäischen Union: dass komplementär zur Währungsunion eine funktionsfähige Wirtschaftsunion mit sozialer und ökologischer Orientierung fehlt – trotz der Deklaration einer Wirtschafts- und Währungsunion;
- Öffnung für eine radikale soziale und ökologische Reform der Europäischen Union.

Säulen einer radikalen Euro-Reform
Teile der europäischen Linken halten – wie oben bereits festgestellt – angesichts der beschriebenen herrschaftlich befestigten Konstruktion der Europäischen Union eine solche Reformierung nicht für möglich und verlangen den Austritt ihrer Länder aus der Union und deren Auflösung. Dagegen steht die Überlegung in anderen Teilen der Linken, dass ein Austritt einzelner Länder aus dem Euro deren wirtschaftliche Lage und die Handlungsbedingungen für die Linke nicht verbessern, sondern erheblich verschlechtern würde. Ohne Stützung ihrer Währungen durch Kredite des Europäischen Stabilitätsmechanismus (ESM) zu erträglichen Zinsen und ohne die Aufkäufe ihrer in den Händen von Banken befindlichen Staatsschuldpapiere seitens der Europäischen Zentralbank würden sie mit großer Wahrscheinlichkeit auf den internationalen Finanzmärkten der Spekulation gegen ihre Währungen ausgeliefert mit weit höheren Zinsen für Kredite rechnen müssen. Die Staatsschulden würden ausgedrückt in nationalen Währungen deutlich ansteigen. Die Staatshaushalte würden dadurch noch mehr als

7.5 Solidarisches Europa

zuvor belastet und einer noch härteren Sparpolitik zulasten der Lohn- und Transferabhängigen unterworfen werden. Ihre bisherigen Partnerländer würden kaum Anlass zu Rettungsaktionen sehen (Busch u.a. 2016: 46ff.). Die nationalen Währungen der Gläubigerländer würden eine Aufwertung erfahren. Zumindest vorübergehend wären Wachstumseinbußen und erhöhte Arbeitslosigkeit die Folge.

Wie könnte statt der Aufgabe des Euro eine Euro-Reform in der Kombination mit dem Rückbau der Neuen Economic Governance aussehen? Die Autoren von »Europa geht auch solidarisch« (ebd.) haben dazu »Sechs Säulen einer radikalen Euro-Reform« vorgeschlagen (siehe auch Busch/Bischoff/Troost 2018):

Erstens: Expansive Fiskalpolitik, Europäische Investitionsprogramme, also ein Ende der Austeritätspolitik
Eine wirksame europäische Fiskalpolitik müsste durch einen wesentlich vergrößerten EU-Haushalt in der Verfügung einer Europäischen Wirtschaftsregierung ermöglicht werden. Eine solche Wirtschaftsregierung müsste zusammen mit dem Europäischen Parlament die Eckwerte der nationalen Haushaltspolitiken steuern. Die Voraussetzung dafür wäre die Aufhebung der Maastrichter Schuldenregeln, der Austeritätsgebote des Wachstums- und Stabilitätspakts sowie seiner Ergänzungen und der mit dem Europäischen Fiskalpakt etablierten Schuldenbremse.

In das europäische Vertragssystem müssten neue Zielindikatoren aufgenommen werden: eine sozial und ökologisch orientierte Wirtschaftsentwicklung, gute Arbeit für alle auf einem hohen Beschäftigungsniveau, Verteilungsgerechtigkeit, außenwirtschaftliches Gleichgewicht und eine moderate Zielinflationsrate.

Ein Europäisches Investitionsprogramm in jährlich dreistelliger Höhe könnte einen sozial-ökologischen Umbau tragen und damit die andauernde Investitionsschwäche in der EU überwinden helfen. Die Investitionen lagen im Durchschnitt der EU im Jahr 2018 um 15% unter dem Vorkrisenniveau. Der Deutsche Gewerkschaftsbund und der Europäische Gewerkschaftsbund schlagen für einen Zeitraum von zehn Jahren jährliche Investitionen in Höhe von 2% des EU-Bruttoinlandsprodukts, gegenwärtig 260 Milliarden Euro pro Jahr, vor. Ein solches Investitionsprogramm sollte große Infrastrukturprojekte gemeinsam mit den östlichen und südlichen Nachbarn der EU als Beitrag für ein Kollektives Europäisches Sicherheitssystem unter Beteiligung Russlands einschließen.

Zweitens: Europäische Ausgleichsunion als Gegenmodell zur de facto existierenden Austeritätsunion
Zu den zentralen Spaltungslinien in der Eurozone und damit in der Europäischen Union gehört das Auseinanderdriften von Überschuss- und Defizitländern. Die Leistungsbilanzüberschüsse der Bundesrepublik waren 2015 auf 2,6 Billionen US-Dollar, d. h. auf 8,5% des deutschen Bruttoinlandsprodukts, und die der Niederlande auf 0,8 Billionen US-Dollar, d. h. auf 11% des niederländischen BIP, angestiegen. Als Kehrseite stiegen die Leistungsbilanzdefizite vor allem der südeuropäischen Staaten und anderer Länder an, nicht zuletzt die Auslandsschulden von Banken. Durch Rettungspakete für die Banken vor allem in Holland, Spanien, Portugal, Griechenland und Zypern haben sich die privaten Schulden der Banken in Staatsschulden verwandelt, und die Bankenkrise erschien als Staatsschuldenkrise. Busch, Troost und ihre Mitautoren plädieren aufgrund dieser Zusammenhänge für eine Ausgleichsunion. Sie hätte verbindliche Obergrenzen für Leistungsbilanzungleichgewichte einzuführen, um Überschussländer bei Strafe von Sanktionen zum Ausgleich zu zwingen. Dieser würde durch eine Anhebung der Lohneinkommen und durch öffentliche sozial und ökologisch orientierte Investitionen, also durch eine Erweiterung der Binnenkaufkraft und durch mehr Importe erfolgen. Die Gewerkschaften in den Überschussländern hätten die Interessen von Defizitländern auf ihrer Seite. Die bisherigen Überschussländer wären weniger abhängig von der Verschuldung der Defizitländer, die schließlich an Grenzen stoßen und damit auch das exportorientierte Entwicklungsmodell infrage stellen muss.

Drittens: Gemeinschaftliche Schuldenaufnahmen
Solange die Mitgliedstaaten der Eurozone und der EU Kredite auf sich allein gestellt auf den internationalen Finanzmärkten aufnehmen, werden die wirtschaftsschwächeren Länder immer höhere Zinsen als die Stärkeren zu zahlen haben. Ihre Lage wird sich weiter verschlechtern; die Gläubiger werden Profite daraus ziehen. Deshalb haben Länder mit chronischen Leistungsbilanzdefiziten ein ausgeprägtes Interesse an der Einführung gemeinschaftlicher Schuldenaufnahme. Diese ist keine linke Erfindung, sondern hat Rückhalt in den schwächeren Fraktionen der europäischen Machteliten und in Teilen der EU-Administration.

Die Einführung von Eurobonds würde bedeuten, dass EU-Staaten oder Euro-Staaten gemeinsame Staatsanleihen aufnehmen und auf diese Weise die Neuverschuldung oder Umschuldungen kreditbedürftiger Mitgliedsländer finanzieren helfen. Der Schuldendienst würde weiter bei den Schuldnerstaaten liegen. Aber die gemeinsame Haftung würde auf den Finanz-

7.5 Solidarisches Europa

märkten ein erpresserisches Hochtreiben der Zinsen für einzelne Staaten verhindern. Die Staaten mit besserer Bonität müssten für diese Stabilisierung der Europäischen Union allerdings höhere Zinsen als ihre gegenwärtigen in Kauf nehmen. Ergänzend sollte das Verbot direkter Verschuldung von Staaten bei der EZB aufgehoben werden. Der Umweg ist nicht zwingend, dass Staaten sich bei Banken verschulden und diese sich dann bei der EZB refinanzieren. Solche Aufwertung der EZB würde zusammen mit einer gemeinschaftlichen Schuldenaufnahme über Eurobonds und ähnlich wirkende Instrumente einer künftigen Europäischen Wirtschaftsregierung Spielräume eröffnen, die in Maßen gehalten werden könnten, wenn dieser Wirtschaftsregierung ein genügend großer gemeinsamer Eurozonen- oder EU-Haushalt zur Verfügung stünde.

Viertens: Gestaltung der Europäischen Union als Sozialunion
Das verbreitete Verlangen nach einem sozialen Antlitz der Europäischen Union fand in der Grundrechtscharta des Lissabon-Vertrages und u.a. in dem Non-Paper 2013 von Sozialkommissar László Andor Ausdruck. Aber je mehr sich die Austeritätspolitik auf EU-Ebene durchsetzte, desto mehr trat das Soziale in der Union in den Hintergrund. Der Anspruch, die Europäische Union als Sozialunion zu gestalten, läuft auf eine tiefgreifende Veränderung ihres Charakters hinaus. Ihre Grundlage als – naturgemäß sozial kalter und ökologisch blinder – Gemeinsamer Markt hat eine antisoziale Politik hervorgebracht, nur in begrenztem Maß als »progressiver Neoliberalismus« (Nancy Fraser) relativiert.

Hauptschritte auf dem Weg zu einer Sozialunion könnten sein:
- eine europäische Koordinierung der nationalen Tarifpolitik nach der Regel nationales Produktivitätswachstum plus Inflationsrate plus Umverteilungskomponente;
- europäische Regeln für nationale Mindestlöhne, die 60% der nationalen Durchschnittslöhne nicht unterschreiten sollten;
- europäische Standards für die Sozialhilfe; europäische Koordinierung der sozialen Sicherungssysteme durch Regeln für eine Bindung der Mindestsozialausgaben an das jeweilige nationale wirtschaftliche Leistungsvermögen, sodass ein Sozialdumping vermieden wird;
- europäische Arbeitslosenversicherung;
- europäische Förderung der öffentlichen Daseinsvorsorge.

Fünftens: Finanzmarktregulierung und gerechte Steuerpolitik
Ein Teil der möglichen Schritte auf diesem Feld befindet sich längst im öffentlichen Diskurs, ist aber bisher nicht durchsetzungsmächtig geworden. Das betrifft:
- europäische Beschlüsse über eine gesetzliche Beschränkung der Bankentätigkeit auf die Kernfunktionen Zahlungsverkehr, Einlagengeschäft und Kreditfinanzierung anstelle der Kombination dieser Funktionen mit dem Investmentgeschäft bei den Großbanken; europaweite Förderung von alternativen Banken nach dem Muster von Sparkassen, Genossenschaftsbanken und öffentlichen Förderbanken;
- Finanz-TÜV für jedes neue Finanzierungsinstrument auf seine Kontrollierbarkeit hin; europäisch abgestimmte Maßnahmen gegen Steuerhinterziehung und Steuervermeidung, Maßnahmen gegen Steueroasen in EU-Ländern;
- Umsetzung der von zehn EU-Staaten vorgesehenen, aber nicht vollzogenen Einführung einer Finanztransaktionssteuer;
- Orientierungsvorschläge der Europäischen Kommission für Eckwerte in den Zentralhaushalten der Eurozonen-Mitgliedstaaten, die mit absoluter Mehrheit im EU-Parlament und mit doppelter Mehrheit vom Rat für Wirtschaft und Finanzen (ECOFIN) bestätigt würden und auf eine gerechte Besteuerung sowie auf die Verwendung der Steuern für einen sozial-ökologischen Umbau in der Europäischen Union zielen.

Sechstens: Demokratisch legitimierte Wirtschaftsregierung
in der Eurozone
Die Einflussnahme auf die Haushalte der Eurozonen-Länder wäre ein wichtiger Teil einer neu zu etablierenden Wirtschaftspolitik im Rahmen des Eurogebiets. Diese Wirtschaftspolitik, die in den von Klaus Busch und anderen vorgeschlagenen und hier knapp wiedergegebenen Richtungen wirken würde, wäre von einer demokratisch legitimierten europäischen Wirtschaftsregierung zu vertreten.

Klaus Busch, Joachim Bischoff und Axel Troost entwickeln ihr »Sechs-Säulen-Projekt« so einleuchtend, zurückgreifend auf Vorschläge wie die des europäischen Gewerkschaftsbundes »Ein neuer Weg für Europa« oder des »DGB-Marshallplans für Europa« und durchaus im Anschluss an Vorstellungen, die selbst in Brüsseler Kreisen diskutiert werden, dass alternative Akteure fast zu der Ansicht geführt werden: »Das könnte funktionieren.« Aber dann holen Sie uns jäh wieder auf den Boden der Realität zurück: »Die beschriebenen Vorschläge für ein solidarisches Europa sind eine Utopie. Sie werden angesichts der Kräfte- und Mehrheitsverhältnisse auf absehbare

7.5 Solidarisches Europa 275

Zeit nicht verwirklicht werden können. ... Denn die Hürden für Vertragsänderungen liegen durch das Einstimmigkeitserfordernis unter den Regierungen und durch die in mehreren EU-Staaten vorgeschriebenen Referenden sehr hoch. Die Situation ist verfahren, gleichzeitig ist aber auch der Handlungsdruck enorm hoch. Die mangelnde Realisierbarkeit macht die Vorschläge aber nicht nutzlos, im Gegenteil. Eine Utopie ist immer auch handlungsleitend und stellt realisierbare Schritte in den Kontext eines stimmigen Ganzen. Sie geben Orientierung und erleichtern es, für Einzelmaßnahmen Mehrheiten zu finden und falsche Kompromisse zu vermeiden.« (Busch/Bischoff/Troost 2018: 19)

> Diese Einordnung des Sechs-Säulen-Projekts für eine sozial-ökologische Reformierung der EU entspricht dem oben dargestellten theoretischen Rahmen für linke Alternativen. Das Projekt zielt nicht unvermittelt auf den Umsturz des Ganzen, es knüpft an Elementen des Vor-Scheins von künftig Möglichem an. Es zielt auf die Überwindung der neoliberalen Gestalt des EU-Kapitalismus und ist offen für den Einstieg in Brüche, die über den Kapitalismus hinausweisen – ohne dies allerdings zu betonen und sonderlich deutlich zu machen.

Dieser Projektvorschlag blendet leider die Dimension des Ökologischen weitgehend aus. Tatsächlich müssten ja europäische Investitionsprogramme auf die soziale Bewältigung des ökologischen Umbaus der EU gerichtet sein. Wenn es um europäische Standards geht, dann doch in hohem Maße um die Umsetzung ökologischer Ziele. Eine Sozialunion wird umso eher funktionieren, je wirksamer die Europäerinnen und Europäer durch die Reduzierung von Treibhausgasemissionen vor Dürren und Überschwemmungen geschützt werden, je erfolgreicher Schadstoffe in der Luft gemindert und je gesünder Lebensmittel produziert werden. Nur eine ressourceneffiziente Wirtschaftsunion wird wohl Sozialstandards ökonomisch ermöglichen. Eine Europäische Wirtschafts- und Sozialunion muss allemal auch eine Öko- und Friedensunion sein (siehe Kapitel 7.4). Und eine solche Union wird nur gelingen, wenn sie bestimmt von Solidarität und Gerechtigkeit für alle sein wird, für ursprüngliche Bürgerinnen und Bürger ihrer Mitgliedstaaten und für Migrant*innen.

7.6 Solidarische Migrationspolitik

Innerhalb weniger Jahre ist die Migration zu einem zentralen Gegenstand gesellschaftlicher Auseinandersetzungen geworden. Wenn nach Knotenpunkten kapitalistischer Widersprüche und daraus sich ergebenden Herausforderungen und Feldern linker Politik zu fragen ist, dann gehört die Migrationspolitik auf die Agenda linker Akteure.

7.6.1 Migration – ein Katalysator für Kämpfe um das Gesicht der Zukunft

Paul Collier schrieb in seinem Werk »Exodus. How Migration Is Changing Our World« zur Frage nach einer angemessenen Migrationspolitik: »Schon die Frage zu stellen, erfordert eine Menge Mut: wenn irgendwo ein Hornissennest ist, dann ist das die Migration.« (Collier 2013: 6f.) Und: »Die Migration der Armen in reiche Länder ist eine mit toxischen Assoziationen überladene Erscheinung.« (Ebd.: 11)

Rechtspopulisten und Rechtsextreme nutzen die Not von Flüchtlingen, um Ängste vor ihnen, Fremdenfeindlichkeit, Rassismus und Nationalismus zu schüren und Mitmenschlichkeit zu verabschieden. Die demokratischen Kräfte der Gesellschaft, nicht zuletzt die Linke, sehen sich gefordert zu prüfen, wie ernst sie es mit den Menschenrechten für alle Menschen nehmen, wie weit ihre Solidarität geht, wie sehr Mitgefühl ihr Handeln bestimmt, wie unantastbar ihre humanistischen Werte sind. Die Neue Rechte ist dabei, die Spaltung der Gesellschaft durch kapitalistische, patriarchale und andere Herrschaftsverhältnisse in eine Spaltung zwischen dem nationalen Wir und dem angeblich feindlichen Fremden umzudeuten. Prekäre Lebensverhältnisse, schwere Defizite im Gesundheits- und Bildungswesen, skandalöser Pflegenotstand und Wohnungsmangel erscheinen plötzlich nicht mehr als das, was sie sind: Folgen sozialer Kälte des Profitmechanismus und schlechter Politik, sondern als die Schuld der Flüchtlinge und Zuwandernden, die nur die sozialen Wohltaten Europas genießen wollen. »Sozialopportunistisch versuchen rechte Strategen, der Linken das ›Kronjuwel der sozialen Frage‹ abzujagen und die soziale Frage zum Innen-außen-Konflikt zwischen Deutschen und Migranten umzudefinieren.« (Urban 2018: 104)

Die Migration ist zu einem der zentralen Felder des Kampfes um das künftige Gesicht Europas geworden. Wird die Neue Rechte die Entwicklung zunehmend bestimmen, oder werden die Kräfte eines demokratischen Humanismus die Transformationsrichtung prägen? Darum geht es in der Migrationsfrage – weit über das Schicksal der Flüchtlinge und über die mit ihrer Aufnahme verbundenen Probleme hinaus. Zwar wird dies vor allem

7.6 Solidarische Migrationspolitik

in den Kämpfen um die künftige Wirtschaftsordnung, um ihr Verhältnis zu menschlicher Entwicklung und Bewahrung der Natur, um die Erneuerung der Demokratie und um eine befriedete Welt entschieden. Aber die Migration hat sich zu einem Katalysator der Kämpfe auf diesen Feldern entwickelt. Der Rechten ist es gelungen, dem öffentlichen Diskurs diese Verzerrung der wirklichen Problemkonstellation aufzunötigen.

Doch in der jüngsten Zeit gelingt es der Linken zunehmend, beispielsweise in Bewegungen gegen den Pflegenotstand, in Mieterbewegungen und in Kämpfen um den Kohleausstieg elementare Probleme der Gesellschaft wieder stärker in das öffentliche Bewusstsein zu heben und zugleich ihrer Solidarität mit Migrant*innen neues Gewicht zu geben.

Horst Seehofer hat die Migration als Mutter aller Probleme bezeichnet und damit die Wahrheit auf den Kopf gestellt. Die Zuwanderer fliehen vor Kriegen, die auch von deutschen Waffenlieferungen und anderen deutschen Interessen genährt werden. Sie wollen dem Hunger entkommen, der nicht zuletzt späte Folge kolonialer Herrschaft und verfehlter Entwicklungspolitik ist, Folge des Ruins vieler Produzenten in den Herkunftsländern der Flüchtlinge durch Billigimporte aus Europa und bedingt durch skrupellosen Landraub zugunsten ausländischer Agroindustrie und von Finanzspekulanten. Sie fliehen vor Klimakatastrophen, vor allem verursacht von den reichen Ländern. Die imperialen Seiten des Kapitalismus schlagen mit den Flüchtlingswellen auf uns, die Quellländer globaler Probleme, zurück. Die Migration ist ein konzentrierter Ausdruck der systemischen Übel des Kapitalismus und vor allem insofern ein zentrales Problem.

> Bei der Migration geht es um mehr als um die Migrant*innen selbst. Sie ist eines der wichtigsten Felder von Entscheidungen darüber, ob der neoliberale Kapitalismus sein Überleben in der Verbindung mit rechtsautoritären Strukturen suchen wird oder ob die Zukunft einer solidarischen Gesellschaft gehört. Die Ausgangsfrage dieses Buches nach Zukunft oder Ende des Kapitalismus begegnet uns nun in Gestalt der Migrationsproblematik.

Eines ist die Migration jedoch nicht. Sie bietet im günstigen Falle Millionen Menschen die Chance, der Armut individuell zu entkommen. Aber sie ist nicht das entscheidende Mittel für globale Gerechtigkeit und Überwindung der Armut. Solidarität mit den Benachteiligten und Armen dieser Welt darf nicht auf den kleinen Anteil jener begrenzt werden, deren Familien die Kosten des beschwerlichen und unsicheren Weges in Zufluchtsländer aufbringen können. Die große Mehrheit der Ärmsten in den armen Ländern ist dazu gar nicht in der Lage. Ihnen gebührt die Unterstützung durch die reichen Länder nicht weniger als den Zuwandernden, um zugleich die Ursachen von Flucht und Migration zurückzudrängen. Schandbar ist, dass die meisten entwickelten kapitalistischen Staaten nicht einmal die 0,7 % ihres Bruttoinlandsprodukts für Entwicklungshilfe aufbringen, die vor Jahrzehnten von der UN-Generalversammlung als Ziel beschlossen wurden. Auch die Millenniumsziele der Entwicklung werden trotz wichtiger Fortschritte überwiegend verfehlt. Die Entwicklungshilfe dient oft mehr der Finanzierung von Käufen in den Geberländern als den Interessen der Nehmerländer selbst.

Dringlich sind die entschiedene Orientierung der Entwicklungshilfe an den Interessen der armen Bevölkerung im globalen Süden und eine erhebliche Aufstockung der finanziellen und technischen Unterstützung. Aufhören muss die Zerstörung lokaler Wirtschaften in ärmeren Ländern durch Billigexporte der Industrieländer. Erforderlich sind ein Stopp der Ausbeutung von Rohstoffressourcen mit der Folge der Zerstörung von Natur und Lebensräumen und die Abkehr von der Überausbeutung der Beschäftigten in Auslandsfirmen der reichen Länder.

Notwendig sind ferner ein sofortiges Verbot von Rüstungsexporten in Kriegsgebiete, zivile Konfliktbearbeitung und -prävention, zuverlässige Einlösung der finanziellen Verpflichtungen der wohlhabenden Länder zur Unterstützung der Klimapolitik in Entwicklungs- und Schwellenländern, Entschädigungszahlungen für die Verluste armer Länder durch Braindrain, erhebliche finanzielle Unterstützung für eine menschenwürdige Ausstattung der Flüchtlingslager in Entwicklungsländern, die in großem Umfang Kriegs- und Katastrophenflüchtlinge aufnehmen, und umfangreiche Bildungs- und Ausbildungsförderung in den ärmeren Ländern.

7.6.2 Zwei Seiten dringlicher Solidarität

Angesichts der rechten Gefahr sehen es viele Linke als ihr moralisches und internationalistisches Selbstverständnis an, gegen die Verteufelung der Migrant*innen ohne Wenn und Aber eine Politik der offenen Grenzen zu setzen. Sie vertreten damit eine Zukunftsvision für eine gerechte und solidarische Welt, für die die Bedingungen auf absehbare Zeit nicht gegeben sind. Sie nehmen eine menschenrechtlich begründete Position des Kosmopolitismus ein, der ein Recht aller Menschen einfordert, gut und an selbst gewählten Orten der Welt zu leben. In der Regel werden in diesem Diskurszusammenhang die mit der Migration verbundenen ökonomischen, sozialen und kulturellen Probleme der Zuwanderung samt der Begrenztheit der – gegenwärtig keineswegs erreichten – Aufnahmekapazität der reichen Länder ausgeblendet oder vernachlässigt. Diese kosmopolitische Haltung ist vor

7.6 Solidarische Migrationspolitik

allem in jüngeren urbanen und intellektuellen Milieus verbreitet. Sie tendiert jedoch zur Entfernung dieser Spezies der Gesellschaft von den subalternen Schichten mit geringen Einkommen, die sich – ob zu Recht oder nicht – durch die Konkurrenz von Migrant*innen auf den Arbeits- und Wohnungsmärkten bedroht fühlen.

Eine andere Strömung innerhalb der Linken bringt in dem Bestreben, nicht der Rechten die Benennung solcher Probleme zu überlassen, eher die Befürchtungen der prekarisierten Teile der einheimischen Bevölkerung und der von Abstiegsängsten bedrängten Mittelschichten zum Ausdruck, dass eine anhaltende Zuwanderung ihre eigene soziale Lage verschlechtern könnte. Auch diese Teile der Linken weisen Barrieren gegen Asylsuchende und Flüchtlinge meist zurück, sind aber skeptisch gegenüber sogenannten Wirtschaftsmigranten und lehnen eine Open-door-Politik unregulierter Migration ab. Ihre Auffassungen stehen in Berührung zum Kommunitarismus, verstanden als Interesse von lokalen oder auch nationalen Gemeinschaften an der Bewahrung eigener Identität (Nida-Rümelin 2017: 66-82). Sie werden vor allem von vielen Lohnabhängigen, der unteren Mittelschicht und traditionell linksreformistischen Intellektuellen vertreten.

Beide Pole im linken Migrationsdiskurs bilden verschiedene Seiten des realen Problemspektrums ab und entsprechen verschiedenen Seiten der Solidarität: der Solidarität mit den Migrant*innen und potenziellen Auswanderern in ihren Herkunftsländern und der Solidarität mit den Hiesigen, auf deren Ängste mit machbaren Lösungen zu antworten ist

Das Elend der Linken besteht darin, dass beide Teilrationalitäten oft nicht als Ausdruck eines realen Widerspruchsverhältnisses verstanden werden, dessen Pole der Vermittlung bedürfen, sondern als nahezu feindliche unerbittlich auszutragende Gegensätze. Hans Mayer, Literaturwissenschaftler und Humanist, insistierte dagegen mit Karl Kraus auf der Unterscheidung zwischen Widersprüchen der Realität und deren Fehlinterpretation als Gegensatz von richtigen und falschen Auffassungen:

»Mein Wort berührt die Welt der Erscheinungen,
die darunter oft leider zerfällt.
Immer noch glaubt Ihr, es geht um Meinungen,
aber der Widerspruch ist in der Welt.«
(Karl Kraus, zitiert in: Mayer 2000: 116)

Doch die Kontrahenten sind versucht, um des eigenen Obsiegens willen der jeweils anderen Seite Anschlussmöglichkeiten zur eigenen Position abzusprechen und verlieren dabei das eigene Abwägungsvermögen. Für sich allein genommen und verabsolutiert gegen den vernünftigen Anspruch der jeweils anderen Seite gewendet werden beide berechtigte Anliegen falsch.

Hans-Jürgen Urban hat diese fatale Situation der gesellschaftlichen und der parteiförmigen Linken treffend beschrieben: »Die Open-Border-Position besticht durch ihre Empathie für die Flüchtlinge und die Bereitschaft, sich dem Epochenproblem der Zuwanderung mit normativem Elan zu stellen. Doch die Indifferenz gegenüber den ökonomischen, sozialen und kulturellen Voraussetzungen dieser universalistischen Solidarität verblüfft. Der menschenrechtliche Universalismus macht es sich schlicht zu leicht ... Wenn bereits die Thematisierung der Anstrengungen, die in den Aufnahmeländern zur Subsistenzwirtschaft der Geflüchteten erbracht werden, als rassistische Problemdefinition tituliert wird, triumphiert intellektuelle Ignoranz über linkes Problembewusstsein ... Doch ein schlichtes Plädoyer für lokale Patriotismen läuft schnell auf eine analytische Engführung hinaus, die in der Sackgasse endet ... Einem lokalpatriotischen Blick auf Solidarität und Migration fehlt schlicht das Bewusstsein für den Epochencharakter der Migrationsfrage und die menschenrechtsorientierte Empathie für Flüchtlinge. Und die strikte Unterscheidung zwischen Asyl und Flucht sowie Arbeitsmigration läuft Gefahr, die Dramatik der Lebenssituation derer zu unterschätzen, die ›nur‹ aus sozialen Gründen nach Europa flüchten.« (Urban 2018: 106)

> Daraus folgt, dass eine linke Migrationspolitik eine Balance herstellen muss zwischen 1. dem kategorischen Gebot der Solidarität mit Menschen, die in den reichen Ländern des Kapitalismus Zuflucht und ein besseres Leben suchen, und 2. der bisher nur unzureichend gelösten Aufgabe, die materiellen und kulturellen Bedingungen ihrer Integration in die Gesellschaft der Aufnahmeländer zu schaffen. Das erfordert ebenso eine größtmögliche Bereitschaft zur Aufnahme von Zuwanderern wie weitreichende Veränderungen der Produktions- und Verteilungsverhältnisse in den Zufluchtsländern als Bedingung dafür. Eine Balance ist aber 3. auch zwischen der Bearbeitung des Migrationsproblems und einer viel weiter reichenden Politik globaler Gerechtigkeit zu erstreben, die auf die Überwindung von Hunger und Armut in den Herkunftsländern der Migrant*innen zielt.

7.6.3 Paul Collier – Differenzierte Analyse

Collier hat in seinem Buch »Exodus« ein großes Plädoyer dafür geliefert, dem Umgang mit Problemen der Migration eine sachliche Analyse ihrer Ursachen und Wirkungen zugrunde zu legen. Sir Paul Collier ist kein Linker. Aber die Linke sollte sich selbst als Adressat der dringlichen Aufforderung Colliers zu realistischer Analyse der Migration betrachten. Collier lehrt an

7.6 Solidarische Migrationspolitik

der Universität Oxford und ist Mitglied der British Academy. Er gilt als einer der führenden Wissenschaftler für Ökonomien der Entwicklungsländer und besonders Afrikas. Er war Leiter der Forschungsabteilung der Weltbank, wurde als Commander of the Order of the British Empire geehrt, erhielt 2013 den A.SK Social Science Award des Wissenschaftszentrums Berlin für Sozialforschung und wurde 2017 von der Queen in den Ritterstand erhoben.

Collier hat die Wirkung der Migration auf drei Gruppen von Beteiligten untersucht, die jeweils sehr differenziert zu betrachten sind: auf die Migrant*innen selbst, auf die Mehrheit der Zurückbleibenden in den Herkunftsländern und auf die Bevölkerung in den Zuwanderungsländern.

*Wirkung auf die Migrant*innen*

Migrant*innen sind keine einheitliche Gruppe. Erstens sind Asylbewerber*innen Menschen, die aus existenziellen Gründen dauerhafte Aufnahme und Schutz vor politischer, religiöser und sonstiger Verfolgung in einem anderen Gebiet oder anderen Staat als dem ihrer Herkunft suchen und im Fall der Anerkennung ihres Gesuchs auch finden. Zweitens sind von ihnen Flüchtlinge zu unterscheiden, die vor Krieg und anderen humanitären Katastrophen fliehen, nach der Genfer Flüchtlingskonvention ebenfalls Anspruch auf Schutz haben, aber in der Regel nach dem Ende akuter Bedrohungen wieder in ihre Heimat zurückkehren wollen und daher bis dahin meist Zuflucht in Nachbarländern suchen. Beiden Gruppen von Migrant*innen gebührt ohne jede Einschränkung Solidarität und jede nur mögliche Unterstützung. Auch eine dritte Gruppe hat das Recht auf ein gutes Leben und sucht eine bessere Lebensperspektive als im eigenen Heimatland durch Emigration. Das ist anzuerkennen und nicht abwertend unter dem Begriff Wirtschaftsflüchtling von vornherein als beabsichtigter Missbrauch der Sozialsysteme in den reichen Ländern zu verunglimpfen. Aber diese Gruppe ist gleichwohl deutlich von den ersten beiden zu unterscheiden. Ihr gegenüber besteht keine kategorische moralische Pflicht zur Aufnahme und Eingliederung, weil sie nicht so existenziell wie Asylsuchende und Flüchtlinge bedroht ist. Eine ganz andere Gruppe von Hilfsbedürftigen gehört überhaupt nicht zu den Migrant*innen. Das ist der große Teil der Bevölkerung im globalen Süden, der so arm ist, dass für die ihm Zugehörigen Migration außer Reichweite ist. Diesem Teil der Menschheit ist nicht durch Migration zu helfen. Seine einzige Chance ist die Entwicklung der Entwicklungs- und Schwellenländer selbst. Die Geschichte des Kolonialismus, die negativen Folgen des Neokolonialismus und die andauernde Ausplünderung großer Teile der Erde durch die kapitalistischen Machteliten birgt für die internationale Linke die Verpflichtung zur Solidarität gerade mit diesen Ärmsten der Welt.

Im öffentlichen Diskurs werden die verschiedenen Gruppen von Migrant*innen häufig durcheinandergebracht, über einen Kamm geschoren, nach dem Befund von Medienwissenschaftlern oft mit negativen Assoziationen unter dem Begriff des Asylanten zusammengedacht, oder die sogenannten Wirtschaftsmigranten werden ausdrücklich als »Sozialschmarotzer« diskriminiert.

»Migranten sind die großen ökonomischen Gewinner und die großen ökonomischen Verlierer zugleich.« (Collier 2013: 145) Wenn sie Aufnahme in ihren Zielländern finden, verbessert sich ihre Einkommenssituation. Im glücklichen Fall gewinnen viele eine bessere Lebensperspektive als in ihren Heimatländern. Aber in der Regel werden sie schlechter als die Einheimischen bezahlt, haben weniger Rechte und werden häufig diskriminiert. Ihre meist niedrigen Einkommen führen zu einer Konzentration von Migrant*innen in städtischen Problemvierteln, die ihre kulturelle Integration erschwert. Dazu kommen für viele die lange Ungewissheit über ihren künftigen Status und Auswirkungen von Fremdenfeindlichkeit. Sie leben keineswegs in sozialen Hängematten.

Schon in der Diaspora lebende früher Immigrierte sind nach langen Wartezeiten wieder mit ihren zuwandernden Familienmitgliedern vereint – wenn diese die Selektion durch Begrenzungen des Familiennachzugs überstanden haben. Aber insgesamt vergrößert sich für die schon in den Aufnahmeländern Lebenden der Druck auf dem Arbeits- und Wohnungsmarkt, wenn die Zahl der Zuwandernden stark steigt – zumal sie anders als die Bevölkerung der Einwanderungsländer gegenüber den Neuankömmlingen keine besonderen Privilegien ausspielen können. Irgendwann kann das Wachstum der Diaspora dazu führen, dass die Migrant*innen in ihrem Alltag überwiegend Kontakte zu den eigenen Landsleuten und weniger zu der Bevölkerung der Aufnahmeländer haben. Ihre Integration wird dann nach dem Befund von Paul Collier erschwert. Natürlich kann eine erfolgreiche Integrationspolitik dem entgegenwirken. Aber Collier verweist auf die Resultate wissenschaftlicher Studien zu gegenwärtig real wirkenden Tendenzen.

Wirkung auf die in den Herkunftsländern verbleibende Bevölkerung
Vier vorrangige Wirkungen der Migration auf die in ihren Heimatländern verbleibende Mehrheit sind zu beachten:
- Die Herkunftsländer erleiden Verluste durch Braindrain. »Der Anteil der hoch qualifizierten Zuwanderer in der OECD steigt steil an. Die Zahl der Zuwanderer in OECD-Ländern mit einem tertiären Bildungsabschluss zeigte nach Angaben des United Nations Department of Economic and Social Affairs (UN DESA) in den zehn Jahren bis 2010/2011 ein bisher un-

7.6 Solidarische Migrationspolitik

erreichtes Wachstum von 70% auf 27,3 Millionen. »Der Verlust von Bildungspotenzial für die Herkunftsländer von Migrant*innen kommt einem Tribut der Armen an die Reichen gleich.« Allerdings verbuchen die Herkunftsländer Bildungsgewinne, wenn Emigrierte nach begrenzter Zeit im Ausland mit dort erworbenen Qualifikationen zurückkehren.

- Das dauerhafte oder zeitweilige Ausfallen der Emigranten ist für ihre Familien meist ein Verlust – zumal in der Regel junge und leistungsfähige Männer die Strapazen, Unwägbarkeiten und Gefahren der Migrationswege auf sich nehmen.
- Geldtransfer von erfolgreich Emigrierten an ihre Familien im Heimatland sind für diese ein beachtlicher Gewinn. Die Überweisungen aus Hocheinkommensländern in Entwicklungsländer betrugen im Jahr 2012 rund 400 Milliarden US-Dollar, erreichten also das Vierfache der globalen Entwicklungshilfe oder etwa die Höhe ausländischer Direktinvestitionen. Doch sie trugen nicht zu der äußerst dringlichen Entwicklung öffentlicher Daseinsvorsorge und sozialer Infrastrukturen bei. Zudem ist ihr Effekt für die Herkunftsländer sehr unterschiedlich. Nach China und Indien fließen jährlich über 50 Milliarden, nach Afrika die geringsten Summen. Der Wachstumseffekt ist umstritten. Collier verweist auf sechs jüngere Studien, von denen drei eine positive Wachstumswirkung annehmen, drei andere aber keinen oder sogar einen negativen Effekt für das Wachstum.
- Als besonders wichtiges Resultat der Migration für die Herkunftsländer betrachtet Collier, dass die Migranten Wissen über die Funktionsweise moderner Gesellschaften, demokratische Werte und Normen in ihre Heimat transportieren – ob bei ihrer Rückkehr oder permanent mithilfe moderner Kommunikationsmittel. Den Fluss von Ideen bewertet Collier als leicht positiv in der Wirkung. Er verschweigt allerdings auch den widersprüchlichen Charakter dieser kulturellen Transfers nicht. Viele der Diktatoren in armen Ländern haben in den USA oder in Europa studiert.

Per Saldo bewertet Collier die Wirkung der Migration auf Teile der »bottom billion«, der unteren Milliarde Menschen, bei mäßiger Migration als moderat positiv, für die ärmsten Bevölkerungsteile und Länder jedoch als negativ. Bei einer wachsenden Migrationsrate könnte das Gesamtresultat nach seinen Erwartungen unter dem Strich in Verluste umschlagen. Die Migration ist keine Lösung des Armutsproblems im globalen Süden.

Wirkung auf die Bevölkerung in den Zuwanderungsländern
Der ökonomische Nutzen für die Aufnahmeländer wird von Collier bei mäßiger Migration als moderat positiv eingeschätzt. Das Arbeitskraftpotenzial wächst, vor allem durch die Zuwanderung junger Migranten, mit einem

leicht wachstumsfördernden Effekt. Der zunehmende Konkurrenzdruck auf dem Arbeitsmarkt, die Leistungsbereitschaft und oft große Flexibilität der Immigrierenden, die von ihnen mitgebrachten Ideen führen nach dem Befund von Collier zu höherer Produktivität auch der einheimischen Arbeitskräfte und zu marginalem Anstieg der Einkommen in den mittleren Einkommensschichten.

Für die Unternehmen ist der wachsende Konkurrenzdruck unter den Beschäftigten wortwörtlich ein Gewinn, weil er die Lohnabhängigen und die Gewerkschaften schwächt. Für die weniger qualifizierten einheimischen Arbeitskräfte ist das Resultat eine Senkung ihrer Einkommen. Das drängt sie zur Wohnungssuche in den ärmeren Stadtvierteln und verteuert dort die Mieten, die für viele Mieterinnen und Mieter ohnehin kaum zu tragen sind. Mit der Konzentration von Armut in Problemkiezen wächst auch sozialer Sprengstoff, verstärkt durch Konflikte zwischen der einheimischen Bevölkerung und Zugewanderten. Wenn deren Integration nicht gelingt, werden Tendenzen zur Aggressivität und Kriminalität stärker – missbraucht von fremdenfeindlichen Kräften zur Hetze gegen die große Mehrheit der um Akzeptanz bemühten Migrant*innen.

Das Dienstleistungsangebot wächst durch die Zuwanderung, zum Vorteil vor allem der Mittelschichten. Frauen der oberen Mittelschicht entlasten sich durch die Einstellung von migrantischen Hausarbeitskräften.

Die mit der Migration verbundene größere kulturelle Vielfalt ist bei gelingender Integration der Zuwandernden ein erheblicher Gewinn für das Aufnahmeland – wenn nicht Rechtspopulisten, Rassisten und Nationalisten die Diskursmacht über die Einstellung in der Bevölkerung zu den Kulturen aus anderen Ländern überlassen wird. Dazu gehört auch, die Migrant*innen nicht in besondere Ghettos abzudrängen, in denen das »Andere« ohne Austausch mit der Kultur des Zufluchtslandes ausgeschlossen bleibt und dem Fremdenhass Nahrung bietet.

Dies ist überhaupt die bei Collier durchaus konstatierte aber nicht herausgehobene gefährlichste Wirkung der Migration in den europäischen Zuwanderungsländern: Sie wird von der Neuen Rechten populistisch instrumentalisiert. Dieser Missbrauch vertieft die Spaltungen der Gesellschaft, treibt sie nach rechts und überdies in tiefe Gegensätze zwischen den Mitgliedstaaten der Europäischen Union. Nicht die Migration »an sich«, sondern ihre durch das kapitalistische System, durch patriarchale und andere hierarchische Verhältnisse geprägte Wirkung machen sie, wie Hans-Jürgen Urban formuliert hat, zum Epochenproblem.

Collier kommt zu der Gesamteinschätzung, dass die Frage danach, ob Migration gut oder schlecht ist, eine falsche Frage sei, die in die Irre führe.

7.6 Solidarische Migrationspolitik

Allein deshalb schon, weil die einen die Gewinner und die anderen die Verlierer der Migration sind – verschieden auch von Land zu Land. Die Wirkung der Migration auf die verschiedenen Gruppen von Beteiligten und Betroffenen sei so widersprüchlich, dass eine zutreffende Bewertung der Migration und eine gute Migrationspolitik sowohl einer differenzierten sachlichen Analyse als auch eines ethischen Rahmens bedürfe (Collier 2013: 25). Die wirkliche Frage sei, wie die Migration am besten genutzt werden kann (ebd.: 223). Bisher habe sie global per Saldo eher Vorteile gebracht. Aber für die »untere Milliarde« sei die Migrationsrate nach neuesten Studien wahrscheinlich schon zu hoch (ebd.: 23). Es gehe gegenwärtig jedoch nicht um eine generelle Reduzierung der Migration, wohl aber darum, ihre andauernde Verstärkung abzuwenden (ebd.: 136). Dafür müsse den reichen Ländern, die die Entscheidungsmacht in Migrationsfragen haben, das Recht auf die Kontrolle der Migration zugestanden werden. Ein Recht, das allerdings die kategorische Verpflichtung einschließt, den wirklich Armen in anderen Ländern zu helfen und sich in einem zu bestimmenden Maße für Zuwanderung aus den armen Ländern zu öffnen – bedingungslos für Asylsuchende und Flüchtlinge (ebd.: 15f.). Colliers Analyse auf dem Hintergrund moralischer Verpflichtung zur Hilfe für die Bedürftigen mündet in ein Plädoyer für eine Migrationspolitik der »halb offenen Tür« (ebd.: 220). Er fragt: Wie viel Migration ist das Richtige?

Eckpunkte linker Migrationspolitik
Collier begründet diese Frage mit der Erwartung, dass ohne eine begrenzende Kontrolle der Migration seitens der Einwanderungsländer die Migrationswellen überborden würden. Von 1960 bis 2000 stieg die Zahl der Menschen in der Emigration von 92 auf 174 Millionen an, seitdem auf 231,5 Millionen im Jahr 2013. Das United Nations Department of Economic and Social Affairs stellte fest, dass im Zeitraum von 2000 bis 2010 der weltweite Migrantenbestand doppelt so schnell wie im Jahrzehnt zuvor wuchs. Nach Angaben der UNO-Flüchtlingshilfe waren Ende 2017 weltweit 68,5 Millionen Menschen auf der Flucht, mehr als jemals zuvor. Nach einer weltweiten Gallup-Umfrage erklärten 40% der Bevölkerung in armen Ländern, sie würden in reiche Länder auswandern, wenn sie könnten (Collier 2013: 167). Die ärmsten Länder würden, so Collier, ohne Begrenzung der Einwanderung seitens der reichen Staaten vor einem Exodus stehen. Und der Sozialstaat in den reichen Ländern, so meint beispielsweise Julian Nida-Rümelin, würde schnell überfordert sein.

Dagegen wenden Befürworter offener Grenzen ein, dass die Bindung der Menschen an ihre Familien und an ihre Heimat sowie die Kosten, Belastungen und Risiken der Migration der Umsetzung des Wunsches zu emigrieren erhebliche Grenzen setzen. Lena Kreck und Jörg Schindler schreiben: »Für den oft befürchteten ›Run auf die Sozialleistungen‹ gibt es beispielsweise aus Erfahrungen mit der EU-Osterweiterung empirisch keine Anhaltspunkte« (Kreck/Schindler 2017: 100). Allerdings dürfen die Bürgerinnen und Bürger der östlichen und südosteuropäischen EU-Länder trotz vieler Enttäuschungen erwarten, dass sich die Verhältnisse in ihren Ländern allmählich bessern werden – anders als in vielen Ländern des globalen Südens. Prinzipieller argumentiert Mario Candeias: »Ob ein Staat, auch ein deutscher Staat, das Recht hat Einwanderung zu begrenzen? Von einem legalistischen Standpunkt aus betrachtet mag das so sein – es ist keine linke Fragestellung. Die ›Autonomie der Migration‹ sucht sich ohnehin immer neue Wege, lässt sich auf Dauer nicht eindämmen.« (Candeias 2018) Tatsächlich ist nicht auszuschließen, dass der Migrationsdruck anhält und sogar zunehmen könnte. Der Fortschritt, dass in Schwellenländern die Zahl der zur Mittelschicht Gehörenden anwächst, erweitert den Kreis derer, die die Kosten der Migration tragen können. Die gleichzeitige Unsicherheit für die unteren Mittelschichten kann die Neigung zur Emigration verstärken. Die Folgen des Klimawandels vor allem für die armen Länder können unvorstellbare Wanderungsbewegungen hervorbringen. Ein Ende von Kriegen ist in vielen Regionen der Erde nicht absehbar.

> Ob linke Fragestellung oder nicht – die Linke kann dem Problem nicht ausweichen, wie unbedingte Solidarität mit Zuflucht Suchenden und den Armen im globalen Süden mit der Bewahrung des Sozialstaats im globalen Norden für alle zu vereinbaren ist – für die in reichen Ländern Geborenen und für Zuwandernde:

Erstens: Mitgefühl und Solidarität mit den Menschen, die den Bedrohungen und Nöten in ihren Herkunftsländern durch Flucht und Migration entgehen wollen, ist für Linke ein absolutes Gebot und der Ausgangspunkt linker Migrationspolitik.

Zweitens: Diese Solidarität muss ökonomisch durch Arbeitsplätze, Wohnraum, Bildungs- und kulturelle Leistungen für Migrant*innen auf solche Weise materiell untersetzt werden, dass dies nicht zulasten der Lohnabhängigen und Transferempfänger in den Zuwanderungsländern erfolgt – ohne Solidarbeiträge der Arbeiter- und Mittelklassen auszuschließen.

Die dafür erforderliche Mobilisierung von umfangreichen Ressourcen erfordert die Einordnung der Migrationspolitik in eine neue Klassenpolitik: Die Solidarität mit den Zuwandernden und mehr noch mit der armen Bevölke-

7.6 Solidarische Migrationspolitik

rung in ihren Herkunftsländern setzt mit äußerster Dringlichkeit eine tiefgreifende Transformation der Produktions- und Verteilungsverhältnisse auf die gesellschaftliche Agenda (siehe Kapitel 7.1.7). Die Großunternehmen, die die höchsten Profite aus der Ausbeutung der armen Länder in der auf Ungleichheit beruhenden Weltwirtschaft ziehen, und die Vermögen vor allem der Hyperreichen, in denen sich diese Ungleichheit manifestiert, sollten vorrangig mit den Kosten der Migration und der gleichzeitigen Erhaltung des Sozialstaats für alle belastet werden. Denkbar wäre eine einmalige, über fünf Jahre verteilte »Sonderabgabe Erneuerung des Sozialstaats und Migration« auf Vermögen. Die Vorsitzenden der Partei DIE LINKE hatten 2015 einen Vorschlag zur Einführung einer europaweiten Fluchtumlage eingebracht. Migrationspolitik muss als Klassenpolitik erfolgen oder sie wird an der Aufgabe scheitern, den menschenrechtlichen Universalismus mit der Erneuerung des Sozialstaats zusammenzuführen.

Langfristig wird es mit Umverteilung allein nicht getan sein. Nur eine hochproduktive und ressourceneffiziente Wirtschaft im Einklang mit der Natur, nur ein sozial-ökologisch ausgerichtetes Wirtschaftssystem also, wird dieser Doppelaufgabe auf Dauer entsprechen können (siehe Kapitel 7.1). Auf solche Weise würden Sozialpolitik und Migrationspolitik in eine veränderte Wirtschaftspolitik eingebettet werden.

Drittens: Auf dieser Grundlage geht es um eine »soziale Offensive für alle«. Dringlich sind ein Umbau der sozialen Sicherungssysteme und umfangreiche Investitionen in soziale Infrastrukturen, nicht zuletzt auf kommunaler Ebene. Sowohl die Tatsache, dass viele Prekarisierte mangels stabiler Beschäftigungsverhältnisse keine Ansprüche auf ausreichende Sozialleistungen erarbeiten können, als auch der Umstand, dass Immigrierte Ansprüche auf Sozialleistungen nicht durch Beitragszahlungen in den Versicherungssystemen erworben haben, sprechen für eine Aufwertung bedarfsorientierter Mindestsicherung und für eine Relativierung der Erwerbs- und Äquivalenz-Zentrierung sozialstaatlicher Anwartschaften (Urban 2018: 108).

Viertens erfordert eine gelingende Migrationspolitik deren Einbettung in inklusive Klassensolidarität. Sie darf nicht auf eine paternalistische Behandlung der Immigranten als passive Empfänger von Fürsorge hinauslaufen. Vielmehr sind Strategien der Selbstermächtigung der Eingewanderten durch ihre Einbeziehung in soziale und politische Kämpfe notwendig, in gewerkschaftliche Arbeit und in andere soziale Bewegungen (ebd.: 110).

Fünftens: Viele Schritte einer links inspirierten Migrationspolitik wirken erst mittel- und langfristig. Aber schon zuvor sind verbindliche Regelungen zur Einwanderung unumgehbar – nicht identisch mit der Festlegung von Obergrenzen. Unstrittig und nicht durch Begrenzungen schon vor der Entscheidung über Asylanträge einzuschränken ist das Recht auf Asyl. Durch die Genfer Flüchtlingskonvention ist die Pflicht zur Aufnahme von Menschen völkerrechtlich verbindlich festgeschrieben, die politischen Menschenrechtsverletzungen ausgesetzt sind.

Aber Zuflucht suchen auch Menschen, die nicht verhungern wollen, die vor Klima- und anderen Umweltkatastrophen fliehen, sexueller Gewalt entgehen und für sich und ihre Kinder ein gutes Leben wollen. Um ausgewogene Öffnung für jene, die asyl- und flüchtlingsrechtlichen Schutz nicht in Anspruch nehmen können, geht es im Diskurs über linke Anforderungen an ein solidarisches Einwanderungsgesetz für das Einwanderungsland Deutschland. Es darf nicht auf einen neoliberalen Selektionsmechanismus hinauslaufen, der den Unternehmen qualifizierte Arbeitskräfte zum Ausgleich deutscher Ausbildungsversäumnisse und als Druckpotenzial auf deutsche Beschäftigte zuführen soll. Es muss eine Balance ermöglichen zwischen menschenrechtlich und moralisch begründeter Solidarität und gesicherter Sozialstaatlichkeit für alle. Es muss den moralischen Anspruch aufnehmen, der in der Vision »offene Grenzen für Menschen in Not« zum Ausdruck kommt, und es muss diesen Anspruch mit dem in absehbarer Zeit mobilisierbaren Potenzial des Zuwanderungslandes in Einklang bringen, den Sozialstaat für alle weiterzuentwickeln. Eine Festlegung von fixen Obergrenzen kann dem nicht entsprechen.

Unerträglich ist die Fortsetzung einer europäischen Migrationspolitik, die auf Zäunen, Mauern, Frontex, Kriminalisierung von Helfern für Menschen in Seenot, Konzentration von Flüchtlingen und Asylbewerbern in Lagern unter menschenunwürdigen Bedingungen und Abschiebungen in unsichere Verhältnisse beruht. Aber unverzichtbar ist die Kontrolle der Migration an den Außengrenzen der EU.

Die Härte solcher Grenzen muss jedoch entschärft, die Grenzen müssen humanisiert, d.h. völkerrechts-, menschenrechts- und flüchtlingsrechtskonform ausgestaltet werden. Dazu gehört die Möglichkeit für Migrationswillige, ihre Zuwanderung ohne Schwierigkeiten in den Botschaften und Konsulaten von Zielländern auf dem Boden der Herkunftsländer und Transitländer zu beantragen. Dazu gehört ferner die Eröffnung legaler Flucht- und Einwanderungswege. Die Lager in nordafrikanischen und anderen Ländern, in denen sich Migranten mit dem Ziel sammeln, nach Europa zu kommen, bedürfen aufs dringlichste humanitärer Hilfe der EU und ihrer Mitgliedstaaten, um der Würde der Menschen dort zu entsprechen. Zuwanderungswillige, die das Territorium der Europäischen Union erreicht haben, müssen menschenwürdige Behandlung erfahren, statt an ihnen abschreckende Verhältnisse zu demonstrieren.

7.6 Solidarische Migrationspolitik

Einwanderungspolitik ist als Teil eines Transformationsprozesses auf nationaler und internationaler Ebene im oben behandelten Sinn zu verstehen. Vom Standpunkt einer internationalistischen Linken sollte der Migrationsprozess so gestaltet werden, dass er zu einer wichtigen Dimension der Zukunft in einer solidarischen Gesellschaft wird. Wenn dies nicht gelänge, würde die durch nichts zu verhindernde Fluchtbewegung von armen in reiche Länder zu Wasser auf den Mühlen der Neuen Rechten werden.

Migration – Zukunft oder Ende des Kapitalismus?
Welche Bedeutung unter den globalen Prozessen unserer Epoche wird die Migration für die Frage in diesem Buch nach Zukunft oder Niedergang des Kapitalismus gewinnen?

Sie wird das Armutsproblem in der Welt nicht lösen. Das bleibt die Aufgabe eines progressiven Aufbruchs in den Entwicklungs- und Schwellenländern und ihrer umfassenden Unterstützung durch die wohlhabenden Länder im Rahmen einer künftigen gerechten Weltwirtschaft. Aber die Bedeutung der Migrationsprobleme in den Konflikten eines voraussichtlich langen Interregnums wird zunehmen. Emotional hoch aufgeladen verlangen sie der Linken ein Höchstmaß politischer Klugheit im Umgang mit den widersprüchlichen Tendenzen und Wirkungen der Migration und eine politische Diskurskultur ab, die ihr bisher fehlt.

Wenn es der Neuen Rechten gelänge, die Migration weiter für Fremdenhass, Rassismus und Nationalismus zu instrumentieren, würde dies die Tendenz zu dem oben behandelten Szenario eines autoritären, rechtspopulistischen Kapitalismus stärken. Die Spaltung der Gesellschaft der Bundesrepublik würde noch gefährlicher fortschreiten. Das Auseinanderdriften der Mitgliedstaaten der Europäischen Union würde verstärkt. Dann wird der Kapitalismus sich mittelfristig weiter behaupten, aber mithilfe von Herrschaftsformen, die seine Akzeptanz weiter aushöhlen, mit vertieften sozialen und ökologischen Krisen, die ihn schwächen. *Destabilisierende Herrschaftsverlängerung* wäre die Formel dafür – ähnlich Streecks oben dargestellter Erwartung eines langen qualvollen und krisengeschüttelten Niedergangsprozesses des Kapitalismus.

Aber die Migration wird zugleich zu einem wichtigen Katalysator von Gegenbewegungen. Schon 2006 hatten die illegalisierten Migrant*innen in den USA, vor allem in Kalifornien, Millionen Menschen zu Demonstrationen für die Legalisierung ihres Status mobilisieren können (Candeias/Völpel 2014: 31). Anfang 2011 traten rund 300 meist nordafrikanische Flüchtlinge in Griechenland in einen Hungerstreik für Aufenthaltspapiere und eine bessere medizinische Versorgung. Innerhalb von kurzer Zeit entstand eine breite Unterstützungsbewegung um das Netzwerk für Politische und Soziale Rechte/Antarsya. Sie umfasste u.a. Flüchtlingsinitiativen, Aktivisten von Syriza und gewerkschaftliche Gruppen. Das Arbeitsministerium wurde besetzt. Solidaritätskonzerte fanden statt. Krankenhausärzte behandelten Flüchtlinge kostenlos, ohne ihre Namen preiszugeben. Nach sechs Wochen wurde der Hungerstreik kraft dieser Unterstützung erfolgreich beendet (ebd.: 161). Im Februar 2017 forderten nach Polizeiangaben 160.000 Menschen, nach Schätzungen der Veranstalter rund 300.000 Teilnehmer einer großen Demonstration in Barcelona von der konservativen Regierung Rajoy, Spanien für mehr Asylbewerber zu öffnen. Die linke Bürgermeisterin von Barcelona, Ada Colau, unterstützte den Protest der Demonstranten gegen den Bruch des Versprechens der Regierung, etwa 16.000 in anderen EU-Ländern gestrandete Flüchtlinge aufzunehmen. Seit dem Herbst 2018 gibt es Anzeichen erneuter Verstärkung von Solidaritätsbewegungen in Europa und nicht zuletzt in Deutschland. Ausgerechnet die von der Rechten als geeignetes Movens ihrer antihumanen Ideologie auserkorene Migration wird für eine kaum überschaubare Zahl von Bewegungen, Initiativen, Organisationen und einzelner Bürgerinnen und Bürger zum Anlass der Besinnung auf humanistische Werte in einer besseren solidarischen Gesellschaft. Großdemonstrationen für eine offene, tolerante Gesellschaft führen Hunderttausende Menschen zusammen, im Oktober 2018 mobilisiert von der Bewegung #Unteilbar rund eine Viertel Million Menschen in Berlin. Die Willkommenskultur von 2015, zwischenzeitlich überlagert von Ängsten vor Überforderung und Verlusten für die deutsche Bevölkerung, ist plötzlich als machtvolle solidarische Bewegung auf Straßen und Plätzen wieder da. Machtvoll, aber noch nicht mächtig genug, kündigt sich an:

> Die demokratische Zivilgesellschaft vermag der Neuen Rechten die Deutung und Gestaltung der Migration zu entreißen und die Migrationspolitik einzufügen in ein sozial-ökologisches Transformationsprojekt. Die Migration kann – gestaltet nach humanistischen Maßstäben – zu einer bereichernden Seite der künftigen solidarischen Gesellschaft und auf dem Weg zu ihr werden.

8. Kapitel
Zukunft: Mögliche Konturen einer solidarischen Gesellschaft

Die kritische Analyse neoliberaler Texte hat deren Grundsuggestion erkennbar gemacht: dass nichts wirklichkeitsferner sei, nichts zu mehr Unsicherheit und Chaos führen könne, als an den gegenwärtigen Verhältnissen zu rütteln. Bourdieu jedoch mahnte:

>»Die Sprache der Autorität regiert immer nur durch die Kollaboration der Regierten.« (Bourdieu 2005: 107)

Wie aber, wenn es den Regierten, der pluralen Linken zumal, gelingt, diese Kollaboration durch die Aufkündigung des herrschenden Diskursrahmens zu beenden? Wenn Sie sich entschieden wirksamer in die öffentlichen Diskussionen über die Aufgaben vor uns einzubringen vermag? Wenn sie eindringlich vermitteln kann, warum Zukunft nicht durch höhere Profite zu gewinnen ist, dass dagegen eine solidarische Gesellschaft einzulösen vermag, was Menschen wirklich brauchen?

>Wenn sie gegen den herrschenden Diskurs ihre eigene Erzählung setzt, »die man erzählt, wiederholt, abwandelt; Formeln, Texte, ritualisierende Diskurssammlungen, die man bei bestimmten Gelegenheiten vorträgt, einmal gesagte Dinge, die man aufbewahrt, weil man in ihnen ein Geheimnis oder einen Reichtum vermutet.« (Foucault 1974: 16)

Einen Reichtum an realistischen Vorstellungen von den möglichen Konturen einer künftigen solidarischen Gesellschaft nämlich, die auch als demokratischer grüner Sozialismus bezeichnet werden könnte. Denn:

>»Der häretische Diskurs muss nicht nur die Bejahung der Welt des common sense aufbrechen helfen, indem er sich öffentlich zum Bruch mit der normalen Ordnung bekennt, sondern auch einen neuen common sense schaffen und die bislang unausgesprochenen oder verdrängten, jetzt aber mit der Legitimität der öffentlichen Manifestation und kollektiven Anerkennung versehenen Praktiken einer ganzen sozialen Gruppe in ihn einbringen.« (Bourdieu 2005: 132)

8. Kapitel: Mögliche Konturen einer solidarischen Gesellschaft

Mehr noch, nicht nur um alternative Auffassungen und Praktiken einer einzelnen sozialen Gruppe geht es heute, sondern um gemeinsame Gegenmachtpositionen von Bürgerinnen und Bürgern weit über Forderungskataloge von Gewerkschaften und anderen sozialen Bewegungen hinaus. Wie Mimmo Porcaro, einer der wichtigsten und produktivsten Denker der heutigen italienischen Linken, formuliert: »Das politische Subjekt des popularen Bündnisses stellt sich dar als ein multiples Subjekt in der horizontalen Dimension (da es aus verschiedenen Klassen besteht und auf unterschiedliche Widersprüche reagiert) und zugleich in der vertikalen Dimension (da es aus verschiedenen Formen politischer Vereinigung besteht) (Porcaro 2015: 88).

> Aber das Problem wurde in der oben gegebenen Darstellung verschiedener Knotenpunkte kapitalistischer Widersprüche und ihrer sehr unterschiedlichen Bewertung für den Kampf um eine bessere Gesellschaft durch unterschiedliche Akteure sichtbar: Eine zusammenführende gemeinsame Erzählung, den common sense einer modernen Linken, gibt es bisher nicht.

Allerdings zeichnen sich – das wurde ebenfalls sichtbar – Grundkomponenten einer solchen einenden Erzählung durchaus ab. Im Folgenden wird versucht, sie zu den Umrissen einer progressiven Gesellschaftsalternative zusammenzuführen. Das kann an vielen Versuchen anknüpfen (u.a. Albert 2006; Altvater 2005; Brie 2014; Thomas/Busch 2015 ; Creydt 2016; Dörre 2018; Flassbeck/Steinhardt 2018; Groll 2009; Naomi Klein 2014; Klein 2013; Land 2018; Sanders 2017; Scheer 1999 und 2010; Steinitz 2018; Wagenknecht 2016; Ypsilanti 2017).

Der sich formierenden Stimme der pluralen Linken in den öffentlichen Diskursen Gehör zu verschaffen, stößt auf viele Hürden. Eine hohe Barriere besteht darin, dass sie den anerkannten Rahmen des üblichen Diskurses aufkündigen muss. Sie fordert ihren Adressaten ab, mit tief verinnerlichten Doktrinen zu brechen. Was die Herrschenden selbst und die Subalternen seit Jahrzehnten gelernt, gehört und immer wieder gedacht haben, wird plötzlich in Zweifel gezogen.

> »Durch die gemeinsame Verbindlichkeit eines einzigen Diskursensembles definieren Individuen, wie zahlreich man sie sich auch vorstellen mag, ihre Zusammengehörigkeit. Anscheinend ist die einzig erforderliche Bedingung die Anerkennung derselben Wahrheiten und einer – mehr oder weniger strengen – Regel der Übereinstimmung mit den für gültig erklärten Diskursen.« (Foucault 1974: 29)

Zukunft: Mögliche Konturen einer solidarischen Gesellschaft

Wer mit dieser Regel bricht, riskiert folgenreich den Ausschluss aus der Gemeinschaft derer, die durch die herrschenden Doktrinen zusammengehalten werden. Damit es den Einzelnen nicht zu schwer wird, an den herrschenden Auffassungen festzuhalten, gibt es noch die Zensur, die sie trotz grundgesetzlich verankerter Meinungsfreiheit vor allzu abweichenden Meinungen bewahrt. In demokratischen Staaten wirkt diese Zensur weniger durch offensichtliche Verbote, mehr jedoch in subtileren Formen, nicht zuletzt als Selbstzensur von Oppositionellen in der Hoffnung, nicht jeglichen Einfluss zu verlieren. Aber:

»Am wirkungsvollsten und am besten kaschiert sind diejenigen Zensurmethoden, bei denen bestimmte Akteure von Gruppen oder Orten, womit Autorität gesprochen wird, ferngehalten und damit von der Kommunikation überhaupt ausgeschlossen werden.« (Bourdieu 2005: 144)

Doch das funktioniert nicht mehr so, wie es die Machteliten gern hätten. Präsident Macron hatte wie das Establishment in anderen Ländern geglaubt, über die Köpfe der Subalternen hinweg mit bonapartistischen Zügen beschwörend durchregieren zu können. Aber plötzlich gingen wochenlang Hunderttausende auf die Straßen von Paris und anderer französischer Städte und Dörfer. Die Rechnung, sie aus Diskursen in der Gesellschaft einfach ausschließen zu können, ging nicht auf. Die Gilets Jaunes, die Gelbwesten, setzten gegen die Herrschenden auf die politische Tagesordnung, was ihren missachteten Bedürfnissen entspricht.

Sie haben bewiesen, dass es möglich ist, das über Generationen im lebensweltlichen Alltag unbewusst eingeübte Festhalten an den gewohnten Verhältnissen zu durchbrechen. In Deutschland wird die Bewahrung des Gegebenen durch die relativ komfortable sozial-ökonomische Situation der Bundesrepublik im Vergleich zu den meisten anderen Ländern bestärkt. So finden nach einer Datenerhebung im Auftrag der Bertelsmann Stiftung vom Juli 2017 75% der erwachsenen Deutschen, dass sich ihr Land in die richtige Richtung entwickle, nur 28% allerdings lassen das für die Europäische Union gelten (Hoffmann 2017: 3f). Nach einer repräsentativen Studie in der Kooperation der Hamburger »Zeit«, des WZB und infas, verantwortet von Jutta Allmendingen, neigen 92% der Befragten dem Standpunkt zu: »Wie ich lebe, so soll es bleiben«. Das ist der Wunsch, den sie als Vermächtnis den kommenden Generationen antragen. Allerdings fürchten zugleich 88%: »Mein Heute ist besser als die Zukunft.« Und 85% erwarten für die Zukunft der Werte, die heute noch ihr Leben bestimmen: »Meine Werte werden nicht erreicht« (Allmendinger 2017: 74). »Im Großen und

Ganzen erwarten die Menschen, dass es nicht so wird, wie sie es sich wünschen. Es wird schlechter.« (Ebd.: 68)

Für die Linke öffnet sich damit ein Spannungsfeld. Sie stößt, in besonderem Maße in Deutschland, auf die Barriere, dass große Teile der Bevölkerung einerseits am gegenwärtigen Zustand festhalten wollen, nicht zuletzt auch, weil sie von Veränderungen eine Verschlechterung befürchten. Und dies trotz großer Unzufriedenheit in der Bevölkerung mit sozialer Ungerechtigkeit und dem Zustand der Demokratie, die in anderen Befragungen festgestellt wird (Kahrs 2017). Nach einer Erhebung des Edelman Trent Barometer vom Februar 2017 vertrauen nur noch vier von zehn Bundesbürgern darauf, dass das politische System grundsätzlich funktioniert. Aber andererseits erwartet die überwiegende Mehrheit der Bevölkerung im Unterschied zu ihrem Wunsch nach Kontinuität von der Zukunft eher gravierenden Wandel. Und die brennende Frage lautet: Wer wird mit den überzeugenderen Vorstellungen den Diskurs über die Richtung kommender unvermeidlicher Umbrüche bestimmen?

In dem Widerstand alternativer Akteure, in ihren Diskursen des Aufbegehrens und in ihrer Zuwendung zu praktischen Projekten der Abkehr von den herrschenden Verhältnissen zeichnet sich entgegen der Mehrheitshaltung in Umrissen ab, dass die systemischen Grunddefizite des Kapitalismus und deren verstärkte Wirkung gegen eine Zukunft für den Kapitalismus sprechen.

8.1 Drei systemische Grundschwächen des Kapitalismus

Erstens: Die elementarste Systemschwäche des Kapitalismus ist, dass das Kapital als sich verwertender Wert auf der Ausbeutung der Mehrheit der Bevölkerung durch die Minderheit der kapitalistischen Unternehmen und auf rücksichtslosem Umgang mit den Naturressourcen beruht. Es spaltet seiner Natur gemäß die Gesellschaft. Die Geschichte des Kapitalismus ist die Geschichte zunehmender sozialer Ungleichheit, die Geschichte der wachsenden Kluft zwischen anschwellendem Reichtum und – zumindest relativer – Armut, zwischen den herrschenden Eliten, die alle Machtressourcen bei sich konzentrieren, und den Subalternen, denen es an Machtressourcen mangelt. Die kritische Analyse von Texten neoliberaler Wortführer hat ergeben, dass genau dieser Kapitalismus um jeden Preis bewahrt und den sich wandelnden Bedingungen angepasst werden soll. Jedoch – das Schicksal eines solchen Systems ist auf lange Sicht, dass dieser Widerspruch zu einer Lösung drängt. Warum sollte die subalterne Mehrheit solche Herr-

8.1 Drei systemische Grundschwächen des Kapitalismus

schaftsverhältnisse auf die Dauer hinnehmen? Warum nicht dem Kapitalismus ein Ende machen?

In der Literatur ist für das auf das antike Griechenland zurückzuführende Genre der Tragödie charakteristisch, dass der zentralen Figur der Handlung ein Schicksal unentrinnbar vorbestimmt ist – wie heftig der Held der Tragödie sich dagegen auch wehren mag. Zur Spannung in dieser Form des Dramas gehört meist, das seinen Zuschauern trotz des zu erwartenden Ausgangs im Lauf des dargestellten Geschehens immer wieder der Eindruck vermittelt wird, dessen Hauptakteur könnte seinem vorgezeichneten Scheitern auf wundersame Weise doch noch entgehen – ob bei Aichylos, Sophokles und Euripides, ob später bei Shakespeare, bei Corneille oder in Goethes »Faust«.

Ähnlich glaubt auch heute eine Mehrheit, dass der Kapitalismus seinem von Karl Marx und Friedrich Engels, von Adam Smith, David Ricardo und John Stewart Mill, den Klassikern der bürgerlichen Ökonomie, von Joseph Schumpeter und Karl Polanyi und als Möglichkeit auch von John Maynard Keynes erwarteten Ende ein Schnippchen schlagen könnte. Tatsächlich hat er kraft seiner nie zuvor erreichten Produktivkraftdynamik und demokratischer Formen seiner Machtausübung große Teile der Bevölkerung immer wieder in die bestehenden Herrschaftsverhältnisse einbinden können – trotz zweier Weltkriege, kolonialer und neokolonialer Ausplünderung großer Teile der Erdbevölkerung, trotz Holocaust und wiederholten Wechsels zu autoritären Herrschaftsformen, trotz Ökokrise und kultureller Entzivilisierungsprozesse.

Aber seine Überlebenskraft kann nicht über das Grunddilemma des Kapitalismus hinwegtäuschen. Dieses besteht darin, dass er bedingt durch seine Natur als gnadenlose Verwertungsmaschine mit jedem Fortschritt zugleich Kräfte des Rückschritts und der Zerstörung hervorbringt. Was seiner Endlichkeit zu widersprechen scheint, reproduziert diese Endlichkeit zugleich.

Marx schrieb: »Die neuen Quellen des Reichtums verwandeln sich durch einen seltsamen Zauberbann zu Quellen der Not. Die Siege der Wissenschaft scheinen erkauft durch Verlust an Charakter. In dem Maße, wie der Mensch die Natur bezwingt, scheint der Mensch durch andre Menschen oder gar durch seine eigne Niedertracht unterjocht zu werden. Selbst das reine Licht der Wissenschaft scheint nur auf dem dunklen Untergrund der Unwissenheit leuchten zu können. All unser Empfinden und unser ganzer Fortschritt scheinen darauf hinauszulaufen, dass sie materielle Kräfte mit geistigem Leben ausstatten und das menschliche Leben zu einer materiellen Kraft verdummen. Dieser Antagonismus zwischen moderner Industrie und Wissenschaft auf der einen Seite und modernem Elend und Verfall auf der anderen Seite, dieser Antagonismus zwischen den Produktivkräften und den gesellschaftlichen Beziehungen unserer Epoche ist eine handgreifliche, überwältigende und unbestreitbare Tatsache.« (MEW 12: 3f.)

Die Tragödie des Kapitals, die »*wahre Schranke* der kapitalistischen Produktion ist *das Kapital selbst*, ist dies: dass das Kapital und seine Selbstverwertung als Ausgangspunkt und Endpunkt, als Motiv und Zweck der Produktion erscheint; dass die Produktion nur Produktion für das Kapital und nicht umgekehrt die Produktionsmittel bloße Mittel für eine stets sich erweiternde Gestaltung des Lebensprozesses für die Gesellschaft der Produzenten sind. Das Mittel – unbedingte Entwicklung der gesellschaftlichen Produktivkräfte – gerät in fortwährenden Konflikt mit dem beschränkten Zweck, der Verwertung des vorhandnen Kapitals.« (MEW 25: 260)

Doch wie die Helden in den Tragödien der griechischen Antike auf ihrem Weg Ausfluchten aus ihrem vorgezeichneten Scheitern zu finden scheinen, so hat der moderne Kapitalismus – wie Wolfgang Streeck dargestellt hat (Kapitel 3.1) – immer wieder Zeit erkauft, um seinem Ende zu entgehen. Die Tragik der Staatssozialismus bestand darin, dass er gar kein Sozialismus im emanzipatorischen Sinne war. Damit war sein Ende vorgezeichnet. Die Tragödie des Kapitalismus besteht darin, dass er tatsächlich Kapitalismus ist, also Aneignung großer Teile des von der Mehrheit der Menschen geschaffenen Wertes durch eine Minderheit und Profitdominanz in der Gesellschaft bedeutet. Seine Natur ist, dass er folglich die Gesellschaft spaltet und zudem sein Verwertungsfuror die Naturgrundlagen der Gesellschaft untergräbt. Beide Prozesse sind weit fortgeschritten, wie die Diskursanalyse in den Kapiteln 2 bis 5 gezeigt hat.

Die Linke hat allerdings gelernt, dass der Geschichtsverlauf – und hier stimmt der Vergleich mit dem Ablauf griechischer Tragödien nicht ganz – nicht durch Gesetze ökonomischer und gesellschaftlicher Entwicklung unentrinnbar vorbestimmt ist, anders als dies Marx und Engels annahmen. Das schließt aber nicht aus, die durch seine ökonomischen Gesetze bestimmten destruktiven Seiten des Kapitalismus mit einer Politik der Zurückdrängung und Überwindung der Profitdominanz in der Gesellschaft zu beantworten und zu erwarten, dass diese Politik schließlich obsiegen wird. Sie hat beides, Rationalität und an menschlicher Wohlfahrt orientierte solidarische Emotionen, auf ihrer Seite.

Marx hielt im »Kapital« als einen zentralen Befund fest: »Die kapitalistische Produktion entwickelt daher nur die Technik und Kombination als gesellschaftlichen Produktionsprozess, indem sie zugleich die Springquellen allen Reichtums untergräbt: die Erde und den Arbeiter.« (MEW 23: 529f.)

8.1 Drei systemische Grundschwächen des Kapitalismus 297

Im Zentrum einer umfassenden ökologischen Krise zieht eine Klimakatastrophe herauf. Seit 1965 verdreifachten sich die CO_2-Emissionen. 2015 lagen die Treibhausgas-Emissionen um mehr als 60% über dem Niveau von 1990, im Jahr 2018 erreichten sie in Deutschland, statt zu sinken, einen absoluten Höhepunkt. Nach Untersuchungen des Weltklimarats droht bereits bei einer Erderwärmung von 2°C im Vergleich zur vorindustriellen Zeit in weiten Teilen Afrikas die Halbierung der Ernteerträge. In Asien, Afrika und Südamerika gehen jährlich 30 bis 40 Tonnen Boden pro Hektar verloren. In den letzten fünfzig Jahren ist der Verlust eines Drittels des fruchtbaren Bodens der Welt zu registrieren (Bommert 2012: 25). Jährlich findet ein Verlust von ca. 13 Millionen ha Wald statt. Die Versauerung der Ozeane gefährdet die Fischbestände und die Existenzgrundlage der Millionen Menschen, die von ihnen leben. In den vergangenen 20 Jahren wurde jede achte Tierart ausgelöscht. Schon eine Erderwärmung um 2°C bedroht rund 30% der Tier- und Pflanzenarten mit dem Aussterben. Die Kehrseite des Fortschritts im Kapitalismus ist tatsächlich die Erosion der Naturgrundlagen menschlicher Existenz.

Dass auch der Mensch mit dem Fortschritt kapitalistischer Produktivkraftentwicklung schwer geschädigt wird, liegt für viele weniger auf der Hand – obwohl dies zur entscheidenden Frage für emanzipatorische Bewegungen wird. »Trotz aller Schattenseiten und Verluste: Für die große Mehrheit der Menschen stehen die Segnungen des Wachstums außer Frage.« (Fücks 2013: 25) Es gelte eben: »Die Geschichte der Moderne ist ... eine Fortschrittsgeschichte.« (Ebd.: 24) Diese richtige Feststellung führt Ralf Fücks aber zu einer gefährlichen Verdrängung der destruktiven Wirkungen des Kapitalismus auf den Menschen. Er kokettiert immer wieder mit Marx, aber er steht mit dessen dialektischem Denken auf Kriegsfuß. Da ist ihm Frank Schirrmacher weit voraus, der mit dem Siegeszug der Computer und Automaten die humanen Qualitäten des Menschen schwinden sieht (Kapitel 3.2).

Geld als Maß aller Dinge nagt an Moral und solidarischem Verhalten. Egoismus und Rücksichtslosigkeit werden belohnt. Mit der Konkurrenz als Daseinsweise des Kapitalismus sind zugleich Skrupellosigkeit, Korruption und Gewalt in die Gesellschaft eingeschrieben. Gegenläufiges Handeln führt eher zu Nachteilen für jene, die gegen den Konkurrenzstrom schwimmen. Wie zerstörend der Stachel des Profits in das Wertesystem der Menschen hineinwirkt und ihre Sensibilität für Unrecht und Unmenschlichkeit herabsetzt, wird in der Gewöhnung an empörende Zustände deutlich.

Finanzspekulationen mit Nahrungsgütern gehören zu den Ursachen von Hungersnöten, die Millionen Menschen das Leben kosten. Aber sie werden nur gelegentlich skandalisiert und nicht wirksam eingedämmt.

Das Desinteresse der pharmazeutischen Industrie an der Entwicklung und dem Einsatz von Medikamenten gegen Massenkrankheiten in Entwicklungsländern, wenn das Geschäft mit ihnen wenig gewinnträchtig ist, hat Jahr für Jahr den Tod weiterer Millionen Menschen zur Folge.

Der weltweite Umfang von Rüstungsexporten wird auf jährlich 40 bis 60 Milliarden Dollar geschätzt. Die Rüstungsindustrie der Industrieländer profitiert vom Waffenexport selbst in Länder, in denen Kinder als Soldaten eingesetzt werden. Die Zahl der Kindersoldaten wird auf weltweit 250.000 geschätzt. Teil eines schleichenden Entzivilisierungsprozesses ist, dass Krieg längst zu einem expandierenden Geschäftszweig renommierter Unternehmen der Industrieländer geworden ist. Vor allem US-Firmen stellen Krieg führenden Kombattanten in aller Welt private Militärverbände bis zu ganzen Privatarmeen zur Verfügung. Ein Teil des Waffenhandels wird in kriminellen illegalen Geschäften abgewickelt, mit dem legalen Rüstungskomplex jedoch durch die Herkunft der Waffen und durch ein und dasselbe Profitprinzip verbunden.

Neben dem illegalen Waffenhandel gehören der Drogenhandel und der Menschenhandel zu den Hauptgeschäftsfeldern transnationaler krimineller Netzwerke. Das United Nations Office on Drugs and Crime (UNODC) in Wien schätzt das Volumen des globalen Drogenhandels auf über 390 Milliarden US-Dollar. Damit ist er 65 mal größer als der Markt für Kaffee. Längst sind die zerstörenden Folgen dieses Geschäfts auf den Schulhöfen und in den Familien der wohlhabenden Länder angelangt, in deren Alltag also. Die Deregulierung der Finanzmärkte ermöglicht ohne allzu große Störungen die Geldwäsche der kriminell erzielten Profite und deren Einschleusung in die legale Ökonomie. Niemand kann ernsthaft behaupten, dass illegale Waffen- und Drogengeschäfte nur dem »eigentlichen« Kapitalismus fremde Auswüchse sind.

Zu den schlimmsten Gestalten des neoliberalen Angriffs auf die menschliche Zivilisation gehört der internationale und nationale Menschenhandel, dessen Objekte überwiegend Frauen und Kinder sind (Maihold 2011). Nach Schätzungen der International Labour Organization (ILO) betragen die jährlichen Gewinne aus dem Menschenhandel ca. 35 Milliarden Dollar. Die Armut der meisten Opfer, denen von den Menschenhändlern bei Vermittlung in andere Länder gute Arbeit und ein besseres Leben vorgegaukelt wird, ist der entscheidende soziale Hintergrund der Rekrutierung von Menschen für Prostitution, Zwangsarbeit und Schuldknechtschaft. Die Ungleichheitsverhältnisse des normalen kapitalistischen Systems sind es, die dem Menschenhandel den Boden bereiten. Nach Studien der United Nations Educational and Cultural Organization (UNESCO) werden jährlich 400.000 bis 4

8.1 Drei systemische Grundschwächen des Kapitalismus

Millionen Menschen Opfer des Menschenhandels. Allein nach Europa werden jährlich etwa 250.000 Menschen verkauft und landen überwiegend in erzwungener Sexarbeit. Seit Jahren wird in Deutschland seitens der CSU und anderer konservativer Kräfte gefordert, für die Zuwanderung von Migrant*innen eine Obergrenze von höchstens 200.000 im Jahr festzuschreiben und in der Praxis weit darunter zu bleiben. Der Import von 250.000 Menschen nach Europa in ein Schicksal schlimmsten physischen und psychischen Missbrauchs interessiert die Protagonisten der Fremdenfeindlichkeit dagegen kaum. Die Gleichzeitigkeit beider Prozesse deutet auf einen fortschreitenden schleichenden Verlust humanistischer Werte hin. Das UNODC schätzt das Gesamtvolumen krimineller Geschäfte auf 1.300 Milliarden Dollar jährlich.

Unter der Oberfläche des kapitalistischen Alltags rumort die Empörung über diese Verhältnisse. Die Erklärung der ersten frankreichweiten Versammlung der Gelbwesten vom 27. Januar 2019 ist ein machtvolles Zeichen dafür im öffentlichen Diskurs: »Seit dem 17. November haben wir uns im kleinsten Dorf, im ländlichen Raum, aber auch in den größten Städten gegen diese zutiefst gewaltsame, ungerechte und unerträgliche Gesellschaft erhoben. Wir lassen uns das nicht mehr gefallen! Wir lehnen uns gegen das teure Leben, soziale Unsicherheit und das Elend auf. Wir wollen für unsere Angehörigen, unsere Familien und unsere Kinder in Würde leben können. Lasst uns den Reichtum teilen und nicht das Elend! Lasst uns Schluss machen mit der sozialen Ungleichheit!« (Neues Deutschland, 30.1.2019)

> Ein System, das Menschlichkeit vielfach infrage stellt und zudem noch seine eigenen Naturgrundlagen zerstört, ruft notwendig Gegenmächte auf den Plan, die Humanität und Verantwortung für die natürlichen Lebensgrundlagen auf ihrer Seite haben. Beide Momente zusammen könnten entscheidend für Zukunft oder Ende des Kapitalismus werden.

Zweitens: Die destruktiven Prozesse des Kapitalismus konnten lange Zeit durch ein starkes Wirtschaftswachstum überdeckt werden. Nun aber wird die langfristige Verlangsamung des Wachstums zu seiner Schwäche. In den Jahrzehnten nach dem Zweiten Weltkrieg ermöglichte das Wirtschaftswachstum den Gewerkschaften und anderen Akteuren, beachtliche Verbesserungen für große Teile der Bevölkerung in den industriell entwickelten Ländern zu erreichen, die eine Verdrängung negativer Seiten kapitalistischer Entwicklung im öffentlichen Bewusstsein ermöglichten. Aber die Analyse des Wachstumsdiskurses ergab: Seit den 1970er Jahren erfolgte ein für den Kapitalismus gefährlicher Umschlag. Der Beginn der industriellen Revolution hatte ein zuvor in der Geschichte nie gekanntes Wachstum hervorgebracht. In den 1950er und 1960er Jahren erreichte das Wirtschaftswachstum seinen Höhepunkt. Doch Ende der 1970er bis Mitte der 80er Jahre setzte ein gravierender Einbruch im Wachstumstempo ein. Seitdem gingen die prozentualen wirtschaftlichen Wachstumsraten weltweit und auch in Deutschland auf etwa die Hälfte des Niveaus der 1950er und 1960er Jahre zurück (Busch/Land 2013: 13). Eine langfristige Tendenz zu »säkularer Stagnation« (Alwin Hansen) begann sich durchzusetzen (zu den Ursachen dafür siehe Busch/Land 2013; Klein 2003; Reuter 2000; Zinn 2015; Kapitel 5.5 dieses Buches).

Für ein auf Wachstum eingeschworenes System und angesichts eskalierender Probleme, die es seiner Natur gemäß vor allem durch Wachstum zu lösen trachtet, ist das alarmierend und eine empfindliche langfristige Schwächung. Die Fallhöhe ist nach den zweieinhalb Jahrzehnten außerordentlichen Wachstums in der Mitte des vergangenen Jahrhunderts besonders schmerzhaft. Die Wachstumsverlangsamung reduziert empfindlich den Spielraum der Machteliten für Versuche, ohne verstärkten Zugriff auf die Einkommen und Vermögen der Reichen und Superreichen die zunehmende soziale Kluft zwischen oben und unten zu überdecken. Verteilungskonflikte bekommen mehr Brisanz. Rechte Kräfte nutzen die Situation, um Zuwandernden die Schuld für soziale Defizite zuzuschreiben, ethnische Konflikte zu schüren und dem Nationalismus Auftrieb zu verschaffen. Die Neigung der Mächtigen, auf zunehmende Konflikte mit autoritären Herrschaftsformen zu reagieren, wird stärker und zur Herausforderung für demokratische Akteure, die Demokratie zu verteidigen und zu erneuern. Versuche, das Wachstum ohne Rücksicht auf ökologische Stabilität zu steigern, tragen zur Vertiefung der ökologischen Krise bei. Die internationale Konkurrenz wird härter, wirkt als Druck auf die Lohnabhängigen und verstärkt die Interessenkonflikte zwischen Ländern mit hohen Exportüberschüssen und Defizitländern, zwischen Gläubigerstaaten und Schuldnerstaaten. Die zunehmende Schwierigkeit, bei starken stagnativen Tendenzen profitable Möglichkeiten für produktive Kapitalanlagen zu finden, verstärkt die Neigung der Anleger, sich vermehrt riskanten Geschäften auf den internationalen Finanzmärkten zuzuwenden.

> Kurz, die Abschwächung des Wirtschaftswachstums hat auf vielen Ebenen eine verstärkte Labilität des Kapitalismus zur Folge und führt zu Problemen, die in die Mehrfachkrise mit dem Höhepunkt 2008 mündeten und sich in neuen mehrdimensionalen Großen Krisen entladen könnten.

8.1 Drei systemische Grundschwächen des Kapitalismus

Drittens ist der Kapitalismus seit den 1970er Jahren am Werke, jene Prozesse und gesellschaftlichen Kräfte zu schwächen und zu zerstören, die den vom Kapital ausgehenden Destruktionsprozessen entgegenwirken. Je erfolgreicher er dabei ist, die die Profitmacherei begrenzenden Elemente niederzuwalzen, je mehr er die Korrektoren seines ureigenen Daseins verdrängt, desto mehr schwächt er sich selbst und verspielt die Zukunft, die ihm in Diskurs des Weiter so zugesprochen wird.

Karl Polanyi hat schon 1944 auf die existenzielle Bedeutung von Mechanismen der Begrenzung der kapitalistischen Marktregulierung für das Funktionieren der ganzen kapitalistischen Gesellschaft hingewiesen (Polanyi 1978: 68). Er sah eine Doppelbewegung als Überlebensbedingung des Kapitalismus an.»Sie kann dargestellt werden als das Wirken zweier Organisationsprinzipien innerhalb der Gesellschaft ... Das eine war das Prinzip des Wirtschaftsliberalismus, das auf die Schaffung eines selbstregulierten Marktes abzielte ... und als Methode weitgehend Laissez-faire und den Freihandel bemühte; dass andere war das Prinzip des Schutzes der Gesellschaft, das auf die Erhaltung des Menschen und der Natur sowie der Produktivkräfte abzielte.« (Ebd.: 68; 185)

Wolfgang Streeck hat diesen Grundgedanken Polanyis aufgenommen und – wie im Kapitel 3.1 dargestellt – als eine entscheidende Ursache des Niedergangs des Kapitalismus die neoliberale Demontage der Antikräfte zur Selbstzerstörung der kapitalistischen Gesellschaft seit den 1970er Jahren ausgemacht. Die Grundprinzipien des Neoliberalismus – Privatisierung, Deregulierung, Liberalisierung, Finanzialisierung und Austeritätspolitik – bewirken genau diese Demontage der Stützen des Kapitalismus. Zu dessen Dilemmata gehört, dass er, indem er widerständige gesellschaftliche Gegenkräfte schwächt, zurückdrängt und nicht selten mit Gewalt unterdrückt, zugleich sich selbst der von diesen Kräften getragenen stützenden Fundamente der Gesellschaft beraubt.

Wenn der Kapitalismus mit dem Schleifen öffentlicher Daseinsvorsorge, mit der Privatisierung öffentlicher Infrastrukturen, mit dem Zurückdrängen der sozialen Funktionen des Non-Profit-Sektors, mit der Eindämmung der Dezentralisierungs- und Demokratisierungspotenziale genossenschaftlicher und kommunaler Energieerzeuger, mit der Geringschätzung und Unterfinanzierung des Care-Sektors und mit Planungsfeindlichkeit die Funktionsfähigkeit der Gesellschaft schwächt und sie in eine Vielzahl von Krisen stürzt, folgt daraus jedoch keineswegs ein automatischer Zusammenbruch und schon gar nicht der Übergang zu einer besseren Gesellschaft. Aber – indem der neoliberale Kapitalismus die mühsam erkämpften institutionellen Sicherungen gegen seine eigenen destruktiven Wirkungen demontiert, büßt er an sozialer Integrationskraft ein, verliert Legitimation und Akzeptanz und wird angreifbarer. Die Chancen für Gegenmachtakteure wachsen, in den kommenden sozialen und politischen Kämpfen die Kräfteverhältnisse gegen den Kapitalismus zu drehen. Diese Kämpfe, sowohl die praktischen Projekte progressiven Wandels wie die alternativen Diskurse, bedürfen theoretisch-konzeptioneller Grundlagen.

8.2 Überlegungen für eine solidarische Gesellschaft

Welches können die Leitideen einer solidarischen Gesellschaft sein, deren Anziehungskraft die ihnen entgegenstehenden herrschenden Doktrinen erschüttern, schließlich die Diskurshegemonie erringen und die Zukunft bestimmen kann? Sie zeichneten sich im Verlauf der kritischen Textanalysen bereits ab und sind hier nur noch zusammenzufassen:

Der *erste Leitgedanke* für eine solidarische Gesellschaft ist nach der hier vertretenen Auffassung: Sie wird die Bedingungen freier Persönlichkeitsentfaltung für alle und den Erhalt der Naturgrundlagen menschlichen Lebens sichern. Eine zukunftstaugliche moderne linke Erzählung nimmt den »Traum nach vorwärts« unzähliger Menschen in sich auf, alles »ganz mächtig Vorbewusste« in unserer Zeit, die Hoffnungen und die Wünsche von Millionen. Und im glücklichen Falle gilt der Satz aus »Wilhelm Meisters Lehrjahre«: »Wünsche sind Vorgefühle der Fähigkeiten, die in uns liegen, Vorboten desjenigen, was wir zu leisten imstande sein werden.« (Siehe Bloch 1985: 137) Es sind die Bedürfnisse der Millionen, die zu der wichtigsten Frage für die Transformation zu einer solidarischen Gesellschaft führen: »Was brauchen Menschen für ein selbstbestimmtes Leben in Würde und Solidarität mit anderen?« So formuliert von den Autoren des Zukunftsberichts der Rosa-Luxemburg-Stiftung im Jahr 2003 (Klein 2003: 89).

Sie brauchen erstens sozial gleiche Teilhabe an den Bedingungen freier Entfaltung ihrer Persönlichkeit in sozialer Sicherheit: gute Arbeit, menschenwürdige Einkommen, Gesundheit, gute Wohnungen, Bildung, Information, Kultur und wirksame demokratische Mitentscheidung über die gesellschaftliche Entwicklung. Sie brauchen Gerechtigkeit im Zugang zu diesen Freiheitsgütern.

Zweitens brauchen sie den Erhalt und – soweit noch möglich – die Wiederherstellung einer gesunden Natur für sich selbst und kommende Generationen. Ein gutes Leben im 21. Jahrhundert wird nur in intakten Naturverhältnissen möglich sein.

8.2 Überlegungen für eine solidarische Gesellschaft 303

Eine künftige solidarische Gesellschaft wird – wenn diese beiden Maßstäbe das Handeln alternativer Akteure ohne Wenn und Aber bestimmen – auf einer unvergleichlichen Stärke beruhen. Sie wird eine menschengerechte Gesellschaft im Einklang mit der Natur sein – oder sie wird nicht sein. Wie Frank Schirrmacher gezeigt hat, entwickelt sich die gegenwärtige kapitalistische Gesellschaft dagegen zu einer die Menschen degradierenden Gesellschaft. Erst recht würde das für eine vom Aufstieg des Rechtsextremismus bestimmte autoritäre Gesellschaft gelten.
Die kommende demokratisch-sozialistische Gesellschaft wird ein doppeltes Zentrum haben. Miteinander in enger Wechselwirkung stehend sind das, wie im Kapitel 7.1 entwickelt, die Entfaltung der Individualität einer und eines jeden auf der Grundlage sozial gleicher Teilhabe an elementaren Freiheitsgütern und der ökologische Umbau der Gesellschaft – also Reichtum menschlicher Individualität und Naturreichtum als das Bestimmende für ein alternatives Gesellschaftsprojekt. Anders formuliert: die soziale Gestaltung des ökologischen Umbaus wird zur Grundorientierung der künftigen solidarischen Gesellschaft.

Das wird zum Maß für linkes Handeln nicht erst in der Zukunft, sondern bereits für die nächsten Aufgaben auf den Wegen zu einer postneoliberalen und schließlich postkapitalistischen Gesellschaft

Ein *zweiter Leitgedanke* für eine dem Kapitalismus derart entgegengesetzten Gesellschaft liegt auf der Hand: Die Ziele einer solidarischen Gesellschaft sind nur auf der Grundlage einer hocheffizienten, vor allem ressourceneffizienten Wirtschaft erreichbar.

Erstens wird sie – wenn sie den hier als ersten Grundgedanken formulierten tiefsten Sinn einer demokratisch-sozialistischen Gesellschaft in Realität umsetzt – das kreative Potenzial der Menschen besser entfalten können als der Kapitalismus. Sie wird zugunsten anspruchsvoller Bildung und Förderung aller das Bildungsprivileg der Wohlhabenden und Reichen brechen. Wirtschaftsdemokratie und Geschlechtergerechtigkeit werden Aktivität und Ideen der Vielen, von Frauen wie Männern gleichermaßen, freisetzen. Die Verschwendung von Arbeitskraftpotenzial durch Arbeitslosigkeit, unfreiwillige Kurzarbeit und stressbedingte Erkrankungen wird überwunden sein. Der Sieg über die Armut, vor allem im globalen Süden, wird ein enormes menschliches Potenzial freisetzen.

Zweitens werden extreme Reichtumsverluste vermeidbar: Verluste durch die dem Profitsystem immanente Zerstörung der Umwelt, vor allem durch den Klimawandel, Verluste durch Kriege und wohlstandsmindernde Rüstungsproduktion, durch Verhinderungspatente, durch zu viele konkurrenz-

8. Kapitel: Mögliche Konturen einer solidarischen Gesellschaft

bedingte Parallelentwicklungen, durch die Vergeudung in der Wegwerfgesellschaft, durch Prestigekonsum und übersteigerten Wechsel der Moden, durch absichtliche Kurzlebigkeit und Reparaturfeindlichkeit von Gütern und Unterentwicklung einer Kreislaufwirtschaft.

Drittens wird eine neue Regulationsweise hoffentlich große strukturelle Fehlentwicklungen wie in kapitalistischen Gesellschaften – beispielsweise zu langes Festhalten am Fossilismus, Unterentwicklung der Sorgearbeit – zugunsten sinnvoller volkswirtschaftlicher Proportionen vermeiden können. Diese Regulation wird – im Maße einer Erneuerung der Demokratie – anders als im Staatssozialismus rechtzeitige Selbstkorrekturen in Wirtschaft und Gesellschaft ermöglichen.

Die Wirtschaftsordnung eines demokratischen grünen Sozialismus wird im Unterschied zum untergegangenen Staatssozialismus eine hohe technische und soziale Erneuerungsfähigkeit aufweisen. Die neue Gesellschaft wird mit dem Fortschreiten ihrer Demokratisierung lernfähig und innovationsfördernd sein. Sie wird alle Chancen wissenschaftlich-technischer Umwälzungen einschließlich der digitalen und der biotechnologischen Revolution ausschöpfen. Bildung, Wissenschaft, Forschung und Entwicklung werden erstrangige Bedeutung haben.

Der *dritte Leitgedanke* für eine solidarische Gesellschaft lautet: Sie kann nicht auf dem bisher bestimmenden Wachstumspfad erreicht werden. Die Erzählung von einer künftigen Gesellschaft ist das Narrativ von dem kühnen Vorstoß in unbekanntes Neuland, vom Aufbruch in ein Jenseits des Wachstumstyps, der bisher die ökonomische Grundlage der Moderne war. Die Gesellschaft muss sich von einem Wachstum schlechthin verabschieden, das allein auf einen am BIP gemessenen Zuwachs von Wert konzentriert ist, gleichgültig gegen soziale und ökologische Negativfolgen. Wachsen werden solche Branchen, die ressourceneffiziente Technologien bereitstellen. Wachsen werden auch solche Sphären der Gesellschaft, die wie die humanorientierte Sorgearbeit auf das Wohl des einzelnen Menschen zielen und relativ geringe stoffliche Ressourcen verbrauchen. Schrumpfen werden ressourcenintensive und umweltzerstörende Bereiche. Beide Tendenzen zusammen werden anstelle eines sozial und ökologisch unzureichend gebändigten *Wachstums* eine nachhaltige *Entwicklung* in den frühindustrialisierten reichen Ländern hervorbringen. Auf diese Weise wird die Herausbildung einer solidarischen Gesellschaft den Schwellen- und Entwicklungsländern so weit wie möglich den Umweltraum für das dort zur Überwindung der Armut unverzichtbare Wirtschaftswachstum freimachen und zugleich die Erkundung nachhaltiger Entwicklungspfade anbieten (siehe Kapitel 5.3).

8.2 Überlegungen für eine solidarische Gesellschaft

In der längeren Übergangszeit zu einer solidarischen Gesellschaft wird der sozial-ökologische Strukturwandel so große – allerdings umweltschonende – Investitionen erfordern, dass in dieser Phase wahrscheinlich auch das Bruttoinlandsprodukt wachsen wird, bis es längerfristig nur noch sehr gedämpft verläuft und zu einem Nullwachstum tendiert. Zunehmend werden innovative Investitionen im Rahmen der Amortisationsfonds erfolgen.

Ein *vierter Leitgedanke* zur Gestaltung eines demokratischen grünen Sozialismus und der Wege zu ihm lautet: Obwohl eine effiziente Wirtschaft die Grundlage für eine nachhaltige Entwicklung in der kommenden solidarischen Gesellschaft zu sichern hat, wird der Übergang zu einer solchen Gesellschaft doch erhebliche Umverteilungsprozesse erfordern. Die Linke muss sich zwar von dem ihr zugeschriebenen Image einer bloßen Umverteilungslinken zugunsten hoher eigener Wirtschaftskompetenz lösen. Aber Umverteilung von Macht, Ressourcen und Lebenschancen zugunsten der bisher Benachteiligten bleibt eines ihrer Markenzeichen. Gerechte Umverteilung ist unverzichtbar. Anders kann die Ungerechtigkeit der gegenwärtigen Verhältnisse nicht überwunden werden – wie im Kapitel 7.1 deutlich wurde. Zumindest in Europa und in anderen frühindustrialisierten Ländern betrifft das

- eine gerechte Verteilung des Neuwerts auf der Ebene der Primärverteilung zwischen Lohn und Profit,
- eine Umverteilung auf der Ebene der Sekundärverteilung über die Einnahme von Steuern, Beiträgen und Abgaben und über die Ausgaben der so aufgebrachten Mittel für sinnvolle Investitionen, Transfers und soziale Aufgaben in öffentlicher Hand,
- eine gerechte Umverteilung von Großvermögen,
- eine Umverteilung zugunsten sozial gleichen Zugangs zu kulturellen Ressourcen, zu Information und Medien,
- eine Umverteilung von sozialer Macht zugunsten von Geschlechtergerechtigkeit und der Überwindung ethnisch und auf andere Weise begründeter Hierarchien,
- eine Umverteilung politischer Machtressourcen, von Machtpositionen in Legislative, Exekutive und Judikative, von Entscheidungsmacht über Militär, Polizei und Sicherheitsdiensten,
- eine internationale Umverteilung von ökonomischen und politischen Ressourcen zugunsten einer gerechten Weltwirtschaftsordnung.

Die große Mehrheit der Menschen will in gerechten Verhältnissen leben. Nach einer Untersuchung des Meinungsforschungsinstituts infratest dimap vom September 2018 halten zwar 51% der Befragten die Verhältnisse in Deutschland für gerecht, aber 46% betrachten sie als ungerecht. 39% meinen zudem, dass Deutschland in den letzten zehn Jahren ungerechter geworden ist. Nur 15% glauben, dass es gerechter zugeht. 42% halten die Situation für unverändert. Eine Mehrheit der Deutschen erwartet, dass ihre Kinder in einer ungerechteren Gesellschaft leben werden als sie. Und 94% sehen große Ungerechtigkeit im Weltmaßstab. Gerechtigkeit ist ein Feld der Chancen für Akteure einer progressiven Gesellschaftsalternative.

Ein *fünfter Leitgedanke* ergibt sich aus dieser Jahrhundertaufgabe des Übergangs zu einer gerechten Gesellschaft. Eine gerechte sozial-ökologische Transformation der Gesellschaft erfordert gravierende Veränderungen der Eigentumsverhältnisse. In der Erklärung der Assemblée des Assemblées prangern die französischen Gelbwesten an, dass 26 Milliardäre so viel besitzen wie die ärmere Hälfte der Menschheit. Im Kapitel 7 wurden notwendige Veränderungen hervorgehoben. 1. In strategisch entscheidenden Sektoren wie der Finanz-, Energie- und Wasserwirtschaft sowie für die Zentren von Information und Kommunikation ist gesellschaftliches Eigentum die angemessenste Eigentumsform. 2. Auch überall dort, wo Aufgaben ihrer inneren sozialen Natur gemäß nicht dem Profitprinzip unterworfen sein sollten – vor allem in den Bereichen Bildung, Grundlagenforschung, Gesundheit, Pflege, Wohnen und öffentlicher Verkehr – entspricht dieser Vorstellung am meisten öffentliches Eigentum in der Verfügung demokratischer Akteure auf lokaler, regionaler, nationaler und internationaler Ebene. Den Gemeingütern, den commons, sollte in einer am Wohl des Menschen orientierten Gesellschaft erstrangiges Gewicht zukommen. 3. Wo es um die flexible Anpassung der volkswirtschaftlichen Feinproportionen an die wechselnden Bedürfnisse von Millionen Käufern geht, sollten außer Unternehmen in gesellschaftlicher Eigentumsform privates und privatkapitalistisches Eigentum, Belegschaftseigentum in Mitarbeitergesellschaften, Eigentum kleiner Produzenten, genossenschaftliches und gemischtes Eigentum eine sichere Perspektive haben. Eine mixed economy mit unterschiedlichen Eigentumsformen wird charakteristisch für eine künftige solidarische Gesellschaft sein.

Was aber soll gesellschaftliches Eigentum sein? Es ist nicht mit staatlichem Eigentum gleichzusetzen. Zwar nimmt das staatliche Handeln auch Interessen subalterner Klassen auf, gegenwärtig jedoch in der Regel, um sie durch ihre Berücksichtigung in die Herrschaftsverhältnisse der Machteliten zu integrieren. Marx schrieb, die Negation des kapitalistischen Eigentums durch seine Vergesellschaftung stelle »nicht das Privateigentum wieder her, wohl aber das individuelle Eigentum auf der Grundlage der Errungenschaft der kapitalistischen Ära: der Kooperation und des Gemeinbesitzes der Erde und der durch die Arbeit selbst produzierten Produktionsmittel« (MEW 23: 791). Er verstand gesellschaftliches Eigentum offenbar als ein solches, das

8.2 Überlegungen für eine solidarische Gesellschaft

der Vielzahl der Individuen ihre Beteiligung an den auf ihnen beruhenden Entscheidungen sichert – insofern »individuelles Eigentum«. In der künftigen Gesellschaft würden freie Menschen »mit gesellschaftlichen Produktionsmitteln arbeiten und ihre vielen individuellen Arbeitskräfte selbstbewusst als eine gesellschaftliche Arbeitskraft verausgaben« (ebd.: 92). Wie im Kapitel 7.2.2 erörtert, setzte Marx voraus, dass die Millionen Wirtschaftsakteure befreit von kapitalistischen Konkurrenzzwängen erkennen würden, in welchen volkswirtschaftlichen Proportionen sie diese »eine gesellschaftliche Arbeitskraft« einzusetzen hätten, damit dies dem Gemeinwohl entspräche. Tatsächlich hinterließ er mit dieser nicht näher begründeten Voraussetzung eine große Leerstelle in der ökonomischen Theorie: Wie kann eine neue Regulationsweise beschaffen sein, die das gesellschaftliche Arbeitskraftpotenzial und alle anderen Wirtschaftsressourcen so verteilt, dass eine gemeinwohlbestimmte Entwicklung der Gesellschaft das Resultat ist?

Diese Frage führt zu einem *sechsten Leitgedanken* unterwegs zu einer besseren Gesellschaft: Eine epochale soziale Innovation ist auf die Agenda geraten. Wie der Held in manchen Märchen müssen die Menschen auf diesem Weg eine Art großes Rätsel lösen. Sie haben unerkundetes Neuland vor sich. Neu ist nicht allein, dass Großprobleme der Menschheit nicht mehr auf herkömmlichen Wachstumspfaden gelöst werden können. Zu bewältigen ist die »Erfindung« einer neuen Regulationsweise. Nach dem Hervortreten aus urgesellschaftlichen Verhältnissen hat die große Mehrheit der Menschen stets nach herrschaftlichen Weisungen gearbeitet, in der Sklavenhaltergesellschaft und in feudalen Gesellschaften überwiegend in persönlicher Abhängigkeit. Seit mehr als zwei Jahrhunderten hat dann der Marktmechanismus ihnen die Richtung ihres Tuns diktiert. Immer waren die Regulationsweisen mit Unterdrückung und Ausbeutung der Mehrheit durch die Machteliten verbunden, mit verlustreichen Krisen und großen Katastrophen. Die zentralistische staatssozialistische Planung und Leitung war der Versuch des Aufbruchs zu einer neuen Regulationsweise. Dieser Versuch scheiterte. Ein großer Teil der menschlichen Kreativität wurde bürokratisch erstickt. Die zentralistische Regulation war zu unbeweglich für die Bedingungen moderner Gesellschaften. Die produktiv arbeitenden Klassen blieben fremdbestimmt.

Nun steht ein neuer Anlauf bevor, der Sprung in die Selbstbestimmung der Vielen über den Lauf der Dinge. Aber wie kann die Regulationsweise einer künftigen solidarischen Gesellschaft beschaffen sein, die diesen Sprung ermöglicht, die ohne staatliche Planungsdiktatur und ohne die Diktatur sozial und ökologisch blinder Märkte bestmögliche, verlustarme Bewegungsformen für nicht zu beseitigende Widersprüche umfasst?

8. Kapitel: Mögliche Konturen einer solidarischen Gesellschaft

- Für Widersprüche zwischen individuellen Interessen von Millionen Bürgerinnen und Bürgern, von einzelwirtschaftlichen Interessen und gesamtgesellschaftlichen sozialen und ökologischen Interessen: Wie können staatliche strategische Verantwortung, Mitbestimmung vieler zivilgesellschaftlicher Kräfte und größtmögliche Freiheiten für ein modernes Unternehmertum in ein produktives Verhältnis gebracht werden?
- Für Widersprüche zwischen kurz- und langfristigen Interessen, zwischen den Lebensansprüchen der heutigen Generation und der Vorsorge für künftige Generationen: Was kann heute verbraucht werden? Was ist in den langfristigen Erhalt der Umwelt, in die künftige Funktionsfähigkeit der sozialen Sicherungssysteme und der materiellen Infrastrukturen, in die Grundlagenforschung zu investieren?
- Für Widersprüche zwischen Ansprüchen der Bevölkerung im nationalstaatlichen Rahmen und internationaler Solidarität: Was kann und muss gegen die Armut in großen Regionen der Erde, für die Klimapolitik dort und für Migrant*innen getan werden? Wie können bindende Aushandlungsprozesse darüber institutionalisiert werden?

Antworten auf diese Fragen müssen im Rahmen einer ganz neuen Problemkonstellation gefunden werden. In kapitalistischen Gesellschaften ist die gesamte Regulationsweise durch ein innerökonomisches Ziel, den Profit, bestimmt. Die Konkurrenz um größtmöglichen Profit erzwingt betriebswirtschaftliche Effizienz, d.h. ein maximales Ergebnis (für die Verwertung des eingesetzten Kapitals) mit minimalem Aufwand. Alle Teilsysteme der Gesellschaft sind trotz eigener innerer Rationalitäten der Subsysteme mehr oder weniger ausgeprägt dem Diktat des Profits unterworfen. Die Ökonomie und als ihr inneres Maß der Profit bestimmen die gesellschaftliche Entwicklung. Völlig anders wird die Konstellation in einer künftigen solidarischen Gesellschaft sein.

Nicht ein systeminternes eigenes Maß der Wirtschaft bestimmt dann deren Entwicklung und die der ganzen Gesellschaft, sondern ein doppeltes gesellschaftliches Ziel wird zum Maß aller wirtschaftlichen und gesellschaftlichen Entwicklung: für alle Menschen die Bedingungen einer reichen Entfaltung ihrer Individualität bereitzustellen und die Natur als gesunde Lebensgrundlage zu erhalten. Auch die wirtschaftliche Entwicklung wird diesem doppelten Ziel unterworfen sein – dargestellt im Kapitel 7.1. Die rein ökonomische Effizienz, die Aufwand-Ergebnis-Relation, behält eminente Bedeutung, wird jedoch zur wichtigen Bedingung einer viel weiter definierten Effizienz, gemessen an menschlicher Wohlfahrt für jede und jeden und an der Reproduktion der Naturgleichgewichte.

8.2 Überlegungen für eine solidarische Gesellschaft

Das Problem besteht darin, dass dieses doppelte Ziel anders als der sich in der Konkurrenz durchsetzende Profit nicht direkt und unvermittelt handlungsorientierend für die Wirtschaft wirkt. Dieses Doppelziel wirkt anders als der Profit nicht als unmittelbarer ökonomischer Handlungszwang bei Strafe des Untergangs der schwächeren ökonomischen Akteure. Es bedarf einer viel komplizierteren Übersetzung in ökonomisches Handeln als im Kapitalismus durch die Konkurrenz gegeben. Mögliche Richtungen der Lösung für dieses Problem wurden im Kapitel 7.1.3 erwogen.

Für die Regulierung unterschiedlicher Problemfelder wird eine Kombination verschiedener Eigentumsformen erforderlich sein. Allerdings werden die Unternehmen sämtlicher Eigentumsformen in unterschiedlichen Graden demokratisch bestimmten sozialen und ökologischen Rahmensetzungen unterworfen sein.

Drei Elemente der Regulierung müssen produktiv kombiniert werden: eine zentrale strategische Planung und Leitung weniger strukturbestimmender Prozesse, eine modifizierte Marktregulation millionenfach ausdifferenzierter Feinproportionen der Wirtschaft und das Handeln zivilgesellschaftlicher Akteure, die unmittelbar mit selbstbestimmten Projekten, durch institutionalisierten Einfluss auf Unternehmen und durch die Beteiligung an staatlichen Entscheidungen auf allen Ebenen regulierend wirken.

Für diese zivilgesellschaftliche Mitwirkung im Regulierungsmechanismus einer solidarischen Gesellschaft ist eine Demokratisierung der parlamentarischen repräsentativen Demokratie erforderlich – wahrscheinlich kombiniert mit Wirtschafts-, Sozial- und Ökoräten auf allen Ebenen der Gesellschaft als Formen partizipativer Demokratie, mit Volksbefragungen und Volksentscheiden. Zu prüfen ist, ob wie Gewinnerhöhungen und Gewinneinbußen an Ziele und Standards gebunden werden können, die in demokratischen Verfahren erarbeitet wurden; sodass unternehmerische Gewinninteressen für politisch gesetzte Ziele mobilisiert würden, ohne den Entscheidungsraum des Unternehmertums störend einzuengen.

Sämtliche Elemente einer neuen Regulationsweise werden jedoch gegensätzliche Interessen von Millionen gesellschaftlichen Akteuren nicht aus der Welt schaffen. Ständig werden Interessenausgleiche über das, was in jeder einzelnen Entscheidung als Gemeinwohl gelten darf, gesucht werden müssen. Anknüpfend an Erfahrungen in Schieds-, Schlichtungs- und Mediationsverfahren wird als gewichtige Ergänzung der Parlamente, des Justizapparats und von Formen direkter Demokratie einem Netz zivilgesellschaftlicher Institutionen für gerechte Kompromissfindung in strittigen Regulierungsfragen eine erhebliche Bedeutung zukommen. Dafür wird eine neue Diskurskultur erforderlich sein, die sich bisher erst in Ansätzen abzeichnet. Insgesamt wird eine neue Regulationsweise in einer solidarischen Gesellschaft aufs engste mit deren Demokratisierung verbunden sein.

Ein *siebenter Leitgedanke* für eine solidarische Gesellschaft zielt daher auf ihre radikal demokratische Gestaltung. Alle bisher genannten, in linken Diskursen debattierten Seiten einer künftigen Gesellschaftsalternative und der Wege zu ihr würden eine abstrakte Utopie bleiben, wenn sie nicht in das praktische Handeln demokratischer Akteure übergingen. Erst in Prozessen der Demokratisierung von Wirtschaft und Gesellschaft wird die Erzählung von der Möglichkeit einer besseren Gesellschaft Teil eines tatsächlich transformativen Diskurses; erst dann, wenn sie aus dem Reich bloßer Imagination in die reale Welt praktischer Umgestaltung der Gesellschaft geholt wird. Im Verlauf der Demokratisierung wird der Diskurs selbst zur eingreifenden materiellen Macht. Dem stehen jedoch starke Tendenzen zur Erosion der Demokratie entgegen – siehe Kapitel 2, 3 und 4. Colin Crouch beschreibt daher den gegenwärtigen Zustand der Demokratie in den industriell entwickelten westlichen Ländern als Postdemokratie. Die Regeln der Demokratie bleiben formell erhalten, die Substanz der Demokratie wird jedoch de facto von antidemokratischen Kräften unterlaufen.

Das ist eine der größten Gefahren für die menschliche Zivilisation, weil auf Dauer nur eine funktionsfähige Demokratie gesellschaftliche Entwicklung ermöglicht und folgenschwere Fehlentscheidungen zu korrigieren vermag. Der Staatssozialismus ist vor allem daran gescheitert, dass seine Grundstrukturen demokratiefeindlich waren. Rechtsstaatlichkeit, Meinungsfreiheit, Organisationsfreiheit für die Opposition und demokratische Vermittlungsverfahren zwischen unterschiedlichen Interessen sind Grundbedingungen für gesellschaftliche Selbstkorrekturen untauglicher Entwicklungen und für permanente gesellschaftliche Erneuerungsprozesse. Demokratische Wahlen bieten den Bürgerinnen und Bürgern mit deren Wahlentscheidungen Einfluss auf die Politik. Formen der direkten Demokratie wie Bürgerentscheide, Volksabstimmungen und partizipative Haushalte verstärken diesen Einfluss. Bereits im Kapitalismus existieren Gegentendenzen zur Entdemokratisierung, an denen anzuknüpfen ist.

Aber gegenwärtig dominiert die Tendenz zur Aushöhlung der Demokratie. Regierungen werden durch Zufluss oder Abzug von Kapitalströmen als Reaktion auf nationalstaatlich geregelte Anlagebedingungen für Kapitalinvestitionen unter Druck gesetzt. Internationale Institutionen wie der IWF nötigen den von Ihnen finanziell abhängigen Regierungen Entscheidungen gegen deren Interessen auf. Strategische Weichenstellungen werden nicht selten in exklusiven informellen Kreisen vorbei an Regierungen und Parla-

8.2 Überlegungen für eine solidarische Gesellschaft

menten getroffen. Die Regierungen selbst entlasten sich von unbequemen Entscheidungen durch die Auslagerung von Verantwortung in sogenannte Expertengruppen ohne gesellschaftliche Kontrolle. Mächtige Lobbyvereinigungen bestimmen die Richtung von Parlamentsentscheidungen oft bereits im vorparlamentarischen Raum. In der Europäischen Union werden wichtige Kompetenzen von der nationalstaatlichen auf die EU-Ebene verlagert. Doch damit wandern sie aus einem etablierten Rahmen zumindest formell demokratischer Institutionen in eine Sphäre, in der das Europäische Parlament nicht einmal eine Gesetzgebungsinitiative hat und der Europäische Rat außerhalb demokratischer Kontrolle handelt.

Eine schwerwiegende Leerstelle bürgerlicher Demokratie ist ihre weitgehende Verbannung aus der Wirtschaft. Die Ziele der Produktion werden von den Kapitaleigentümern und dem Management gesetzt. Auf die soziale Gestaltung der wirtschaftlichen Prozesse haben die Belegschaften und ihre Interessenvertreter trotz Arbeitsrecht und Gewerkschaftsrechten keinen entscheidenden Einfluss.

Eine solidarische Gesellschaft wird alle emanzipatorischen Seiten der liberalen Demokratie bürgerlicher Gesellschaften bewahren, voll entfalten und mit Sicherheit neue Formen der partizipativen Demokratie hervorbringen. Sie wird ihre Widersprüche auf demokratische Weise bearbeiten. Sie wird herrschaftliche Hierarchien überwinden und bei Strafe des Untergangs neue herrschaftliche Regime ausschließen. Sie wird der Teilhabe aller an den Bedingungen ihrer Persönlichkeitsentfaltung näherkommen und soziale Sicherheit schaffen. Sie wird für Transparenz der gesellschaftlichen Verhältnisse und Entscheidungsprozesse sorgen. Die Bürgerinnen und Bürger werden lernen zu durchschauen, was ihnen bisher fremd war. Die Wirtschaft wird nicht mehr jenseits der Demokratie verbleiben. Wirtschaftsdemokratie wird zu einer entscheidenden Seite postneoliberaler und sozialistischer Demokratie werden

Ein *achter Leitgedanke* für einen demokratischen Sozialismus hängt mit solcher Entwicklung zusammen und wird von Klaus Dörre in seinen Thesen zum Neo-Sozialismus stark betont (Dörre 2018): Eine solidarische oder demokratisch-sozialistische Gesellschaft bedarf der Unterstützung durch gesellschaftliche Mehrheiten und des unbedingten Respekts vor ihrem Willen. Das erfordert eine neue inklusive Klassenpolitik. Diese hat zwei Seiten. Zum einen erfordert sie ein klares Benennen der Machtzentren, deren Herrschaft einer besseren Zukunft entgegensteht, und den Kampf darum, diese Macht zurückzudrängen und schließlich zu überwinden. Zum anderen ist sie eine Politik, die sich nicht allein auf die Lohnabhängigen in der Industrie konzentriert und dabei Gefahr läuft, die Interessen anderer subalterner Klassen und Schichten zu vernachlässigen; sie ist eine sehr weit verstandene Klassenpolitik. Dazu gehört, außer den in der Industrie Arbeitenden den Interessen und dem Wirken der überwiegend weiblichen Beschäftigten in der Care- Arbeitssphäre als wichtiger Klassenfraktion weit größere Aufmerksamkeit als bisher zuzuwenden. Eine neue Klassenpolitik muss zudem der Intersektionalität von Klassenverhältnissen entsprechen. Wie im Kapitel 7.2.5 deutlich wurde, heißt das, in der praktischen Organisations- und Mobilisierungsarbeit davon auszugehen, dass das Herrschaftsverhältnis zwischen Kapital und Arbeit eng verbunden mit anderen Herrschaftshierarchien wirkt: mit patriarchaler Herrschaft und Heteronormativismus, mit ethnisch, nationalistisch und rassistisch begründeten Herrschaftsansprüchen und mit Hierarchien, die an körperlichen Verschiedenheiten der Menschen anschließen.

Eine neue inklusive Klassenpolitik erfordert, ebenso den materiellen Sorgen der Bezieher*innen von Niedrigeinkommen größte Aufmerksamkeit zuzuwenden wie die postmateriellen Interessen urbaner intellektueller Milieus ernst zu nehmen. Beides ist nicht gegeneinander zu setzen, wichtig ist das Verbindende und bei alledem, der Dringlichkeit internationaler Solidarität gebührendes Gewicht zu geben.

Ein *neunter Leitgedanke* für eine solidarische Gesellschaft ist aufs engste mit ihrem radikal demokratischen Charakter verbunden. Die Transformation zu einer solidarischen Gesellschaft gewinnt erst mit einer moralischen Revolution ihr menschliches Gesicht (Schneidewind 2018: 42) – wenn die Betonung dieser Werterevolution nicht zur Ablenkung von den notwendigen Brüchen mit den Eigentums- und Machtverhältnissen des Kapitalismus gerät. Die mitmenschliche Seite in der Verfasstheit der Menschen wird in vollem Maße zu entfalten sein; negative Charaktere und Neigungen werden durch solidarische Verhältnisse und kulturelle Anstrengungen zurückgedrängt. Die Suche nach Kompromissen im Rahmen einer künftigen neuen Regulationsweise, die dabei notwendige Rücksicht auf Interessen, die mit den eigenen kollidieren, und die für die Teilhabe der vielen an Entscheidungen erforderliche Einsicht in komplizierte gesellschaftliche Zusammenhänge könnten sogar den Gedanken nahelegen, dass eine solidarische Gesellschaft den ganz neuen Menschen voraussetzt. Dann wäre sie eine Illusion.

Zutreffend ist aber, dass eine nachhaltige solidarische Gesellschaft und die zu ihr gehörenden Ausgleichs- und Aushandlungsprozesse mit hohen moralischen Ansprüchen verbunden sind. Sie erfordern eine entwickelte Diskursethik, Respekt und Anerkennung der anderen, sachliche wahrheitshaltige Argumente, kommunikative Rationalität als Bereitschaft zur Abwägung von Argumenten und zur Korrektur eigener Auffassungen. Toleranz

8.2 Überlegungen für eine solidarische Gesellschaft 313

und Empathie werden entscheidend für Problemlösungen (Habermas 1988).
Anstelle der gegenwärtigen Beherrschung des öffentlichen Diskurses durch die Ideologie der Machteliten werden Prinzipien des Diskurses treten, die tatsächlich auf den Grundwerten Freiheit, Gleichheit und Solidarität beruhen. Diese Werte sind der Rahmen demokratischer Diskurse, in denen Wege zu einer solidarischen Gesellschaft erkundet werden. Es ist ein Rahmen, der nicht einen neuen Menschen voraussetzt, wohl aber, dass die freundlichen, mitmenschlichen, kooperativen, empathischen Seiten menschlichen Verhaltens die dunklen Eigenschaften von Menschen zurückdrängen – Egoismus, Ellenbogenmentalität, Engstirnigkeit, Verweigerung zivilisierten Meinungsaustauschs, Lüge anstelle von Wahrheitssuche und Neigung zu Gewalt anstelle von Verständigung. Die Entscheidung wachsender Teile der Bevölkerung für ein humanistisches gesellschaftliches Klima gewinnt in der gegenwärtigen Situation des Aufstiegs der Neuen Rechten, aber auch starker Tendenzen zur Sensibilisierung der Gesellschaft in vielen Ländern der Erde gegen Erscheinungen der Entzivilisierung erstrangige Bedeutung.

Solange die Konkurrenzverhältnisse Rücksichtslosigkeit und aggressives Verhalten belohnen und Ausgleichsuche als Schwäche gilt, die mit Nachteilen für Solidarverhalten bestraft wird, werden es Vernunft, Aufklärung und Nächstenliebe schwer haben. Ein Dilemma unserer Gegenwart ist, dass nur ein massenhaft verändertes Verhalten die politischen, sozialen und ökologischen Grunddefizite der gegenwärtigen Gesellschaft ändern kann, dass aber eben deren Strukturen ein transformatives Verhalten der einzelnen blockieren – oft bei Strafe schwerer Nachteile für jene, die an den Verhältnissen rütteln.

Doch dieses Dilemma ist auflösbar im Wechselspiel von Erfolgen des Aufbegehrens und mit ihm beginnender Öffnung der gesellschaftlichen Verhältnisse für humanistische Verhaltensweisen. Die Geschichte der Menschheit darf als Fortschritt in der Zivilisierung menschlichen Handelns verstanden werden – trotz so grauenhafter Rückschläge wie den Weltkriegen des 20. Jahrhunderts und des Holocausts (Elias 1997; Rifkin 2010; Appiah 2011). Die Briten Richard Wilkinson und Kate Pickett haben in ihrem Werk mit dem Titel »Gleichheit ist Glück. Warum gerechte Gesellschaften für alle besser sind« (Wilkinson/Pickett 2010) mit einer Fülle empirischer Studien belegt, dass der kumulative Effekt von Teilreformen in der Einkommensverteilung, im Bildungs- und Gesundheitswesen, in der Wohnsituation in einer Reihe von Ländern wie in Skandinavien bereits gegenwärtig zu mehr Gleichheit geführt hat. Das entscheidende Ergebnis ihrer Forschungen wie auch der Studien vieler anderer Wissenschaftler*innen ist, dass dieses Mehr an Gleichheit zu mehr Lebenszufriedenheit und Glück, zum Rückgang von aggressivem Verhalten, Gewalt, Kriminalität, Drogenkonsum und Gleichgültigkeit im Verhältnis zu anderen sowie zu mehr Offenheit, zu Kooperation und Solidarität führt. Aufzustehen für die positive Veränderung der Verhältnisse ist nicht aussichtslos, sondern führt zu einem besseren Leben und verbessert die Bedingungen für weiterführende Kämpfe. Das ist die ermutigende Botschaft der Gleichheitsforschung. Die Grundgedanken linker Diskurse über die möglichen Konturen einer künftigen solidarischen – demokratisch-sozialistischen – Gesellschaft markieren den Weg postneoliberaler Transformation und einer Großen Transformation über den Kapitalismus hinaus. Sie verweisen auf eine nichtkapitalistische bessere Zukunft.

»Denn der Diskurs – dies lehrt uns die Geschichte – ist auch nicht bloß das, was die Kämpfe oder die Systeme der Beherrschung in Sprache übersetzt; er ist die Macht, deren man sich zu bewältigen sucht.« Er besitzt eine »schwere und bedrohliche Materialität.« (Foucault 1974: 8; 7)

So wurde einleitend in diesem Buch zitiert. Die Linke hat das geistige Potenzial dafür, dass der Diskurs und von ihm inspiriertes Handeln bedrohlich für den Kapitalismus werden. Aber sie muss dieses Potenzial entschieden erweitern und daran arbeiten, ihm nie gekannte Anziehungskraft zu verleihen. Rosa Luxemburg benannte diese Anforderung an linke Diskurse, als sie für sich selbst zum Zusammenführen von Rationalität und Emotionalität schrieb:

»Ich bin unzufrieden mit der Art und Weise, wie man in der Partei meistens die Artikel schreibt. Es ist ja alles so konventionell, so hölzern, so schablonenhaft.« Sie habe gerade den alten Börne aus vergangenen Zeiten gelesen. Doch »andere Zeiten wollen andere Lieder haben. Aber eben ›Lieder‹, unser Geschreibsel ist ja meistens kein Lied, sondern ein farbloses und klangloses Gesurr, wie der Ton eines Maschinenrades. Ich glaube, die Ursache liegt darin, dass die Leute beim Schreiben meistenteils vergessen, in sich tiefer zu greifen und die ganze Wichtigkeit und Wahrheit des Geschriebenen zu empfinden. Ich glaube, dass man jedes Mal, jeden Tag, bei jedem Artikel wieder die Sache durchleben, durchfühlen muss, dann würden sich auch frische, vom Herzen und zum Herzen gehende Worte für die alte, bekannte Sache finden. Aber man gewöhnt sich so an eine Wahrheit, dass man die tiefsten und größten Dinge so herplappert wie ein Vaterunser. Ich nehme mir vor, beim Schreiben nie zu vergessen, mich für das Geschriebene jedes Mal zu begeistern und in mich zu gehen.« (Luxemburg 1984: 153)

Literatur

Adler, Frank/Schachtschneider, Ulrich (2010): Green New Deal, Suffizienz oder Ökosozialismus? Konzepte für gesellschaftliche Wege aus der Ökokrise. München
Albert, Michael (2006): PARECON. Leben nach dem Kapitalismus. Potsdam
Allmendinger, Jutta (2017): Das Land, in dem wir leben wollen. Wie die Deutschen sich ihre Zukunft vorstellen. München
Altvater, Elmar (2005): Das Ende des Kapitalismus, wie wir ihn kennen. Münster
Appiah, Kwame Anthony (2011): Eine Frage der Ehre oder wie es zu moralischen Revolutionen kommt. München
Balibar, Etienne (2017): Die drei Endspiele des Kapitalismus. In: Greffrath, Mathias (Hrsg.) (2017): RE: DAS KAPITAL. Politische Ökonomie im 21. Jahrhundert. München
Becher, Johannes R. (1983): Der Aufstand im Menschen. Berlin
BICC/HSFK/IFSH/INEF (2018): Friedensgutachten 2018. Münster
Biesecker, Adelheid/Hofmeister, Sabine (2006): Die Neuerfindung des Ökonomischen. Ein (re)produktionstheoretischer Beitrag zur Sozial-ökologischen Forschung. München
Birkwald, Matthias W./Riexinger, Bernd (2017): Die Gesetzliche Rente stärken und eine Solidarische Mindestrente einführen. Das Konzept von Partei und Bundestagsfraktion DIE LINKE. Supplement der Zeitschrift Sozialismus 2/2017
Bischoff, Joachim (2006): Zukunft des Finanzmarkt-Kapitalismus. Strukturen, Widersprüche, Alternativen. Hamburg
Bischoff, Joachim/Detje, Richard (2001): Finanzgetriebenes Akkumulationsregime oder neue Ökonomie? In: Candeias, Mario/Deppe, Frank (Hrsg.): Ein neuer Kapitalismus? Hamburg
Bischoff, Joachim/Krüger, Stephan/Lieber, Christoph (2018): Die Anatomie und Zukunft der bürgerlichen Gesellschaft. Wertschöpfung, Mystifizierung und die Klassenverhältnisse im modernen Kapitalismus. Hamburg
Bischoff, Joachim/Müller, Bernhard (2014): Piketty kurz & kritisch. Eine Flugschrift zum Kapitalismus im 21. Jahrhundert. Hamburg
Bischoff, Joachim/Radke, Björn/Troost, Axel (2015): Industrie der Zukunft? Wertschöpfung zwischen De-Industrialisierung und vierter industrieller Revolution. Supplement der Zeitschrift Sozialismus, Nr. 6
Blätter für deutsche und internationale Politik (Hrsg.), (2015): Mehr geht nicht! Der Postwachstums-Reader. Berlin
Bloch, Ernst (1977): Tagträume vom aufrechten Gang. Sechs Interviews mit Ernst Bloch. Herausgegeben von Arno Münster. Frankfurt a.M.
Bloch, Ernst (1985): Das Prinzip Hoffnung. Frankfurt a.M.
Bloch, Ernst (2016): Experimentum Mundi. Frage, Kategorien des Herausbringens, Praxis. Frankfurt a.M.
BMFSFJ/Statistisches Bundesamt (Hrsg.) (2003): Wo bleibt die Zeit. Die Zeitverwendung der Bevölkerung in Deutschland 2001/2002. Berlin
Bommert, Wilfried (2012): Bodenrausch. Die globale Jagd nach den Äckern der Welt. Köln
Bourdieu, Pierre (2005): Was heißt sprechen? Zur Ökonomie des sprachlichen Tausches. Wien

Brand, Ulrich/Wissen, Markus (2017): Imperiale Lebensweise. Zur Ausbeutung von Mensch und Natur im globalen Kapitalismus. München
Brangsch, Lutz (2014): Transformationsprozesse und ihre Politisierung in Einstiegsprojekten. In: Brie, Michael (Hrsg.): Futuring. Perspektiven der Transformation im Kapitalismus über ihn hinaus. Münster
Brie, Michael (1990): Wer ist Eigentümer im Sozialismus? Berlin
Brie, Michael (2007): Der Kampf um gesellschaftliche Mehrheiten. In: Brie, Michael/Hildebrand, Cornelia/Meucke-Mäker, Meinhard (Hrsg.): DIE LINKE. Wohin verändert sie die Republik? Berlin
Brie, Michael (2008): Sozialismus und Eigentum. Thesen in der Diskussion. In: Textreihe des Bereichs Politikanalyse der Rosa Luxemburg Stiftung. Berlin. Publiziert auch in: Rosa Luxemburg Stiftung Sachsen (Hrsg.): Werte und Wertekritik. Ökonomische und philosophische Dimensionen. Heft 14
Brie, Michael (Hrsg.) (2014a): Futuring. Perspektiven der Transformation im Kapitalismus über ihn hinaus. Münster
Brie, Michael (2014b): Transformation des Reichtums – Reichtum der Transformationen. Eine Vier-in-einem- Perspektive. In: Brie, Michael (Hrsg.): Futuring. Transformation im Kapitalismus über ihn hinaus. Münster
Brie, Michael (Hrsg.) (2015a): Mit Realutopien den Kapitalismus transformieren? Beiträge zur kritischen Transformationsforschung 2. Hamburg
Brie, Michael (2015b): Polanyi neu entdecken. Das hellblaue Bändchen zu einem möglichen Dialog von Nancy Fraser & Karl Polanyi. Hamburg
Brie, Michael (2016a): Die dritte Welle des Sozialismus. In: Sozialismus. de, Heft 12
Brie, Michael (2016b): Die Tragödie des Parteikommunismus. In: Brangsch, Lutz/Brie, Michael (Hrsg): Das Kommunistische. Oder: Ein Gespenst kommt nicht zur Ruhe. Hamburg
Brie, Michael (2017): Wolfgang Streecks These vom Ende des Kapitalismus. Drei Herausforderungen für kritische Gesellschaftsanalyse. In: Brie Michael/Bischoff, Joachim: Ist der Kapitalismus am Ende? Über Gesellschaftsanalyse, Interregnum, Produktivitätsrätsel und gesellschaftliche Systemopposition. Supplement der Zeitschrift Sozialismus, Nr. 10
Brie, Michael/Bischoff, Joachim (2017): Ist der Kapitalismus am Ende? Über Gesellschaftsanalyse, Interregnum, Prduktivitätsrätsel und fehlende Systemopposition. In: Sozialismus.de, Supplement H. 10
Brie, Michael/Chrapa, Michael/Klein, Dieter (2002): Sozialismus als Tagesaufgabe. Berlin
BMUB/Bundesministerium für Umwelt, Naturschutz, Bau und Reaktorsicherheit/Umwelt-Bundesamt 2017: Umweltbewusstsein in Deutschland 2016. Berlin
Busch, Klaus/Bischoff, Joachim/Troost, Axel (2018): Wohin treibt Europa? Plädoyer für eine solidarische EU. Sozialismus.de extra. Hamburg
Busch, Klaus/Troost, Axel/Schwan, Gesine/Bsirske, Frank/Bischoff, Joachim/Schrooten, Mechthild/Wolf, Harald (2016): Europa geht auch solidarisch. Streitschrift für eine andere Europäische Union. Hamburg
Busch, Ulrich/Land, Rainer (2013): Teilhabekapitalismus. Aufstieg und Niedergang eines Regimes wirtschaftlicher Entwicklung, am Fall Deutschland 1950-2010. Norderstedt

Literatur

Candeias, Mario (2014): Szenarien grüner Transformation. In: Brie, Michael (Hrsg.): Futuring. Perspektiven der Transformation im Kapitalismus über ihn hinaus. Münster
Candeias, Mario (2018): Die Dummheit in der Politik im Angesicht der Migration. (www.rosalux.de/publikation/id/38785/die-dummheit-in-der-politik-im-angesicht-der-migration/)
Candeias, Mario/Völpel, Eva (2014): Plätze sichern! ReOrganisierung der Linken in der Krise. Zur Lernfähigkeit des Mosaiks in den USA, Spanien und Griechenland. Hamburg
Collier, Paul (2013): Exodus. How Migration Is Changing Our World. Oxford University Press. New York
Collins, Randall (2014): Das Ende der Mittelschichtarbeit: Keine weiteren Auswege. In: Wallerstein, Immanuel/Collins, Randall/Mann, Michael/Derlugian, Georgi/Calhoun, Craig: Stirbt der Kapitalismus? Fünf Szenarien für das 21. Jahrhundert. Frankfurt a.M./New York
Creydt, Meinhard (2016): 46 Fragen zur nachkapitalistischen Zukunft. Erfahrungen, Analysen, Vorschläge. Münster
Crouch, Colin (2011): Das befremdliche Überleben des Neoliberalismus. Berlin
Decker, Oliver/Kiess, Johannes/Brähler, Elmar (Hrsg.), (2016): Die enthemmte Mitte. Autoritäre und rechtsextreme Einstellungen in Deutschland. Gießen
Dellheim, Judith (2014): Oligarchien und Transformation. Zur Entwicklung der Europäischen Union. In Brie, Michael (Hrsg.): Futuring. Transformation im Kapitalismus über ihn hinaus. Münster
Demirović, Alex (2010): Wirtschaftsdemokratie – Die Perspektive einer neuen Demokratie jenseits von Ökonomie und Politik. In: Wahl, Peter/Klein, Dieter (Hrsg.), (2010): Demokratie und Krise – Krise der Demokratie. Berlin
Demirović, Alex (1997): Demokratie und Herrschaft: Aspekte kritischer Gesellschaftstheorie. Münster
Demirović, Alex (Hrsg.) (2016): Transformation der Demokratie – demokratische Transformation. Münster
Deppe, Frank/Schmitthenner, Horst/Urban, Hans-Jürgen (Hrsg.), (2008): Notstand der Demokratie: auf dem Weg in einen autoritären Kapitalismus? Hamburg
DIW-Wochenbericht (4/2017): Einkommensverteilung und Armutsrisiko.
Dörre, Klaus (2018): Neo-Sozialismus oder: Acht Thesen zu einer überfälligen Diskussion. In: Blätter für deutsche und internationale Politik. Heft 8
Elias, Norbert (1997): Über den Prozess der Zivilisation: soziogenetische und psychogenetische Untersuchungen. Bd. 1 und Bd. 2 In: Gesammelte Schriften Bd. 3. Amsterdam
EU-Kommission (2010): Europa 2020. Eine Strategie für intelligentes, nachhaltiges und integratives Wachstum. Mitteilung der Kommission. Brüssel
Falkinger, Josef (1986): Sättigung. Moralische und psychologische Grenzen des Wachstums. Tübingen
Flassbeck, Heiner/Steinhardt, Paul (2018): Gescheiterte Globalisierung. Ungleichheit, Geld und die Renaissance des Staates. Berlin
Forum Gewerkschaften (2017): Pfadwechsel in der Tarifpolitik. Plädoyer für ein verteilungspolitisches Gesamtkonzept, in: Supplement der Zeitschrift Sozialismus 5/2017

Foucault, Michel (1974): Die Ordnung des Diskurses (Neuaufl. 1991). München
Fraser, Nancy (2017): Für eine neue Linke oder: Das Ende des progressiven Neoliberalismus. In Blätter für deutsche und internationale Politik. Heft 2
Fratzscher, Marcel (2016): Verteilungskampf. Warum Deutschland immer ungleicher wird. München
Frey, C./Osborne, M. (2013): The Future of Employment: How Susceptible are Jobs to Computerisation? Oxford Martin School, Working paper 18. Oxford
Fried, Barbara/Schurian, Hannah (Hrsg.) (2015): Um-Care. Gesundheit und Pflege neu organisieren. Hrsg. von der Rosa-Luxemburg-Stiftung, Reihe Materialien Nr. 13. Berlin
Friedman, Milton (2004): Kapitalismus und Freiheit. München/Berlin
Fücks, Ralf (2013): Intelligent wachsen. Die grüne Revolution. Berlin
Fukuyama, Francis (1989): The End of History? In: The National Interest. Summer 1989
Fukuyama, Francis (1992): Das Ende der Geschichte. München
Goldschmidt, Werner (2017): Große Transformation und/oder große Erzählung. Varianten des »Postkapitalismus«– Literaturbericht. In: Z. Zeitschrift Marxistische Erneuerung. Nr. 110 und Nr. 112
Göpel, Maja (2016): The Great Mindshift: How a New Economic Paradigm and Sustainability go Hand in Hand. Cham
Gore, Al (1992): Wege zum Gleichgewicht. Ein Marshallplan für die Erde. Frankfurt a.M.
Groll, Franz (2009): Von der Finanzkrise zur solidarischen Gesellschaft. Visionen einer neuen Wirtschaftsordnung für Gerechtigkeit, Zukunftsfähigkeit und Frieden. Hamburg
Habermas, Jürgen (1995): Faktizität und Geltung. Beiträge zur Diskurstheorie des Rechts und des demokratischen Rechtsstaats. Frankfurt a.M.
Habermas, Jürgen, (1988): Theorie des kommunikativen Handelns. Bd. 1 Handlungsrationalität und gesellschaftliche Rationalisierung. Frankfurt a.M.
Hartmann, Michael (2002): Der Mythos von den Leistungseliten. Frankfurt a.M.
Harvey, David (2014): Siebzehn Widersprüche und das Ende des Kapitalismus. Berlin
Harvey, David (7/2015): Katastrophenkapitalismus. Totale Entfremdung und die Revolte der Natur. In: Blätter für deutsche und internationale Politik. Heft 7
Harvey, David (8/2015): Katastrophenkapitalismus: Wachstum bis zum Untergang. In: Blätter für deutsche und internationale Politik. Heft 8
Haug, Frigga (2009): Die Vier-in-einem-Perspektive. Politik von Frauen für eine neue Linke. Hamburg
Haug, Wolfgang Fritz (2003): Zur Dialektik des Antikapitalismus. In: Argument 269
Häusler, Alexander/Roeser, Rainer (2015): Die rechten ›Mut‹-Bürger. Entstehung, Entwicklung, Personal & Positionen der Alternative für Deutschland. Hamburg
Hawkins, Stephen (2018): Kurze Antworten auf große Fragen. Textauszug in: WELTplus, 16.10.2018
Hayek, Friedrich August (1952): Der Weg zur Knechtschaft. Erlenbach/Zürich
Hayek, Friedrich August von (1969): Freiberger Studien. Tübingen
Hirsch, Joachim (1998): Vom Sicherheits- zum nationalen Wettbewerbsstaat. Berlin
Hirsch-Kreinsen, H./Ittermann, P./Niehaus, J. (Hrsg.) (2015): Digitalisierung industrieller Arbeit. Die Vision Industrie 4.0 und ihre sozialen Herausforderungen. Baden-Baden

Literatur 319

Hobsbawm, Eric (1994): Das Zeitalter der Extreme. Weltgeschichte des 20. Jahrhunderts. München/Wien
Höcke, Björn (2018): Nie zweimal in denselben Fluss. Björn Höcke im Gespräch mit Sebastian Henning. Lüdinghausen/Berlin
Hoffmann, Catherin de (2017): Eine Quelle der Stabilität? Die öffentliche Meinung in Deutschland und in Europa in Zeiten politischer Polarisierung. In: Bertelsmann-Stiftung: eupinions 2017/3. Gütersloh
Houellebecq, Michel (2016): Die Möglichkeit einer Insel. Köln
Huffschmid, Jörg (2002): Politische Ökonomie der Finanzmärkte. Hamburg
IMF. International Monetary Fund (April 2015): World Economic Outlook. Washington
Institut für Demoskopie Allensbach/John Stuart Mill Institut für Freiheitsforschung e.V. (2017): Wie halten es die Deutschen mit der Freiheit? Freiheitsindex Deutschland 2017. Allensbach
Institut für Gesellschaftsanalyse (2011): Eine offene historische Situation. Konfliktlinien – Szenarien – Eingriffsmöglichkeiten. Rosa Luxemburg Stiftung. standpunkte 38
Jackson, Tim (2017a): Wohlstand ohne Wachstum. Grundlagen für eine zukunftsfähige Wirtschaft. München
Jackson, Tim (2017b): Wohlstand ohne Wachstum – das Update. Grundlagen für eine zukunftsfähige Wirtschaft« führte. München
Jaeger, Hans (1974): Big Business und New Deal. Die kritische Reaktion der amerikanischen Geschäftswelt auf die Rooseveltschen Reformen in den Jahren 1933-1939. Stuttgart
Jäger, Siegfried (2004): Kritische Diskursanalyse. Eine Einführung. Münster
Jarass, Lorenz J./Obermair, Gustav M. (2017): Angemessene Unternehmensbesteuerung. Wiesbaden
Kahrs, Horst (2017): Exzerpte und Anmerkungen zur gesellschaftlichen und politischen Situation in Deutschland – Facetten des widersprüchlichen Alltagsbewusstseins. Rosa Luxemburg Stiftung. Berlin (unveröffentlichtes Manuskript)
Kaufmann, Stephan (2016): Digitalisierung, Klassenkampf, Revolution. Reihe Analysen der Rosa Luxemburg Stiftung. Berlin
Kaufmann, Stephan/Müller,Tadzio (2009): Grüner Kapitalismus. Krise, Klimawandel und kein Ende des Wachstums. Berlin
Keller, Rainer (2004): Diskursforschung: Eine Einführung für SozialwissenschaftlerInnen. Wiesbaden
Keynes, John Maynard (1926): Das Ende des Laissez-Faire. Thesen zur Verbindung von Privat- und Gemeinwirtschaft. München/Leipzig
Keynes, John Maynard (1983: Allgemeine Theorie der Beschäftigung, des Zinses und des Geldes. Berlin
Klein, Dieter (1988): Chancen für einen friedensfähigen Kapitalismus, Berlin (DDR)
Klein, Dieter (2000): Moderne, Modernisierung und die PDS. Grundsatzkommission der Partei des Demokratischen Sozialismus. Schriften zur Diskussion. Berlin
Klein, Dieter (2002): Über einen alternativen Umgang mit der ungeheuren Präsenz des totgesagten Eigentums. In: Brie, Michael/Chrapa, Michael/Klein, Dieter: Sozialismus als Tagesaufgabe. Berlin
Klein, Dieter (2007): Das Eigentum – Alternativen zur Privatisierung. In: standpunkte

Rosa Luxemburg Stiftung.
Klein, Dieter (2013): Das Morgen tanzt im Heute. Transformation im Kapitalismus und über ihn hinaus. Hamburg
Klein, Dieter (2015): »Hoffen Sie auf das Unwahrscheinliche! Arbeiten Sie auf das Unwahrscheinliche hin! In: Brie, Michael (Hrsg.): Mit realen Utopien den Kapitalismus transformieren? Beiträge zur kritischen Transformationsforschung 2. Hamburg
Klein, Dieter (2016): Gespaltene Machteliten. Verlorene Transformationsfähigkeit oder Renaissance eines New Deal?, Hamburg
Klein, Dieter (2018): Doppelte Transformation im Kontext der Philosophie Ernst Blochs. In: Zeilinger, Doris (Hrsg.): Der Zukunft auf der Spur. Transformation aus der Perspektive Ernst Blochs. Erschienen in: Vorschein 35. Jahrbuch 2017 der Ernst Bloch Assoziation. Nürnberg
Klein, Dieter (Hrsg.) (2003): Leben statt gelebt zu werden. Selbstbestimmung und soziale Sicherheit. Zukunftsbericht der Rosa Luxemburg Stiftung. Berlin
Klein, Naomi (2007): Die Schock-Strategie. Der Aufstieg des Katastrophen-Kapitalismus. Frankfurt a.M.
Klein, Naomi (2014): Die Entscheidung. Kapitalismus vs. Klima. Frankfurt a.M.
Kreck, Lena/Schindler, Jörg (2017): Wer hat Angst vor einem linken Einwanderungsgesetz? In: LuXemburg. Heft 1
Krüger, Stephan (2017): Mit Informationstechnologie zum postkapitalistischen Anarchismus. Masons Potpourri aus Marx, Cyber-Voodoo und Antikapitalismus. In: Sozialismus. Heft 7/8
Land, Rainer (2009): Schumpeter und der New Deal. In: Berliner Debatte Initial, 20. Jg. Heft 4
Land, Rainer (2018): Neue wirtschaftliche Dynamik durch ökologischen Umbau, steigende Einkommen und sozialen Fortschritt. Eine Strategie nach dem Neoliberalismus. Unveröffentlichtes Manuskript
Land, Rainer (2019): Ökokapital. Bedingungen der Möglichkeit eines neuen Regimes wirtschaftlicher Entwicklung. Ein systemtheoretischer Bauplan. Unveröffentlichtes Manuskript. Berlin
Latouche, Serge (2015): Vom Glück zum BIP – und die Alternative des guten Lebens. In: Blätter für deutsche und internationale Politik (Hrsg.): Mehr geht nicht! Der Postwachstums-Reader. Berlin
Layard, Richard (2009): Die glückliche Gesellschaft. Was wir aus der Glücksforschung lernen können. Frankfurt a.M./New York
Leibiger, Jürgen (2004): Alternative Eigentumspolitik: Gestaltungsfelder und Kriterien. In: Rosa Luxemburg Stiftung. standpunkte 8
Leibiger, Jürgen (2014): Die Eigentumsverhältnisse im Finanzmarkt-Kapitalismus der Bundesrepublik. In: Die Eigentumsfrage heute. Pankower Beiträge Heft 187. Berlin
Leimeister, Jahn Marco/Durward, David/Zogaj, Shkodran (2016): Crowd Worker in Deutschland. Eine empirische Studie zum Arbeitsumfeld auf externen Crowd-Outsourcing-Plattformen. Hrsg. von der Hans-Böckler-Stiftung. Studie 323. Düsseldorf
Lipietz, Alain (1985): Akkumulation, Krisen und Auswege aus der Krise. Einige methodische Überlegungen zum Begriff der »Regulation«. In: PROKLA, Heft 58. Berlin
Lucke, Albrecht von (2014): Von Habermas zu Schirrmacher. Zur Lage des Intellektuel-

Literatur 321

len. In: Blätter für deutsche und internationale Politik. Heft 8
Luxemburg, Rosa (1984): Rosa Luxemburg, Brief an Robert Seidel, Berlin, 23.6.1898, in: Rosa Luxemburg, Gesammelte Briefe, Bd. 1, S. 153
Maihold, Günther (2011): Der Mensch als Ware. Konzepte und Handlungsansätze zur Bekämpfung des globalen Menschenhandels. Stiftung Wissenschaft und Politik. Berlin
Marx, Karl/Engels, Friedrich: Die deutsche Ideologie. Berlin. In: MEW 3
Marx, Karl/Engels, Friedrich: Manifest der kommunistischen Partei. Berlin, in: MEW 4
Marx, Karl: Das Kapital Bd. 1. Berlin. In: MEW 23
Marx, Karl: Der Bürgerkrieg in Frankreich. Adresse der Internationalen Arbeiterassoziation. Berlin. In: MEW 17
Marx, Karl: Grundrisse der Kritik der politischen Ökonomie. Berlin. In: MEW 42
Marx, Karl: Lohn, Preis und Profit. Berlin. In: MEW 16
Marx, Karl: MEW. Ergänzungsband. Erster Teil, Berlin
Marx, Karl: Zur Kritik der Hegelschen Rechtsphilosophie. Einleitung. Berlin, in: MEW 1
Maslow, Abraham H. (1943): A Theory of Human Motivation. In: Psychological Review, Bd. 50
Mason, Paul (2016): Nach dem Kapitalismus?! In: Blätter für deutsche und internationale Politik. Heft 5
Mason, Paul (2016a): Postkapitalismus. Grundrisse einer kommenden Ökonomie. Frankfurt a.M.
Matuschek, Ingo (2016): Industrie 4.0 – Gesellschaft 4.0? Studie im Auftrag der Rosa Luxemburg Stiftung. Berlin
Mayer, Hans (2000): Bürgerliche Endzeit. Reden und Vorträge 1980-2000. Frankfurt a.M.
Mazzini, Silvia (2012): Objektive Fantasie. In: Dietschy, Beat/Zeilinger, Doris/Zimmermann, Rainer E. (Hrsg.): Bloch-Wörterbuch. Leitbegriffe der Philosophie Ernst Blochs. Berlin/Boston
Mazzucato, Mariana (2014): Das Kapital des Staates. Eine andere Geschichte von Innovation und Wachstum. München
Merkel, Wolfgang (1999): Systemtransformation. Eine Einführung in die Theorie und Empirie der Transformationsforschung. Opladen
Meyer, Markus/Mpairaktari, Paskalia/Glushanok, Irina (2013): Krankheitsbedingte Fehlzeiten in der deutschen Wirtschaft im Jahr 2012. In: Badura, Bernhard et.al. (Hrsg.): Fehlzeitenreport 2012. Berlin/Heidelberg
Meyer, Thomas (2006): Praxis der sozialen Demokratie. Wiesbaden
Milanović, Branko (2016): Die ungleiche Welt. Migration, das eine Prozent und die Zukunft der Mittelschicht. Berlin
Müller, Michael/Niebert, Kai 2009: Epochenwechsel. Plädoyer für einen grünen New Deal. München
Müller-Armack, Alfred (1990): Wirtschaftslenkung und Marktwirtschaft. München
Nachtwey, Oliver (2016): Die Abstiegsgesellschaft. Über das Aufbegehren in der regressiven Moderne, Berlin
Neuneck, Götz (2014a): Die neuen Hightech-Kriege. In: Blätter für deutsche und internationale Politik, Heft 8
Neuneck, Götz (2014b): Die Geheimdienste und das Militär: neue Bedrohungen im Cyberspace. In: FEST/INEF/IFSH/HFSK/BICC: Friedensgutachten 2014. Berlin

Neuneck, Götz (2018a): Nukleare Rüstungskontrolle vor dem Kollaps? Zusammenfassung eines Vortrages beim Willy Brandt Kreis am 8. Juli 2018 und Kurzfassung eines eingeladenen Beitrages für die Zeitschrift für Außen- und Sicherheitspolitik
Neuneck, Götz (2018b): Neue Eskalation in Europa oder Chancen für gemeinsame Sicherheit? Unveröffentlichtes Manuskript
Nida-Rümelin, Julian (2017): Über Grenzen denken. Eine Ethik der Migration. Hamburg
Nobelpreisträger (2007): 2. Potsdamer Konferenz von Nobelpreisträgern. Konferenzmaterial. Potsdam
Nonhoff, Martin (2006): Politischer Diskurs und Hegemonie. Das Projekt »Soziale Marktwirtschaft«. Bielefeld
Nuss, Sabine (2006): Copyright & Copyriot. Aneignungskonflikte um geistiges Eigentum und informationellen Kapitalismus. Münster
OECD (2011): Resource Productivity in the G8 and the OECD. Paris. www-oecd.org/env/waste/47944428. Pdf
Ostrom, Elinor (2009): Beyond Markets and States: Polycentric Governance of Complex Economic Systems. The Nobel Prize Lecture (http://www.nobelprize.org/nobel_prizes/economic-sciences/laureates/2009/ostrom_lecture.pdf.)
Paqué, Karl-Heinz (2010): Wachstum! Die Zukunft des globalen Kapitalismus, München
Piketty, Thomas (2014): Das Kapital im 21. Jahrhundert. München
Piketty, Thomas/Zucman, Gabriel (2014): Capital is back: Wealth-income ratios in rich countries 1700-2010, in: Quarterly Journal of Economics, 129(3), S. 1255-1310
Polanyi, Karl (1978): The Great Transformation. Politische und ökonomische Ursprünge von Gesellschaften und Wirtschaftssystemen. Frankfurt a.M.
Porcaro, Mimmo (2015): Tendenzen des Sozialismus im 21. Jahrhundert. Beiträge zur kritischen Transformationsforschung 4, Hamburg
Poulantzas, Nicos (2002): Staatstheorie. Politischer Überbau, Ideologie, Autoritärer Etatismus. Hamburg
Randers, Jorgen (2012): 2012-2052. Der neue Bericht an den Club of Rome. Eine globale Prognose für die nächsten 40 Jahre. München
Rehmann, Jan (2012): Antizipation. In: Dietschy, Beat, Zeilinger, Doris/Zimmermann, Rainer E. (Hrsg.): Bloch-Wörterbuch. Leitbegriffe der Philosophie Ernst Blochs. Berlin/Boston
Reißig, Rolf (2009): Gesellschafts-Transformation im 21. Jahrhundert. Ein neues Konzept sozialen Wandels. Wiesbaden
Reuter, Norbert (2000): Ökonomik der »Langen Frist«. Zur Evaluation der Wachstumsgrundlagen in Industriegesellschaften. Marburg
Rieger, Frank (2016): Diskussionsbeitrag zu Paul Masons Postkapitalismus-Theorie. In: Blätter für deutsche und internationale Politik. Heft 5
Riexinger, Bernd/Becker, Lia (2017): For the many, not for the few: Gute Arbeit für Alle! Vorschläge für ein Neues Normalarbeitsverhältnis. Supplement der Zeitschrift Sozialismus.de, Heft 9
Rifkin, Jeremy (2010) Die empathische Zivilisation. Wege zu einem globalen Bewusstsein. Frankfurt a.M.
Rifkin, Jeremy (2016): Die Null Grenzkosten Gesellschaft. Das Internet der Dinge, kollaboratives Gemeingut und der Rückzug des Kapitalismus. Frankfurt a.M.

Literatur

Rilling, Rainer (2014): Thomas Piketty und das Märchen vom Gleichheitskapitalismus. In: Blätter für deutsche und internationale Politik. Heft 11
Rockström, J./Steffen, W./Noone, K./Persson, A./Chapin, F. S./Lambin. E. et. al. (2009): A safe operating space for humanity. In: Nature 461
Roy, Arundhati (2010): The Trickledown Revolution. In: Outlook, 20.9.2010
Rürup, Bert/Heilmann, Dirk (2012): Fette Jahre. Warum Deutschland eine glänzende Zukunft hat. München
Sablowski, Thomas/Alnasseri,Sabah (2001): Auf dem Weg zu einem finanzgetriebenen Akkumulationsregime? In: Candeias, Mario/Deppe, Frank (Hrsg.): Ein neuer Kapitalismus? Hamburg
Saez, Emmanuel/Zucman, Gabriel (2014): The Distribution of Us Wealth, Capital Income and Returns since 1913. Berkeley
Sanders, Bernie (2017): Unsere Revolution. Wir brauchen eine gerechte Gesellschaft. Berlin
Santarius, Tilman (2015): Der Rebound-Effekt: Die Illusion des grünen Wachstums. In: Blätter für deutsche und internationale Politik (Hrsg.): Mehr geht nicht! Der Postwachstums- Reader. Berlin
Schachtschneider, Ulrich (2009): Green New Deal – Sackgasse und sonst nichts? RLS-Standpunkte 17/2009 (www.rosalux.de/fileadmin/rls_uploads/pdfs/Standpunkte/Standpunkte_2009_17.pdf)
Scheer, Hermann (1999): Solare Weltwirtschaft. Strategie für die ökologische Moderne. München
Scheer, Hermann (2010): Der energethische Imperativ. 100 % jetzt: Wie der vollständige Wechsel zu erneuerbaren Energien zu realisieren ist. München
Schirrmacher, Frank (2013): Ego. Das Spiel des Lebens. München
Schirrmacher, Frank/Strobl, Thomas (2010): Die Zukunft des Kapitalismus. Berlin
Schlögel, Karl (2008): Terror und Traum. Moskau 1937. München
Schneidewind, Uwe (2018): Die Große Transformation. Eine Einführung in die Kunst gesellschaftlichen Wandels. Frankfurt a. Main
Schulten, Thorsten/Müller, Torsten (2014): Ein neuer europäischer Interventionismus? Die Auswirkungen des neuen Systems der europäischen Economic Governance auf Löhne und Tarifpolitik. In: Lehndorff, Steffen (Hrsg.): Spaltende Integration. Der Triumph gescheiterter Ideen in Europa – revisited. Zehn Länderstudien. Hamburg
Schumpeter, Joseph A. (1987): Kapitalismus, Sozialismus und Demokratie. Tübingen
Schütt, Hans-Dieter (2017): Die Karotte im Kapitalismus. In: neues deutschland 7./8. Januar
Sen, Amartya (1999): Ökonomie für den Menschen. Wege zu Gerechtigkeit und Solidarität in der Marktwirtschaft. München/Wien
Siebers, Johan (2012): Front. In: Dietschy, Beat/Zeilinger, Doris/Zimmermann, Rainer E. (Hrsg.): Bloch- Wörterbuch. Leitbegriffe der Philosophie Ernst Blochs. Berlin/Boston
Sinn, Hans-Werner (2003): Ist Deutschland noch zu retten? Berlin
Sinn, Hans-Werner (2004): Mut zu Reformen. Fünfzig Denkanstöße für die Wirtschaftspolitik. München
Sinn, Hans-Werner (2012): Kasino-Kapitalismus. Wie es zur Finanzkrise kam und was jetzt zu tun ist. Berlin

Sinn, Hans-Werner (2013): Verspielt nicht Eure Zukunft! München
Sinn, Hans-Werner (2016): Der Schwarze Juni – Brexit, Flüchtlingswelle, Euro-Desaster – Wie die Neugründung Europas gelingt. München
Sjöberg, Stefan (2004): Kollektivfonds als eine Strategie für die Wirtschaftsdemokratie. Lehren aus der Geschichte der schwedischen Arbeitnehmerfonds. In: Sozialismus, Heft 5
Soros, George (1998): Die Krise des globalen Kapitalismus. Offene Gesellschaft in Gefahr. Berlin
Steffen, Will/Richardson, Katherine/Rockström, Johan/Cornell, Sarah E./Fetzer, Ingo/Bennet, Elena M. (2015): Planetary Boundaries: Guiding human development on a changing planet. In: Science 347
Steinitz, Klaus (2018): Zukunftsfähiger Sozialismus im 21. Jahrhundert. Herausforderungen an eine sozial-ökologisch nachhaltige gesellschaftliche Produktionsweise. Hamburg
Steinitz, Klaus/Walter, Dieter (2014): Plan – Markt – Demokratie. Prognose und langfristige Planung in der DDR – Schlussfolgerungen für morgen. Hamburg
Streeck, Wolfgang (2013): Gekaufte Zeit. Die vertagte Krise des demokratischen Kapitalismus. Berlin
Streeck, Wolfgang (2016): How Will Capitalism End? Essays on a Failing System. London/New York
Streeck, Wolfgang (3/2015): Wie wird der Kapitalismus enden? (Teil 1) In: Blätter für deutsche und internationale Politik
Streeck, Wolfgang (4/2015): Wie wird der Kapitalismus enden? (Teil 2) In: Blätter für deutsche und internationale Politik
Streeck, Wolfgang (2019): Der alltägliche Kommunismus. Eine neue Ökonomie für eine neue Linke. In: Blätter für deutsche und internationale Politik. Heft 6
Syrovatka, Felix/Schneider, Etienne/Sablowski, Thomas (2018): Zwischen stiller Revolution und Zerfall. Der Kapitalismus in der Europäischen Union nach zehn Jahren Krise. Analysen Nr. 49 der Rosa Luxemburg Stiftung
Tenbrock, Christian (2007): Das globalisierte Verbrechen. In: Zeit online 28. Juni (www.zeit.de/2007/27/Glob_-Kriminalität-t)
Thie, Hans (2013): Rotes Grün. Pioniere und Prinzipien einer ökologischen Gesellschaft. Hamburg
Thomas, Michael/Busch, Ulrich (Hrsg.), (2015): Transformation im 21. Jahrhundert. Theorien – Geschichte – Fallstudien. I. und II. Halbband. Abhandlungen der Leibniz-Sozietät der Wissenschaften. Bd. 39. Berlin
Thomasberger, Claus (2009):»Planung für den Markt« versus »Planung für die Freiheit«. Zu den stillschweigenden Voraussetzungen des Neoliberalismus. Marburg
Turowski, Jan (2016): Diskurs über Transformation – Transformation als Diskurs. In: Brie, Michael/Reißig, Rolf/Thomas, Michael (Hrsg.): Transformation. Suchprozesse in Zeiten des Umbruchs. Münster/Hamburg/Berlin/Wien/London
Turowski, Jan/Mikfeld, Benjamin (2013): Gesellschaftlicher Wandel und politische Diskurse. Überlegungen für eine strategieorientierte Diskursanalyse. Werkbericht Nr. 3. denkwerk demokratie/Hans-Böckler-Stiftung. Berlin
UNEP (2015): International trade in resources – a biophysical assessment. Paris
Unmüßig, Barbara/Sachs, Wolfgang/Fatheuer, Thomas (2015): Green Economy: Der

Literatur

Ausverkauf der Natur. In: Blätter für deutsche und internationale Politik (Hrsg.): Mehr geht nicht! Der Postwachstums-Reader. Berlin
Urban, Hans-Jürgen (2018): Epochenthema Migration: Die Mosaiklinke in der Zerreißprobe? In: Blätter für deutsche und internationale Politik. Heft 9
Veerkamp, Ton (2012): Die Welt anders. Politische Geschichte der Großen Erzählung. Hamburg 2012
Vidal, Francesca (2012): Hoffnung. In: Dietschy, Beat/Zeilinger, Doris/Zimmermann, Rainer E. (Hrsg.): Bloch- Wörterbuch. Leitbegriffe der Philosophie Ernst Blochs. Berlin/Boston
Wagenknecht, Sarah (2016): Reichtum ohne Gier. Wie wir uns vor dem Kapitalismus retten. Frankfurt a.M.
Wahl, Peter/Klein, Dieter (Hrsg.), (2010): Demokratie und Krise – Krise der Demokratie. Berlin
Wallerstein, Immanuel (2014): Die strukturelle Krise oder Warum der Kapitalismus sich nicht mehr rentieren könnte. In: Wallerstein, Immanuel/Collins, Randall/Mann, Michael/Derlugian, Georgi/Calhoun, Craig: Stirbt der Kapitalismus? Fünf Szenarien für das 21. Jahrhundert. Frankfurt a.M./New York
Wallerstein, Immanuel/Collins, Randall/Mann, Michael/Derlugian, Georgi/Calhoun, Craig (2014): Stirbt der Kapitalismus? Fünf Szenarien für das 21. Jahrhundert. Frankfurt a.M./New York
Walpen, Bernhard (2004): Die offenen Feinde und ihre Gesellschaft. Eine hegemonietheoretische Studie zur Mont Pèlerin Society. Hamburg
WBGU (2011): Welt im Wandel. Gesellschaftsvertrag für eine Große Transformation. Zusammenfassung für Entscheidungsträger. Berlin
Weber, Max (1991): Die protestantische Ethik I. Eine Aufsatzsammlung. Herausgegeben von Johannes Winckelmann. Gütersloh
Weizsäcker, Ernst Ulrich von/Hargroves, Karlson/Smith, Michael (2010): Faktor Fünf. Die Formel für nachhaltiges Wachstum. München
Weizsäcker, Ernst Ulrich von/Lovins, Amory B,/Lovins, L. Hunter (1995): Faktor Vier. Doppelter Wohlstand – halbierter Naturverbrauch. München
Wiesenthal, Helmut (2016): Ist Steuerung einer Gesellschaftsformation möglich? In: Brie, Michael/Reißig, Rolf/Thomas, Michael (Hrsg.): Transformation. Suchprozesse in Zeiten des Umbruchs. Münster/Hamburg/Berlin/Wien/London
Wilde, Florian/Gallas, Alexander/Novak, Jörg (2012): Politische Streiks im Europa der Krise. Hamburg
Wilkinson, Richard/Pickett, Kate (2010): Gleichheit ist Glück. Warum gerechte Gesellschaften für alle besser sind. Berlin
Willy-Brandt-Kreis e.V. (2018): Brief an den Parteivorstand der SPD vom 15. Mai 2018. In: willy-brandt-kreis.de/inhalt/aktivitaet.htm
Winker, Gabriele (2015): Care Revolution. Schritte in eine solidarische Gesellschaft. Bielefeld
Winker, Gabriele/Degele, Nina (2009): Intersektionalität. Zur Analyse sozialer Ungleichheiten. Bielefeld
Wright, Erik Olin (2015): Durch Realutopien den Kapitalismus transformieren. In: Brie, Michael (Hrsg.): Mit Realutopien den Kapitalismus transformieren? Beiträge zur kri-

tischen Transformationsforschung 2. Hamburg
Wright, Eric Olin (2017): Reale Utopien. Wege aus dem Kapitalismus. Berlin
Wuppertal Institut (2008): Zukunftsfähiges Deutschland in einer globalisierten Welt. Eine Studie des Wuppertal Institut für Klima, Umwelt, Energie. Herausgegeben von: Bund für Umwelt und Naturschutz Deutschland/Brot für die Welt. Evangelischer Entwicklungsdienst. Frankfurt a.M.
Ypsilanti, Andrea (2017): Und morgen regieren wir uns selbst. Frankfurt a.M.
Zeller, Christian (Hrsg.), (2004): Die globale Enteignungsökonomie. München
Zinn, Karl Georg (2008): Die Keynessche Alternative. Beiträge zur Keynesschen Stagnationstheorie, zur Geschichtsvergessenheit der Ökonomik und zur Frage einer linken Wirtschaftspolitik. Hamburg
Zinn, Karl Georg (2015): Vom Kapitalismus ohne Wachstum zur Marktwirtschaft ohne Kapitalismus. Hamburg

VSA: Globale (Un-)Ordnung

Stephan Krüger
Profitraten und Kapitalakkumulation in der Weltwirtschaft
Arbeits- und Betriebsweisen seit dem 19. Jahrhundert und der bevorstehende Epochenwechsel
344 Seiten | € 24.80
ISBN 978-3-96488-023-9
Ist mit der Etablierung von internationalen Netzwerkstrukturen bereits eine neue gesellschaftliche Betriebsweise und damit das Ende des Kapitalismus in Sicht? Eine Studie von Stephan Krüger im Rahmen des »Instituts für Geschichte und Zukunft der Arbeit« (IGZA) versucht Antworten zu geben.

Prospekte anfordern!

VSA: Verlag
St. Georgs Kirchhof 6
20099 Hamburg
Tel. 040/28 09 52 77-10
Fax 040/28 09 52 77-50
Mail: info@vsa-verlag.de

Claudia von Braunmühl/Heide Gerstenberger/Ralf Ptak/Christa Wichterich (Hrsg.)
ABC der globalen (Un)Ordnung
Von »Anthropozän« bis »Zivilgesellschaft«
In Kooperation mit Friedrich-Ebert-Stiftung, taz und Wissenschaftlichem Beirat von Attac
272 Seiten | Klappenbroschur | € 12.00
ISBN 978-3-96488-003-1
Im Jahr 2005 erschien das »ABC der Globalisierung«. Inzwischen zeigen sich die Auswirkungen der neoliberalen Globalisierung in aller Deutlichkeit: Aus dem Wohlfahrtsversprechen ist eine Welt der globalen (Un)Ordnung geworden. 114 Autorinnen und Autoren greifen in 126 Stichwörtern die aktuellen Entwicklungen auf, erarbeiten politische Orientierungspunkte und zeigen Alternativen. Auch für das neue Standardwerk der Globalisierungskritik gilt: »Eine andere Welt ist möglich«.

www.vsa-verlag.de

VSA: Transformations-Debatten

Dieter Segert
Transformation und politische Linke
Eine ostdeutsche Perspektive
168 Seiten | € 16.80
ISBN 978-3-96488-009-3
Wie kann die politische Linke wieder an Fahrt gewinnen? Der Autor analysiert ostdeutsche und osteuropäische Umbrüche. Er entwickelt auf der Grundlage seiner Lebenserfahrungen und seiner wissenschaftlichen Arbeit sowie in Reaktion auf aktuelle Debatten Ideen für einen Weg in eine solidarische Gesellschaft und partizipatorische Demokratie. Seine Schlussfolgerung: Die politische Linke sollte sich wieder auf die Kraft sozialer Utopien besinnen.

Prospekte anfordern!

VSA: Verlag
St. Georgs Kirchhof 6
20099 Hamburg
Tel. 040/28 09 52 77-10
Fax 040/28 09 52 77-50
Mail: info@vsa-verlag.de

Erik Olin Wright
Linker Antikapitalismus im 21. Jahrhundert
Was es bedeutet, demokratischer Sozialist zu sein
128 Seiten | Aus dem Englischen von Tim Jack und Daniela Kreuels | € 12.80
ISBN 978-3-96488-006-2
In seiner letzten Arbeit entwickelt Erik O. Wright (1947-2019) Grundthesen eines zeitgemäßen demokratischen Sozialismus. Sein Vermächtnis lautet: Es gibt Strategien, im Kapitalismus vorhandene Möglichkeiten zu nutzen, um diesen erfolgreich zu überwinden. Antikapitalismus ist nicht nur als moralische Haltung gegenüber den Schäden und Ungerechtigkeiten in der Welt, in der wir leben, möglich, sondern auch als praktische Haltung beim Aufbau einer Alternative, die den Kapitalismus überwindet.

www.vsa-verlag.de